行政學

행정학

최영하 · 안성수 공역

소마 켄고 저

박영사

목 차

제 I 부

정치와 행정

제2장 일본의 정치와 행정의 실태   41

제3장 정치와 행정의 관계를 규정하는 요인   66

제4장 정치와 행정의 관계 귀결   85

제 II 부

행정 조직

제 5 장　행정 조직의 형태　　　　　　　　　　　　　　　　105

제8장 조직 형태의 귀결   177

제11장 멀티 레벨의 행정을 규정하는 요인   239

제 IV 부

거버넌스와 행정

제14장 　일본의 거버넌스 변화 　　　　　　　　　　　　　　306

그림 목차

표 목차

* 본문 중 그림/표는 각 도표 아래에 출전을 명기한 것 이외는 모두 필자가 작성한 것이다.
* 본문 중 일본의 부처명은 원칙적으로 설명되는 당시 명칭의 약기를 이용한다.
  예) 통상산업성 → 통산성, 국토교통성 → 국교성
* 본문 중 일본의 법령명에 대해서는 원칙적으로 통칭으로 표기한다.
  예) 용기포장과 관련된 분리수거 및 재상품화 촉진 등에 관한 법률 → 용기포장 리사이클법

머리글: 읽기 전 안내

머리글에서는 이 책의 의도를 명확히 해둔다. 첫째, 위임과 분업이라는 관점에서 현대사회를 이해하는 체계적인 이론을 제시하는 것. 둘째, 그것을 사용하여 구체적으로 현대일본의 행정의 실태를 설명하는 것. 셋째, 그 특징을 국제비교 데이터에 근거하면서 명확히 하는 것. 이것들이 이 책의 목표이다. 이 목표를 향하여 어떤 주제를 어떠한 구성으로 서술해 갈 것인가에 관해서도 본론에서 설명하고자 한다.

1. 행정학이라는 학문

행정학의 특징

인간도 사회도 결코 완벽하지 않으며 해결해야 할 문제가 헤아릴 수 없이 많다. 그래도 객관적인 데이터를 보면 우리들의 상태는 서서히 개선되고 있다. 전 세계적으로 수명이 늘어나고 있으며, 건강 상태는 좋아지고 교육도 향상되고 있다(로스링 외 2019; 핑카 2019). 그리고 인류가 성취해 온 최근 2세기에 걸쳐 이룩한 진보의 대부분은 행정 활동의 성과이다. 의학이나 과학기술의 진보가 있긴 하지만, 수도를 정비하거나 위생 상태를 개선하는 것, 규제를 설정하여 집이나 직장의 안전을 제고하는 건 행정 활동 없이는 있을 수 없기 때문이다.

행정학이란 현대사회를 지탱하는 중요한 부분인 행정의 활동과 체계를 명확히 하는 학문이다. 그리고 이 학문은 중요한 대상을 다룰 뿐만 아니라 (잘 알려져 있진 않지만) 학문으로서도 흥미롭다.

행정학이라는 학문의 흥미로움은 무엇보다도 그 폭이 넓은 데 있다. 그건 대상인 행정의 범위가 넓다는 데 기인한다. 쓰레기 수집이나 주민등록증 발급 등과 같이 우리들의 일상생활과 관련 있는 주변의 가까운 것부터 환경 변화를 예측하여 배출물 규제를 시행하는 등 고도로 전문성을 요하는 작업에 이르기까지, 노인복지서비스와 생활보호 등 어려운 이웃들을 돌보는 업무로부터 군대에 의한 전쟁 수행까지, 지방자치단체로부터 가스미가세키 중앙성·청, 더욱이 국제연합 등 국제기관에 이르기까지 행정의 활동 대상이나 내용, 그걸 담당하는 주체는 매우 다양하다. 하나의 학문을 통해서 이만큼 많은 문제를 다루는 것도 좀처럼 드물다.

그러나 이런 특징은 동시에 행정학이라는 학문의 약점이기도 하다. 첫째, 다양한 문제가 취급되지만, 그와 관련한 상호성이 잘 보이지 않는다. 즉 체계성이 약하다. 둘째, 각각의 문제를 다루는 별도의 학문 분야가 존재하고, 행정학 나름대로의 견해와 방법, 즉 학문의 핵심이 되는 부분이 무엇인가가 명확하지 않다.

이 책의 목표

그래서 이 책에서는 과감하게 출발점에 관한 견해를 바꾸기로 하였다. 기존의 행정학처럼 어떠한 논의가 계속되어 왔는지를 소개하는 데서 출발하는 것이 아니라, 우선 구체적으로 어떤 현실을 이해하고 싶은가 하는 점에서 출발하고자 하였다. 즉 이 책의 출발점은 현대 일본의 행정에 관한 실상이다. 그 실상을 이해하기 위해서는 다른 나라와의 비교, 과거와의 비교, 즉 국제비교와 시계열비교라는 두 작업이 필요하게 된다. 비교 없이 '일본의', '현재의' 행정의 특징을 포착하는 것은 불가능하기 때문이다. 더 나아가 행정이 관여하는 다양한 실상의 어느 부분을 어떤 방식으로 꺼내어, 그것을 어떻게 조합하고 전체상을 그려낼 것인가를 생각한다. 즉 여기에서는 이론화가 시도된다.

핵심이 되는 것은 위임과 분업이라는 관념이다. 이 책에서는 다른 사람에게 자신의 역할을 맡기는 것(위임) 그리고 다른 사람과 각각 서로 다른 역할을 서로 떠맡는 것(분업)에 철저히 주목한다. 위임하는 측과 위임받는 측의 관계는 본인·대리인 관계로 이해할 수 있다. 또한 분업은 통합과 반대가 된다. 따라서 본인·대리인 관계를 통한 위임의 본질, 또한 현대의 정부를 둘러싼 분업과 통합의 방법을 명확히 하는 것이 이 책의 목표라고도 바꿔 말할 수 있다. 정치와 행정 사이에, 관청의 성·청 사이에, 정부와 민간 사이에, 국가와 지방 또는 국가와 국제기관 사이에, 어떻게 위임과 분업이 시행되고 있는가? 그건 왜 그런가? 하는 질문을 통해, 현대사회를 이해하는 것 그것이 행정학이라는 학문이라고 필자는 생각하고 있다. 읽기를 마친 후, 이 세상이 위임과 분업의 네트워크로 보이게 된다면 혹은 이 사회의 문제점이 그 네트워크의 붕괴로 보이게 된다면, 이 책의 시도는 분명 성공한 것이라 하겠다.

다시 한 번 정리하면 이 책의 목표는 현대일본의 행정을 이해하기 위해, 필요한 데이터와 이론의 틀을 독자에게 제공하는 것이다. 즉 이 책은 사회과학적 방법을 사용하면서 현대일본의 행정을 체계적으로 이해하기 위한 것이다.

여기까지 언제 어디에서 무엇에 관하여 어떻게 논의할 것인가는 대체로 제시된 것 같다. 남은 문제는 '왜'라는 질문이다. 왜 현대일본의 행정에 관하여 논의하려고 하는 것일까? 왜 독자인 당신은 그것을 배우지 않으면 안 되는 것일까?

2. 행정학의 탄생과 발전

근대학문으로서의 행정학

우선, 행정학이 언제 어떤 배경 아래에서 탄생했는가를 되돌아보자. 그것은 행정학이 어떤 학문인가, 어떤 과제를 해결하려고 하는 학문인가를 이해하는 데 유익하기 때문이다.

행정학을 국가 관료제에 관한 학문이라고 파악한다면 그 역사는 아주 오래되었다. 농경의 시작에 따라 수확물의 분배와 관리를 수행하기 위하여 문자와 국가란 조직이 탄생하였다. 반대로, 국가가 존속하기 위해 사람들을 토지에 얽어매고 잉여생산물을 만들어 내기 시작했다는 측면도 있지만, 여하튼 모든 국가는 측량, 기록, 징세를 시행하는 관료제를 동반한다. 그래서 예를 들면 에도시대의 도쿠가와막부를 관료 기구로 파악하고 거기에서 현재로 이어지는 특징을 발견하는 것도 가능하다(미즈타니 2004). 또한 유럽의 군주제 아래서 관료조직을 어떻게 동원할 것인가를 고찰한 학문, 특히 17세기 독일에서 탄생한 국가학에서 행정학의 기원을 찾는 경우도 있다.

그러나 수탈하는 존재로서의 국가는 취약하기도 하다. 사람들이 국가의 존재를 정통성이 있는 것으로 받아들이지 않는 한 국가는 존속하기 어렵다.

그래서 국가의 존재는 사람들의 공통 이익이 된다는 걸 보여줌으로써 정통성을 추구한다. 외부의 적에 대해서 국민의 생명과 안전을 지키는 건 지극히 당연하다. 종교나 왕이라는 권위에 근거하지 않고, 사람들은 안고 있는 공공의 문제를 해결하기 때문에, 사람들은 이것을 받아들이게 되었다는 사회계약설이 이처럼 성립한다.

사회계약설은 역사적 사실과 다른 픽션이지만, 자율적인 개인으로 구성된 사회와 정치의 존재를 양립시키는 절묘한 이론이다. 그러나 이 픽션은 현실 세계와 충돌한다. 공통 이익이란 무엇인가? 구체적으로 어떻게 결정하는가? 정말로 국가는 공통 이익을 실현할 수 있는가? 이러한 질문들에 답하는 것이 근대 정치학에 부여된 과제였다. 그 가운데 행정학은 행정 조직에 주목하여, 통치의 구체적인 활동을 명확히 하게 된다. 그로 인해 주로 앞서 서술한 마지막 질문, 국가는 공통 이익을 실현할 수 있는가?라는 질문에 답하려고 한다. 이것이 행정학의 출발점이었다.

즉 행정학은 근대사회 안에서 국가를 자리매김하는 시도의 일부였다. 근대사회란 전통의 해체와 자율적인 개인에 의한 사회의 형성이라는 어떤 특정한 픽션을 구성원리로 하는 사회이다. 그렇다면 전통과 대체되는 새로운 '틀'로서의 제도를 어떻게 이해할 것인가? 그 안에서 개인은 어떠한 존재인가? 하는 문제가 발생한다. 이 질문을 생각하는 것으로부터 사회학이 탄생하였다. 그와 동시에 제도를 만들고, 작동시키는 측면을 살펴보는 데서 행정학이 탄생하게 되었던 것이다.

네 가지 계기

19세기 정치, 경제, 사회의 변화 가운데 행정학을 탄생시킨 네 가지 계기를 요약하여 정리해 둔다.

첫째, 대표민주제의 확립이다. 18세기로부터 19세기에 걸쳐 시민혁명을 거치면서 대표민주제가 성립되었다. 이것은 왕정에 시중드는 존재로서의 관료 기구에 그 본질을 바꿀 것을 요구한다. 선거를 통한 대표의 선출을 기반으로 하는 데 정통성의 원리가 제정됨으로써 관료 기구는 그것과의 모순을 안고 있다.

모순을 더욱더 복잡하게 하는 건 법의 지배와의 관계이다. 대표민주제는 위정자를 피위정자와 동일시함으로써 통치를 억제하려 계획하지만, 애초에 누가 담당자이건 통치를 억제하기 위해서 외부로부터 범위를 설정하는 시도가 법의 지배이다. 왕정을 대상으로 하여 시작한다는 점에서 법의 지배는 대표민주제에 선행한다. 그리고 법의 지배가 관료 기구의 본질을 사람에 따르는 조직에서 규칙에 따르는 조직으로 바꾼 측면도 지닌다(후쿠야마 2018). 이것과 대표민주제의 논리는 때로 충돌한다. 이러한 모순을 어떻게 풀어낼 것인가가 행정학의 주요 과제 가운데 하나이다.

둘째, 조직편제의 원리로서 관료제의 성립이다. 조직이 규칙에 근거하여 규정되는 존재가 될 때, 그 담당자도 신분제에 근거하지 않고 규칙을 만들고 운용할 수 있는 사람들로 전환된다. 이러한 새로운 담당자와 그것들을 관리하는 원리를 갖춘 조직을 관료제라 부른다. 이런 의미에서 관료제는 행정 조직에 제한될 수 없다. 민간기업 또한 유사한 특성을 갖추고 있다. 조직의 본질로서 관료제를 해명하고 그 문제와 개선책을 검토하는 건 행정학의 두 번째 과제가 된다.

셋째, 이동·통신의 확대이다. 신분제가 해체되고 이동의 자유가 주어졌을 뿐 아니라 철도를 비롯한 기술의 진전이 추가됨으로써, 사람들의 생활권이 확대됨과 동시에 도시에의 집중과 거주가 가속화된다. 도시는 양극화 문제와 위생 문제와 같은 새로운 공공문제의 발생원이 되기도 한다. 또한 우편을 비롯한 통신도 다른 지역에 거주하는 사람들과 연결해 준다. 이러한 것들은 국내에만 국한되지 않는다. 이동과 통신의 확대는 지역으로부터 글로벌 레벨에 이르기까지 다양한 지리적 범위 내에서 사람들의 공통 이익을 형성한다. 이러한 것들을 행정은 어떻게 실현해 가는가? 각 레벨의 이익에 충돌이 발생하는 경우는 어떻게 조정하는가? 멀티 레벨에 걸쳐 공공이익을 실현하기 위한 제도 형성이 행정학의 세 번째 과제가 된다.

넷째, 경제발전이다. 18세기까지 기술의 진보에 따른 소득 증대는 인구 증가로 상쇄되고, 결국 1인당 소득이 늘어나지 않는 '맬서스의 함정'이라 불리는 상태가 계속되었다. 그러나 19세기에는 생산활동에 관한 지식의 증대와 투자가 서로 어우러져서 생산성이 급격히 상승하였다. 이에 인구 증가가 겹침으로써 지금까지 없던 경제성장이 시작되었다. 경제시장은 정부에 의한 소유권 제도의 확립과 그것을 지탱하는 사법 시스템 등 정부가 기능하지 않고서는 결코 성립할 수 없다. 동시에 경제활동의 확대는 시장에서는 해결할 수 없는 문제를 초래한다. 어떤 문제에 대해서 정책적으로 대처하는가? 정부의 책임 영역은 어디까지 확장하는가? 하는 문제가 발생하게 된다. 행정학의 네 번째 과제는 정부는 민간 부문과 어떤 관계에서 맞부딪치며 격렬하게 대립하는가를 성찰하는 것이다.

실천지향성과 학제성(學際性)

이러한 네 가지 과제를 출발점으로 하여, 행정학은 실천지향성과 학제성이라는 두 가지 특성을 가지게 되었다.

첫째, 행정학이란 본래 해결해야만 하는 과제로부터 출발한 학문이며, 그런 의미에서 실천지향성이 강하다. 실무에 뿌리를 내리려고 하는 성격이 강한 학문이다. 예를 들면, 지역 쇠퇴라는 상황을 앞에 두고 행정은 무엇을 해야만 하는가? 하는 질문을 생각하는 것이 학문의 중심 부분을 형성하고 있다. 반대로 말하면 현실의 문제에 관여하여, 그 문제를 해결함으로써 학문으로서의 의의를 추구하는 경향이 강하다.

두 번째 특성은 학제성이 강하다는 것이다. 네 개의 과제 하나하나가 행정 조직과 다른 것들과의 관계를 고려한 것이기 때문에 그 외의 것을 연구하는 인접 분야가 존재한다. 즉 정치에 관해서는 정치학이, 민간 조직에 관해서는 경영학이, 정책을 통한 민간 부문과의 관계에 관해서는 정치경제학이나 공공정책학이, 조직과 도시에 관해서는 사회학이, 각각 깊이 있는 연구를 축적해 왔다.

이러한 두 가지 특징은 긴장관계를 야기한다. 실무를 지향하는가? 아니면 과학을 지향하는가? 또는 학제적인 확장을 중시하는가? 그렇지 않으면 행정학 고유의 영역을 발견하려 하는가? 이와 같은 두 개의 축을 통해 항상 양방향으로 분열되는 경향을 행정학은 숙명적으로 내포하게 되었다.

이런 긴장관계를 어떤 방법으로 해결하고자 하는가에 따라 행정학이라는 학문의 본질은 크게 달라진다. 하나는 실무를 지향하고 확산을 허용하는 방향이다. 싫든 좋든 논의는 확산되고 거기에 체계를 갖추게 하는 것은 어려워진다. 현재의 미국 행정학이나 공공정책학이 취하고 있는 방향이 이쪽이다. 이에 대해서 학술적으로 과학적인 분석을 추구하다 보면 논의의 대상은 제한되어 버린다. 인접하는 학문 분야의 어느 것에 근거하여, 학문적으로 의의가 있는 연구과제를 추구하는 방향이다. 일본의 행정학은 주로 정치학에 근거하면서 후자의 길을 걸어왔다.

어느 쪽도 불충분하다고 판단한다면 긴장 관계를 인내하면서 논의의 확장을 억제하는 데 도전하지 않으면 안 된다. 가능한 한 많은 문제군(群)을 다루며 다양한 학문 분야의 논의를 흡수하면서 체계적인 이론 구축과 데이터에 근거한 주장을 뒷받침하는 것이다. 지금까지 행정학에서 이러한 시도가 전혀 없었던 건 아니다. 학문에 있어서 체계화는 항상 하나의 목표이며, 행정학도 반복해서 이에 도전해 왔다. 이 책 또한 그러한 시도 가운데 하나이다.

체계화의 시도와 좌절

이런 관점에서 되돌아보면 20세기 초에 탄생한 시점의 행정학은 분업의 철저화라는 관점에서 앞서 언급한 네 가지 과제에 일관된 설명을 제공하는 시도였다. 정치와 행정의 분업이 먼저 확립되었다. 정부와 민간 부문이 수행해야만 하는 역할 더 나아가 중앙정부와 지방정부 각각의 역할도 명확해졌다. 이렇게 누가 무엇을 하는가를 명확히 함으로써 전문화에 의한 효율화와 책임의 명확화를 추구하려고 하였다.

분업의 가능성에 근거함으로써 초기의 행정학은 일관성을 갖춘 이론을 구축하였다. 그러나 철저한 분업은 일종의 픽션이었다. 정치와 행정의 역할을 명확히 구분하기 어렵고, 그건 다른 점에 관해서도 동일하다. 이렇게 픽션이 픽션이라고 하는 사실이 폭로된 이래, 행정학은 일관성을 잃어버리면서 행정 조직과 활동의 실태를 묘사하고 문제점을 개선하는 시도를 계속해 오고 있다. 예를 들면 분업하면서 통합을 이루는 것이 이상적인 모습이지만, 그것이 성립할 수 없다는 점에서 분파주의(칸막이행정)가 발생한다. 이것을 어떻게 해소할 것인가 하는 과제에 행정학은 대응해 왔던 것이다.

1980년대 중반 등장하여, 그 이후 행정학의 중심이 된 NPM(New Public Management, 새로운 공공경영이나 신공공관리라고도 불린다)은 다른 출발점으로부터 다시 한 번 일관성을 재구성하려는 시도이다. 초기 행정학이 정치와 행정의 분업으로부터 출발한 데 대해, NPM은 정부와 민간 부문의 관계로부터 출발한다. 비대화된 정부의 역할을 재해석한 후 공·사행정이원론과는 다른 형태로 공공서비스를 제공하고 있다. 민간 부문과의 협력과 서비스 수혜자의 선택을 확대하기 위해 정부의 업무를 세분화, 명확화한다. 더 나아가 이러한 움직임에 대응할 수 있도록 중앙·지방의 관계를 재검토하거나 정치와 행정에 관한 관계의 재검토가 요구된다.

이전 행정학이 정치와 행정의 분업을 출발점으로 하고, 그런 이유로 그 비현실성에 의해 붕괴되었듯, NPM도 그 출발점이 되는 정부와 민간 부문의 관계 재검토가 핵심이 된다. 여기에는 비영리단체(NPO) 등의 제3섹터라 불리는 부문을 포함한 형태로 정부의 역할을 재정의하지 않으면 안 된다. 이러한 다양한 부문 간 관계를 어떻게 통합해 갈 것인가는 거버넌스라는 개념으로 파악할 수 있겠다. 현재의 행정학은 거버넌스를 출발점으로 하여 NPM이 제시하는 분업과 통합의 체계가 어디까지 성립하는가? 또한 이것도 문제를 내포한 이론인가를 생각해 본다. 이러한 행정학의 현재 모습도 이 책에서는 살펴보고자 한다.

3. 이 책의 특징과 구성

기록된 것과 기록되지 않은 것

이 책의 골격이 되는 건 일본의 행정 실태이다. 그러나 일본의 행정 실태를 묘사한다고 하더라도, 그 모든 걸 묘사하는 건 당연히 불가능하다. 그래서 다음 두 가지를 기준으로 관점을 설정하였다. 하나는 학생과 일반인들의 관심 대상이 되어 있는 것과 언론에서 다루고 있는 화제에 관하여, 국제비교의 관점에서 가능한 한 객관적으로 설명을 제공한다고 하는 점이다. 관료 주도나 '블랙 가스미가세키(霞が関)'라고 하는 문제는 하나의 예이다.

또 하나는 반대로 언론 등에서 별로 다루지 않지만, 행정에 관해 생각할 때 널리 학생이나 시민이 알아두어야 한다는 기준이다. 현재 일본에서 공무원이 되려고 하는 사람이라면 꼭 이해해 두었으면 하는 것이나 현대일본의 행정에 관하여 흥미를 가지고 있는 사람이 알아두었으면 하는 것, 그러한 것들을 가능한 한 논리적으로 동시에 실태에 관한 데이터에 근거하면서 풀어서 해석하는 것이다.

관련 서적과의 관계

이 책은 기존 행정학과는 다른 관점에서 종래 별로 다루어지지 않았던 논점을 언급하고 있다. 그 반대로 과거의 행정학 논의에 관해서는 간략하게 소개하는 데 그치고 있는 곳도 많다. 그러한 논의에 관심이 있는 경우는 기존의 대표적인 교과서, 즉 니시오(2001)와 무라마츠(2001)를 참고하기 바란다. 혹은 분량을 억제한 최근 교과서로서는 이토·이즈모·데즈카(2016)나 모리타(2022)가 있다.

더 나아가 이 책과 보완적인 관계에 있는 책은 다음과 같은 네 종류의 교과서를 언급해 두고자 한다. 첫째, 마부치(2020)이다. 행정학 교과서로서 이 책에는 상당히 풍부한 예시와 이 책에서 다루지 않는 주제가 포함되어 있다. 둘째, 아키치·이토·기타야마(2020)이다. 공공정책학의 입장에서 쓰여진 이 책에는 정책 형성의 기법 등 이 책에서 다루지 않은 측면에 관한 서술이 많이 포함되어 있다. 셋째, 지방자치에 관한 교과서이다. 이 책은 지방정부와 관련되는 서술을 간결하게 정리하고 있는데, 이 주제는 종래의 행정학이 강하게 관심을 가져온 바 있으며, 최근에는 이 부분만을 특화한 교과서(이나츠기 2011; 기타무라·아오키·히라노 2017; 이소자키·가나이·이토 2020; 이리에·쿄 2020; 기타야마·이나츠기 편 2021)도 늘어나고 있다. 넷째, 저자의 특색이 명확히 포함되어 있는 교과서로서 실증연구를 강하게 지향하는 하라다(2022)와 추상도가 높은 가나이(2020)를 들 수 있다.

이 외 집필 당시 행정학에 관한 많은 교과서(이마무라 외 2009; 니시오 편 2012; 무라가미·사토 편 2016; 가제마 편 2018; 다케치 2021)를 참조하고, 국내·외 연구서와 논문의 식견도 포함하고 있다. 책 뒷부분에 참고문헌 리스트를 열거하고 독서 안내를 게재하였으니, 더 깊은 학습을 위해 활용하면 좋겠다.

네 부분

이 책은 4부로 구성하였다. 제Ⅰ부에서는 정치와 행정의 관계를 고찰한다. 대표민주제 아래서 정치가와 관료 사이에는 어떤 관계가 성립하는가를 다룬다. 제Ⅱ부에서는 행정 조직 내부에 주목한다. 현대 관료제 조직의 특징을 이해하는 게 주요 과제이다. 제Ⅲ부에서는 국민국가에서의 행정에 더해 지역 레벨, 더 나아가 국제 레벨의 행정은 어떠한 특징을 지니는가, 이것들 상호관계는 어떤 것인가를 명확히 한다. 여기서는 행정의 다층성이 주된 테마이다. 마지막 제Ⅳ부에서는 정부 부문과 민간 부문의 관계를 중심으로 하면서, 더 나아가 NPO 등 제3섹터를 포함한 3자 사이에 어떤 관계가 있는가를 고찰한다. 즉 거버넌스의 본질이다. 4부로 구성된 관계를 개념 도식으로 표시한 것이 그림 1이다.

이러한 각 부분은 각각 행정학 탄생의 계기가 된 네 가지 계기에 기원한다. 대표민주제의 성립이 제Ⅰ부의 정치와 행정의 관계, 근대조직의 성립이 제Ⅱ부의 행정 조직, 이동·통신의 확대는 제Ⅲ부의 멀티 레벨의 행정 그리고 시장에 대한 관여 증가는 제Ⅳ부의 거버넌스 형태의 원류가 되고 있다.

이와 같은 4부의 구성은 행정학의 기본적인 관점으로서, 어느 나라의 행정을 고찰하는 경우에도 적용할 수 있다. 그리고 이 순서는 정치와 행정으로부터 설명을 시작한다는 점에서 전통적인 행정학의 관점과도 일치하고 있다. NPM의 관점은 정확히 그 반대에 해당한다. NPM이란 거버넌스의 형태를 달리 보는 것으로부터 출발한다. 기본적인 사고방식을 몸에 익히기 위해서, 먼저 제Ⅰ부로부터 순서대로 읽을 것을 권하지만, 두 번째는 제Ⅳ부로부터 읽으면 NPM의 개념이 보다 잘 이해되리라 생각한다.

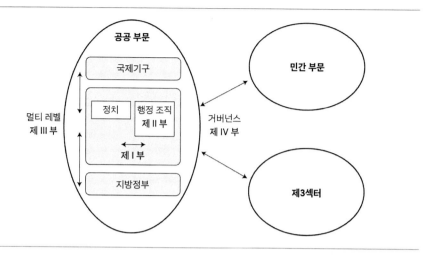

그림 1 ▸ 이 책의 구성

이 책은 이러한 독해가 가능하도록 구성되어 있다.

행정의 기본요소로는 제도, 관리, 정책을 거론하는 경우가 많다. 그것과의 관계에서 말하면, 제도의 요소는 중앙과 지방의 관계, 정치와 행정의 관계를 중심으로 한다. 제Ⅰ부와 제Ⅲ부가 제도를 중점적으로 다룬다. 관리는 행정 조직 내부의 기능이기 때문에 제Ⅱ부에서 살펴보기로 한다. 정책이란 정치가 사회·경제에 영향을 미치는 것이기 때문에 제Ⅳ부에서 주로 살펴본다.

한 가지 더하면, 행정 전체를 조망하는 시점으로서는 정책을 축으로 하여, 그 흐름에 따라 행정의 활동을 파악하는 관점이다. 정책과제를 인식하고 그것에 매달려 안을 작성하는 것, 안을 정식으로 결정하고, 그것을 시행하는 것, 그 시행이 정책의 대상자에 도달하여, 무언가 효과를 낳는 것 등 일련의 정책 라이프사이클을 살펴보는 관점이다. 이런 관점에 따라서 이 책의 구성을 이해하는 것도 가능하다. 정책안의 형성에서 결정에 이르는 부분에서는 주로 정치와의 관계가 중심이 되기 때문에, 제Ⅰ부가 이에 대응한다. 정책의 시행에 즈음해서는 행정 조직 내부에서의 관리가 주된 과제가 되며, 이는 제Ⅱ부의 대상이다. 정책안의 형성에서 시행에 이르기까지가 지역에서부터 국제사회에 걸친 다양한 층에서 중층적으로 시행되는 것을 파악하려고 하는 것이 제Ⅲ부다. 그리고 정책의 대상은 사회와 경제이기 때문에 정책의 효과에 관한 부분은 제Ⅳ부에서 다룬다.

각 부의 서두에는 각각의 부에서 위임과 분업이 어떤 형태로 그 부에 나타나는가를 제시해 두었다. 이것들을 통독함으로써 이 책이 전체적으로 어떤 문제를 어떤 형식으로 다루고자 하는지가 더 잘 이해될 수 있을 것이다.

각 부의 구성

네 개의 부는 각각 네 개의 장으로 구성되어 있다. 어느 부에서도 네 개의 장의 역할은 공통된다. 우선 제1장에서는 그 부의 주제를 이해하는 데 기본이 되는 개념을 설명하고, 그 실태를 파악하기 위한 기반을 설정하고, 그것을 이용하여 일본의 행정을 다른 나라와 비교 속에서 자리매김한다. 제2장에서는 일본의 행정 실태, 근대화가 행정에 미친 영향을 살펴보기 위해, 메이지 이래의 역사를 간단히 회고하면서 전후에 중점을 두어 서술한다. 2000년 이후의 변화에 관해서도 추적하려 유의하고 있다. 제3장은 국제비교 및 시계열비교를 통해 명확해진 차이에 관하여 그 원인을 설명한다. 어떤 요인이 현재 일본 행정의 특징을 만들어 내는가? 지금까지의 연구 성과를 소개하면서 이 질문을 검토한다. 어느 부에서도 이익(Interest), 이념(Idea), 제도(Institution)라는 세 개의 'I'에 주목한다. 제4장은 그러한 차이가 초래하는 귀결에 관하여 고찰한다. 예를 들면 정치와 행정 관계의 차이가 우리들의 사회와 경제에서 결국에는 어떤 차이를 초래하는가?라는 질문에 관하여 성찰한다.

달리 표현하면 제1장이 행정의 중요한 네 가지 요소를 서술하기 위한 개념과 기준을 설정하고 있다. 이에 근거한 국제비교와, 제2장에서의 시계열비교를 통해 일본 행정의 실태를 파악한다. 제3장은 그러한 실태가 설명되어야만 하는 대상(종속변수 또는 피설명변수)으로서 그것을 설명하는 요인(독립변수 또는 설명변수)은 무엇인가를 명확히 한다. 제4장은 반대로 행정의 실태를 독립변수로 하여 그것이 초래하는 효과와 귀결을 종속변수로 파악하는 구성으로 이루어져 있다.

각 장의 처음에는 그 장의 요약을 열거하고 있다. 그리고 각 장의 마지막에는 이해도를 높이는 동시에 독자 자신이 스스로 깊이 이해할 수 있도록 연습문제를 나열해 두었다. 여유를 가지고 진지하게 노력한다면 행정학의 지식과 능력이 배양되리라 믿는다. 그러면 이제 본론으로 들어가자.

제Ⅰ부

정치와 행정

SCIENCE OF PUBLIC ADMINISTRATION

개요 ___

　정치가와 관료의 관계를 본인과 대리인의 관계로 파악한다. 이로 인해 양자의 관계는 어느 쪽이 이기고 어느 쪽이 진다고 하는 단순한 것이 아니라는 사실을 확인하게 된다. 이것이 제Ⅰ부의 과제이다. 양자는 서로 승자가 되는 경우가 있으면 반대로 서로 패자가 되는 경우도 있다. 그건 정치가가 정책 형성을 자신이 수행하는 대신, 관료에 위임하는 관계에 있기 때문이다. 위임이 잘 된다면 정치가는 거기서 남은 시간과 에너지를 보다 효과적으로 사용할 수 있는 것이다.

　본인·대리인 관계에도 다양한 유형이 있지만, 정치가와 관료의 관계 특징은 본인이 되는 정치가가 한몸이라고는 할 수 없다는 점이다. 행정의 수장이 되는 정치가, 즉 수상이나 대통령에 권력이 집중하도록, 다른 정치가가 위임한다면, 관료는 그 행정의 수장 한 사람을 본인으로 하는 것이 된다. 그러나 그렇지 않은 경우도 많다. 정치 제도의 본질이 이 점을 좌우한다. 그리고 복수의 본인을 받아들이지 않으면 안 되는 건 대리인으로서 관료의 행동을 크게 변화시킨다.

　정치가로부터의 위임이 잘 이행되지 않는 경우도 있다. 여기서도 단순히 대리인을 통제할 수 없다고 하는 것만이 실패의 형태가 아니기 때문에, 그 전체적인 이미지를 잘 이해해야만 한다. 이러한 실패를 방지하기 위해서 어떻게 책임을 추궁하는 체제를 준비하면 좋을까를 생각하자. 그리고 마지막으로 정치와 행정의 관계가 잘 이행되지 않는다면 우리들의 사회와 경제에 어떠한 문제가 발생하는가를 성찰하도록 하자.

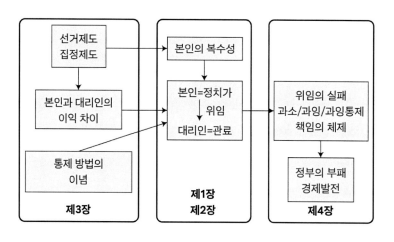

제1장

정치와 행정의 관계

제1장에서는 본인·대리인 관계, 즉 지식이나 정보를 가지고 있는 사람에 대한 위임을 축으로 하여, 현대 민주제를 이해하는 관점을 설명한다. ① 본인은 어떻게(어떠한 방법으로) 대리인을 통제하는가? 그 난점은 무엇인가? ② 한 사람의 본인에 근무하는 것과 복수의 본인에 근무하는 경우에서는 대리인의 행동은 어떻게 변화하는가? 이러한 두 가지 점을 이해하는 것이 정치가와 관료의 관계를 이해하는 데 핵심이라는 사실을 이해하면 좋겠다.

1. 본인·대리인 관계로서 정치와 행정의 관계

정치와 행정의 의미

현대 민주제는 주권을 가진 국민이 그 주권을 먼저 정치가에게 그다음에 관료에게 위임하는 구조로 이루어져 있다. 정치가와 관료의 관계는 현대 민주제의 근간을 이루는 권한이양의 중요한 일부분이다. 정치와 행정의 관계라 하더라도 여러 다양한 의미가 있으며, 입법 권한을 정치, 법을 집행하는 권한을 행정이라 부르는 경우가 있다. 통치행위 안에서의 결정을 정치, 집행을 행정이라 부르는 경우도 있다. 그러나 정치학, 행정학에서는 이것을 정치가와 관료의 관계로 파악하고 있다. 정치와 행정을 담당자의 관점에서 이해한다. 민주제인가? 비민주제인가? 누가 통치하는가? 라는 문제가 정치학의 기본적인 관심사이기 때문이다. 그래서 정치와 행정의 관계를 정·관 관계라 부르기도 한다.

　다음으로 정치가와 관료를 구체적인 사람, 즉 바이든이나 기시다 후미오 혹은 고이케 유리코와 같은 사람들이 아니고, 정치가와 관료라는 '역할'로 파악해 보자. 정치가라는 역할은 유권자가 선거를 통해 선택하여 뽑음으로써 비로소 그것을 담당하는 것이 허용된다. 이에 반해 관료 혹은 행정관이란 정치가가 임명함으로써 그것을 담당하는 것이 허용되는 역할이다. 이와 같이 구체적인 사람이 아니라, 어디까지나 '구조'나 '역할'로 파악함으로써 개별 현상을 넘어서 우리들의 사회에서 정치와 행정이 어떤 의미를 가지고 있는지를 보다 널리 깊이 이해할 수 있다.

　정치가와 관료의 주된 활동은 정책을 형성하는 것이다. 여기서 말하는 정책 형성이란 정책의 내용을 결정하는 것이다. 그것은 흔히 말하는 정책 결정의 단계뿐만이 아니라 실행의 단계에서도 이루어진다. 예를 들면 법률이나 예산과 같은 정책의 결정과 법률에 근거한 인·허가나 도로 건설 사업과 같은 정책실행을 구분할 수도 있지만, 후자의 단계는 기계적인 작업으로 판단의 여지가 없는 건 아니다. 오히려 실행단계에서야말로 정책의 실질적인 내용이 결정되는 것도 많다. 그래서 이러한 것들을 전체적으로 정책의 형성으로 다룬다.

본인·대리인 관계와 근대사회

　현대 민주제가 국민이 가지는 주권을 정치가 더 나아가 관료에 위임하는 구조라고 하는 것은 달리 말하면 현대 민주제는 본인·대리인(PA: Principal vs. Agent) 관계의 연쇄로서 파악할 수 있다는 것이다(그림 1-1). 본인·대리인 관계란 본인이 가지는 권한을 대리인에게 위임함으로써 성립하는 관계이다. 우리 국민들은 주권자이며 우리가 직접 정치를 담당하는, 즉 정책 형성을 실행해도 좋다. 그러나 시간과 에너지의 한계 그리고 능력의 제한이 있기 때문에, 대리인에게 정책 결정과 그 실행을 위임하고 있는 것이다. 그리고 국민이 대리인으로서 선출한 정치가 또한 모든 정책을 결정하고 실시하기엔 기량 면에서도 능력 면에서도 한계가 있기 때문에 대리인으로서의 관료를 임용한다. 즉 정치가란 유권자라는 본인으로부터 보면 대리인인 동시에 본인으로서 관료라는 대리인을 통제하는 존재이기도 하다. 관료에 대한 정치가의 통제, 즉 민주적 통제란 이런 이중의 본인·대리인 관계를 통해 최종적으로 우리 국민이 바라는 정책을 손에 쥐기 위한 수단이다.

그림 1-1 ▶ 본인·대리인 관계로서의 현대 민주제

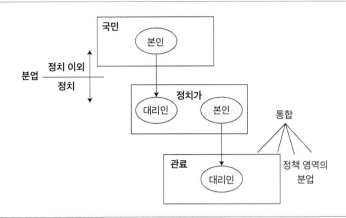

다른 관점에서 보면, 현대 민주제에서는 국민과 정치가 및 관료 사이에 정치를 둘러싼 분업이 성립한다. 고대 그리스 시대의 시민은 정치로부터 유리되는 것이 용납되지 않았다. 노예에게 경제활동을 맡김으로써 모든 시민이 정치에 관여하는 것을 가능하게 함과 동시에 의무이기도 하였다. 그러나 고대 그리스 시대의 시민과 달리, 근대에서의 시민은 정치에 항상 관여할 것을 요청받지 않는다. 우리 입장에서 정치는 연례행사이며, 선거 이외에 관여할 여유는 제한된다.

이와 같이 먼저, 정치를 일상적으로 행하는 사람과 그렇지 않은 사람과의 분업이 국민과 정치가 및 관료 사이에 성립한다. 그다음에 정치를 일상적으로 담당하는 사람 가운데 분업이 이루어진다. 행정이란 그 분업을 구현하는 것이다. 행정기관에 있어서는 안전보장, 복지 등 정책 영역별로 다른 사람들이 서로 다른 정책 형성을 담당한다. 그러한 것들의 균형을 유지하고, 전체적으로 방향을 결정하는 통합기능을 수행하는 것이 정치의 역할이다.

즉 정치가가 유권자에 대한 대리인인 동시에 행정에 대한 본인이라고 하는 이중의 역할 각각을 관철함으로써 정치에서의 분업이 완전해진다. 정치가가 유권자의 대리인으로서 충분히 신뢰받는 존재가 된다면 유권자는 정치에서 벗어날 수 있다. 행정이라는 대리인을 본인으로서 충분히 활용한다면 자기 자신이 행하는 이상의 정책을 시행할 수 있다. 이것이 현대 민주제의 기본구조이며, 그것은 정치 세계에서 근대사회의 특징으로서의 분업을 성립시킨다고 하는 것이다. 물론 현실은 이로부터 괴리가 있으나, 괴리가 어느 정도인가를 이해하기 위해서도 기본구조가 어떤 것인지를 먼저 이해하면 좋겠다.

민주적 통제와 정치 주도

현대 민주제에서 가장 큰 문제는 행정이라는 대리인이 본인인 정치가 더 나아가 사람들의 의향에 반하고 있는 것은 아닌가? 즉 민주적 통제가 실현되어 있는가 하는 질문이다. 그리고 이 질문은 정책 형성에서 누가 영향력을 가지는가? 하는 질문으로 바뀌어 왔다. 영향력이 강한 것은 정치가인가? 관료인가? 정당 우위와 관료 우위의 어느 쪽이 실상인가? 하는 질문을 통해서 민주적 통제의 존재 여부를 판단한다. 정치 주도인가? 관료 주도인가? 하는 질문도 동일한 문제의 관심 선상에 있다.

그러나 이러한 언어와 개념은 애매하다. 영향력이 강하다라는 것은 어떤 상태일까? 정치가의 명령에 관료가 따른다고 하는 것일까? 아니면 정치가와 관료의 영향력은 제로섬 관계(한쪽이 강해지면 다른 한쪽은 약해지는 관계)일까? 혹은 정치가가 정책 형성을 하는 데 다양한 역할을 수행하는 것이 정치 주도라는 의미일까? 이러한 점을 명확하게 하지 않고 정·관 관계의 본질을 논하고, 그것을 바꾸려고 하는 것은 의미가 없을 뿐만 아니라 오히려 해롭기조차 하다. 정치와 행정의 관계가 무엇에 의해 규정되고, 무엇을 초래하는가를 충분히 이해하지 않고, 관료 주도는 악이며, 정치 주도가 선이라고 하는 선·악이분법을 함부로 사용해서는 안 된다.

정치와 행정의 관계를 정리하기 위해서, 양자의 의도와 정치가의 행동이라고 하는 두 가지 차원을 나누어 생각해 보자. 의도란 어떤 정책을 실현하고 싶다고 생각하고 있는가? 하는 것이다. 정책 선호라 부르기도 한다. 그리고 여기서 행동이란 정치가가 관료에 대한 통제나 통제를 시도하는 것을 의미한다. 우선 정치가와 관료의 의도(정책 선호)에 관해 생각하면, 양자가 동일한 정책을 선호하는 경우와 양자가 선호하는 정책이 서로 다른 경우가 있다. 그런 다음 행동에 관해서는, 정치가가 통제를 시도하는가? 그렇지 않은가? 두 경우를 살펴본다. 이 의도와 행동이라는 두 개념을 조합함으로써 정치와 행정의 가장 단순한 관계를 기술하는 네 가지 패턴이 만들어진다 (표 1-1).

표 1-1 ▶ 정치와 행정의 관계 네 유형

		행동: 통제	
		실시	실시 안함
의도: 정책 선호	일치	과잉 통제	이상적인 PA관계
	상이	PA관계의 유지	PA관계의 파탄

이 단순한 도표를 살짝 보기만 해도, 정치가에 의한 통제의 실시를 가지고 정치 주도라고 말하는 건 너무 소박하다는 걸 알게 될 것이다. 정치가가 관료에 대한 통제를 실시하는 것은 양자의 정책 선호가 괴리되어 있는 경우에는 필요하다. 그러나 정책 선호가 일치하고 있는 경우에 통제를 가하는 건 지나친 통제이다. 그런 통제는 단순히 쓸모가 없을 뿐만 아니라 관료의 동기나 의욕을 저하시켜, 정치가가 본래 수행해야 할 다른 역할에 할애해야 하는 시간과 에너지를 빼앗는 것이라는 의미에서 손실을 발생시킨다. 반대로 통제가 실시되지 않고 있는 건 양자의 관계가 매우 양호하기 때문이라고 추측하는 것도 속단이다. 눈에 띄기 쉬운 정치가의 행동 수준만을 보고 정·관 관계를 논해서는 안 된다.

본인·대리인 관계란 무엇인가

정치와 행정의 관계를 살펴보기 위해서, 본인·대리인 관계에 관하여 더욱 상세하게 고찰해 보자. 우선 본인·대리인 관계에서 본인은 자기 자신이라도 행할 수 있는 무언가의 행위를, 다른 사람인 대리인에게 위임하고 실시하도록 한다. 여기서 본인이라도 할 수 있는 것을 시간과 에너지의 절약을 위해서 다른 사람에게 위임하여 처리한다면 그것은 업무의 구매에 불과하다. 그렇지 않고, 대리인이 본인에게는 없는 지식이나 기능을 가지고 있기 때문에, 본인 자신이 실시하는 것보다도 대리인이 그 업무를 능숙하게 시행할 수 있다는 점에 본인·대리인 관계의 특징이 있다.

그러나 동시에 그것이 본인·대리인 관계의 어려움이기도 하다. 대리인이 가진 지식이나 기능의 우위성을, 대리인이 악용할 가능성이 있다. 모니터링(monitoring)의 곤란성이란 문제는 다른 사람에게 위임하는 경우 반드시 발생하는 것이지만, 본인·대리인 관계에서는 그 문제가 보다 큰 문제가 되기 쉽다는 점이다. 본인보다도 정보 면에서 우수한 대리인이 본인의 이익이 되지 않는 행동을 하는 것을 에이전시·슬랙(agency slack)의 발생이라고 한다.

현재 우리의 생활은 다양한 대리인을 활용함으로써 성립하고 있다. 여행을 결심하고, 여행대리점에 가서 계획을 세운다. 집을 건축할 때 목수에게 의뢰한다. 법률문제가 발생하면 변호사를 고용한다. 이러한 것들 어느 것도 대리인은 우리가 가지고 있지 못한 기능과 지식을 가지고 있다. 그 대리인은 우리들을 위해 가지고 있는 능력을 모두 발휘해 줄 것인가? 그렇지 않다 치고, 우리들에게 무엇이 가능할 것인가?

여기에는 정보의 비대칭이라는 커다란 문제가 존재한다. 대리인이 기능이나 지식을 가지고 있기 때문에 그것을 활용하고 싶지만, 그것이 대리인을 통제하는 어려움도 내포하고 있다. 이런 곤란함을 극복하고, 어떻게 하여 대리인의 기능과 지식을 자신을 위해서 사용해 갈 수 있는가? 그것이 본인·대리인 관계의 핵심이다.

본인·대리인 관계로서의 정·관 관계

유권자들로부터 선출된 걸 가지고 정통성에 우선하는 정치가는 정책을 형성하는 본래의 주체이다. 이에 대해서 전문특화함으로써 정책에 관한 다양한 지식을 보유하는 것이 행정기관의 특성이다. 정치가는 관료에게 정책 형성을 위임함으로써, 관료가 가지고 있는 정보와 지식을 활용하려고 한다. 따라서 정·관 관계를 살펴볼 때 중요한 건 정치가가 바라는 정책 효과가 실현될 수 있는가 하는 관점과 관료가 가지고 있는 기능과 지식이 정책에 반영되어 있는가 하는 관점, 양방이다. 양자 사이에는 종종 이율배반적인 관계가 존재하고, 그것을 어느 정도 양립할 수 있는가가 문제시된다 (소가 2005: 제2장).

관료에게 정책 형성을 위임하면 에이전시·슬랙 현상이 발생하기 쉽다. 그 원인은 정보의 비대칭성이다. 구체적으로 다음 두 종류의 비대칭성이 있다.

첫째, '숨겨진 정보'이다. 관료가 어떤 정책 선호를 가지고 있는가? 또한 정책 형성에 관하여 어떤 지식이나 기능을 가지고 있는가? 정치가에겐 알 수 없다는 점이다. 관료는 자기 조직의 존속 등의 관점에서 정치가와는 다른 정책을 실현시키고 싶다고 생각하는 경우가 있다. 또한 관료가 갖추고 있는 지식과 기능의 정도는 정치가보다 일반적으로 높다곤 하지만, 실제로는 관료 가운데도 차이가 있다. 관료밖에 알 수 없는 선호나 능력은 게임이론의 용어를 사용하자면, 정치가에 있어서 완전히 갖춰지지 않은 불완전정보이다. 이와 같이 '숨겨진 정보'가 있기 때문에, 적절치 못한 대리인을 선택하게 되는 것을 역선택이라 부른다.

둘째, '숨겨진 행동'이다. 이것은 관료가 어떠한 행동을 취하고 있는지는 정치가에게 잘 보이지 않는다는 점이다. 정책을 실시하는 경우, 어떤 기준에 근거하여, 어떤 결정을 내리는가 하는 문제를 정치가가 알기 매우 어렵다. 이러한 '숨겨진 행동'이 존재하는 경우, 게임이론에서는 그 관료의 행동은 정치가의 입장에서는 불완전정보라고 부른다. 행동이 관찰되지 않는 것을 이용하여, 대리인이 자기 이익을 추구하는 행동을 하는 걸 모럴·해저드(moral hazard)의 발생이라고 한다.

관료의 정책 형성 활동

정치가로부터 위임을 받은 관료가 어떤 방법으로 정책 형성을 추진하는가? 조금 더 상세히 살펴보자. 정책이란 정부가 사회·경제에 영향력을 미치는 것이기 때문에 (상세한 내용은 제4부 참조), 정부에 의한 영향력으로서의 정책과 그것이 사회나 경제에 미치는 효과 등을 나누어 고찰한다. 정치가의 입장에서 중요한 건 후자인 정책의 효과이다. 정치가는 선거에서 선출된 존재이며, 유권자의 지지를 필요로 하는 것으로부터도 정치가의 관심사는 사회나 경제의 본질에 관련된 것이다. 예를 들면 환경정책을 생각하는 경우, 정치가에게 중요한 건 그것이 경제활동에 어느 정도의 부담을 주고, 사람들의 건강을 어느 정도 지킬 수 있는가? 하는 것이다. 다른 한편으로 관료도 지향하는 사회와 경제의 본질을 가지고 있으나, 그것은 정치가와 같다고는 할 수 없다. 이것들은 그림 1-2에서 정책 효과를 제시하는 데 있어 위의 직선에서 정치가가 바라는 효과, 관청 A, B가 바라는 효과가 괴리되어 있음을 보여주고 있다. 정책 선호란 이와 같이 이해할 수 있다.

다음으로 정부는 사회나 경제의 본질을 직접 결정할 수 없지만, 어디까지나 정책으로 영향력을 미칠 수 있을 뿐이다. 그러나 정책이 사회나 경제를 어떤 방법으로 변화시키는지는 쉽게 알 수 없다. 따라서 정책을 형성하는 데에는, 정책활동의 선택지가 어떤 방법으로 정책산출을 낳고, 더 나아가 그것이 사회나 경제에 어떤 효과를 낳는가에 관한 지식이나 정보가 필요하게 된다(☞제16장). 정책의 구체적인 내용으로서, 어떠한 환경기준의 규칙을 세우면 좋을까? 예를 들면 공장에서 배출되는 매연에 포함되는 이산화탄소는 0.04pm 이하로 할 것인가? 1.0pm 이하로 할 것인가?는 기업의 대응에 드는 비용과 이산화질소 농도가 건강에 미치는 영향을 이해하지 않고서는 결정할 수 없다.

여기서 관료에게 기대되는 역할이란, 겨냥한 정책 효과를 실현하도록 정책 내용을 상세하게 채우는 것이다. 그러나 정책 내용과 정책 효과의 관계를 이해하는 건 간단한 문제가 아니다. 여기서는 일정한 노이즈가 들어와서 불확실한 요소가 포함된다. 따라서 그림 1-2에 있듯이, 특정한 정책 내용을 결정했다 하더라도, 거기에서 발생하는 정책 효과는 한 점으로 결정되지 않는다. 겨냥하고 있던 결과 이외의 결과가 일정한 확률로 발생한다. 이러한 뒤틀림이 어느 정도 발생할 수 있을 것인가를 파악하고, 그러한 뒤틀림, 즉 왜곡을 작게 하기 위해서는 어떤 정책으로 해야만 할 것인가를 생각하는 것이 관료의 능력을 의미한다.

그림 1-2 ▸ 정책 내용과 효과의 관계

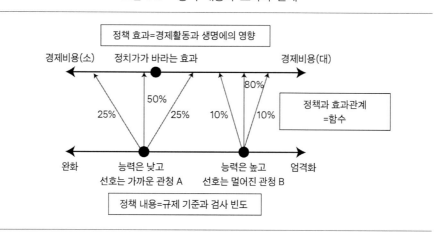

구체적으로 이 능력은 두 가지 이해와 지식으로부터 성립한다. 하나는 "정책수단의 선택지로서 어떠한 것이 있는가?"에 관한 이해이다. 즉 어떠한 정책을 실시하면 정책과제를 해결할 수 있는가에 관한 지식이다. 또 하나는 "시책의 구체적인 내용을 어떻게 할 것인가?"에 관한 이해이다. 예를 들면 "규칙의 기준설정이 사람들의 생명과 경제활동에 어떤 영향을 미치는가?"에 관한 지식이다. 또는 규칙을 실시하는 경우, 어느 정도의 빈도로 입회검사를 실시하면, 어느 정도의 준수 상황을 확보할 수 있고, 그 결과로서, 대기의 상태를 어느 정도 개선할 수 있는가를 알고 있는 것이다.

증거에 기반한 정책 형성(EBPM: Evidence-Based Policy Making)이란 과학적 식견을 활용함으로써 정책 내용과 효과의 왜곡을 적게 하는 시도이다. 지금까지 관료가 지닌

강점은 두 가지 지식 가운데 후자의 집무를 통해서 얻어지는 지식이었다. 이에 대해 전자의 지식을 강화하려고 하는 것이 EBPM이다. 사회과학의 발전에 따라 인과효과에 관한 추정의 정밀도가 높아진 것과 통계 데이터 특히 빅데이터가 확충되어 온 것이 이런 움직임의 배경에 있다.

2. 정치가에 의한 관료의 통제

사전 통제와 사후 통제

지금까지 본인·대리인 관계를 사용하여 정치가와 관료의 관계를 파악하고, 그 작동 메커니즘을 살펴보았다. 그러면 관료에게 정책 형성을 위임하면서 정치가가 바라는 결과를 얻기 위해서는, 정치가는 어떻게 통제하면 좋을 것인가? 통제 방법은 크게 두 가지, 사전 통제와 사후 통제로 나눌 수 있다. 이것은 관료가 정책 결정과 정책실시를 수행하는 데 대해, 시간적으로 선행하는가 아닌가를 기준으로 한다. 사전 통제의 목표는 능력이 있고 정책 선호도 가까운 관료를 대리인으로 선출하여, 리소스(resource)를 부여하는 것이다. 즉 불완전정보에서 발생하는 역선택의 문제에 대처하면서 위임의 정도를 결정하는 것이다. 이에 대해 사후 통제가 지향하는 건 정책을 실시함에 있어 관료가 태만하거나 일탈행동을 하거나 하는 것을 억제하는 데 있다. 이것은 불완전정보에서 발생하는 도덕적 해이에 대한 대처라 할 수 있다.

통제를 가하는 경우에는 정보의 비대칭의 모든 걸 해소하지 않아도 좋다. 관료가 능력이 뛰어나고 정책 선호도 같다면, 정치가는 관료의 행동을 관찰할 필요가 없다. 반대로 관료의 능력이나 정책 선호를 모른다고 해도 관료가 실시하고 있는 정책의 귀결이 명확하다면, 그것만 가지고도 관료가 제멋대로 하는 것을 방지할 수 있다. 따라서 필요충분한 통제를 하는 것이 중요하게 된다. 통제는 어디까지나 에이전시·슬랙을 해소하기 위한 수단이다. 이것을 자기목적화하는 건 과잉 통제를 낳기 쉽다.

선발 방식

사전 통제는 우선 불완전정보를 가능한 한 감소시키기 위한 통제와 그래도 남는 불완전정보에 대처하기 위한 통제로 구분된다. 전자는 관료의 선발에 있어서 가능한 한 능력이 높고 정책 선호가 일치하는 사람을 골라내는 스크리닝(screening)이다. 그러면 어떤 기준에 근거하여 선발하면 좋은가?

선발할 때 문제가 되는 것은 높은 능력과 정책 선호의 일치를 양립시키는 게 어렵다는 점이다. 능력이 높은, 즉 기능이나 지식을 취득한 전문가는 정치가가 바라는 것과 다른 정책을 선호할 가능성이 높다. 정치가가 일반 유권자의 의향을 중시하는데 반해 전문가로서의 관료는 그 전문성의 입장에서 중시하는 가치에 중점을 두기 때문이다. 그래서 능력과 선호 가운데 어느 쪽을 중시하는가에 대응하여 다른 선발 방식을 택하게 된다. 정책 선호를 가까이하려고 하면 정책임용제를 이용한다. 정책임용이란 임용에 있어서 능력증명을 요구하지 않고, 정치가와 정책 선호를 공유할 것을 기준으로 하여 임용할 수 있는 제도를 말한다. 이에 대해서 정책 형성에 관한 기능이나 지식을 중시한다면 자격임용제(merit system)를 채용하는 것이 된다. 이것은 임용을 하는 경우 객관적인 능력증명을 부과하는 임용제이다.

다만 정치임용제를 채택하는 경우 완전히 선호가 일치하는 사람을, 자격임용제를 채택하는 경우 능력이 높은 사람을 확실히 선발할 수 있다고는 장담할 수 없다. 특히 전자의 경우가 어려운 문제를 내포한다. 능력의 측정은 시험을 적절하게 설계하고 실시한다면 매우 정확히 시행할 수 있다. 능력 없는 사람이 있는 척 거짓말을 하는 건 어렵다. 그러나 정책 선호를 외부에서 관찰하는 건 더 어렵다. 그런 만큼 정치가와 선호가 일치하지 않는 사람이 마치 일치하고 있는 것처럼 거짓을 행하는 것은 가능하다.

정치가와의 정책 선호의 일체성이 요구되는 정치임용에서는, 임명권자인 정치가의 교대에 따라 관료도 교대하는 것이 관례(관행)이다. 즉 임명권자의 의사에 의한 실질적인 파면(휴직 등을 포함)이 예정되어 있다. 이 점을 완화한다면 임용에 있어서 능력증명도 정책 선호의 공유도 필요 없이 임명권자의 판단으로 임명할 수 있게 된다. 이걸 자유임용이라 부른다.

자유임용은 그 의도에 따라 여러 유형이 있다. 정치가가 정책의 실현이 아니라 유권자의 편익을 제공함으로써 표를 모으는 경우 자유임용을 이용하는 것도 가능하다. 이 경우 그것을 비판하여 정실임용(Patronage)이라 부른다. 정실임용은 관직을 얻으려고 정치가에 영향력을 행사하는 엽관 행동을 불러일으키기 쉽다. 유권자의 엽관과 정치가의 응답이 만들어내는 행정을 엽관제(Spoils System)라 부른다.

다른 한편, 행정 직원의 구성이 사회의 다양한 사람들의 구성을 반영하도록 자유임용을 이용하는 것도 가능하다. 계급, 계층, 출신과 거주지, 교육, 장애, 인종, 성 등 다양한 측면이 기준이 될 수 있다. 적극적 우대조치(Affirmative Action)에 근거하여, 일정한 사람들의 채용인수와 비율을 설정하는 것은, 이의 구체적인 방법이 된다.

정책 형성 절차와 조직편제

어떤 선발 방식을 선택하더라도, 능력의 부족이나 정책 선호의 괴리를 완전히 해소하는 것은 불가능하다. 그래서 다음 대처법으로서 세 종류의 사전 통제가 준비되어 있다. 첫째, 정책 형성에서의 재량의 제약, 둘째, 정책 형성과 정책실시의 룰 책정, 셋째, 행정 조직의 조직편제를 좌우하는 것이 그것이다.

첫째, 정책 형성에서 재량의 제약이란 관료가 정책안을 책정하는 경우, 미리 정치 측에서 검토해야만 하는 점과 고려해야만 하는 요소를 제시하는 것이다. 실질 정책이 시행령이나 시행규칙 등에 의해 결정되는 경우, 어디까지 법률의 틀에 끼워 넣어 둘 것인가 하는 것도 이에 해당한다.

둘째, 정책 형성의 룰이란 정책안을 작성하는 데 있어 어떤 사람들의 의견을 청취하지 않으면 안 되는가? 어디로부터 정보를 수집하지 않으면 안 되는가? 누구의 동의를 얻지 않으면 안 되는가? 하는 것들을 결정해 두는 것이다. 이로 인해 관료에게 정책안의 작성을 맡기면서 정치가가 중시하는 기업이나 사람들의 생각에 입각한 정책 형성을 가능하게 한다.

또한 정책실시의 룰이란 행정절차법과 같이 인·허가 등 행정행위의 기준을 명확히 하고, 처리 순서나 기간을 정해 둠으로써 하나하나의 결정을 감시하지 않고, 관료의 결정 범위를 설정하는 것이다. 정치가의 경우 중요한 지지 기반이 되는 기업이나 유권자에 대해, 관료에 의한 결정에 대한 이의신청의 기회를 갖추는 것 등도 가능해진다.

셋째, 행정 조직의 조직편제를 통한 통제이다. 제Ⅱ부에서 살펴보듯, 조직편제의 포인트는 통합과 분업이지만, 정치가에 의한 사전 통제의 방법으로서는 통합을 맡은 부분이 우선 초점이 된다. 정부의 핵심, 즉 성·청의 상위에 놓이는 일본에서 말하는 내각 관방과 같은 통합 부분을 설치하는가? 그러한 부분을 설치하지 않고 수평적 조정에 맡기는가? 하는 문제이다. 다음으로 분업에 관해서는 다양한 정책과제 가운데, 어떤 과제를 하나의 행정 조직에 맡길 것인가가 중요하다. 사회와 경제의 어떤 과제를 행정이 담당할 것인가, 어떤 것을 고려하면서 정책 형성을 처리할 것인가는 어떤 성·청에 어떤 정책 영역을 위임할 것인가에 따라 달라진다.

사후 통제

사후 통제는 관료의 행동에 대응하여 자원 부여의 정도를 변경하는 것을 말한다. 제IV부에서 상세히 살펴보겠지만, 행정이 활동하는 데는 권한, 금전, 사람, 정보와 같은 리소스가 필요하다. 관료가 이러한 자원을 사회로부터 조달하는 것을 어디까지 인정할 것인가? 그러한 조달 능력을 박탈하는가? 또는 전체적으로 조달한 자원을 행정 조직의 어디에 어떤 방법으로 배분할 것인가?가 정치적 통제의 수단이 된다.

사후 통제는 관료 개인의 레벨에서 추가되는 경우가 있지만, 조직 레벨에서 추가되는 경우도 있다.

개인 레벨에서는 정치가가 바라는 정책을 높은 기능과 지식에 근거하여 실현하는 경우, 승진이나 승급을 부여할 수 있을 것이다. 그 반대로 정치가가 바라는 정책이 실현되지 않는 경우에는 직책이나 급여를 삭감하는 경우도 있다. 또한 이러한 승진이나 부서 교체를 통한 통제는 사전 통제로서의 선발 방식과는 별개로 조합될 수 있다. 임용을 정치임용에 따르면서 승진이나 부서의 교체에 관해서는 행정기관의 운용에 맡긴다. 혹은 자격임용으로 채용하면서 승진이나 부서의 교체에 관해서는 정치가가 통제를 행사한다. 이들 가운데 어느 것도 가능하다. 후자의 경우도 포함해서 정치임용이라 부르기도 한다.

조직 레벨에서는 조직에 부여된 정보나 권한, 금전이나 인적 자원을 사후적으로 빼앗거나 추가로 배분하거나 하는 경우를 생각할 수 있다. 관료들이 할 만한 가치가 있는 일과 그것을 가능하게 하는 예산과 사람을 얻고 싶어 하는 것으로부터, 이러한 자원배분이 상벌로서 기능한다. 이러한 자원배분은 정기적으로 실시되고, 특히 예산은 매년 책정된다.

다만 개인 레벨이든 조직 레벨이든, 사후 통제는 관료의 행동에 따라 발동되기 때문에 그 행동을 관찰할 필요가 있다. 행동 그 자체를 관찰할 수 없는 경우는 관료의 행동 결과 발생하는 사회나 경제의 변화를 시그널로 이용하게 된다. 그렇지만 이것들은 반드시 관료의 행동에 의해서만 변하는 건 결단코 아니다. 그 시그널은 노이즈가 많고 취급하는 데에는 주의가 필요하다.

그래서 행동의 관찰을 정치가 자신이 수행하는 이외에 일반적인 사람들과 기업 혹은 이익집단에 맡기는 방법도 있다. 정치가 자신에 의한 관찰을 경찰순회형(police patrol), 사람들과 이익집단에 의한 관찰을 화재경보기형(fire alarm)이라 부른다. 전자는 정치가에게 비용이 크고, 애초에 정치가가 관료를 통제하는 목표가 정치가의 지지기반이 되는 사람들이나 이익집단이 바라는 정책을 실현한다는 점에 있다는 사실에서 생각하면, 관료의 행동을 관찰하는 것도 그들에게 맡기는 편이 효과적이다. 사람들이나 이익집단이 경보기를 울리는, 즉 자신들의 이익에 반하는 정책을 실시하고 있다는 것을 알게 되는 경우 정치가는 사후 통제를 발동하면 되는 것이다.

통제에의 대응

지금까지 정치적 통제의 여러 유형을 살펴보았다. 이에 대해 관료는 단순한 수동적 존재가 아니라 대항책을 취할 수 있다. 그렇기는 하지만 민주적 정통성을 가진 정치가에 대하여 정면으로 저항하는 것은 비난을 초래할 가능성이 크고 좋은 방법이 아니다. 그래서 대응으로서는 통제가 예측되는 경우 정치가의 그 동기를 해소하거나 그렇지 않으면 통제하는 것을 곤란하게 하거나 하는 크게 두 가지로 구분할 수 있다.

'숨겨진 정보'를 정치가가 문제시하는 경우는 관료가 유사한 정책 선호와 높은 능력이 증명되어 있지 않기 때문에 통제되는 것이다. 따라서 정책귀결을 정치가가 바라는 것에 가깝게 하거나 정보 수집에 노력함으로써 통제를 회피하려고 한다. 전자는 추측(guess)이라 부른다.

'숨겨진 행동'이 문제가 되는 경우는 자신들의 행동을 명확히 함으로써 대처할 수 있다. 즉 관료 측이 정보 측면에서 우위에 있다는 것이 반드시 관료에게 유리한 결과를 초래하는 건 아니다. 정치가 측은 관료가 무엇을 하고 있는지가 알 수 없는 이상은 통제를 발동한다는 전략을 취할지도 모른다. 따라서 관료가 항상 정보의 비대칭성을 유지한다고는 말할 수 없다.

이에 대해 통제를 곤란하게 하는 건 정치가가 통제하는 비용을 높이는 것이다. 예를 들면 인사관리의 구조나 조직재편의 방향에 관해서, 공식화를 추진함으로써 정치가에 의한 개입은 곤란해진다. 정기적으로 방대한 지위를 연동시키면서 배치 전환하는 것이 일상화된다면, 정치가가 일부의 관료를 수시로 중용하는 것 등은 어려워진다. 이것은 자신들 입장에서도 손발을 묶는 것이 되지만 정치가의 개입을 막는 효과가 기대되는 것이다.

이와 같이 관료는 정치가의 행동을 예측하면서 전략적으로 대응을 취하기 때문에, 정·관 관계의 변화는 직관적인 예측과는 다른 경우가 많다. 예를 들면 정치가가 정책에 대해 깊이 이해하게 되면 관료에 대한 위임은 감소한다. 그러나 이 경우 정치가 자신에 의한 정책 형성이 증가한다고는 말할 수 없다. 관료는 자신들의 능력을 높이거나 혹은 선호를 정치가에게 접근시킨다. 결과적으로 정치가로부터 관료에 대한 위임의 정도는 변하지 않지만, 정책의 결과는 정치가의 선호에 보다 가까워지게 되거나 혹은 결과의 왜곡이 적어지게 된다. 정치가는 정책을 깊이 이해했다는 결과를 얻게 된다. 그러나 그것은 직접적으로 그것을 이용함으로써가 아닌 경우도 많다.

정치적 통제와 독립성·자율성

정치가에 의한 통제와 관료에 의한 대응의 총체로서 정치와 행정의 관계를 파악함으로써, 독립성과 자율성이라는 정·관 관계의 두 가지 측면의 의미가 명확해진다. 정치적 통제를 다시 한번 요약 및 새롭게 파악하여, 표 1−1과의 관계를 정리함으로써 독립성과 자율성을 자리매김하고자 한다.

우선 사전 통제 가운데 선발 방식은 무엇을 선택하는가 하는 문제이며, 대리인에 대한 위임에 필연적으로 수반한다. 그러나 그 이외의 사전 통제나 사후 통제는 그것들을 실시하지 않는 게 원리적으로는 가능하다. 그래서 이러한 정치적 통제가 총체적으로 낮게 억제되어 있는 것, 더욱이 그것이 우연히 정치가가 통제하지 않았다고 하는 것이 아니라 제도적으로 보장되어 있는 것을 행정의 독립성이라 부른다. 표 1−1에서 말하자면 제도적으로 우측에 있는 것이 보장되는 정도만큼 독립성이 높은 것이 된다. 다만 독립성이 높다고 하더라도 선발 방식은 무언가의 선택이 이루어져 있다는 점에서는 주의가 필요하다.

그다음 행정이 자신들의 의도, 즉 정책 선호를 어디까지 실현할 수 있을 것인가를 보여주는 것이 행정의 자율성이다. 표 1−1에서 말하자면 정치와 정책 선호가 일치하지 않는 경우, 자기 자신의 정책 선호가 실현될 수 있을까, 즉 아래 절반 가운데서 우측을 획득할 수 있을 것인가가 문제가 된다. 즉 정책 형성의 귀결로서 관료의 정책 선호가 어디까지 달성할 수 있었는지를 보는 것이 자율성의 개념이다. 정치 측의 통제에 대한 대응책을 강구하는 등을 통해 자신의 정책 선호에 가까운 정책을 실현하고 있는 경우, 그 관료의 자율성은 높다고 말할 수 있다.

3. 본인의 복수성

복수의 본인

여기까지 본인으로서의 정치가와 대리인으로서의 관료의 관계에 초점을 맞추어 이해하기 위해, 정치가만을 본인으로 하고 그 정치가는 단독체인 존재로 생각해 왔다. 그러나 그것은 실제와는 반대된다.

우선 현대 민주제에서도 권한이양의 연쇄가 완전히 성립한다고는 할 수 없다. 다수의 사람이 정치에 관여하는 건 불가능하며, 원치 않고 있다고 하더라도, 정책 형성의 모든 걸 정치가에게 위임하지 않는 사람들이 있는 것도 사실이다. 시민운동이나 주민운동 등 사회운동(social movement)은 그 대표적인 예다. 정책 형성에의 관여를 제도화하려고 하더라도, 공청회 등의 의견표명 등으로부터 국민·주민투표와 같은 직접민주제까지 여러 다양한 방법이 준비되어 있다(☞제13장). 이런 경우 사람들도 행정에서의 본인이 되며, 본인의 복수성은 더욱더 높아진다.

다음으로, 사람들로부터 위임을 받은 정치가도 몇 가지 유형으로 구분된다. 민주제에서 정치가란 사람들의 대표로서 선거에서 선출된 의원과 행정부의 장이나 장관을 가리킨다. 의원들은 정당을 만들고 다수파를 형성하려고 한다. 집정 제도가 의원내각제라면 총리를 선출한다. 총리는 장관을 임명하고 행정부 전체를 통치한다. 대통령제의 경우는 직접 선출된 대통령이 행정부의 장이 된다. 즉 정치가로 총칭되는 것은 크게 나누어 다수당 의원, 소수당 의원, 총리 혹은 대통령(양자를 포함하여 집정 장관이라 부른다), 장관 또는 각 청장 등의 네 종류가 있다. 복수의 정치가가 존재한다는 것은 관료의 입장에서의 본인도 복수가 될 수 있다는 것이다.

권력의 집중·분산과 집정 제도

정치가의 관계를 이해하는 네 가지 시점 가운데 가장 중요한 것은, 행정부의 장에의 권력의 집중도(집중·분산)이다. 총리든 대통령이든 강한 권한을 가지고, 그 의사에 따라 정부가 움직이는 구조로 되어 있거나 아니면 정당이나 장관이 각자 의사결정에 관여하고 영향력을 지니는 구조로 되어 있는가 하는 문제다.

행정부의 장에의 권력 집중도는 우선 집정 제도가 의원내각제인가 대통령제인가에 따라 크게 달라진다(그림 1-3). 의원내각제의 경우 의회 다수파, 즉 여당이 총리를 선출하고 그 여당이 총리를 신임하는 한 총리는 그 자리를 유지할 수 있다. 즉 여당이 본인, 총리가 대리인이라는 관계가 성립한다.

그림 1-3 ▸ 의원내각제와 대통령제에서의 권한 위양

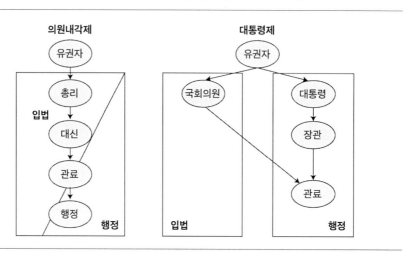

한편 대통령제의 경우, 의회와 대통령은 각기 별개의 선거에 의해 선출된다. 즉 의회와 대통령은 각자가 국민이라는 궁극의 본인에 대한 직접 대리인이다. 의회와 대통령 사이에는 본인과 대리인의 관계는 존재하지 않는다. 의회는 입법기능, 대통령은 행정기능을 담당한다고 하여 분업이 성립한다. 또한 다른 관점에서 보면, 의회의 다수파와 대통령의 소속 정당이 일치하는 것(통일정부)은 대통령제에서는 보증되지 않는다. 실제로 양자가 서로 다른 분할정부라 불리는 상태는 종종 발견된다.

이러한 선출·파면의 관계를 토대로 하여 의원내각제에서 정책 형성의 권한은 직렬적으로 위임을 반복하는 형태를 띤다. 이에 대해 대통령제에서는 정책 형성의 권한은 병렬적으로 분배되어 있다.

총리의 권력

의원내각제에서 총리는 여당의 대리인이며 동시에 장관 본인이 된다. 따라서 총리의 권력은 어느 정도 완전히 여당의 대리인이 될 수 있을까? 어느 정도 장관을 완전한 대리인으로 할 수 있을까? 하는 두 가지 요소에 의해 규정된다. 바꿔 말하면 여당이 총리를 대리인으로서 인정하고, 총리에게 정책 형성의 많은 권한을 위임하고 있으며, 동시에 총리가 신뢰할 수 있는 대리인으로서의 장관을 거느리고 있는 경우에 총리의 권력은 강해진다.

반대로 말하면 두 가지 조건 가운데 어느 것 하나가 결여되더라도 총리가 리더십을 발휘하는 게 어렵다. 의회가 자율적으로 정책 형성에 관여하고 있는 경우 또한 장관이 총리와 별개로 정책 형성에 관여하거나 그것을 두려워하여 총리가 장관에게 정책 형성을 위임하지 않고 모두를 끌어안고 있는 경우도 둘 다 '약한 총리'인 것이다. 강한 총리는 하나의 유형밖에 없지만, 약한 총리의 경우 다양한 유형이 있다.

대통령의 권력

대통령제에서 대통령은 의회와 분업하고 있다. 따라서 그 권력의 크기는 각 부 장관을 완전한 대리인으로 할 수 있는 데 더해, 입법에 어느 정도 관여할 수 있는가에 따라 규정된다. 입법에의 관여 방법에는 크게 나눠 두 종류가 있다. 하나는 라틴 아메리카 여러 국가와 러시아·동유럽 국가들에 보이듯, 대통령에게도 입법에 관한 권한 예를 들면 법안의 제출권을 부여하는 것이다. 다른 하나는 의원 가운데 협력자를 늘리는 것이다. 정당이라는 연결고리가 그 강력한 수단이 되지만, 의원 한 사람 한 사람과 거래하면서 협력을 성취시키는 경우도 있다.

즉 의원내각제의 경우와는 반대로 대통령제의 경우에는 약한 대통령은 모두 같은 얼굴을 하고 있다. 입법부에 깊숙이 침투하지 못하고 행정부라는 울타리 안에 유폐된 대통령이다. 이에 대하여 강한 대통령에는 여러 유형이 있다. 헌법 레벨의 규정을 통해서 입법에의 관여가 가능한 대통령, 의회에서 다수파를 형성하는 강한 정당을 자신의 휘하에 거느리고 있는 대통령, 분열적인 정당제를 안고 있는 의회 안에서 개별적으로 의원과의 관계를 구축해가는 대통령 등 다양하다.

대통령제에서 레퍼렌덤(referendum, 국민투표)을 통해 헌법을 개정하는 건 프랑스 제5공화제를 전형적인 예로 하여, 종종 발견된다. 그것은 국민적 인기가 있는 대통령이 취하는 하나의 전략이다. 그러나 강한 대통령이 되기 위한 전략이 그것만 있는 건 아니다. 미국의 대통령처럼 레퍼렌덤과 같은 수단을 취하지 않고, 정당의 응집성도 매우 약해지면 법안별로 다수파를 형성하는 수단을 이용하게 된다. 미국의 국력 크기를 감안하면 미국 대통령의 권력은 제도적으로 약하나, 전쟁 발발 시 전형적으로 보이듯, 의회에서의 안정적인 다수파 구축에 성공하는 강한 대통령이 때로 등장한다.

복수의 본인과 중립화

관료인 본인이 복수 존재하는 것에 대해, 관료는 어떠한 대응을 할 수 있는가? 여기서도 핵심이 되는 것은 정책 선호이다. 정치가는 각자 서로 다른 정책 선호를 가지고 있다. 이 경우 관료는 어디에 위치를 선택하는가? 다수파 정당, 총리, 대통령, 장관 등 어느 누군가에 다가갈 수도 있으나, 어느 누구와도 거리를 둘 수도 있다. 여기서 복수의 본인 누구로부터도 같은 정도 거리를 두는 것을 중립화, 즉 그러한 상태를 관료의 중립성(neutrality)이라 부른다.

관료 본인은 같은 관점에서 복수 존재할 수 있을 뿐만 아니라 시간에 의해 교대할 수도 있다. 예를 들면 총선거 결과, 정권 교체가 성립하면 다른 정책 선호를 가진 총리로 교체된다. 따라서 관료의 중립성이란 복수 관점에서 양다리를 걸치는 것으로 이해된다. 여기서 중립화에는 두 가지 방법이 있다. 첫 번째 방법은 현재의 총리만이 아니라 장래의 총리로부터도 바꿔 말하면 현재의 여당만이 아니라 야당으로부터도 거리를 둔다. 이것은 같은 관점에서 복수의 본인이 있는 경우와 같은 방법이다. 이에 대해 두 번째 방법은 복수 관점의 본인에게 특유한 것이며, 각 관점에서의 본인과 정책 선호를 일치시키는 것이다. 그때그때의 본인에게 충성을 맹세하는 것도 중립화의 한 방법이 된다.

또한 행정의 중립성에 관해서는 주로 정책 시행의 국면에서 정책의 대상자에 따라 취급을 바꾸지 않는다고 하는 중립성(impartiality)도 존재한다. 이쪽은 불편부당성이나 공평성이라고도 불리며, 사회나 경제와 정부의 부패한 관계로서 제IV부에서 다룬다. 일본에서 중립성의 개념은 다양한 의미가 혼재되어 있으므로 주의가 필요하다.

4. 각국의 정치와 행정 관계

미국

미국은 대통령제를 채택하고 있는 대표적인 나라이다. 고전적인 권력분립제이며,

대통령에게는 법안제출권은 없고 거부권이 부여되어 있지만, 그것도 의회의 특별다수(2/3 이상 찬성)에 의한 재의결에 의해 번복된다. 예산에 관해서도 세출예산법과 세입법을 의회가 결정함으로써 편성된다. 이로부터 행정 조직은 대통령과 의회라는 두 명의 본인을 섬기는 것이 된다. 의회는 입법을 통해서 통제를 시도하고, 대통령은 행정부의 수장으로서 통제를 가해 온다.

대통령에 의한 통제는 정치임용을 중심으로 한다. 현재 연방정부는 250만 명 정도 되는 문관을 거느리고 있지만, 그 가운데 정치임용이 시행되는 건 3,000명 이상이 넘는다. 정치임용의 포스트는 네 종류로 나눌 수 있다. 첫째, 대통령이 지명하고 상원의 승인을 받아야 하는 장관부터 차관급까지의 PAS관료이다. 대사 연방재판관 등도 여기에 포함되며, 약 1,000명 이상 넘는다. 둘째, 대통령 보좌관 등 백악관(대통령관저)의 스텝은 상원의 승인을 필요로 하지 않는다. 이게 약 300명의 PA관료라 불리는 것이다. 셋째, 각 성의 국장, 부장급을 나타내는 상급관리직(SES) 가운데 일부(약 600명)에 관하여 정치임용이 시행된다. SES의 어느 포지션을 정치임용으로 할 것인가는 10%를 넘지 않는 범위에서 각 성의 재량이 된다. 대통령 인사실의 승인을 얻은 후에 각 성 장관이 임명한다. 넷째, 스케줄C라 불리는 간부직이 아닌 정치임용직이다. 비서나 운전기사와 같은 기밀 유지가 필요한 1,500명 정도의 직이 충당된다.

PA는 대통령 취임 이전부터의 심복이 관례이기 때문에, 대통령이 정권을 준비할 때 부심하는 것은 PAS에 능력과 충성심이 함께 높은 인물을 배치하는 것이다. SES의 정치임용직은 성·청을 통제하기 위하여 유연하게 이용된다. 정권의 의향에 따르지 않는 직업공무원의 상위에 정치임용직을 설치함으로써 응답성을 높이려고 하는 것이다. 스케줄C는 선거 전의 논공행상에 이용된다. 즉 일반적으로 정치임용직이라 불리는 것 중에도 정책 면에서 대통령의 의향을 실현하기 위한 직책과 엽관에 대응하는 직책이 명확히 나누어져 있다. 더 나아가 성·청별로 정치임용을 이용하는 정도에는 차이가 있다(루이스 2009).

이에 반해, 의회는 예산의 배분권이라는 사후 통제를 가진다. 예를 들면 어떤 연구에서 의회는 예산을 삭감함으로써 고용기회균등국, 환경보호국, 원자력감시위원회 등 기존 관청의 활동을 억제하고, 규제 완화를 실현하려고 하며, 관청의 측에서도 그에 응답했다고 나타나 있다(Wood & Waterman 1994). 또 하나의 통제 수단은 조직편제나 행정절차를 규정하는 데 따른 사전 통제이다. 제2차 세계대전 이후 257건의 주요 입법 내용을 검토한 연구에 의하면, 전후 점차로 주요 입법의 수는 증가하고 있으나, 그에 따라서 의회가 행정부에 권한을 이양하면서 동시에 행정절차 등의 제약도 강화되고 있음이 나타났다. 다만 이러한 제약은 대통령이 의회의 다수파로부터 배출된 경우엔 완화된다. 반대로 분할정부의 경우는 행정절차가 세분화됨과 동시에 독립행정위원회가 많이 설치된다(Epstein & O'Halloran 1999).

행정 조직의 신설은 대통령과 의회 각자가 가능하기 때문에 행정 조직은 복잡해지기 쉽다. 1946년부터 97년까지 182건의 행정기관이 의회의 손으로 신설되었다. 대통령부, 성·청 조직, 독립행정기관, 독립위원회 그리고 공공기업과 같은 다섯 가지 형태로 나뉘고, 각각의 비율은 10%, 46%, 13%, 19%, 12%로 구성되어 있다. 분할정부이며 대통령의 지지율이 낮은 경우에 독립성이 높은 형태가 채택되고 있다. 같은 기간에 대통령은 대통령령 등에 의해 248건의 기관을 신설하고 있으며, 이것들은 의회가 만든 것 이상으로 대통령부와 성·청 조직이 많다. 그러나 그러한 것이 가능한건 통일 정부이며 지지율이 높은 대통령에 국한된다(Lewis 2003).

영국

영국은 의원내각제를 채택하고 있으며, 동시에 소선거구제 실질적인 단원제를 취함으로써 의원내각제 가운데서도 총리에 대한 권력의 일원화가 강하게 이루어지고 있다. 정당의 집권성이 높은 것과 맞물려서 입법 활동이 총리에게 위임되어 있다. 따라서 권한이양의 연쇄가 명확한 하나의 라인을 이루는 민주제는 웨스트민스터형이라불린다(레이프하르트 2014).

웨스트민스터형은 총리로부터 관료에 이르는 권한이양의 본질과 세트를 이루고 있다. 이것들은 영국의 관청가에서 이름을 따온 화이트홀형이라고 불린다. 집권당은 그 당대표인 총리에게 권한을 위양하고 그 총리가 장관을 선출한다. 행정기관과 접점이 되는 건 그 장관을 비롯하여 집권당 의원 가운데서 행정부에서 직책을 얻은 사람이다. 이런 직책을 부대신, 정무차관, 대신비서관 등 90명 정도 설치함으로써 집권당 의원의 간부층이 행정부에 침투하는 것이 가능하게 된다. 더 나아가 20명 정도의 원내 간부도 총리가 임명하는 내각 밖의 장관이 된다. 속을 뒤집어 말하면 한편 남는 일반 의원들은 행정기관에 접촉할 수 없다. 이로 인해 권한이양의 라인이 복잡화하는 것을 피하고 있다. 더 나아가 장관들은 연대하여 의회에 대하여 책임을 진다. 권한이

양을 소급하는 형태로 책임을 지는 주체가 제한되어 있는 것이다.

그리고 소선거구제와 실질적인 단원제를 취하고 있는 것으로부터 양당제와 정기적인 정권 교체가 성립함으로써 관료에게는 항상 집권당에 충성을 맹세하는 의미로서의 정치적 중립성이 요구되었다. 관료의 역할을 정책을 형성할 때 전문적인 조언과 정책 시행에 한정하면서, 정치가 관료의 인사에는 개입하지 않음으로써 어떤 정당이 정권을 잡는 경우에도, 관료의 역할에는 변화가 없고 계속성을 가질 수 있다고 하는 것이 19세기 중반의 노스코트·트레벨리안 보고서의 기본적인 발상이었다. 말하자면 각 시점에서의 본인에게 충성을 맹세하는 중립화를 통하여 정책 선호의 공유를 구실로 삼고 관료에게 능력을 발휘시키려고 하는 것이 영국의 정·관 관계 특징이었다.

그러나 정권 교체의 기간이 길어진 1980년대 이후 행정기관의 정치화가 진행된다. 승진 등 인사관리를 통한 사후 통제가 그 하나의 수단이다. 또 하나는 총리와 장관이 특별고문이라는 형태로 정부 밖으로부터 인재를 데리고 오는, 일종의 정치임용을 대폭 이용하는 게 증가하고 있다(바남=파이파 2010).

블레어 정권 이후 고위직의 개방성을 높이면서 전문성을 살리는 방향으로 정·관 관계는 재구축되어 오고 있다. 관료는 정책, 재무, 법률 등의 전문직 집단에 속하게 되어 빈 포스트가 생길 때마다 응모하여, 민간으로부터의 응모도 포함한 경쟁의 결과, 채용된다. 채용 기준 등은 명시되어 있으며 정치가의 개입은 차단되어 있다. 이렇게 고위직이 자신의 전문을 활용하면서 전문적 조언의 역할을 다하는 형태로 이행하고 있는 것이다(시마다 2020: 3-4장).

프랑스

프랑스 제5공화제에서는 반(半)대통령제가 채용되어, 국민이 직접 선출하는 대통령이 국가원수가 되고, 의회해산권, 각료 임명권, 외교 결정권을 가진다. 대통령의 선임에 의거하면서도 의회의 신임에 의해 그 지위가 유지되는 총리가 내정에 관한 행정권을 쥐고 있다. 의회의 신임을 필요로 하기 때문에 대통령은 의회 다수파에서 총리를 선출하는 것이 관례이다. 대통령의 소속 정당이 의회 다수파를 장악하고 있지 않은 경우는 대통령과 총리의 정당이 다른, 일종의 코아비타시온(Cohabitation=연립정권)이 성립한다.

프랑스 정·관 관계의 특징은 첫째, 정·관(더 나아가 재)의 톱 엘리트의 인적 융합이다. 둘째는 메리트시스템에 의해 채용하고, 신분 보장을 부여하면서 각료들이 직업 공무원을 정치적으로 등용하고 있다는 점이다. 셋째로, 첫 번째와 두 번째 특징을 지지하기 위해서 콜(직군)이라 불리는 구조가 이용된다고 하는 것이다. 구체적으로는 그랑제콜(grandes écoles)이라 불리는 대학·대학원의 졸업자를 자격임용한다. 관료들은 콜이라 불리는 전문별 인사관리 조직에 소속한다. 그리고 정계 진출이나 민간으로 이동하는 사람을 포함하여, 콜이 지속적으로 소속 조직이 됨으로써 이동을 용이하게 하면서 신분을 보장한다. 이는 일본과 달리, 신분 보장의 단위가 성·청과는 별개로 준비되어 있기 때문에 성·청의 재편도 빈번하게 이루어진다.

엘리트 관료들은 경력의 이른 시기로부터 정치가와의 밀접한 관계를 구축해 간다. 각료나 대통령이 각자 자유롭게 임명하는 장관내각이라 불리는 직원이 700명 정도 존재한다. 그 80% 정도는 현역 관료들이며, 장관들의 정책 형성을 폭넓게 보좌한다. 정책 입안, 이 과정에서 관청과의 소통(거래), 국회에서의 답변 보좌, 언론에의 대응 등을 담당한다. 즉 정치가와의 접점은 정치임용된 엘리트 관료에 의해 구성되어 있다. 더 나아가 600명 정도 있는 국장급 고위직도 자유임용이 가능하다. 이에 관해서도 외부로부터의 등용은 가능하지만, 실제로는 대체로 전부 관료에서 선택되고 있다. 장관내각이 내각의 교대와 함께 그 지위를 상실하는 데 대해, 고위직의 경우는 모두 교체가 이루어지는 건 아니다(무라마츠 편 2008: 제5장).

국제비교(1): 임용 방법

정·관 관계의 실태에 관하여, 여러 나라를 대상으로 비교할 수 있는 형태로 파악하는 건 어렵다. 그러나 이 난문에 진지하게 도전한 연구 성과를 소개하자. 첫째, 스웨덴의 요테보리대학 '정부의 질' 센터가 실시한 서베이조사를 예로 들 수 있다.

그림 1－4에서는 가로축에 공무원 전체의 임용이 어느 정도 자격임용, 특히 시험을 활용한 임용인가를 보여주고 있다. 세로축은 정치가가 고위관료의 인사권을 실제로 행사하고 있는가? 그렇지 않은가? 즉 관료제가 자율적으로 인사를 시행하고 있는가를 보여주고 있다.

그림 1-4 ▸ 자격임용 정도와 고위직의 정치임용 정도(2015)

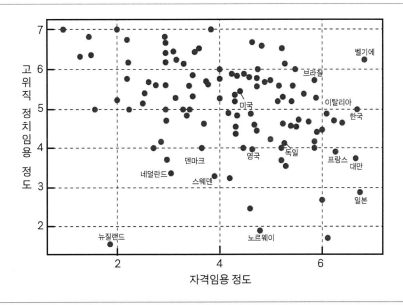

[출처] 요테보리대학 '정부의 질' 센터의 전문가 조사(expert survey) 데이터를 활용하여 필자 작성.

　　전체적으로 자격임용의 정도가 올라갈수록 고위직에서 정치임용의 정도는 낮아지는 완만한 경향이 보인다. 사전 통제로서 임용을 활용하는 경우, 정책 선호의 일치성과 높은 능력 쌍방을 획득하는 건 어렵다고 서술했지만, 이 결과는 그걸 입증한다. 왼쪽 위에는 개발도상국이 많이 보인다. 행정이 정치화되어 있고, 정실임용이나 엽관제에 빠져 있다는 것을 간파할 수 있다. 반대로 자격임용제를 전면적으로 채용함과 동시에 고위직의 정치임용 정도도 매우 낮은 나라의 전형적인 예가 일본이다(단, 현재는 양상이 변하고 있는 것을 제2장에서 살펴본다). 노르웨이, 대만 등도 동일한 특징을 갖는다. 이 중간에 선진국에서도 어느 정도의 자유임용 그리고 특히 고위직에서 정치임용을 채용하는 나라가 있다. 미국이 첫째이며, 영국이나 독일은 일본과 미국의 중간 정도에 위치한다.

표 1-2 ▶ 의원내각제 19개국의 재량 정도(1990s)

크다 ◀───────		재량성 ───────		──────▶ 작다
핀란드 스웨덴 아이슬란드 노르웨이	덴마크	프랑스 오스트리아 룩셈부르크 벨기에 네덜란드 포르투갈	뉴질랜드 캐나다 스페인 독일	이탈리아 아일랜드 호주 영국

[주] Huber & Shipan(2002: table 7.1)에 근거하여, 각국의 법률 조문의 길이를, ~10, ~20, ~30, ~40, 그 이상
의 기준으로 5단계로 구분하였다.

한편, 이 대략적인 경향에서 벗어난 위치에 있는 나라도 있다. 하나는 좌상의 영역이며, 전체적으로는 자격임용으로 채용을 실시하나, 고위직의 인사는 정치가의 손에 위임되어 있는 나라이다. 벨기에, 브라질, 한국, 프랑스, 이탈리아가 이 예에 해당한다. 또 하나는 자격임용의 정도가 낮음에도 불구하고 정치임용의 정도는 고위직에서도 낮은 나라이다. 뉴질랜드가 이 극단적인 형태이지만, 그 밖에도 네덜란드, 스웨덴, 덴마크 등이 이에 해당한다. 종래의 필기시험에 의한 채용으로부터는 거리를 두고 있지만 정치적인 관여로부터는 차단되어 있는 유형이다.

국제비교(2): 재량 정도

관료를 통제하는 주요한 수단으로서 실제적으로는 조직과 절차를 통한 사전 통제가 사용되지만, 그러한 점을 비교하는 것도 또한 어렵다. 그러나 미국 정치학자인 후버와 쉬팬은 법률 조문을 정량적으로 파악함으로써 사전 통제를 가시화하려고 시도하고 있다. 그들은 노동에 관한 규제라는 동일 정책 영역에 관하여, 각국에서 어느 정도 세부적인 규정이 법률에 기입되어 있는가? 뒤집어 말하면, 어느 정도가 관료의 재량에 위임되어 있는가를 측정한 것이다. 측정을 하는 데에는 조문의 단어 수를 세어본 후 언어에 의한 차이를 보정하는 수순이 취해진다. 그 결과를 정리한 것이 표 1−2이다.

이걸 보면 북유럽 여러 나라에서 관료에게 많은 재량이 주어져 있으며, 앵글로 · 색슨 계통 국가들에서는 그 반대가 되어 있다는 것, 프랑스, 벨기에 등 대륙 여러 나라들이 그 중간 정도에 위치하고 있는 걸 알 수 있다(Huber & Shipan 2002).

국제비교(3): 조직편제의 통제

조직편제는 관찰하기 쉽고 국제비교의 대상이 되기 쉬우나, 정치와 행정의 관계가 이루어지고 있는 부분은 제한된다. 그 하나의 포인트가 되는 게 정부의 핵심이다. 정부의 핵심 규모가 크고 그 역할이 큰 건 총리나 대통령이 행정기관을 자신의 손으로 움직이려고 하는 하나의 표현이다.

그림 1-5 ▸ 정부 중추의 권한 넓이와 외부와의 접점(2011, 2016)

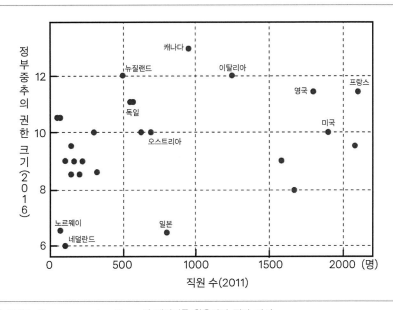

[출처] OECD, Governance at a Glance의 데이터를 활용하여 필자 작성.

그림 1-5에서는 가로축에 정부 중추의 직원 수, 세로축에 정부 중추가 어느 정도의 권한을 가지고 있는가를 표시하였다. 각각 얻어진 데이터의 최신 것을 사용했기 때문에 직원 수는 2011년, 권한은 2016년의 데이터로 되어 있다. 권한의 크기는 각의의 준비에 추가하여, 정책조정이나 기획책정, 행정 각부의 모니터, 의회와의 관계 정비 등의 기능을 어느 정도 가지는가를 열거한 것이다.

직원 수, 권한의 쌍방이 큰 게 프랑스, 미국, 이탈리아, 영국과 같은 여러 나라이다. 직원 수는 그 정도는 아니지만 권한이 큰 게 캐나다와 뉴질랜드이다. 어느 쪽도

중간 정도인 게 독일과 오스트리아이며, 마지막으로 어느 쪽도 작은 게 네덜란드와
노르웨이 그리고 일본이다.

연습문제

❶ 신문기사 등을 참고하여, 표 1-1의 네 종류에 해당하는 사례를 찾아보자. 그 사례가 왜, 그러한 유형이
   되었는가에 관해서도 생각해 보자.
❷ 통제의 여러 유형은 정보의 비대칭성의 어떤 문제를 어떤 형태로 극복하려고 하는 것인가 설명해 보자.
❸ 미국, 영국, 프랑스에 관하여, 제4절 전반의 문장에 의한 기술과 후반의 국제비교의 데이터 가운데서의
   자리매김을 비교하고, 양자의 관계를 생각해 보자.

제 2 장
일본의 정치와 행정의 실태

전후 일본의 정치와 행정의 관계 특징과 2000년대에 들어와서의 변화를 이해하는 것이 이 장의 과제이다. 전후 일본은 의원내각제이면서 정당의 역할을 작게 하는 중선거구제란 선거 제도를 채택하고 있었다. 그래서 단선적인 권한의 위양은 성립하지 않았다. 관료로부터 보면 총리와 일반 의원이라는 복수의 본인이 존재한 것이다. 이것이 소선거구제 중심의 선거 제도로 변함으로써, 총리야말로 관료의 본인이 되어 온 경위를 살펴보기로 하자.

1. 메이지헌법 체제하의 정치와 행정

메이지헌법 체제에서의 정당과 관료

매이지헌법 체제에서 정·관 관계는 제2차 세계대전 후의 시점에서는 전전＝비민주적 체제＝관료의 우위라는 등식으로 종종 이해되고 있었다. 번벌(藩閥)정부의 성립이래, 행정부가 주도권을 쥐고 있는 것에 대항하는 형식으로 정당이 등장하고, 정당내각의 성립에 이르렀으나, 민주제를 정착시키는 데는 실패했다고 이해된다.

그러나 그 실태를 살펴보면, 대리인으로서의 관료를 통제하려고 하는 여러 다양한 움직임이 있다. 정당내각의 성립이란 정치가 측의 변화가 거기에 깊이 관여하고 있다. 정당은 관료를 적극적으로 정당 내부로 흡수하려고 하고, 관료 중에도 호응하는 움직임이 있었다. 한편, 이에 대항하는 움직임도 있었다. 이런 것들은 의원내각제도 대통령제도 아닌 메이지헌법 체제 가운데 입법과 행정의 관계를 어떻게 정리할 것인가? 하는 과제에의 대처였다.

본인·대리인 관계의 관점에서 말하면, 메이지헌법 체제의 첫 번째 특징은 본인의 복수성이다. 형식적으로는 천황의 관리로서 관료의 본인은 천황에게로 일원화되어 있다. 그러나 실질적인 통치기능이 내각, 추밀원, 원로, 군부 등으로 분산되어 있었기 때문에, 행정 기구의 본인은 복수 존재하였다고 파악된다. 그래서 관료들은 어부지리(漁父之利)를 얻는 경우도 있었지만, 다수인 본인의 동의를 얻어내는 건 어려웠다.

두 번째 특징은, 통제 수단으로서 인사의 장악이 중시되었던 점에 있다. 이것은 전후와의 현저한 대비를 이루고 있다. 최고위층의 칙임관이 자유임용의 대상이 되어, 그 이하로는 자격임용제가 채택되었다. 자유임용의 범위는 그것을 축소하여 정당의 영향을 행정부로부터 제거하려고 하는 야마가타 아리토모(山縣有朋)와 그것을 확대하여 관료를 적극적으로 입헌정우회(立憲正友會)에 가입시키려고 하는 이토 히로부미(伊藤博文)가 대립하는 원천이 되었다. 야마가타는 1899년에 문관임용령을 개정하고, 자유임용의 범위를 제한하면서 문관분한령에 휴직조항을 규정함으로써, 정치적 경질을 실질적으로 가능하게 하였다. 케이엔(桂園)시대(桂太郞와 西園寺公望이 서로 정권을 쥐고 있던 시절을 의미-역자주)에 정권 교체가 계속되는 가운데, 국장급 이상의 관료는 두 파벌 가운데 어느 쪽인가로 엄격히 양분되어 있었다. 1913년 야마모토 곤베에(山本権兵衛)내각은 문관임용령을 다시 개정하고, 자유임용의 범위를 확장하였다(카사하라 편 2010).

그러나 자유임용이라곤 하지만 기존의 관료 가운데서 임용을 실시하는 것이며, 외부로부터 등용한 건 아니다. 문관고등시험(高文)은 1894년에 도입되어, 유럽 여러 나라에 비교해도 늦지 않은 시기에 능력주의 시스템(merit system)을 확립하였다. 이것은 문벌이나 재력과는 다른 기반을 가지는 엘리트 집단의 형성을 촉진하였다(미즈타니 2013; 시미즈 2013).

다이쇼데모크라시와 정·관 관계의 변질

다이쇼 시대의 정·관 관계는 한 측면에서는 메이지 이래의 흐름을 계승하면서, 다른 측면에서는 그 전환기가 되었다. 하라 다카시 내각(1918년)의 성립에서 정·관 융합은 하나의 완성을 보았다. 이토가 만든 정우회의 후계자로서, 하라는 각료를 관료 출신자로 공고히 하면서 당 간부는 거의 정당인에게 맡기는 분업을 성립시켰다. 이에 대해서 헌정회나 입헌민정당은 양자의 분리를 기도하면서도, 정당인파 포스트 요구에 대응하기 위해서, 호헌3파 내각에서는 정무차관과 참사관을 설치하였다. 이로 인해 정당의 행정부에 대한 침투, 관료의 정당에의 입당이라는 두 루트가 정비되었다. 덧붙여 말하자면 문관분한령의 휴직조항이 남아 있었기 때문에 정치적 경질도 계속되었다(시미즈 2007). 이런 가운데 양자의 정권 교체가 단기간에 반복되었다. 그래서 관료에 대해 과잉통제하는 경우가 많았고, 정권의 불안정성을 증폭시켰다.

　더 나아가, 이 시기에는 전문화의 진전이라는 새로운 움직임도 나타난다. 1920년 대로부터 정부 규모의 확대, 정책의 복잡화가 발생하여(☞제14장), 전문성을 갖춘 관료가 중시되기 시작하였다. 그때까지 냉대받아 왔던 기술관료(技官)에게도 국장 포스트가 부여되기 시작하였다(후지타 2008: 제3-4장). 기술관료는 양대 정당과도 손을 잡았으나, 결국은 예산과 포스트 확대의 요구에 대응하지 못하고, 제휴는 붕괴되고 말았다(모치즈키 2014).

　불안정한 정당정치와 전문화의 진전 쌍방은 군부 대두의 토대가 되었다. 정권 쟁탈전 속에서 정당은 군부를 이용하려고 하고, 군부도 그 기회를 이용하여 발언력을 키우고 있었다. 이러한 불안정한 상태에서 동요가 계속되는 관료 가운데도 군부를 이용하려고 하는 움직임이 나타난다. 전문화에 의한 행정기관의 확대가 그것과 서로 뒤얽혔다. 보건·위생행정은 그 전형적인 사례이다. 국민의 체력 향상을 열거함으로써 군부와 내무성 안의 의료 및 위생 부문이 결합하게 되었다. 그 결과 1938년에 내무성으로부터 분리되는 형태로 후생성(厚生省)이 성립하게 된다.

혁신관료·군인관료와 통합 시도

　군부의 정치적 영향력이 확대되어 가는 가운데, 성·청 내부에서도 군부 출신자의 비중이 높아진다. 체신성, 상공성, 외지의 총독부 등에 많았던 군인 관료는 1930년대에는 총동원과 식민지 지배에 관계하는 기관을 중심으로 크게 증가하였다. 한편, 국가사회주의와 소련에서의 계획경제 진전에서 영향을 받아 일본에서도 통제경제의 도입이 필요하다고 생각하는 급진관료도 증가하였다. 1920년에 농상무성에 입성하여 '만주국'에서 통제경제의 운영을 담당했던 기시 노부스케(岸信介)는 그 한 사람이라고 말할 수 있다. 그리고 기시가 만주(현재의 중국 동북부)에서 도조 히데키(東条英機)라는 절친을 얻은 것처럼 두 사람은 점점 제휴가 깊어져 간다.

동시에 통합화의 시도가 1930년대에는 반복된다. 총리의 권한을 강화하기 위해, 통수권(統帥權)을 담당하는 대본영(大本營)을 설치하고, 그 외의 기능에 관하여 5상(5相) 회의를 설치하였다. 국가총동원법에 의해 각성에 대한 지시도 가능해졌다. 그러나 이러한 시도에도 불구하고 통합기능이 실질적으로 작동한 건 없었다. 각의에 의한 통합에는 한계가 있었기 때문에 각성 각료의 단체장이 모이는 차관회의에 의한 조정이 활용되었다(미쥬 1996). 메이지헌법 체제가 유지되고 있는 한, 분립적인 구조가 근본부터 바뀌는 것은 없고, 도죠는 겸임을 많이 이용했지만, 권력의 일원화에는 멀어졌다(토베 2017). 그 도죠가 개시한 전쟁의 결말은 천황의 판단에 의거하지 않을 수 없었다.

2. 점령개혁에 의한 변화

전전·전후 연속론과 단절론

점령개혁에 의한 정·관 관계에의 영향에 관해서는, 두 가지 다른 견해가 있다. 관료우위론 및 전전·전후 연속론이라 불리는 것과 정당우위론 및 전전·전후 단절론이라 불리는 것이다. 전자는 전전의 강한 관료제가 전후에도 존속하며, 일본에 민주제를 정착시키는 데 있어 장애가 되고 있다는 주장이다. 그 연속성은 연합국 최고 사령관 총사령부(GHQ)가 간접통치를 선택했기 때문에, 통치 기구 가운데 관료제만이 커다란 개혁을 면한 데서 기인한다. 대표적인 논자는 츠지 키요아키(辻清明)이다(츠지 1969). 츠지는 전후 근대주의, 즉 자율적인 개인에 의한 자유·평등한 시민사회를 확립하려고 하는 논자 가운데 하나였다. 츠지 이후에도 많은 논자가 동일한 주장을 전개하고, 언론계와 일반 시민에 있어서도 전후 오랫동안 통설적인 이해였다.

더 나아가 미국의 정치학자 존슨처럼 경제관료 주도의 일본 경제성장을 강조하는 논의(☞제14장)에서도, 관료가 정책 형성의 중심이라고 하는 사실 인식은 공유되고 있었다(Johnson 2018). 게다가 츠지 등은 민주화의 저해 요인으로서 그것을 소극적으로 평가했지만, 존슨은 장기적인 시야에 근거하는 정책 형성을 가능케 한 요인으로서 적극적으로 평가하였다.

이에 대항하는 주장이 정당우위론, 전전·전후 단절론이다. 헌법 개정에 의해 국민주권이 확립된 것은, 정치가의 정통성을 높이고 강한 권한을 정치가에게 부여했기 때문이다. 새로운 권한을 정치가는 즉시 능숙하게 사용하진 못했지만, 점차 제도개혁은 효과를 발휘한다. 장기정권하에서 자유민주당(자민당) 의원이 정책 형성 능력을 향상시켰던 것이 이것을 뒷받침하였다. 이러한 주장은 1970년대부터 80년대에 걸쳐 무라마츠 미치오(村松岐夫)가 제창하여, 전자와의 논쟁을 촉발시켰다(무라마츠 1981).

이러한 대비는 강력한 통설이 되어 있었던 연속론에 대한 문제를 제기하기 위해서 무라마츠에 의해 의도적으로 선택되었던 점도 있다. 츠지는 전후 헌법의 변화 의의를 인정하고 있지 않은 것이 아니고, 무라마츠도 전후 직후로부터 정당이 영향력을 가졌다고 주장하고 있는 것도 아니다. 양자의 주장은 츠지가 전후 직후의 시기, 무라마츠가 그 후의 자민당 집권기를 묘사하고 있는 것이라고 생각하면 종합적으로 이해하는 것도 가능하다. 실제로 이 논쟁 후, 1990년대 이후의 연구는 점령개혁에 의한 정·관 관계의 연속 측면과 단절 측면을 정중하게 주워올리는 작업을 진행해 왔다.

약한 총리의 제도화

전시 중 다양한 시도에서도 최종적으로는 헌법 체제가 변하지 않는 한 본인의 복수성 문제를 극복할 수 없었던 건 앞서 서술하였다. 이러한 문제는 일본국 헌법의 제정(1946년)에 의해, 의원내각제가 명시적으로 채용되고, 내각의 의회에 대한 연대책임제가 규정됨으로써 헌법 차원에서는 해소되었다. 그러나 의원내각제의 구체적인 설계에 관해서는 1950년대 전반까지 모색이 지속된다(야마구치 2007).

내각법에서는 국무대신을 각 성 대신으로 하여 겸임시킴으로써 합의체로서의 내각이 주도하는 것이 아니라, 각 성 및 각 성 대신이 자율성을 가지고 정책 형성, 정책 실시를 담당하는 분담관리원칙을 확실한 것으로 하였다. 또한 각의를 내각 결정의 중심에 둠으로써 총리의 지도력을 약화시켰다. 더 나아가 관청 상층부에 얼마만큼 자유임용 포스트를 만들 것인가 하는 문제에 관해서도, 대신에 더하여 정무차관에 한정됨으로써 임용을 통한 총리에 의한 사전 통제는 약체화되었다.

내각 차원의 통합기관의 설치가 좌절로 끝남으로써(☞제6장), 총리 보좌기구의 정비도 추진되지 못하였다. 내각 관방장관을 반드시 국무대신으로 하는 것도 1966년까지 (많은 시일이) 소요되었고, 성·청별 인사제도하에서 총리가 움직일 수 있는 포스트도 관방장관 등 매우 제한적이었다.

조직재편과 성·청 횡단적 인사

이에 대해서 성·청의 재편은 빈번하게 이루어졌다(☞제6장). 조직의 재편을 통해 관료 기구를 흔들어대는 것이 당시 통제의 핵심이었다. 정당의 정책 형성 능력은 높아졌지만, 조직재편이 계속되면 커리어 패스(승진 전망)를 간파하지 못하고 소관 업무를 빼앗길 위험성에 노출되는 관료는 동요한다. 이를 통해 정당은 관료에 대한 통제를 가했던 것이다. 이 시기는 국가행정조직법에서 성·청 내부의 국·과(局課) 레벨까지 결정하였다. 초기 국회에서는 국회중심주의의 제도를 중심으로 운용되어, 정당정치가가 행정 조직에 대한 대항의 발판으로서 국회를 이용하고 있었다는 것을 반영하고 있다(가와히토 2005: 2장).

이러한 조직의 유동성에 대응하는 형태로 관청의 틀을 넘어 이동(異動)을 반복하고, 국이나 성의 틀을 넘어선 정책을 입안하는 관료가 등장한다. 각 성 내부에서도 조사나 기획 능력이 확충되어, 그것이 장관 기관의 강화에 의해 조직적 기반을 가진다. 마키하라 이즈르(牧原出)는 이러한 기획력과 외부에의 압력을 통해 정책 형성을 행하는 기관형 관료와 좁은 조직의 이익 유지를 중시하는 종래의 원국형(局型) 관료를 대비하여, 오쿠라쇼(大藏省)에서의 기관형 관료와 주계국(主計局) 관료의 차이를 묘사하였다(마키하라 2003).

이렇게 유동성이 높은 것이 관료의 정계 진출의 배경이 되기도 하였다. 요시다 시게루(吉田茂)가 이케다 하야토(池田勇人), 사토 에이사쿠(佐藤英作) 등 관료 출신자를 적극적으로 등용한 것도 있고, 관료 상층부까지 도달한 후에 정계로 진출하는 자가 많았다. 이러한 관료 출신의 정치가가 공직 추방에 의해 부족한 인재를 보완하는 역할은 매우 컸다. 그러나 주요한 정치가의 추방이 해제되어 정계에 복귀하는 가운데, 그들과의 대립이 깊어지기도 하였다. 관료파와 당인(黨人)파의 대립이라 불리는 이러한 대립은, 요시다와 하토야마 이치로(鳩山一郎)의 대립과도 연동하면서 보수정당 내 불안정성의 요인이 되기도 하였다.

3. 자민당 정권하의 정치와 행정

본인의 복수성

앞 절에서는 점령기에서 약한 총리와 완만한 상호조정의 구조가 성립해가는 과정을 살펴보았다. 이러한 특징은 자민당 정권에 계승되어 강화되었다. 자민당은 GHQ의 모든 부서가 그러했듯이, 원국(原局)·원과(原課)의 레벨에까지 침투하고 있었다. 그것은 자민당이 분권적이며, 특정한 정책 영역에 특화하는 경향이 강했기 때문이다. 그 기저에는 자민당 의원 간의 경쟁을 촉진하는 중선거구제가 있었다.

그 결과, 의원내각제에서 단독정권이면서 자민당 의원은 입법 권한을 완전하게는 총리에게 위임하지 못하였다. 자민당 의원의 입장에서 약한 총리는 편리하고, 자유임용을 확대하여 행정부에 깊숙이 파고들 필요도 없었다. 장관과 정무차관을 포함하여 40명 정도가 행정부에 들어오는 데 불과하고 실력자의 다수가 내각만 남았다. 내각과 여당의 이중권력 구조이다. 자민당 의원은 입법에 깊이 관여한다. 동시에 성·청은 입안부터 국회의 심의에 이르기까지 많은 작업을 담당한다. 자민당은 성·청에 대해 사전 통제를 가하면서, 대폭적인 권한의 위양을 실시하였다. 관료는 그 아래서 다양한 행위의 주체(actor)와 이익을 조정하면서 정책 형성에 종사하였다.

내각에 국회의 심의를 통제하는 수단이 제도적으로 준비되어 있지 않았고, 자민당 의원의 자율성이 높았던 귀결로서, 의원내각제임에도 불구하고 의원입법이 빈번하게 시도되었다. 여당 의원이 사업 관청과 한 그룹이 되는 형태로 오쿠라쇼의 예산 조치를 마치지 않은 상태로 의원입법을 성립시키는 것도 많았다. 1955년에는 국회법을 개정하고, 의원의 입법 절차를 약간 엄격하게 하였으나, 한동안 입법의 실태에는 변함이 없었다.

자민당 정권의 안정과 정·관 관계의 제도화

보수가 합동하던 초기, 그 주연배우 중 한 사람 미키 부키치(三木武吉)가 '10년 버티면 아주 잘한 것'이라고조차 말했던 자민당이지만, 당 운영의 제도화를 추진함으로써 조직을 안정시켰다. 인사의 제도화는 그 커다란 부분이었다. 당선 5회에 장관이라 불리듯이, 당선 횟수에 따라 행정부와 당내의 직책을 분담하는 관행을 확립함으로써 당내 대립의 요인을 억제하고 있었다. 한편, 당내 인사의 제도화가 진행됨으로써 당선 횟수에 따라 장관 후보자가 결정되고, 더 나아가 파벌이 구체적인 인선안(人選案)을 내놓음으로써 총리의 장관 선임권은 제약되어 있었다. 자민당 정권에서 총리는 의회의 대리인, 장관에 대한 본인, 어느 쪽 입장도 관철할 수 없었던 것이다(노나카 1995).

당선 횟수에 근거한 포스트 배분은 관료 출신자에게도 동일하게 적용되어, 오래전 요시다가 한 것처럼 정계에 입문한 지 얼마 안 되는 관료 출신자를 중용하는 길은 닫혀있었다. 이것은 전전 이래 계속되는 관료파와 당인파의 대립을 완화하는 데 기여하였다. 이후 정계에의 입문을 계획하는 관료는 점차 관료의 경력 중도에 출마를 단행하게 되었다. 전후 공무원제도에서는 관료의 정치적 행위는 금지되고, 재직 중에는 정당에 소속할 수 없고, 입후보의 시점에 퇴직을 강요받는다. 낙선했다 하더라도 관료로는 되돌아갈 수 없다. 프랑스처럼 관료의 정계 진출을 지원하는 조치는 없고, 공무원의 정계 진출은 제도적으로는 억제되어 있었다.

입법 절차의 정리

정책 형성에 있어서 자율적인 자민당 의원과 의원내각제에서 내각을 조화시키는 것도 1950년대 후반에는 진척된다. 내각이 예산을 동반하는 의원입법을 인정하지 않는 방침을 내놓은 것은 1957년이며, 그 후 60년대 전반에 걸쳐서 이 방침이 서서히 확립되어 간다. 기시 내각기(1957-60년)에 당의 정책 결정기관인 정무조사회(政調會)의 정비가 진행된다. 동시에 정부심의회의 정리, 법제화를 요구함으로써 정책 형성의 절차를 제도화해 간다. 그 완성 형태가 여당에 의한 법안의 사전심사제이다. 62년에 내각법안(내각이 제출하는 법안)의 각의 결정에 앞서 총무회의 양해를 구하는 것이 되고, 사전심사제가 제도화되어 간다. 이와 대립하는 형태로 자민당으로부터의 예산 요구는 내각법안으로서 확실히 조정되어 있었다. 여당의 사전심사를 제도화하고, 모든 내각 법안에 대해서 당에 거부권을 부여함으로써 내각과 오쿠라쇼는 가까스로 사업 관청과 여당 의원의 연합군에 따르게 되었다.

1960년대 후반부터 70년대 전반에 걸쳐서 정무조사회의 확충이 한층 진행되고, 정무조사회의 확충이 더욱더 진행되어 정책 영역별로 전문적인 특화가 진행되어 간다. 중선거구제하에서 동일 정당의 후보자 간 경쟁이 있기 때문에, 의원이 좁고 견고한 지지 기반으로부터의 집표를 목표로 하고, 동일 선거구 내에서 함께 패배하는 것을 방지하기 위해서 나누어 출마하도록 추진되어 왔다. 의원들이 자신들의 선택으로 정무조사회 부회에 소속하여, 정무조사회를 기본적인 정책 형성의 단위로 함으로써 분권적 분립적인 의사결정 방식이 제도화되었다.

이렇게 전문화, 특화함으로써 전문지식을 갖춘 의원을 족(族)의원이라 부른다. 자민당 정권이 장기간에 걸쳐 통치해 왔기 때문에, 족의원은 지속적으로 정책 형성 능력을 향상시켜 왔다. 성·청과 자민당 정무조사회의 분할선(分割線)이 준비되고, 그 선은 경제 및 사회 속의 업계 분할선과도 일치하였다. 이렇게 1970년대에 완성된 통치구조는 패턴화된 다원주의나 칸막이로 단절된 다원주의라 불린다(이노구치 1983; 아오키·오쿠노·오카자키 편 1999).

통제 수단의 정비

정치가들 자신이 전문지식을 몸에 익히게 됨과 병행하여, 자민당은 관료를 통제하는 수단을 정비해 왔다. 제1장에서 설명한 본인·대리인 이론에 따르면 정치가가 능력을 높였다고 하더라도 스스로 정책을 형성한다고는 할 수 없고, 대리인을 잘 활용한다면 그것을 당연히 이용할 것이다. 다만 통제가 잘 작동하고 있는 경우 실제로 행사되는 건 없으므로 어떠한 수단이 존재하는가는 주의 깊게 관찰할 필요가 있다.

램지어와 로젠블루스는 자민당이 네 가지 통제 수단을 준비했기 때문에 관료에게 대폭적인 위임을 할 수 있었다고 주장한다(램지어·로젠블루스 1995). 첫째는, 당 간부의 승진·배치에 관한 인사 개입, 둘째는 낙하산 인사를 통한 보상 부여, 셋째는 관료의 결정에 대한 거부권 확보, 넷째는 화재경보기의 정비이다(☞제1장). 세 번째 이외는 사후 통제이며, 그것이 통제의 중심이었다고 보는 것이다.

이에 대해 다테바야시 마사히코와 소가 겐고는 자민당 정권에서는 사전 통제가 중심이었다고 주장한다(다테바야시 2005; 소가 2006a, 2008a). 우선 양자의 정책 선호는 대체로 일치하고 있었다. 자민당 단독정권이 장기간에 걸쳐 계속되는 가운데 실현되기 쉬운 정책이 무엇인가는 명확히 알게 된다. 이와 다른 정책 선호를 가진 사람은 본래 관료가 될 것을 생각하지 않고, 관료가 되더라도 고위층까지 승진이 어렵다. 이렇게 되면 양자의 정책 선호의 다름은 다음 두 가지로 압축할 수 있다. 하나는 자민당 의원이 업계에 대한 이익의 환원을 중시하는 데 대해, 관료는 관료조직의 확대를 중시한다는 점이다. 또 하나는 관료가 정책의 장기지속성을 고려하는 데 대해, 자민당 의원은 선거에서의 표 획득을 위해서 단기적인 이익의 공여를 종종 중시한다는 점이다.

　이 차이에 대처하기 위하여 자민당 정권이 정비한 사전 통제의 하나가 조직편제에 관한 통제이다. 국가행정조직법에 근거하여 성·청 내부의 편성을 정치가의 수중에 두는 구조가 계속되었다. 성 레벨에서는 1960년의 자치성 승격 후, 2001년의 성·청 재편까지 신설이나 재편은 없었다. 그러나 그것은 정치 측이 조직편제에 대한 통제를 포기했다고 하는 건 아니다. 국이나 과 단위에서 업계와 관계 의원이 결합되어 있고, 그 근본을 변경하지 않도록 자민당 의원은 거부권을 계속 담보해 왔다. 성·청에 조직편제권을 갖게 하는 것은 서서히 진행되지 않았다. 1957년에 과와 실 편성을 시행령의 사항으로 하였으나, 국 레벨에 관해서는 70년대에 심의를 완료하지 못하고 폐안되는 등 반복하다가 83년에 겨우 실현되었다. 관방 및 국의 총수에 관해서는 국가행정조직법에서 128(현재는 97)이라는 상한이 마련되었다. 정원에 관해서도 성·청별로 법률로 통제하고 있던 것을 69년에 총정원법에 의한 전체 정원의 관리로 바꾸어 놓았다. 이렇게 조직과 정원 쌍방에 관하여 총량규제를 가하면서 배분에 관해서는 성·청에 맡기게 된 것이다.

　또 하나는 정책 형성의 절차의 통제이다. 다양한 정책 결정에 즈음하여, 심의회의 검토를 요구하고 그 심의회 멤버를 지정함으로써 사회 속의 어떠한 집단의 목소리를 정책에 반영시킬 것인가 그리고 어떠한 전문지식을 정책에 반영시키는가를 통제할 수 있게 된다. 예를 들면, 의료정책의 근간을 형성하는 의료보수 개정에 관해서는 건강보험법에 중앙사회보험의료협의회(中医協)의 자문이 필요하다는 취지가 규정되어 있다. 사회보험의료협의회법에 의해 위원은 20명, 그 가운데 보험자가 7명, 의료 대표가 7명, 양원의 동의를 필요로 하는 공익대표가 6명으로 규정된다. 의료계 기관(技官)이 중심이 되는 보험국 의료과가 사무국으로서 제안을 하나, 최종적인 결정은 의사 대표와 지불하는 측 쌍방의 합의에 의해 획득되는 것으로 한다(모리타 2016). 이로 인해 재정적으로 대응가능한 범위에서 의사회 등의 목소리에 대응한다고 하는 집권당의 의향이 실현된다. 또한 정책 전환을 의도하는 경우에는 심의회 위원 구성의 변화를 우선 시도한다. 예를 들면 1960년대 중반에 쌀값 억제로 바꾸려 했을 때, 농림성은 쌀값심의위원회를 학식 경험자만으로 구성하는 '중립 쌀값 심의'를 내세웠다. 그러나 이것은 생산자나 족의원의 강한 반발을 샀다(시모무라 2011: 제2장).

　이것들을 준비해 둠으로써 그 밖의 통제는 별로 필요가 없었다. 정치임용은 제한적이고, 관청의 통제수단으로서 사용되는 건 없었다. 승진이나 배치전환에 관해서도, 예외적인 사례를 별도로 한다면, 자민당 정권은 관청의 재량에 맡겼다. 관청 측도 인사의 공식화를 추진함으로써 정치적인 개입을 억제하였다. 자원배분에 관해서도 특히 예산에 관해 자민당은 깊이 관여하고 있었지만, 그것은 족의원 그룹과 사업 관청의 요구를 출발점으로 하면서, 전체의 조정을 취하는 구조를 확립하였던 것이며, 관청에 대한 사후적인 통제로서 예산 편성을 사용한 건 아니다(☞제6장).

국회 심의에서 관료의 역할 크기

법안을 성립시키기 위해서는 중의원과 참의원 각각에서 의사를 원활하게 진행하고, 가결을 얻는 게 필요하다. 여당 의원과의 조정은 사전에 끝나 있기 때문에, 야당이 국회 심의의 중심이 되지만, 의사일정에 제한이 있고, 회기불계속 원칙(심의가 끝나지 않은 법안은 다음 회기에 계속하지 않는 원칙)이 있는 것으로부터 어느 순번에서 법안을 심의에 부칠 것인가가 중요하게 된다. 따라서 의제 설정을 장악하는 여당 자민당 간부는 총리·내각에 대해서 영향력을 가진다. 동시에 야당에 대해서는 정중한 조정과 심의에서 대응할 필요가 있다. 자민당 정권에서 전자는 당의 국회대책위원회(國對), 후자는 관료와 대신에 맡겨져 왔다. 특히 여·야당 백중지세가 되었던 1970년대 이후 국회대책위원장의 중요성은 증대하였다(마스야마 2003; 가와히토 2006).

관청에서 국회 내 과정에 대한 대처의 중심이 되는 것은 각 성의 관방 총무부이다. 관방총무부는 국회 내에 국회연락실을 설치하고 있으며, 원래의 국에 대해서 국회 대응의 관리를 수행한다. 우선 의원으로부터 질문의 통고를 받고, 질문 내용의 개요와 답변요구자를 확인한다(問取り). 다음으로 답변자안을 작성한다. 담당계장이나 과장보좌가 원안을 작성하고, 과장 국장 더 나아가 답변자가 장관인 경우는 관방총무과의 순으로 양해를 얻게 된다. 예산에 관한 것에 관해서는 오쿠라쇼 주계국(主計局)과 협의도 한다. 이러한 일련의 작업을 매우 제한된 시간 내에 추진할 것이 요구되며, 관료의 부담은 크다. 게다가 장관에게는 당일 아침에 설명하고 심의에 임하게 된다. 이러한 프로세스를 보면, 장관의 지시에 따라서 답변서를 작성하고 있는 것이 아니라, 국회 내 과정이 행정 조직에 맡겨져 있음을 잘 알 수 있을 것이다.

선비형(國土型) 관료에서 조정형(調整型) 관료로

관료는 국회 내 과정에도 관여하고 있으며, 더 나아가 정책 형성에서 사회 경제의 측면도 업계의 분할선에 따라 편성되어 있다. 이 결과, 관료들은 업계와 야당과 같은 다양한 집단과의 조정 활동에 종사하게 된다. 이러한 활동과 자리매김의 변화는 관료들의 자기 인식에 반영된다. 마부치 마사루는 관료들의 역할 인식 변화를 명확히 하였다(마부치 2006; 2010). 정치가와 관료의 어느 쪽이 정책 형성을 주도하고 있는가? 하는 인식과 사회에 대한 관여를 긍정하는가 부정하는가 하는 두 개의 축을 조합함으로써 네 가지 유형이 만들어진다. 그리고 1960년대까지는 사회에 대해서 초연한 입장을 취하고, 정치에 대해서도 우위에 있다고 인식하는 선비형 관료가 많았던 데 대해, 70년대에는 정치 쪽이 우위에 있으며 사회에 오히려 적극적으로 관계하려고 하는 조정형 관료가 증가하고 있음을 보여준다. 농림수산 관료였던 사다케 고로쿠도 선비형 관료가 입안한 법안이 성립하지 않는 것 등 좌절을 경험하고, 70년대에는 조정형 관료(사다케의 표현으로는 현실주의관료)로 변질되어 왔다고 말한다(사다케 1998).

따라서 1990년대까지 자민당 정권하의 정·관 관계에서는 한편으로는 관료제의 활동량은 매우 크다. 관료들은 정책 형성에 관여하는 다양한 조정 활동에 종사한다. 다양한 행위자와 밀접하게 접촉하고, 각각의 이해와 의견을 파악하고, 장기적인 대차 관계를 이용하면서 떨어트릴 곳을 탐색한다. 그러나 그것이 관료가 정책 형성을 주도하고 있다는 걸 의미하지는 않는다. 자민당 정권은 관료에 대한 통제능력을 가지고 있으며, 자신들의 정책 선호에 반대하지 않는 정책을 관료들이 형성하는 한에서 정책 형성의 작업을 위임하고 있었다. 이것을 마츠무라는 정·관 스크럼(scrum)형 리더십이라 부른다(마츠무라 2010).

4. 1990년대 이후의 변화

변동의 90년대

앞 절에서 본 것과 같은 자민당 정권에 있어서 정·관 관계는 대체로 1990년대에 들어오기까지 지속되었다. 경제성장이 계속되는 가운데 조정형 관료도 적극적인 활동을 보여주고, 족의원과 2인3각으로 정책 형성의 많은 부분을 담당해 왔다. 80년대가 자민당 정권과 그 아래에서의 정·관 관계의 성숙기였다. 그리고 파탄의 발단도 그 안에 내포되어 있었다.

세 가지 계기가 정·관 관계를 변화시켰다. 첫째는, 정책의 실패와 관료의 스캔들이다. 1990년대의 경제가 정체함에 따라 성·청의 업적에 대한 평가는 매우 저하하였다. 동시에 업계와의 밀접한 관계가 관료에 대한 지나친 접대 등 부패의 온상이 되었던 것도 명백해졌다(☞제14장). 이것들은 다양한 이해의 조정을 의도하면서 정책 형성을 추진하는 조정형 관료의 귀결이라 생각되었다.

둘째는, 정권 교체이다. 1993년의 총선거 결과 자민당이 물러나고, 비자민 8당연립으로 구성된 호소가와 모리히로(細川護熙) 정권이 성립하였다. 자민당의 장기정권을 전제로 하여 구축되어 온 정·관 관계도 다시 살펴보게 되었다. 단기간에 자민당은 정권에 복귀했지만, 비자민정권 시대의 경험과 정권 교체의 가능성이 있는 것으로부터 예전과 같은 자민당과 관청의 밀접한 협의 관계를 회복하는 건 어렵게 되었다(마부치 1997).

셋째는, 정치개혁이다. 호소가와 정권은 정치개혁을 정권의 목표로 하여 선거 제도의 개혁을 성취하였다. 소선거구 비례대표병립제가 중의원에서 채택되어, 서서히 2대정당화와 정당투표 지향이 강해졌다. 의원의 일반이익 지향도 강해졌다. 더 나아가 정치자금 개혁과 정당보조금 제도가 도입되어, 파벌 리더의 역할이 저하되었다. 이것은 장관 인사 단위로서의 파벌의 의미도 축소시키고, 총리가 장관 인사에 재량을 갖게 되었다. 또한 1999년에는 국회심의활성화법이 성립되어, 총리토론제 도입, 관료가 국회 답변을 하는 정부위원제 폐지, 정무차관을 바꾸어 부대신과 정무관을 도입하게 되었다.

사전 통제의 강화

이러한 요인을 배경으로 해서 1990년대의 정·관 관계는 다음 세 가지 변화를 보인다. 첫째는, 조직재편이라는 사전 통제가 다시 활용되게 되었다. 둘째로, 정책 형성에 관련된 절차에 관해서도 변경이 추가되었다. 셋째로, 정부 중추의 확충, 바꿔 말하면 관저 기능이 강화되었다. 아래에서 각각에 관하여 부연해 두자.

첫째로, 1960년대부터 80년대까지 성 레벨의 조직재편은 시행되지 않았지만, 90년대에는 이것이 활발해진다. 최초의 움직임은 오쿠라쇼의 권한 박탈이며, 사후 통제의 발동으로도 평가된다. 98년에 금융업의 감독 권한을 분리하여, 금융감독청을 설치하고, 여기에 기획 입안 기능을 추가하여 2000년에는 금융청이 탄생한다. 더 나아가 하시모토의 행정개혁으로 전면적인 성·청 재편이 실시되었다(☞제6장).

그 후에도 그때그때의 정권 의향을 중심으로 하면서, 창설 때의 참의원을 포함한 여·야당의 역학관계에 영향을 받는 형태로 행정기관의 재편은 계속되고 있다(가와이 2019). 관광청(2008년 10월 발족), 소비자청(09년 9월), 부흥청(12년 2월), 스포츠청(15년 10월), 방위장비청(동월), 출입국재류관리청(19년 4월), 디지털청(21년 9월) 등이다. 한편 독립성이 높은 행정기관의 신설도 보인다. 운수안전위원회(08년 10월), 원자력규제위원회(12년 9월), 개인정보보호위원회(16년 1월)와 같은 것들이다.

둘째로, 1990년대까지는 심의회를 통해서 정책 영역별로 정책 형성 절차를 통제해 온 데 대해, 90년대 이후는 정책횡단적인 정책 형성 절차가 증가하였다. 93년에는 행정절차법이 제정되고, 정책 실시에 관한 행정의 활동과 그때의 결정에 대해서 통제가 가하여지게 되었다. 또한 거기에 설치된 의견 청취의 절차, 말하자면 '공적 코멘트(public comment)' 절차는 2005년의 행정절차법의 개정에 의해, 행정입법 전체에 관해서 이해관계자에 한정하지 않고, 2001년 4월부터 시행되었다. 이로 인해 행정기관은 행정문서를 청구에 따라서 개시(開示)할 것을 요구받게 되었다.

총리 주도의 강화

셋째 변화는, 정부 중추의 확충이다. 일본에서는 관저 기능의 강화라고도 불리고 있다. 하시모토 행정개혁에 있어서 도입된 구조가 그 후 더욱더 확충되고 있다. 한 가지는 성·청 재편에 맞추어 내각 관방의 강화와 내각부를 설치함으로써 총리를 보좌하는 조직을 정비하였다(다케나카 2006).

이 장 제2절에서 본 것처럼 헌법 개정에도 불구하고 내각법에는 전전의 권력분립적인 행정권과 약한 총리를 제도적으로 담보하려고 하는 의도가 포함되었다. 이 내각법을 개정함으로써 총리 권한의 강화가 계획되었다. 총리가 정책 면에서도 주도권을 쥘 수 있도록, 2조를 개정하고, 국회가 총리를, 총리가 대신을 임명하는 권한의 위양 관계가 명확해졌다. 4조에서는 총리의 발의권이 명확해졌다. 한편 각의에서 만장일치가 요청되어 온 것이 각 성에 실질적인 거부권을 부여하게 된 데 관해서는 원래 그러한 명문 규정이 결코 존재하지 않았던 것 때문에 대응은 보류되었다.

더 나아가, 총리가 자신이 중시하는 정책과제를 대신에게 할당하기 쉽게 되었다.

성·청 재편으로 각성을 담당하는 대신 수가 감소한 만큼 총리의 판단으로 대신의 담당을 결정하는 여지가 확대되었던 것이다. 구체적으로는 두 종류의 대신이 그것을 가능하게 한다. 하나는 내각부의 특명담당대신이다. 경제재정, 소방 재난 등 내각부 소관의 횡단적인 정책과제를 담당하는 대신이다. 또 하나는 특명사항담당대신이다. 이것은 내각 관방이 가지게 된 기획·입안 기능과 대비가 되는 것이며, 행정개혁담당, IT담당 등 복수 성·청에 걸친 사항을 담당한다.

총리의 보좌기구의 정비도 1990년대 중반부터 서서히 진행되었다. 총리보좌관은 호소가와 총리가 설치하고, 96년에는 법제화되어 3명이 배치되기에 이르렀다. 내각 관방부장관도 정무, 사무가 1명씩 있었지만, 98년 이후 정무를 2명으로 늘리게 되었다. 동일하게 98년부터 관방부장관에 준하는 지위를 가진 내각위기관리감이 설치되었다.

내각 관방과 내각부

하시모토 행정개혁의 결과, 내각 관방에는 통합조정기능과 기획·입안 기능이 명확히 할당되었다. 총리보좌관은 5명으로 증원되었다. 내각내정심의실, 내각외정심의실, 안전보장·위기관리실을 폐지하고, 3명의 내각관방부장관보를 설치한 외에 내각공보관, 내각정보관, 내각총무관을 설치하였다. 부장관보 밑에는 실, 소위 보실(補室)이 설치되어 있고, 여기에 각 성으로부터 소집된 많은 직원이 배치되어 있다. 보실에는 일억총활약추진실, 올림픽추진본부사무국, 코로나19바이러스감염증대책본부사무국 등, 다양한 정책 대응과 정책회의의 사무국이 설치되어 있다(노나카·아오키 2016). 더 나아가 2014년에는 국가안전보장국과 내각인사국이라는 두 개의 사무국이 설치되고, 외교·안전보장의 통합과 고위직의 인사관리 기능을 추가하였다.

중요한 정책 형성, 특히 신규의 정책과제에의 대응에 있어서 내각 관방이 수행하는 역할은 커졌다. 그에 따라 각 성도 내각 관방에 유능한 인재를 파견하고 있다. 그림 2-1에서는 내각 관방 및 각 부성·청이 어느 정도의 법안을 제출하고 있는가를 가로축에 나타내고 있다. 기존 법률을 개정하는 법안과 신규 법안으로 구분해서 보면, 내각 관방은 신규 법안을 매우 많이 제출하고 있다. 개정법을 많이 제출하고 있는 건 총무성 국토교통성 후생성과 같은 기존의 법제도를 운용하는 데 수행하는 역할이 큰 성이다. 다른 한편 세로축에는 부성·청의 법안의 제출 순서로 보고, 어느 정도 우선되고 있는가를 나타내고 있다. 재무성 외무성 부흥청의 법안은 확실한 성립이 기대되고 있는 데 대해, 소비자청 환경성 금융청 등은 푸대접받고 있다(소가 2016).

내각부도 내각 관방과 나란히 총리를 보좌하는 기구이다. 내각 관방과의 구분은 애매하지만, 내각 관방이 종합조정에 중점을 두는 데 대해, 경제기획청 등의 후계라는 측면도 있는 내각부는 기획·입안 기능을 중시하고 있다. 각 성은 국가행정기관법 하에 있는 각 성 설치법을 근거로 한다. 한편 내각부설치법은 국가행정조직법과 동열에 위치되어 있다. 이로 인해 전신(前身)인 총리부 등과 달리, 내각부가 다른 성의 상위에 위치하는 것이 명문화되어 있다.

중요 정책에 관한 회의도 여기에 위치한다. 경제재정자문회의, 종합과학기술·이노베이션회의, 국가전략특별구자문회의, 중앙소방재난회의, 남녀공동참여회의 등 다섯 가지이다. 관방장관을 의장으로 하는 남녀공동참여회의 외에는 모두 총리가 의장·회장이 된다. 관련 대신과 학식 경험자를 참여시켜 중요한 방침을 검토하고 있다.

강한 총리의 탄생?

1990년대까지의 자민당 정권에서는 본인의 복수성이 특징이었지만, 2000년대 이후는 일정한 조건하에서는 본인이 단수가 되는 변화가 발생하였다. 강한 총리가 바로 그때 탄생한 것이다.

그림 2-1 ▸ 내각 관방 및 부·성·청의 정책 형성 활동(2002-16)

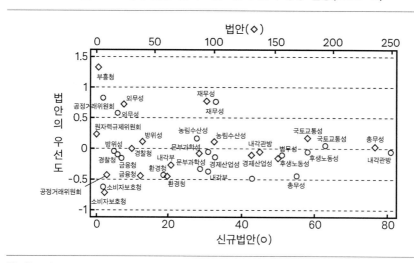

[출처] 소가 2016: 그림 7-10.

강한 총리로서의 고이즈미 정권 및 제2차 이후 아베 정권, 이와 대비하여 민주당 정권에 관해 살펴보자. 2000년대 이후 최초로 강한 총리가 된 것이 고이즈미 준이치로(小泉純一郎)였다. 정책 형성에 관해서는 경제재정자문회의 브레인인 다케나카 헤이조(竹中平藏)를 둠으로써 불량채권 처리와 우정민영화를 추진하기 위한 '개혁의 엔진'으로 삼았다. 반대 세력과의 조정에는 내각 관방에 의한 조정을 적극적으로 활용하였다. 또한 고이즈미는 소선거구 중심의 선거 제도로 바뀜에 따라 강화된 총리로서의 힘도 충분히 이용하였다. 대신을 임명하는 데 있어서 파벌로부터의 리스트에 반드시 구속되지 않았던 점, 우정 개혁에 반대한 대신의 파면권을 실제로 행사한 점 그리고 2005년의 우정국을 해산할 때 선거에서 공인권을 활용하여 의원의 통솔을 꾀했던 점 등이다.

그 결과, 관료에 있어서는 본인의 단순화가 진행되었다. 1990년대까지의 자민당 정권에서는 새로운 정책의 형성 때에는 여당과 내각 쌍방의 조정이라는 커다란 비용을 지불하지 않으면 안 되었던 대신, 기본적으로 한 번 성립한 정책은 계속되기 쉬운 상태였다. 이것이 2000년대에는 역전되었다. 즉 관청이 추진하고 싶은 정책에 총리의 동의를 얻게 된다면, 과거 이상으로 실현은 용이하게 되었다. 다른 한편, 총리가 거부함으로써 지금까지의 소관을 잃어버릴 위험성도 높아졌다. 우정 민영화는 그 일례이다.

다만 이러한 고이즈미의 강함은 과도기였기 때문에 나타나기 쉬웠다. 자민당 의원들은 새로운 제도하에서 총리의 지위가 무엇을 의미하는지에 관해 학습할 필요가 있었다. 고이즈미 정권은 그 중간이었기 때문에 우정 개혁을 둘러싸고 실제로 총리와 대립이 발생하고, 총리가 그 힘을 과시하였다. 이것이 선례가 되어, 그 후에는 자민당 의원들도 총리와의 대립이 결정적으로 된 경우에 무엇이 발생할 것인가를 예측하고 행동하게 되었다.

더 나아가 1990년대 후반 이후, 국정의 통치조직은 크게 개혁되어 오긴 했지만, 아직 손대지 못한 부분도 있다. 이러한 제도적인 제약으로부터 항상 총리가 강한 총리가 될 수 있는 건 아니다. 첫째로, 강한 참의원의 존재가 있다(다케나카 2010). 총리 지명과 예산을 제외하고, 참의원에는 중의원과 나란히 동등의 결정권이 부여되어 있다. 선거 제도가 양당제를 촉진하는 것이 되면서 반수 정도의 개선(改選, 일부 선거)을 시행하며, 동시에 중의원과는 다른 시기에 선거가 진행된다는 점에서 참의원 의원 선거는 일종의 중간 선거가 되어 여당이 패배하기 쉽다. 따라서 연립정권을 만들어 참의원에서의 과반수를 확보하려고 하지만, 성공하지 못하면 참의원이 법안 성립의 험지가 된다.

둘째로, 의회 제도에 있어서 내각에 입법을 촉진하는 수단이 부여되어 있지 않은 상태는 변하지 않았다. 국회의 심의에 대해서 내각이 관여할 수 없고, 여당 간부가 그것을 통해 영향력을 유지하는 점에도 변함이 없다(오오야마 2011). 관료 기구가 심의 과정을 포함해서 법안 성립을 위해서 움직이는 것도 변함이 없다. 정부위원은 폐지되었지만, 답변서의 작성을 관료가 담당하는 점 등은 변함이 없고, 야당이 질문(주의)서를 대량으로 이용하는 등을 하면, 관료조직의 입법부 대응에 대한 부담은 매우 커진다.

셋째로, 관저 기능의 강화로 인해 법안 작성에 관해서는 총리가 주도하기 쉬워졌다. 그러나 종래의 성·청 간 수평적 조정과 재무성에 의한 예산을 통한 조정 또한 내각법제국에 의한 법률작성 때의 조정(모두 제6장)은 계속되고 있다. 이러한 면을 제도적으로 개정하지 않고, 우회하려고 해도 혼란이 커지게 된다. 고이즈미는 그 점에서 억제적이며 재무성과의 대립을 회피하고 있었지만, 제1차 집권기(2006-07년)의 아베 신조 총리는 총리보좌관과 각 성에서 공모한 참모를 관저에 모아 고이즈미 이상으로 톱다운(Top-Down) 방식으로 정권을 운영하려고 하였다. 그러나 대립하는 이해를 조정하는 데 실패하고, 국회 심의의 정체를 초래하여, 총리의 지시에 따라 강행하여 채택, 의결을 반복하는 결과로 끝났다. 아베 정권의 도중부터 참의원에서 과반수 의석을 상실한 경우도 있고, 계속되는 후쿠다(福田) 정권, 아소(麻生) 정권은 모두 1년 정도의 단기 정권으로 끝났다.

민주당 정권의 시도: 내각과 여당의 일원화

2009년 8월의 총선거 결과, 민주당 정권이 성립하였다. 민주당은 메니페스트(정권공약)에서 정치 주도의 확립을 노래하고 있었다. 민주당 정권이 목표로 한 것은 의원내각제의 이념형으로서의 웨스트민스터형이었다. 여당은 총리에게 정책 결정을 위임한다. 총리는 대신을 통솔하고, 그 대신이 성·청을 통솔한다. 이로 인해 내각과 여당을 일체화하는 걸 목표로 하였다. 그러나 그 시도는 성공하지 못하였다. 하토야마 유키오(鳩山由紀夫), 간 나오토(管直人), 노다 요시히코(野田佳彦)로 총리가 교체됨에 따라

일원화의 방향으로부터 멀어져 갔다.

우선, 일반 의원으로부터 총리로 완전히 권한을 위양할 것을 목표로 하였다. 하토야마(鳩山) 정권은 당내 정책조사회를 폐지하였다. 그러나 정책조사회는 2010년 6월 간 정권의 발족과 함께 부활하였다. 다만 장관 가운데 한 사람이 정책조사회장(政調会長)을 겸하였다. 이것이 2011년 9월에 발족한 노다 정권에서는 정책조사회장은 입각하지 않고, 또한 정책조사회가 사전심사를 담당하게 되었다.

대신 이하의 정치임용직에 관해서는 팀으로 기능하도록 시도하고 있다. 자민당 정권에서는 대신이 부대신들을 선임하는 것이 아니고, 대신과 함께 정책 형성에 관여하는 것도 적었다. 이에 대해 민주당 정권은 대신의 의향을 참작하면서 부대신 정무관의 배속을 결정하고, 대신의 지시를 받으면서 정치적인 조정과 정책 형성 작업을 분담하는 것을 목표로 하였다.

대신 간의 제휴를 심화하려는 시도도 있었다. 각료위원회에 의한 조정을 활성화하는 것이다. 그러나 각료위원회에서의 조정을 각의 결정하는 절차를 정비하지 않았던 탓에 내각으로서의 의사 통일을 계획할 수 없었다. 총리의 지도력 부족과 맞물려 각료 각각이 조정을 경유하지 않고 각자의 생각을 발언하는 사태가 초래되고 정치 운영에 혼란을 초래하였다. 한편 하토야마 정권은 각의 하루 전날 열리고 각의 안건의 수위 역할을 해왔다고 하는 사무차관 등 회의를 폐지하였다. 그러나 2011년 3월 발생한 동일본대지진의 피해자 지원을 위해서 간 정권은 각 성·청연락회의를 개최하였다. 노다 정권 발족 후에는 정례화되어 다루는 주제도 국정 전반으로 확장되었다.

내각으로 예산 편성권을 이전하려고 하면서 국가전략국의 설치를 계획했지만 실현되지 않았다. 국가전략국의 잠정 조직으로서 국가전략실을 설치하고 담당 대신을 두었으나 그 역할은 명확하지 않았다. 덧붙여 기존의 행정 제도, 예산의 수정을 담당하는 조직으로서 행정쇄신회의를 설치하고 담당대신도 두었다. 사업을 분류하여 실시하는 건 주목을 받았으나, 목표로 하고 있던 웨스트민스터형의 정·관 관계와는 매우 거리가 먼 것이었다.

'대통령형' 총리로서의 제2차 아베 정권

2012년 12월 총선거에서는 자민당이 승리하고, 제2차 아베내각이 발족하였다. 20년 8월까지 역대 최장이 되는 7년 반 정도의 장기정권이 되었다. 강한 총리가 될 수 있었던 기반은 두 가지였다. 하나는 의원내각제에서 강한 총리의 요소인 여당 의원으로부터의 위임과 대신의 통솔이다. 참의원에서도 13년 이후, 과반수를 확보함으로써 안정적인 여당에 의해 지탱되었다. 스가 요시히데(菅義偉) 관방장관과 아소(麻生) 재무상과 같이 정권을 통해서 동일한 대신에 의해 지탱되고, 내각도 확실하게 통솔하였다.

덧붙여 또 하나는, 대통령제에서의 대통령과 같이 직속의 정부 중추를 채택한 것이다. 이 점에서 대통령형 총리라고도 자리매김할 수 있다. 구체적으로는 다음 네 가지로 정리할 수 있다.

첫째는, 정치임용의 확대이다. 공무원제도 개혁은 직업공무원이 총리나 관방장관의 의향으로 등용되는 형태로 귀결되었다(이즈모 2014). 이것을 아베총리는 적극적으로 이용하고, 직업공무원 가운데서 깊은 관계를 구축한 사람을 총리비서관, 총리보좌관, 관방부장관, 내각정보관, 내각인사국장, 국가안전보장국장 등에 등용하였다. 경제산업성 출신으로 제1차 아베내각 이래 깊은 관계에 있던 이마이 다카야(今井尙哉)를 정무의 총리비서관과 총리보좌관에 임명하고, 자신의 오른팔로 이용한 것이 전형적인 예이다.

둘째는, 내각 관방에 의한 임기응변의 정책 형성이다. 아베노믹스, 지방 창생, 1억총활약 등 정권의 전략적인 정책은 내각 관방의 보좌가 중심이 되어 입안되었다. 내각 관방의 직원 수는 1,000명을 넘고 상주하는 겸직자를 합하면 2,000명을 넘고 있다(소가 2016).

셋째는, 내각 관방에 의한 일관성 있는 정책의 방향 결정이다. 내각 관방 최초의 국 조직인 국가안전보장국과 그것이 지지하는 국가안전보장회의는 안전보장과 외교를 합하여 대외관계의 향방을 담당한다.

넷째는, 관료 상층부의 인사 장악이다. 내각 관방의 두 번째 국 조직이 된 내각인사국이 각 성의 심의관급 이상 650명 정도의 인사를 일원적으로 담당하게 되었다. 각 성이 원안을 제출하긴 하지만 그것과 다른 인사도 시행되고 있으며, 각 성은 간부 직원 인사의 자율성을 저하시켰다. 총무성이 맡고 있던 조직, 정원과 인사원이 맡고 있던 직급별 정원수(定員數) 관리도 내각인사국이 담당함으로써 조직편제에 관한 일관성이 있는 통제가 총리하에서 시행되었다.

총리 자신이 내각 관방을 통해 정책 형성에서부터 조직, 인사에 이르기까지 통제하기에 이르렀다. 일관성 있는 통제가 가능해짐으로써 조직이나 인사를 사후 통제로써 활용하는 것도 가능해졌다. 신상필벌(信賞必罰)이 시행되는 건 총리의 의향에 대하

여 지나치게 눈치를 살필 위험성도 있지만, 총리에 의한 통합기능을 수행하는 것이
가능하게 되었다는 의미이기도 하다. 충분한 통제가 될 것인가 지나친 통제가 될 것
인가는 총리에 달려 있다.

표 2-1 ▶ 관료와 다른 정치 행위자의 접촉 빈도

	대신	정무 차관· 부대신	사무 차관	국장	타 성·청	자민당 의원	야당 의원	자민당 정무 조회장	자치 단체	이익 집단
평균	8.2348	4.3510	10.6768	22.7917	10.3106	8.8838	4.3990	4.2753	7.7790	9.3523
1976	5.6773	2.5817	10.0080	23.6892	8.8406	6.1793	3.8486	2.8924	7.1873	6.3546
1985	10.1594	4.0518	12.1394	24.0040	10.9124	10.6733	4.7131	4.9880	9.5936	13.8207
2001	8.7828	6.1414	9.9897	20.9655	11.0621	9.6759	4.6034	4.8552	6.7207	8.0793

[주] 접촉 빈도에 관한 질문에 대한 회답에 대해서 매일=30, 며칠에 한 번=10, 주에 한 번=5, 달에 한 번=1, 그
외 0을 주어 응답자의 평균을 나타냈다.
[출처] 소가 2006b:표 2를 가공했다.

관료의 역할 의식 변화

이러한 변화는 행정관의 의식을 바꿔놓았다. 앞 절에서 보았듯이, 1970년대로부
터 80년대에 걸쳐서는 정·관 관계에서 정치의 주도성을 인정하면서, 사회와의 이해
조정을 적극적으로 시행하는 조정형 관료가 전형적인 모습이 되었다. 그러나 90년대
에는 사회와의 접촉에 대해서 소극적인 자세가 강해졌다. 정치의 주도성도 수용하고
결정된 정책을 묵묵히 시행하는 걸 역할로 인식하는 '관리형(吏員型)'관료라 불린다.
정·관 관계의 변화를 데이터에 의해 입증해 보자. 표 2−1은 관료가 다른 정치
행위자와 어느 정도 접촉하고 있는가를 보여주고 있다. 응답자의 다수가 과장급이므
로 국장과 거의 매일 만나는 등 자기 부서의 장관, 다른 성·청, 자민당 의원 그리고
이익집단도 며칠에 한 번 정도의 접촉이 보인다. 커리어 관료는 관공서 세계 안에서
만이 아니고, 집권당의 일반 의원 및 업계 단체와 밀접한 관계를 유지하고 있는 것으
로 나타나고 있다. 시기별 차이를 보면, 다른 행위자와의 관계는 1980년대를 정점으
로 하고 있으며, 70년대와 2000년대는 거의 같은 정도이다. 상세하게 살펴보면, 80년
대의 접촉 빈도가 특히 높은 것은, 자민당 의원이나 이익집단 등 관청 밖과의 접촉이
다. 그 이후에도, 사회의 각종 단체는 행정을 주요한 접촉 경로로 하고 있어, 양자

간에는 밀접한 관계가 나타난다(츠지나카·모리 편 2010).

한편 2000년대가 되면, 다른 부처와의 접촉이 증가하고 있으며 행정기관 내부의 조정이 증가하고 있는 것이 엿보인다. 부처 횡단적인 정책과제에 대응하기 위해서, 내각 관방이 중심이 되어 정책 형성을 실시하는 일도 증가하고 있다. 게다가 제2차 이후 아베 정권에서, 관저가 관료 상층부의 인사권을 장악하게 되면서부터, 정권과 진퇴를 함께 하는 것과 교환하여 큰 영향력을 행사하는 관료가 등장하였다. 이것은 관저 관료로 불린다. 자격임용으로 채용한 관료를 고위직 부분에 한해서는 정치임용 의 형태로 운용하는 것이다. 프랑스의 형태에 가까워지고 있다고도 말할 수 있다.

다만, 관료의 역할 의식이나 다른 정치 행위자와의 관계는 부처에 따라 크게 다르 다. 2019년 시점의 수상, 즉 아베 총리 및 자기 소속 성 이외의 부처가 정책을 실현 하는 데 어느 정도 중요한가를, 각 성의 관료가 네 단계로 대답해 준 회답의 평균치 를 보자(그림 2-2).

그림 2-2 ▶ 총리 및 자성(自省) 이외 부처의 중요성(2019)

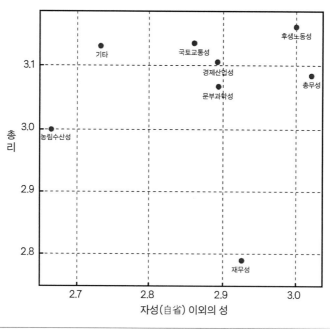

[주] 입성 시 성을 기준으로 구분하여, 4단계 회답의 평균치를 나타내었다.
[출전] 기타무라 편 2022 데이터를 활용하여 필자 작성.

후생노동성이나 총무성은 총리가 중요한 것처럼 동시에 다른 부처도 중요하다고 인식하고 있다. 이런 배경에는 사회보장정책이나 지방 창생 등 총리가 관심을 가지는 정책 영역을 포함하고 있는 동시에, 다른 부처의 소관과도 관계되는 복합적인 정책과제가 포함되어 있다. 국토교통성, 경제산업성, 문부과학성은 총리의 중요성을 강하게 인식하지만, 자기 소속 성 이외의 부처는 별로 중요하지 않게 생각한다. 이러한 성에서는 총리의 동의를 얻는 것이 정책 실현의 열쇠라고 인식되고 있다.

이에 대해서 농림수산성은 총리의 중요성도 약간 낮고, 자성(自省) 이외는 별로 중요하지 않다고 생각한다. 족의원이나 업계 단체를 비롯한 정책 공동체의 자율성이 높다는 것을 알 수 있다. 재무성은 반대로 총리의 중요성을 낮게 보지만, 자성 이외의 중요성을 높게 본다. 예산 편성에 대해 각 성 요구에의 대응을 재촉당하는 재무성의 상황을 잘 나타내고 있는 것이다.

5. 지방정부의 정치와 행정

집정 제도와 선거 제도의 특징

다른 나라에서는 별로 찾아볼 수 없지만, 일본에서는 중앙정부와 지방정부에서 다른 집정 제도를 취하고 있다. 전쟁 전에는 관선이나 간접선거로 선출하고 있던 집정 장관(단체장)을, 전후가 되어 직접 공적 선거로 변경함으로써 대통령제가 되었다. 권한 배분으로서는, 20세기형 대통령제에 가까워, 단체장에게 정책의 제안권을 부여하고 있다. 예산의 제출권은 단체장에게만, 조례안의 제출권은 의회와 함께 단체장에게도 주어지고 있으며 전결 처분이나 재의청구권도 부여되어 있다. 의회는 대항 조치로서 단체장에 대한 불신임을 의결하는 것이 가능하게 되어 있다. 불신임 의결이 성립했을 경우는, 단체장은 의회를 해산할 것인가 스스로 실직할 것인가를 선택하게 된다. 즉 선출 부분에 대해서는 대통령제를 취하지만, 의회와 단체장의 사이에 신임 관계를 요구하고 있어 정책 형성의 권한 배분도 의원내각제와 유사하다(소가 2019).

의회의 선거 제도에 대해서는, 도·도·부·현은 조례로 결정하지만, 시·구·군을 선거구로 하는 것이 많아 그 정수는 1에서 17에 이른다. 시·정·촌은 모든 지역을 1구로 하기(다만 정령지정도시는 구를 선거구로 한다) 때문에 의회 정수가 그대로 선거의 정수나 된다. 정당화(政黨化)는 도·도·부·현과 도시 지역에서는 진전하고 있다. 따라서 도·도·부·현이나 시에서는 정당 수가 많고 의원의 선호(選好)도 단체장과 괴리되기 십상이다. 선거를 실시하는 시기는 동시에 진행되도록 통일 지방선거의 구조가 만들어져 있다. 이로 인해 단체장 선거와 의회 선거, 한층 더 다른 지역 선거와의 연동을 도모할 수 있다. 그 때문에 전국적인 쟁점이나 국정에의 태도가 반영되기 쉽고, 단체장과 동일 정당의 의원이 승리하는 코트―테일 효과도 작동하기 쉽다. 다만 시·정·촌 의회 선거는 시·정·촌 합병에 수반하여, 단체장 선거는 임기 중 사망이나 사직으로 인해 통일 지방선거와 시기가 어긋나는 경우가 많다.

정책을 형성함에 있어서 수장의 강한 권한 때문에 의회의 정당은 연립하여 수장이 속한 여당이 되는 동기가 된다. 그러나 의원내각제와 달리, 의회 다수파에 의해 선출되는 것이 아닌 이상, 단체장이 선출될 때까지의 단계에서는 정당의 필요성은 낮다. 이 때문에 수장과 의회의 제휴 관계는 불안정하고 무너지기 쉽다.

1960년대 중반부터 중도 정당이 진출하여, 초기는 혁신정당과 연합함으로써 혁신 수장을 탄생시켰다. 70년대 후반에는 보수와 연합함으로써 지방 레벨에서 보수 회귀를 낳고, 결국에는 80년대부터 90년대에 걸쳐 합승 단체장의 족생(簇生)으로 이어졌다(소가·마치도리 2007). 그 후 유권자 가운데 부동층이 증가하여 기존 정당이나 정치가에 대한 혐오감이 높아가는 와중에는, 단체장의 경우 정당과 거리를 두는 것이 선거전에서 유리하게 된다. 이렇게 하여 90년대 중반 이후 무당파 단체장이 대부분 탄생하게 된다. 그러나 무당파 단체장도 정책 형성에서는 의회 다수파의 지지가 필요하다. 기존 정당과의 협조적 관계를 쌓아 올리거나, 의회 전체에 대항적으로 임하여 철저한 항전을 하거나 자신의 인기를 배경으로 스스로 정당을 인솔하거나 하는 세 가지 유형이 여기에서는 나타난다.

통제 형태

자유임용은 제한적이며 부지사·부시·정·촌장과 특별 비서에게 한정되어 있다. 부지사·부시·정·촌장에게는 의회의 동의가 필요하다. 그 때문에 의회와 단체장이 대립하는 경우는 이 인사가 최초의 관문이 된다. 그러나 반대로 말하면, 이 외 곳에는 자격임용된 직업공무원이 종사하고 있어 자유임용되는 일자리는 존재하지 않는다. 단체장 입장에서는 자신의 심복을 정규 직무에 앉혀 활용할 수 없으므로 참여나

고문 등 불명료한 형태로 등용하게 되기 십상이다. 한편, 고위직의 승진, 배치에 관해서는 단체장이 관심을 가지고 관여해 올 가능성도 높아진다. 조직편제나 정책 형성 절차를 통한 통제라는 것도 포함하여 사전 통제는 전반적으로 엷다. 이것은 하나는 집권적인 중앙·지방 관계의 귀결이었다. 예를 들어 필치규제라고 하는 형태로 조직 편제의 재량을 빼앗기고 있었으므로, 정치가의 통제 수단으로서 조직편제는 사용할 수 없었다. 단체장은 중앙 부처의 대리인이기도 한 것이다(☞제Ⅲ부). 그 결과 행정기관에 대한 통제는 사후 통제로서의 자원배분이 중심이 된다. 특히 예산은 단체장과 의회의 쌍방이 가장 관심을 가지는 것이었다.

지방의 관료제에서 보았을 경우, 본인이 되는 정치가의 관계는 다양해질 수 있다. 통일 정부의 경우는, 대체로 수장을 향하고 있으면 된다. 수장이 동의를 성립시킬 수 있으면 신규의 정책도 실현될 수 있다. 그러나 분할 정부의 경우에는 의회와 수장의 쌍방을 상대하지 않으면 안 되게 된다. 다만 통일 정부의 경우에도 개별이익 지향이 강한 의원과 지방정부 전체의 이익을 생각하지 않으면 안 되는 단체장과의 사이에는 선호의 차이가 있다. 이러한 차이는 재정 규모가 확대되고 있는 동안에는 공평한 예산을 짜는 것으로 은폐되고 있었다(소가·마치도리 2007). 그러나 1990년대 후반 이후 재정 규모의 축소가 과제가 되면 그렇게는 안 된다. 오히려 의회 다수파와 당파적인 관계에 있는 수장이 대담한 재정 감축에 나설 수 없는 경우도 발견된다(스나하라 2011).

연습문제

❶ 전후 일본에서 분담 관리 원칙이나 약한 총리가 비판을 받으면서도 유지되어 온 건 결국 자민당 정권이 그것을 선택했기 때문이라고 생각할 수 있다. 왜 그런가를 생각해 보자.

❷ 1990년대 선거 제도의 개혁을 비롯한 통치 기구개혁이 2000년대 이후의 정치와 행정의 관계를 어떻게 바꾸었는가? 그러한 변화가 생긴 것은 왜인가? 정리해 보자.

❸ 고이즈미 정권과 제2차 이후 아베 정권에서 정치와 행정의 관계를 비교하고, 그 공통점과 차이점을 정리하자. 더 나아가 그 차이의 요인을 생각해 보자.

제 3 장
정치와 행정의 관계를 규정하는 요인

이 장에서는 정치가와 관료의 정책 선호 상태나 정치로부터의 통제의 양태, 한층 더 그것들이 형성하는 관료의 독립성, 자율성, 중립성을 좌우하는 요인으로서 ① 이념, ② 이익, ③ 제도라고 하는 세 가지 독립변수에 주목한다. ① 정치가의 응답성이나 전문지식이라고 하는 관료가 갖추어야 할 이념, ② 다양한 정치가와 관료가 각자의 이익을 추구하고 시행하는 선택, ③ 정치가와 관료의 행동을 규제하는 정치 제도, 특히 정치가라는 본인의 복수성을 좌우하는 선거 제도와 집정 제도와 같은 각종 요인이 정치와 행정의 관계를 어떻게 구성하는지 살펴보자.

1. 전문성이라는 이념

민주성과 전문성의 상충(trade-off)

민주성의 관점에서는 정통성에 뒤떨어지는 행정기관이 왜 정책 형성에 있어서 일정한 역할을 수행하게 되는가? 민주적 통제를 실현하는 건 왜 어려운가? 이러한 물음에 대한 대답은 어느 것도 행정기관이 갖추고 있는 전문지식을 요청하게 된다. 행정 조직은 정치가와 비교했을 때, 민주성에서는 뒤떨어지지만, 전문성에서는 우위에 선다. 따라서 정책 형성에서 전문지식이 중요시되는 것이 행정의 독립성이나 자율성을 확대한다고 생각하는 것이다.

이러한 견해는 정관 관계의 국제비교나 시계열비교에서 통설이었다. 시민혁명을 경험하고 일찍부터 민주화를 경험한 영미와 근대 국민국가의 형성에 뒤지고 민주화가 진행되지 않았던 독일이나 일본의 대비가 그 예이다. 민주주의 이념이 충분히 정착하지 않는 채, 부국강병이 국가의 목표로 자리매김되는 경우, 행정기관의 전문성은 받아들여지기 쉬워진다. 또 민주성과 전문성의 이율배반은 어느 정도 강하다고 생각하는 것도 나라에 따라 다르다. 모국에서의 지배를 피하여 이민에 의한 건국이라고 하는 역사를 가진 미국에서는 행정기관의 비민주적 성격이 강조되기 십상이다. 강한 반지성주의의 존재도 전문성을 방패로 한 엘리트주의에 대한 거부로 이어진다.

시계열비교에서는 1930년대 이후 정부의 역할 확대(☞제13장)가 관료의 영향력을 강화하는 데 기여하였다. 이러한 현상을 행정국가화라고 부른다. 정부의 역할이 확대됨으로써, 정책 형성은 양과 함께 질도 변한다. 거시경제의 관리 등 전문성이 높은 정책이나, 복지서비스 등 현장의 집행을 포함하는 제도 설계 곧 중요한 정책이 증가한다. 이러한 정책의 형성을 담당할 수 있는 것은 관료뿐이다. 이것을 뒤집으면, 정치가가 관료에 대항하려면 정치가 자신이 전문성을 몸에 익히는 것이 필요하게 된다. 일본에서 정당 우위론도 자민당 족의원이 전문지식을 축적한 것이 영향력의 원천이 되었다고 논의한 바 있다.

큰 정부가 행정국가 현상을 낳은 것이면, 그 반대로 1970년대 이후 정부의 역할이 축소되는 것은 정치가의 영향력을 재차 증대시키는 것으로 반드시 연결된다. 정부에의 기대가 채워지지 않은 것은 행정의 정통성 위기를 가져온다. 경제성장의 종언은 이 위기를 현실화시켰다. 다양한 소리에 대응하려고 이해의 조정을 반복하는 조정형 관료가 부정적으로 평가받게 된다. 명확한 설명을 할 수 없는 조정 결과로부터 성립되는 현상에 대해, '폐지'라고 하는 일관성과 강함을 어필할 수 있는 정치에 대한 기대가 높아져 가는 것이다(노구치 2011).

이러한 견해는 시대의 흐름을 파악하는 데는 크게 유효하지만, 실증 측면과 이론 측면 양쪽에서 난점을 가지고 있다. 우선 데이터에 의한 뒷받침이 충분하지 않다. 반증을 찾아내기도 쉽다. 미국이 정책 형성에 대해 전문성을 중시하고, 안전보장 분야 등에서 대규모 관료제를 떠안고 있는 건 그 예라 하겠다. 또한 이론적으로는 이 견해는 제도 설계자가 합리적으로 제도를 설계한다고 하는 가정에 서 있지만 이 가정이 성립한다는 근거도 없다.

잭슨민주주의에서 분리론으로

지금까지는 행정 조직이 전문성에 대해서 우수한 존재라는 걸 전제로 하였다. 그러나 행정이 어느 정도의 전문성을 가지는가는 선임 방법, 즉 사전 통제로서 임용제의 본질에 따라 달라진다(☞제1장). 관료가 가지는 전문성을 살리기 위해서, 관료에게 정책 형성의 권한을 어느 정도 맡길 것인가 하는 것도 정치가의 판단에 따라 달라진다. 따라서 바람직한 사전 통제에 대한 생각이 실제 정치와 행정의 관계에도 영향을 미쳐왔다.

그러한 생각의 출발점은 잭슨민주주의에서 찾을 수 있다. 1828년의 선거에서 미국 대통령으로 선출된 잭슨은 민주주의를 철저히 추구한다. 남자 보통선거의 도입에서 보이듯이 민주제의 기반이 확대된 것을 배경으로, 국민이 행정부를 통제하는 수단으로서 정치임용이 자리매김되었다. 그 이전의 행정직은 종신직이며 한편 계급적인 것이었던 데 새로운 바람을 일으키려고 했던 것이다. 동일 인물이 직무를 오래 맡는 건 부패로 연결된다고 하는 이유도 주장할 수 있었다. 그러나 실제로는 자신의 지지자에게 직무를 나눠주는 이익 배분의 측면이 강했다. 작은 정부의 시대이며 아마추어라도 행정의 직무를 담당하는 것은 가능하였다.

그러나 20세기를 맞이할 무렵에는 정부의 역할이 점차 확대되어, 엽관제가 초래하는 비효율성 등의 폐해가 현저하게 나타나게 되었다. 그러한 가운데 민주적 통제와 효율적인 행정 실무의 실시를 양립시키는 방법으로 만들어진 게 정치·행정분단론(정치·행정이원론)이다. 정책 결정의 국면과 실시의 국면을 기능적으로 분할하고 행정기관에는 후자의 기능을 할당한다. 게다가 그것을 효율적으로 실시하기 위해서 자격임용제를 채용한다. 이것이 정치·행정분단론이 제시한 처방전이었다.

행정학의 창시자로서 평가받는 윌슨이나 굿나우가 이러한 논의를 주창하였다. 윌슨은 왕정 하의 지배 기구로서 행정을 파악하는 지금까지의 견해를 타파하기 위해, 도구로서 행정의 가치를 강조하였다. '살인자로부터 칼을 가는 방법만을 배우는 것은 가능하다'라고 하는 유명한 비유가 거기에서 탄생하였다(윌슨 1887). 굿나우는 결정과 집행이라고 하는 기능의 분할을 제창하고, 정책 형성에서의 역할과 연결하면서 정치와 행정의 관계를 생각하는 단서를 열었다. 일본에서 행정학 창시자인 로우야마 마사미치(蠟山政道)의 논의도 이러한 이원론의 흐름에 위치하게 된다.

융합론의 등장

이후 1930년대에 들어와 정부 규모의 확대와 복잡화가 한층 더 진행되는 가운데, 정책 형성에서도 관료의 전문성을 활용하려는 필요성이 높아진다. 정책 결정과 정책 시행의 국면을 분리하지 못하고, 오히려 그 쌍방에 대해 관료의 관여를 인정한 데다가 정치가가 준비하는 민주성과 행정 조직이 준비하는 전문성을 살려야 한다는 생각이 나타난다. 이러한 정치와 행정의 협력관계를 바람직하다고 하는 생각은 정치·행정융합론(정치·행정일원론)으로 불린다. 애플비 등이 40년대 이후 이러한 생각을 제시하기 시작한다. 행정에 있어서 이데올로기적 중립은 있을 수 없다는 것을 강조한 왈도의 논의도, 행정이 정책 형성에 관여하는 것을 전제로 하고 있다(Waldo 1986). 행정 조직은 사회의 구성을 반영한 것이어야 한다는 대표 관료제(representative bureaucracy)의 생각이 주창되기 시작했던 것도 이 시기이다.

일반적으로 정치·행정분단론과 정치·행정융합론이라는 형태로 두 가지가 대비되지만, 그 전 단계로서 잭슨민주주의가 존재한다는 걸 주의하고 싶다. 다른 관점에서 보자면, 독일이나 일본과 같은 후진국은 정치·행정융합론의 단계에서 근대국가를 출발시켰다. 아버바흐 등이 분석한 국제비교에서는, 영미의 경우 정치와 행정의 분리로부터 서서히 융합화가 진행된 데 대해, 일본에서는 융합 관계에서 출발하면서 역방향으로 변화를 보여 왔다고 하는 대비가 지적되고 있다(Aberbach et al. 1981). 츠지 키요아키의 관료우위론도 동시대의 미국에서 융합론이 찾아낸 정책 형성에서 관료의 역할 증대와 후발국으로서 관료의 역할이 큰 점이 겹쳐진 그림으로서 일본의 실태를 파악하였다. 그래서 츠지는 전후 개혁에서 정치와 행정의 협력관계보다 민주적 통제의 강화를 요구한 것이다.

융합론은 행정 기구의 전문성을 확립하면서, 그것에의 권한을 위탁한다고 하는 본인·대리인 관계에 의거한 견해를 시도했다고 말할 수 있다. 무라마츠(村松岐夫)의 정당우위론이, 츠지가 주창한 처방전은 벌써 실현되고 있음을 초기에는 강조하면서, 그 후 제로섬적인 영향력 관계의 시점을 떠나 정치와 행정의 협력관계 실태를 해명하게 된 것도 그러한 흐름에서 자리매김할 수 있다.

1980년대 이후 세 개의 방향성

그 후 1980년대 이후에는, 정치와 행정의 관계에 대한 이념은 다양하게 나누어지고 있다. 첫째, NPM(신공공관리)에서 보여지는 정책 결정과 정책 시행을 다시 분리하려는 흐름과 관련지어 정치와 행정의 이원론을 다시 제창하는 방향이다. 다만 여기에서는 기술로서의 행정의 확립이 아니라, 결과지향에 근거하는 민간의 경영수법의 도입이 요청된다. 그 차이에 맞추어 정치의 역할도 변할 것이지만, 이 점에 대한 검토는 별로 진행되고 있지 않다.

둘째, 관료의 전문성을 낮게 평가함으로써 정치의 역할을 다시 확장하려는 논의도 있다. 전문가 전반에 대한 불신을 배경으로, 이러한 언설은 기존 구조를 부정하는 것으로 사람들의 지지를 모으려고 하는 포퓰리즘 정치가가 잘 이용한다. 일종의 잭슨 민주주의에의 회귀라고도 할 수 있다. 일본에서 2000년대 중반부터 제2차 아베 정권에 걸친 공무원제도 개혁에서도 정치 측이 주장하는 건 정권에 대한 일체성의 필요성이었다(시마다 2020).

셋째, 선택지는 융합론의 입장을 유지하면서 협력관계를 개선하는 방향이다. 관료의 전문성을 향상시키면서 성별을 비롯한 대표성의 개선을 도모하고 관료제의 '현대화'를 진행하는 것이다. 명쾌함이 부족하고 개혁을 호소하는 데는 관심이 없지만, 신웨버형국가(NWS: New Weberian State)라 불리는 유럽 대륙에서는 이를 선택하는 나라도 많다(Pollitt & Bouckaert 2017).

2. 정치가와 관료의 이익

정치가의 이익과 관료의 이익

이익에 의한 설명에서는, 정치가나 행정관도 각각 추구하는 목표가 있고, 정치와 행정의 관계를 통해서 그 목표 실현에 이바지하는 행동을 선택하고 있다고 생각한다. 여기서는 정치가가 관료에게 정책 형성을 위임하는 것이나 통제하는 것도 정치가의 이익에 따른 행동으로 이해된다.

정치가가 추구하는 주된 목표로 가정되는 것은 선거에 당선하는 것, 자신이 이상으로 하는 정책을 실현하는 것, 보다 고위의 중요한 직무에 오르는 것이다. 당선, 정책, 승진이라고 하는 세 가지 목표 중에서도 정치가가 정치가인 필요조건이 되는 것으로부터 재선이라는 목표가 상위에 놓인다고 하는 가정은 현실적으로 타당하다. 또 그러한 가정에 근거한다는 논의가 설명력이 높은 건 지금까지의 연구에 의해 뒷받침되고 있다.

따라서 정치가로서는 유권자의 지지를 얻기 쉬운 정책을 실현하기 위해서 관료에게 위임하고 통제를 가한다. 혹은 유권자가 정치가에 의한 통제 실시 그 자체를 지지한다면, 정책 내용과 무관하게 통제를 가한다고 하는 선택을 취할 것이다.

이에 대해서 관료가 추구하는 목표로 가정되는 건 개인 레벨에서는 보다 높은 직위에 오르는 것, 보다 많은 급여를 얻는 것, 보람이 있는 직무를 수행하는 것 등 세가지다. 그리고 이러한 것 어느 것에 대해서도, 그것을 충족하기 위해서는 소속하는 조직의 확충이 조건이 된다. 거기에서부터 조직 레벨의 목표로서는 조직 자원의 확장을 내걸 수 있다. 따라서 관료 측은 자신의 조직 존속에 이바지하는 정책을 실현해가는 것을 정책 형성에 대한 목표로 할 것이다. 다만 관료가 개인 레벨 및 조직 레벨에서 이러한 목표를 안고 있는 것에 대해서는 정치가의 경우만큼, 설명의 타당성이 확인되지 않았다.

이상을 정리하면, 이익에 의한 설명에서 우선 생각해야 하는 것은, 한편으로 정치가가 자신의 재선에 이바지하는 정책을 추구하려고 하고, 다른 한편으로 관료가 자신의 조직이나 예산을 확대할 수 있는 정책을 실현하려고 할 때 어디까지 양자의 정책 선호가 일치하는가이다. 때로는 양자가 좋아하는 정책이 일치하기도 한다. 어떤 업계의 권익을 지키는 것이 정치가의 득표에 효과적인 동시에 관료의 예산 확보에도 유효하다고 말하는 건 그 일례이다. 그러나 목표가 다른 이상 양자가 좋아하는 정책은 항상 일치한다고는 할 수 없다. 그 차이가 큰 만큼 정치가 입장에서 보면 관료는 좋은 대리인은 되지 않고 통제는 강화될 것이다.

정권 교체 전 위임

정치가의 목표가 재선 등으로 파악된다고 하더라도 그 목표를 실현하기 위해서 선호하는 정책은 다양하다. 선거구가 다르면, 재선을 위해서 필요한 표밭도 다르고, 거기에 기여하는 정책도 다르다. 혹은 다른 이념을 정책에 대하여 가지고 있기도 한다. 따라서 특정 정치가에게 있어서는, 다른 정치가보다 관료 측이 정책 선호가 가깝다고 해도 결코 이상할 게 없다. 그러한 정치가 사이의 분할선으로 우선 생각할 수 있는 것은 정당의 차이다. 어떤 정당에서 볼 때 관료의 정책 선호가 다른 정당보다 가깝다면 관료에 위임하는 인센티브가 생긴다.

특히 정권을 쥐고 있는 정당이 다른 정당에 정권을 빼앗길 것 같을 때, 게다가 선호의 거리가 관료가 다른 정당보다 가까운 경우, 위임의 인센티브는 보다 커진다. 자기가 좋아하는 정책을 관료의 손에 맡김으로써 정권 교체 후에도 그 정책이 지속적으로 유지될 것을 기대하는 것이다. 예를 들어 미국에서는 각 주에서 자격임용제가 도입되었던 시기에 격차가 있지만, 그 다수는 지배 정당이 정권 교체의 가능성에 직면했을 때였다(Ting et al. 2013).

관료의 독립성을 높여 둠으로써 정권 교체 후에 다른 정당이 정책을 전환하려고 하면서 관료를 통제하는 걸 막으려고 하는 경우도 많다. 실제로 미국 연방정부에서 신설 행정기관을 대상으로 한 분석은 정치 세력이 서로 대항하고 있을 때 만들어진 행정기관일수록 독립성이 높다는 것을 보여주고 있다(Wood & Bohte 2004).

정치가와 관료의 유형 차이

정치가 중에서 선호의 차이를 가져오는 것은 정당의 차이에 한정되지 않는다. 하나는 세대에 의한 차이도 생각할 수 있다. 베테랑 의원이 기존 제도로부터 많은 이익을 얻고 있는 이상 보수적으로 되고, 청년·중견 의원은 통상 그러한 경향이 약하다. 또 하나는 직무의 차이도 생각할 수 있다. 당선을 반복하며, 수상이나 대통령 자리에 가까워짐에 따라, 당선 이외의 목표 비중이 늘어난다. 수상이나 대통령에게는 특정 정책 영역만이 아니고, 폭넓은 분야에 대한 식견이 요구된다. 따라서 일반 의원은 개별이익 지향이 강하고, 정당 간부나 장관급 정치가는 일반이익 지향이 강한 경향을 보인다. 이 경우 오히려 당 간부 등 쪽이 개혁에 적극적으로 되는 경우가 있다.

다른 한편 관료 내에서는 부처 간에서도 또 부처 내에서도 직계에 의해 분업이나 역할 분담이 이루어지고 있다. 부처 안에서는 내각부, 재무성, 총무성이라고 하는 총괄 관청과 국토교통성이나 농림수산성으로 대표되는 사업 관청의 차이는 크다(☞제6장). 전자가 일반이익 지향은 강할 것이다. 직계에 관해서는 대체로 과장급까지가 구체적인 법안 형성 등에 종사하는 데 대해, 그보다 위의 직계는 다양한 조정 활동에 종사하는 것이 중심이 된다.

　이러한 관료제 내의 분업과, 지금 설명한 정치가 내의 분업을 결합하면, 정치가와 관료의 접촉에는 친소(親疎) 관계가 있다는 것을 알게 된다. 정치가와 관료의 접촉 빈도로부터 그려낸 2000년대 초의 네트워크 구조는, 재무성과 자민당 간부층에 굵은 파이프가 있는 것, 자민당 신진 의원은 국토교통성에 많은 압력을 행사하고 있는 것, 당시 집권당인 자민당에는 부처로부터의 접촉도 있지만, 야당인 민주당으로부터는 정당 측으로부터의 압력행사가 되는 것, 민주당은 후생노동성, 국토교통성과 깊은 연관성이 있음을 보여주고 있다(소가 2006b).

　구체적인 정책 형성에서도 정치가, 관청 내부에서의 정책 선호의 같고 다름이 복잡한 제휴 및 대립 관계를 형성한다. 가토 준코(加藤淳子)에 의한 소비세 도입 과정의 분석을 살펴보자(가토 1997). 1970년대에 재정 적자가 증대하자 일반소비세의 도입이 오쿠라쇼(大蔵省)에 의해 검토되었다. 그러나 증세를 수용하는 정치가는 거의 없고 몇 안 되는 예외가 수상이 된 오히라 마사요시(大平正芳)였다. 오히라는 79년의 총선거에서 도입에 대한 의욕을 말했지만, 그것은 선거 부진으로 귀결되었다. 그 결과 80년대 전반에는 소비세 도입은 동결된다. 세출을 억제한 후, 직·간접세 비율(직접세와 간접세의 비율)의 시정을 겉으로 드러내고 재도전을 도모하게 되었다. 85년 총선에서의 대승을 배경으로, 나카소네 야스히로(中曽根康弘) 수상은 86년에 매출세 구상을 밝힌다. 이 시점에서는 나카소네 이외 자민당 상층부의 지지도 있었지만, 소매업계나 그것들을 지지 기반으로 하는 자민당 상공족 등의 반발을 억제하지 못하고 입법화는 좌절되었다. 세 번째로 실현된 건 88년의 다케시타 노보루(竹下登) 내각 때였다. 법안 내용을 한층 더 조정하여 소매업계의 반발을 억제함으로써 상공족의 동의도 받아내어 법안 성립에 성공하였다.

　기존의 권한이나 재원을 재검토하는 움직임이 나왔을 때, 관료 상층부와 정당 간부가 개혁을 추진하려고 하는 데 대해, 관료의 하층부와 일반 의원이 거기에 저항하는 경우가 많다. 후자의 결속이 강하면 강한 만큼 개혁은 어려워진다. 예를 들면 대부분이 지방 파견 기관에서 근무하는 논커리어는 지방분권 개혁에 저항했지만, 일반 의원의 관심은 적었다. 그러나 보조금과 같이 일반 의원의 이해와 관계되는 점에서는 연합전선을 치고, 1990년대의 제1차 지방분권 개혁에서는 그 개혁을 저지하는 데 성공하였다. 그런데 2000년대에 들어와서, 고이즈미 준이치로(小泉純一郎) 정권하의 삼위일체 개혁으로 재차, 개혁의 도마 위에 올려 놓여졌을 때는, 소선거구제가 정착하여 일반이익 지향이 강해진 정치가들은 이에 강한 반대를 보이지 않았다(소가 2002). 혹은 금융빅뱅에서는 규제 권한을 손에서 놓고 싶지 않았던 대장성 국제금융국 베테랑 관료들과 대장성 족의원이 강한 반대를 보였지만, 국제금융국장과 여당 행정개혁 프로젝트팀을, 총리가 지지하는 형태로 개혁이 성립하였다(도야 2003).

한층 더 여기에서 경우에 따라서는 관료 상층부는 관료 하층부를 떼어내는 것도 있을 수 있음이 드러난다. 관료 상층부가 재량 확대를 지향하는 데 대해, 하층부는 예산 극대화를 지향한다. 그 때문에 에이전시(정책 시행을 담당하는 행정기관)의 도입이라고 하는 NPM형의 개혁은 관료 하층부를 떼어냄으로써 오히려 정책 재량의 확대를 도모하는 관료 상층부에 받아들여지기 쉽다(Dunleavy 1991).

정책 내용과 정책 선호

정책 내용에 의해서 그 정책에 관여하는 정치행위자에게는 차이가 있다. 정책유형론의 대표적인 연구에서는 분배 정책, 규제 정책, 재분배 정책의 세 가지 유형이 나타나고 있다. 분배 정책에서는 분배권을 쥐고 있는 엘리트와 그것에의 접촉을 요구하는 개인이나 기업의 움직임, 규제 정책에서는 이익집단 간의 연합이나 대립, 재분배 정책에서는 계급 간 대립이 발생한다고 예측된다(Lowi 1972).

정책 내용의 유형화로부터 정치가와 행정의 관계를 살펴보자. 재선을 위해서는 일정 기간 내에 성과가 눈에 보일 필요가 있으므로 정치가는 단기적·개별적 정책을 좋아한다. 이에 대해 관료는 장래에 걸쳐 자신의 조직이 유지되거나 확장되는 것을 바라므로 장기적·종합적 정책을 좋아한다. 그러므로 관료가 국토계획이나 경제계획과 같은 기본계획에 관심을 갖는 데 대해, 정치가 측은 공공사업의 장소 지정과 같은 구체적인 정책 내용에 관심을 집중하는 경향이 있다(야마구치 1987).

정책에 대한 일반 유권자의 주목도를 정책 세일리언스(salience, 현저한 특징)라 부르며, 그 차이가 정치와 행정의 관계에 영향을 미치는 것을 나타내는 논의도 있다. 예를 들어 저작권법 개정 때 세일리언스가 낮은 경우에는 이익집단과 관청의 선호 배치가 정책 결과에 강하게 영향을 주었다고 한다(쿄 2011). 또 2000년대에 들어올 때까지 사람들의 이목을 모으지 않았던 생활보호 정책에서 '건강하고 문화적인 최저한도의 생활'을 어떻게 구현할 것인가는 거의 후생성에만 독점적으로 맡겨져 왔다(이와나 2011).

전문성과 조직의 평가

정책 내용에 의해서, 전문적인 지식이나 정보의 필요성은 다르다. 지식이나 정보를 받아들여 정책을 실현하는 건 정치가에게도 이익이 된다. 따라서 전문성이 높은 정책 영역에서는 정치가는 관료에 의해 많은 정책 형성의 권한을 맡긴다고 생각할 수 있다. 또한 의회에 의한 개별이익의 추구가 집합적 이익을 크게 해치는 경우도 미리 관료에게 위임함으로써 의회는 자신들의 손을 묶기도 한다.

미국을 대상으로 한 통계분석에서는 에너지, 외교, 우주 개발, 기술 부문에의 권한 위양이 크고, 농업, 우편, 수산업, 퇴역군인 서비스, 세제와 사회보장에 관한 권한 위양이 작은 것은 정책 영역의 전문성으로부터 설명할 수 있다는 게 명확해지고 있다. 또한 예산 편성에 대한 권한 위양이 큰 것은 의회가 자신들의 손을 묶으려고 하는 결과로 설명된다. 통상 분야에서도 권한 위양이 크지만, 이것은 이 분야에서 개별이익을 중시한 결과, 1930년대의 보호주의화를 초래했다고 하는 교훈이 활용되고 있다(Epstein & O'Halloran 1999). 또한 환경 변화가 격렬하고 정책 대응이 필요하지만, 의회에서 합의가 성립할 확실한 증거가 없는 경우에는 미리 관료에 권한을 맡기는 경우가 많다(Callander & Krehbiel 2014).

게다가 관료가 전문성을 갖추고 있다고 하는 평판(reputation)을 가지는 경우는 정치가가 관료에 대한 통제를 가하기가 어려워진다. 사회 속에서 평판이 확립되면, 관료는 자율성을 얻을 수 있는 것이다. 미국의 우정성이나 농·상무성은 20세기 전반, 민간에 걸친 전문가 집단을 확립해 나감으로써 자율성을 얻고 있었다(Carpenter 2001). 동일하게 미국의 의약품·식품국(FDA)은 자신들의 전문성이 공익에 이바지한다고 하는 평판을 소비자나 정치가에 대해서 쌓아 올렸기 때문에, 생산자에 대한 강력한 규제 권한을 손에 넣었다(Carpenter 2010). 유권자의 평판은 정치가에게도 중요하기 때문에 전문성이 높은 행정 조직이라 하더라도, 유권자가 전문성의 의의를 이해할 수 있도록 노력하고 있다. 우주 개발을 담당하는 미국 항공우주국(NASA)에서든(사토 2014) 일기예보나 재해예보를 담당하는 기상청에서든(와카바야시 2019) 그 점은 변하지 않는다.

다만 모든 행정 조직이 전문성의 평판을 손에 넣을 수 있는 건 아니다. 업무 특성상, 거기까지의 전문성을 갖지 않는 조직은 다른 전략을 취할 것이다. 그것은 중립화이다. 복수의 본인에 대해서 주의 깊게 거리를 두는 것이 과도한 통제를 회피하는 방법이 된다. 노사가 대립하는 동안에 한 미국의 노동안전위생기관이 규제 감시 등에서 중립화를 도모하는 모습이 나타나고 있다(Huber 2007).

3. 정치 제도

집정 제도와 통제 수단의 선택

집정 제도에 따라 어떠한 통제 수단이 이용되기 쉬운가는 바뀐다. 관료에 대한 본인은 의원내각제에서는 수상이지만, 대통령제에서는 대통령과 의회가 된다. 따라서 관료에 대한 통제 수단으로서 법률의 위치설정에도 차이가 생긴다. 대통령제 의회에서 법률은 통제의 주요한 수단이 된다. 따라서 정책 형성의 절차를 법률로 정함으로써 사전 통제를 가하는 것은 대통령제에서 잘 나타난다. 의원내각제에서는 대신에 의한 임명권이나 자원 할당을 통한 통제를 활용한다고 생각할 수 있다. 법률 내에 정책 형성 절차가 기입되는 경우는 적고, 그 반면 내용에 관한 조문이 상세하게 기입되는 경향이 있다. 이것은 행정기관을 입법 활동에 이용하는 것의 귀결이기도 하다.

실제로 의원내각제에서는 수상의 의향에 따라 보다 많은 쟁점을 다루려고 하는 만큼, 부처의 수가 증가하는 경향이 있다(Mortensen & Green-Pedersen 2015). 일본의 경우에서도 성·청(省厅)별로 본 법률 제정 수와 시행세칙 수와의 사이에는 대체로 정(正)의 관계가 보인다. 법률이 관료에 대한 통제 수단이라면 관료가 재량적으로 책정하는 시행세칙은 법률 수와 부(負)의 관계가 될 것이지만, 정(正)의 관계로 보이는데, 법률은 통제 수단으로 이용되지 않는다고 생각할 수 있다(마스야마 2003).

그렇다고 해서 대통령제의 경우 의회는 항상 입법을 통한 통제를 행사하는 건 아니다. 입법을 통해서 통제를 가하는 것 자체가 의원들에게 많은 코스트를 수반한다. 따라서 대통령제에서는 입법 능력이 낮은 건 관료에 대한 통제 부족으로 이어지기 쉽다. 관료와의 정책 선호가 다르고, 한편 의원들의 입법 능력이 높은 경우에 비로소 입법을 통한 통제가 행사되는 것이, 미국 각 주의 복지정책에서 법률의 차이를 분석한 연구에서 나타나고 있다(Huber & Shipan 2002).

의원내각제의 경우도 장관에 의한 통제만이 언제나 사용되는 건 아니다. 장관과 다른 정치 세력이 힘을 쥐고 있는 만큼 그리고 그것이 입법을 좌우할 수 있는 힘을 가지고 있는 만큼, 입법을 통한 사전 통제를 할 수 있다. 구체적으로는 연립정권의 경우나 소수 여당의 경우가 여기에 해당한다. 그러나 그러기 위해서는 관료를 통제하기 위한 조문을 잘 작성하는 등의 입법 작업이 필요하다. 따라서 연립정권의 경우는 내각, 소수 여당의 경우는 의회의 입법 능력이 높은 경우에 입법을 이용한 통제를 할 수 있다. 후버와 쉬팬은 의원내각제를 채택하고 있는 19개국에서 노동법(표 1-2에 나타낸 것)을 대상으로, 이 가설을 검증하고, 소수 여당의 경우에 당연하고, 그다음으로 연립정권 및 내각이 안정되어 있는 경우에 법률이 구체화하는 것을 분석한 바 있다 (Huber & Shipan 2002).

총리의 힘과 선거 제도

다음으로 정치 제도에 의해 의원이 총리나 대통령에게 위임하는 인센티브는 다르다. 거기에 대응하여 수상이나 대통령이 행정기관을 어느 정도 파악하는가는 달라진다. 그것은 정부 중추의 크기를 바꾼다.

우선 집정 제도가 의원내각제 쪽이 행정의 수장에 대한 위임의 인센티브는 강해진다. 한편으로 대통령제가 행정권한이 대통령에게 집중한다는 점에서 통합기능은 강화되기 쉽다. 또 반(半)대통령제에서는 대통령과 총리 쌍방이 권한을 나누어 가지므로, 각각 직결하는 정부 중추를 합하면 그 규모는 커지기 쉬울 것이다. 게다가 의원내각제, 대통령제 각각의 안에서 선거 제도, 집정 제도, 의회 제도가 강한 총리나 대통령을 낳기 쉬운 경우에, 총리나 대통령에의 위임은 커지기 쉽다.

의원내각제에서는 선거 제도와 의회 제도에 의해서 강한 수상이 만들어지는 만큼, 총리가 통합기능을 담당할 수 있는 큰 정부 중추가 부여되기 쉬워진다. 강한 총리는 여당이 하나로 통합되는 경우 형성되기 쉬우므로 정당 시스템과 정당 조직이 핵심이 된다. 정당 시스템에 관해서는 정당의 수가 많아질수록 연립정권이 될 가능성이 증가하므로, 선거구 정수가 작은 만큼 강한 수상을 낳기 쉬워진다. 한편으로 정당 조직에 관해서는 다음과 같이 말할 수 있다. 집권당의 일반 의원들은, ① 총리에 의해 자신의 선거 결과가 좌우되고, ② 총리와의 정책 선호가 일치하고 있으며, ③ 당의 직무 배분이나 자신의 선거에서의 승패가 총리의 수완에 달려 있고, ④ 다양한 직무의 배분이 총리에 의해 좌우되는 만큼, 총리에의 대폭적인 위임에 동의한다.

예를 들어, 일본의 중선거구제와 같이 복수 정수로 후보자 개인에게 투표하는 선거 제도하에서는 정부 중추는 작아질 것이다. 집표는 후보자 개인의 손으로 행해진다. 정수가 크고 최저 당선 라인이 낮은 건 의원의 개별이익 지향을 낳고 총리와 의원의 정책 선호는 괴리한다. 또 당내나 각료의 직무 배분권을 당의 수장이 잡을 것도 없다. 이러한 선거 제도에서는 큰 정부 중추는 생기기 어렵다.

총리의 힘과 집정 제도·의회 제도

선거 제도 이외에, 총리의 지위의 안정성과 총리가 정책 형성을 주도할 수 있는지를 좌우하는 의회 제도와 내각 제도 등도 총리의 힘을 크게 바꾼다.

의원내각제인 이상, 의회 다수파의 신임이 정권 유지의 조건이 된다. 그러나 신임·불신임을 확인하고 정권의 치환과 연결하는 데는 다양한 방법이 있다. 하나는 총리에 의한 의회해산권에 대한 제약의 정도이다. 또 하나는 내각 불신임안을 제출하기 위한 조건, 예를 들어 차기 총리 후보의 제안과 세트가 아니면 불신임안을 제출할 수 없다고 하는 제약이 있는지 아닌지이다.

게다가 의회 제도도 총리의 지위와 정책 형성 쌍방에 영향을 미친다. 첫째, 제2원의 존재와 그 권한이다. 의원내각제라 해도 제2원과 총리 사이에 신임 관계가 예정되어 있지 않으면, 제2원의 다수당과 총리의 소속 정당이 일치한다는 보증은 없다. 이 제2원이 법안 결정 등에서 큰 권한을 가지고 있는 만큼, 제2원 다수당 리더의 역할은 커지고 총리에 대한 권력 집중의 저해 요인이 된다.

둘째, 의회의 입법 활동에서 내각이 가지는 수단이다. 내각이 입법을 촉진하는 수단을 많이 가지고 있을수록 총리에게 위임하는 의원의 인센티브는 강해진다. 입법 촉진 수단에는 다음과 같은 것이 있다. ① 내각이 제출한 법안에 관한 의사 진행을 설정하는 권한. 예를 들어 위원회에서의 심의를 중지하고 본회의에서 의결을 시행하는 권한이다. ② 내각에의 신임과 법안을 결부시키는 신임투표. 이것은 내각을 무너뜨릴 정도의 의사는 없고 혹은 해산의 가능성까지를 각오하는 일 없이, 안이하게 내각이 제출하는 법안에 반대하는 걸 억제하는 효과가 있다. ③ 복수의 법안을 정리하여 일괄 투표에 부치는 방법. 이로 인해 몰래 훔쳐먹는 듯한 찬성과 반대를 시행하는 걸 억제할 수 있다.

대통령제의 선거 제도

대통령제의 경우, 의원과 집정 장관의 선거가 따로따로 행해지고 관료의 입장에서 두 명의 본인을 선출한다. 이 두 명에 대하여 본인의 정책 선호가 어느 정도 다른가는 선거 제도에 의해서 규정된다. 두 가지 측면이 특히 관련되어 있다.

하나는, 의회 선거의 선거구 정수이다. 집정 장관은 지리적으로도 정책 영역적으로도, 정부의 모든 걸 대표하는 존재이다. 이에 대해서 의회의 선거가 다수의 정당 세력으로 나누어지는 만큼, 또 개별이익 지향이 강해지는 만큼, 의원과 집정 장관이 대표하는 이익이나 정책 지향의 어긋나는 점은 커진다. 따라서 비구속 명부식 비례대표나 정수가 큰 단기비이양식 투표제도의 경우는 괴리가 생기기 쉽다.

또 하나는, 의회 선거와 집정 장관 선거의 타이밍이다. 양자가 동시에 행해지는 경우는, 집정 장관 선거가 주목을 끌기 쉬우므로 의회 선거에도 집정 장관 선거의 결과가 파급되기 쉽다(코트테일효과). 이에 대해서 양자의 선거가 따로따로 행해지는 경우, 집정 장관과는 다른 세력을 의회에 만들어 내고, 정부의 정책을 전체적으로 중간의 방향으로 되돌리려고 한다.

의회의 임기와 집정 장관의 임기, 또 집정 장관이 임기 도중에 직을 떠나는 경우 후임을 어떻게 선택할 것인지가 선거의 타이밍을 바꾼다. 미국과 같이 하원의 임기를 2년, 대통령의 임기를 4년으로 하고, 대통령이 임기를 수행하지 못할 경우는 부통령이 대통령이 된다면, 대통령 선거와 동시의 하원의원 선거와 중간 선거라는 두 종류의 선거가 존재하게 된다. 한편 프랑스 제5공화제에서는 대통령 임기는 7년, 국민의회 임기가 5년이었던 것이 세 번의 코아비타시온(cohabitation=연립정권)을 낳았다. 그러나 2002년의 헌법 개정에 의해 대통령 임기를 5년으로 단축하고 국민의회 선거와 대통령 선거가 동시에 시행되게 된 이후 코아비타시온은 발생하지 않았다.

대통령제에서의 권한 분배

다음으로 강한 대통령이 될지 어떨지는 구체적인 집정 제도에 달려 있다. 우선 커다란 포인트는 대통령에도 법안제출권을 인정하여 입법권 일부를 대통령에 맡길 것인지 아닌지이다. 고전적인 대통령제에서는 복잡화, 다양화하는 입법 기능을 담당하기 위해서 입법부 자체가 거대한 입법 보좌기구를 정비해 간다. 미국 연방의회에서 볼 수 있는 의회예산국(CBO), 의회조사국(CRS), 의회 행정감사원(GAO)은 그 예이다. 그러나 의회의 많은 위원회가 각 성에 관여하는 만큼, 의회 전체적으로 영향력은 대통령의 영향력에 비해 상대적으로 떨어진다고 관료들은 인식하고 있다(Clinton et al. 2014).

한편으로 대통령에 의한 법안 제출이 가능한 경우는 의회 다수파에겐 대통령에 법안 작성을 위임하는 게 선택지의 하나가 된다. 행정부의 장으로서 관료 기구를 법안 작성에 이용할 수 있는 대통령이야말로 실효적인 법안 작성이 가능하다. 이것은 행정국가화(☞제1절)에 대한 하나의 대응이었다.

다만 이것은 대통령의 정책 선호가 의회 다수파와 가까운 경우에 한정된다. 따라서 의회 다수파와 대통령의 소속 정당이 동일한 통일 정부의 경우에는 의원들은 입법 기능을 집정 장관에게 맡겨 의원내각제에 가까운 운용을 시행하는 것을 생각할 수 있다. 한편 양자에게 어긋나는 점이 있는 경우, 의회와 집정 장관의 대립은 깊어지기 쉽다. 법안제출권을 집정 장관에게 주는 경우는 의회 측에서의 대항 조치가 준비되는 것이 많다. 이 때문에 대립이 생기면 상대에 대한 적대적 행동을 취하기 쉬운 것이다.

집정 제도·선거 제도와 정부 중추의 관계

여기까지 정치 제도와 집정 장관에게 대한 위임의 인센티브 관계에 대해서 살펴봤다. 데이터를 이용하여 양자의 관계를 확인해 보자. 그림 3-1에서는 정치 제도마다 정부 중추의 역할 크기의 평균치를 나타냈다. 수상·대통령에 대한 위임의 인센티브를 크게 하는 정치 제도, 즉 집정 제도이면 대통령제보다 의원내각제에서 그리고 선거 제도가 비례대표제보다는 소선거구제하에서 정부 중추의 기능이 커진다. 덧붙여 반(半)대통령제에 관해서는 선거 제도와의 조합의 변화가 보다 커진다.

보다 상세한 분석에서는 비례대표제 중에서는 구속명부식보다 비구속명부식이, 집정 장관에게의 위임의 인센티브는 작아지고, 실제로도 정부 중추의 역할은 보다 작아진다. 또 이러한 일은 집정에 의한 통합의 정도를 나타내는 다른 지표에서도 확인된다. 정부 중추의 직원수 혹은 부처 횡단적으로 규제 개혁을 진행하는 규제효과분석의 도입 정도에 관해서도 정치 제도의 영향의 효과는 확인되고 있다(소가 2016: 제4장).

그림 3-1 ▸ 정치 제도와 정부 중추의 기능

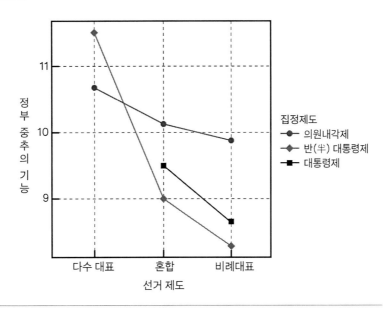

[출처] 정부 중추에 대해서는 그림 1-5와 동일. 정치 제도에 대해서는 요테보리대학 '정부의 질' 데이터 세트를 이용하여 필자 작성.

권력의 집중 · 분산과 관료

정치 제도가 정치와 행정의 관계에 미치는 영향으로서 관료가 어디까지 자율성을 가질 수 있을까를 생각해 보자. 본인이 단수인지 복수인지, 복수의 경우에는 그 정책 선호가 서로 어느 정도 떨어져 있는지가 관료의 자율성을 어떻게 바꾸는 것일까?

직관적으로는 정치가 사이에 권력이 분산되어 있으면, 정치가 전체의 힘은 약해지고, 관료의 자율성은 높아질 것처럼 생각된다. 그러나 그것은 너무 단순한 견해이다. 정치가와 관료의 관계는 양자가 함께 이기기도 하지만 함께 지기도 한다. 그것은 정치가와 관료가 단순한 경쟁 상대가 아니라, 본인과 대리인이라고 하는 관계에 있기 때문이다.

관료의 본인이 되는 정치가가 1명인 상태와 2명인 상태의 귀결을 생각해 보자. 논의를 정리한 것이 표 3−1이 된다. 신규의 정책 형성의 경우는, 관료가 정책안을 만들고 정치가가 그것을 승인함으로써 새로운 정책이 성립한다. 한편 한 번 성립한 정책에 관해서는 관료가 그것을 실시하고 정치가가 그것을 개혁하려고 하지 않는 이상 기존의 정책이 지속된다. 이 쌍방의 측면에서 귀결을 생각할 필요가 있다. 이때 관료의 자율성은 최종적으로 성립하는 정책 결과가 관료의 이상에 어느 정도 가까운가에 따라서 파악된다.

표 3-1 ▶ 본인의 복수성과 관료의 자율성

	본인의 인원수와 결정권		
	2명이 어느 쪽인지만으로 결정	1명	쌍방에 의한 결정
신규 정책입안 시	자율성이 높다	중간 정도	낮다
기존 정책실시 시	낮다	중간 정도	높다

본인이 1명인 경우, 신규 정책의 입안, 기존 정책 실시, 어느 경우에도 관료는 정치가가 받아들이는 정책 가운데, 자신에게 제일 바람직하다고 생각하는 정책안을 제안 혹은 실시한다. 이것을 기준으로 하여 본인이 2명이 되었을 경우 어떠한 변화가 생기는가를 생각해 본다. 본인이 2명 있는 경우, 그 어느 쪽인가의 승인을 얻는 것은 어느 쪽인지 한편만이 존재하는 경우에 그 승인을 얻는 것보다 간단하다. 반대로 2명 양쪽 모두의 승인을 얻는 것은 어느 쪽이든 한편만의 승인을 얻는 것보다 어렵다. 그림 3-2에서는 모식도로서 본인이 받아들이는 정책안의 범위를 원으로 나타내었다. 본인이 1명인 경우의 ①에 비해, 2명의 어느 쪽인지가 받아들이는 범위는 ②의 C의 영역만 넓어지고 있으며, 반대로 쌍방이 받아들이는 영역은 B이므로, A의 분만큼 좁아지는 것을 알 수 있을 것이다.

따라서 신규 정책의 입안 때는 어느 쪽인가의 승인을 얻으면 좋은 것이라면, 관료에게는 자신이 바라는 정책이 실현될 가능성이 높아진다. 반대로 어느 쪽의 승인도 필요하면 그 가능성은 낮아진다. 기존 정책의 실시 때는 어느 쪽만이라도 개혁을 시행할 수 있는 것이, 관료에게는 자신이 바라는 정책이 정지당할 가능성은 높아진다. 쌍방이 개혁에 나서지 않으면 개혁이 이루어지지 않는다면 그 가능성은 낮아진다. 실제 미국 대통령제에서는 어느 쪽만으로 관료의 권한을 삭감할 수 있기 때문에, 의회와 대통령 어느 쪽에 관료의 선호가 가까울수록 권한의 삭감을 받기 쉽다(Volden 2002).

그림 3-2 ▸ 1명의 본인과 2명의 본인

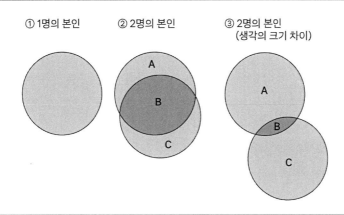

① 1명의 본인　　② 2명의 본인　　③ 2명의 본인
　　　　　　　　　　　　　　　　　　　(생각의 크기 차이)

이러한 경향은 두 명의 본인의 이질성이 높아지는 만큼 보다 현저해진다. 그림 3−2에서 다시 한번 더 돌아오자. ③에서는 ②의 경우보다 2명의 본인의 생각이 크게 다른 경우를 표현하였다. 이로 인해 A와 C의 영역이 확대하고, B가 축소하므로, 어느 쪽인가를 받아들이는 범위는 한층 더 확대되고, 쌍방이 받아들이는 범위는 한층 더 축소되는 것을 알 수 있다. 말하자면 표 3−1의 높다고 혹은 낮다고 한 경향이 한층 더 강해진 상태가 되는 것이다(트베리스 2009).

정치 제도론에서 본 일본의 중앙정부와 지방정부

지금까지 논의해 온 것으로부터 일본의 중앙정부와 지방정부 각각 둘 수 있는 정치와 행정의 관계를 다시 생각해 보자. 우선 자민당 정권 시대의 정치와 행정의 관계는 웨스트민스터형이 아닌 의원내각제에서 종종 볼 수 있듯이 장관에 의한 임면과 사후 통제보다 사전 통제를 중심으로 하는 것이었다. 이것은 중선거구라고 하는 일반 의원과 총리의 정책 선호를 괴리시키는 선거 제도가 취해지고 있었음에도 불구하고, 자민당이라는 정당이 장기에 걸쳐 지속적으로 정권을 장악해 왔던 터라 입법 능력이 높았던 데 기인한다. 한편 개별이익 지향의 강함으로부터, 의원이 총리·장관에의 위임을 완전하게는 실시하지 않기 때문에 의원내각제에서 가장 사전 통제에 편중되기 십상인 제도 구상이었다. 그리고 그것이 실제로 일본의 정관 관계를 형성해 왔다(☞제2장). 정책 영역마다 구분된 정책 형성 절차와 그 구분을 안정화하는 형태로서의 조직편제라는 사전 통제가 1990년대까지 자민당 정권에서 통제의 기본이 되었다.

소선거구를 중심으로 하는 선거 제도 개혁이 정관 관계를 변화시키는 것도 이론 그대로의 귀결이다. 소선거구라고 하는 일반 의원과 수상의 정책 선호를 가까이 다가가게 하는 선거 제도가 됨으로써, 장관에 의한 임면이나 사후 통제가 종래 이상으로 이용되게 되었다. 사전 통제에서도 조직편제가 활발해짐으로써 정책 영역마다 칸막이를 무너뜨리는 방향으로 이용이 이루어져, 정책 형성 절차에 관해서는 정책 영역을 횡단하는 방향으로 전환하고 있음을 볼 수 있다. 그러나 강한 제2원의 존재 등 의회 제도상의 특징은 대신에 의한 일상적인 통제를 관료에 대한 통제를 중심으로 하는 걸 허용하지 않았다. 정부 중추의 확대를 통해서 수상의 통합기능을 강화하고 있고, 웨스트민스터형 의원내각제와도 다른 대통령형 총리의 색조가 농후해지고 있다.

한편 지방정부의 정치 제도에 관해서는 기본적으로 변화가 없다. 그리고 이것은 대통령제하에서 입법을 통한 사전 통제를 약하게 하는 형태의 제도 편성이었다고 말할 수 있다. 의회는 단원이며, 통일 지방선거라는 구조를 통해서 같은 날 선거가 치러지도록 예정되어 있다. 그러한 것도 있고, 통일 정부가 되는 것이 많고, 입법제안권이 단체장에게 부여되어 있기 때문에 의회는 단체장에게 정책 형성을 위임하는 경우가 많다. 게다가 의회에 입법 보좌기구가 준비되어 있지 않고, 의원의 전문화도 진행되지 않았기 때문에, 행정 조직의 통제는 지방 단체장에 의한 일상적인 통제를 중심으로 하며, 조직편제나 정책 절차에 관한 사전 통제가 이용되는 건 거의 찾아볼 수 없다. 다만 제도는 변하지 않지만, 선거 결과는 바뀐다. 무당파 단체장의 증가 등으로 분할 정부가 빈번하게 나타나게 됨으로써, 오히려 행정의 자율성이 저하되는 경우도 많다.

연습문제

❶ 의원내각제와 대통령제에서는, 행정의 역할은 어떻게 다른 것인지 설명해 보자.

❷ 전후 일본의 자민당 정권에서 조직편제나 정책 형성 절차라는 사전 통제가 주로 이용된 것은 왜인지 설명해 보자.

❸ 행정의 전문성과 정치가의 정책 선호와의 거리라는 관점에서 봤을 때, 현재 일본의 행정은 어떻게 평가할 수 있는지, 또 왜 그렇게 평가할 수 있는지를 검토해 보자.

제 **4** 장

정치와 행정의 관계 귀결

정치로부터 행정의 위임은 언제나 잘 기능한다고는 말할 수 없다. 기대되는 역할을 완수하지 않을 때 행정에는 책임이 발생한다. 여기에서는 우선 행정책임이란 무엇인가를 분명히 한다. 게다가 위임의 실패에는 세 가지 종류가 있으며, 각각에 대응하여 다른 귀결이 생기는 것을 설명한다. 게다가 위임이 잘 되는지 아닌지에 따라 그 나라 정부의 부패 정도나, 정치체제의 안정성, 경제발전의 정도에도 차이가 생긴다는 사실을 국제비교를 통해서 보여주고자 한다.

1. 행정책임

누가 누구에 대한 책임인가

행정에 위임함으로써 정치가 기대한 성과를 항상 얻을 수 있다고는 할 수 없다. 그렇다면 그 책임을 어떻게 추궁하는가 하는 문제가 발생한다. 정치와 행정의 관계에서 책임 문제는 행정책임론에서 오랫동안 논의해 왔다. 행정책임을 생각하는 경우 일반적 책임론과 같이 누가, 누구에 대해서, 무엇에 대한 책임을 지는가를 명확하게 하는 게 중요하다.

누가라는 관점을 생각할 때 주의할 것은, '행정' 책임이라고 하는 명칭으로 되어 있지만, 그것은 행정의 책임만을 의미하고 있는 건 아니다. 행정책임은 정관 관계 안에서 생각하지 않으면 안 된다. 즉 행정책임은 행정의 책임과 정치의 책임이 세트가 되어 있다. 그리고 기본적으로는 책임은 대리인으로부터 본인에 대하여 발생한다. 따라서 시민이 정치가에게, 정치가가 관료에 위임하고 있는 경우, 행정기관은 정치가에 대하여 책임지고, 정치가는 시민에 대하여 책임진다. 위임과는 반대 방향으로 책임이 발생하므로 양자는 항상 세트로 파악되어야 할 것이다.

무엇에 대한 책임인가

그러면 정치와 행정의 각각은 무엇에 대하여 책임지는 것일까? 첫째로, 가장 고전적인 생각은 정치 측은 적절한 지시, 명령을 내리는 데 책임을 지고, 행정은 그 지시나 명령에 따라서 직무를 수행하는 데 책임을 진다고 하는 것이다. 각각이 수행해야 할 직무를 완수할 책임이라고 하는 것으로부터 직무 수행의 책임(직무 책임)이라고 부른다. 둘째로, 이 직무 수행의 책임에 따르는 것으로서 행정 측은 직무의 수행 후 어떻게 직무를 수행했는지에 관하여 정치가에게 보고하고 정치가로부터의 질문에 대해 변명할 책임이 있다. 이러한 변명책임·설명책임을 어카운터빌리티(accountability)라고 부른다.

여기까지는 정치가로부터의 지시나 명령을 전제로 한 책임이지만, 이것들을 기다릴 필요 없이 관료로서 수행해야 하는 직무를 실시하는 것을 책임에 포함하는 것이 제3의 책임 개념이다. 임무적 책임이나 리스폰시빌리티(responsibility, 응답적 책임)라고 부른다. 넷째로, 두 번째와 세 번째 책임을 합친 것으로서 설명을 수반하면서 리스폰시빌리티를 완수하는 것을 들 수 있다. 어카운터빌리티의 대상을 직무 수행 이전의 단계에까지 확장하고 있다고도 말할 수 있다. 의료에서의 인폼드 컨센트 같이 사전 단계에서 충분히 설명을 하는 책임이다. 두 번째의 어카운터빌리티와 구별하기 위해서, 사후 설명책임과 사전 설명책임이라는 형태로 사용을 구분한다.

표 4-1 ▸ 네 가지 책임의 개념

		책임의 대상물	
		행위와 그 결과	설명
본인 측 지시나 명령	있다	어떤 직무 수행의 책임	어카운터빌리티 (사후)설명책임
	없다	임무적 책임, 리스폰시빌리티	(사전)설명책임

이 네 가지 책임의 개념을 정리한 것이 표 4-1이다. 네 가지 책임 개념은 본인 측의 지시나 명령을 요건으로 하는지, 그것을 요건으로 하지 못하고, 책임을 지는 측의 적극성을 기대하는가 하는 축과 행위와 그 결과가 책임의 대상이 되고 있는가, 거기에 머물지 않고 설명할 것을 요구하고 있는가에 의해 구분된다. 직무책임이나 어카운터빌리티는 제도적 책임이나 소극적 책임과 리스폰시빌리티나 사전 설명책임은 비제도적 책임이나 적극적 책임이라고 부르는 일도 여기에서 이해할 수 있을 것이다. 게다가 직무책임이나 어카운터빌리티에 대해서는 정치가 측이 적절히 지시나 명령을 내리며 따질 책임이 큰 것도 이로부터 이해할 수 있을 것이다.

본인·대리인 관계에서 가장 기본적인 책임은 어카운터빌리티이다. 위임을 실시한 것에 대해서 그것이 수행되었는지를 사후에 확인하는 것이기 때문이다. 그러나 정보의 비대칭성은 여기에서도 장해가 된다. 실패가 대리인의 노력 부족 때문에 생겼는지 명확하지 않은 경우가 많다. 대리인의 노력 부족이 아니라, 환경의 변화 탓에 기대한 결과가 나오지 않은 경우에도 책임을 추궁한다면, 대리인은 그 이후 일에 대한 의욕은 없어질 것이다. 한편 대리인 측은, 자신의 노력이 부족하여 실패로 끝난 경우에도 그것을 숨겨 버릴지도 모른다. 그러면 어카운터빌리티는 실현되지 않는다. 그래서 사후 통제를 강화하면 이번에는 다른 문제가 발생한다. 대리인이 감시되는 행동에 지나치게 민감하거나 설정된 허들을 뛰어넘을 수 있을 것 같지 않을 땐 처음부터 단념하기도 하는 등의 폐해이다(Bueno de Mesquita & Stephenson 2007).

프리드리히와 파이너 논쟁

고전적인 행정책임은 제도적 책임인 직무책임이나 어카운터빌리티를 중심으로 하고 있었다. 그러나 정치가 측의 지시나 명령을 기다려서는 복잡화하는 정부 과제의 수행은 곤란하지 않은가? 행정에는 보다 적극적인 책임을 부과해야 하는 건 아닌가 하는 문제 제기가 1940년대에 시작되었다. 그 대표적인 논자가 프리드리히였다(Friedrich 1940). 리스폰시빌리티를 강조하는 프리드리히의 주장은 정부의 역할 확대와 복잡화라고 하는 정관융합론과 같은 문제의식을 배경으로 하고 있다.

이에 대해 파이너는 정치가의 명시적인 지시를 받지 않고, 국민이 바라고 있다고 생각되는 정책을 적극적으로 수행해 나가는 것까지를 관료에게 요구하는 건 관료의 전제주의화를 초래할 수도 있다고 반론하였다(Finer 1941). 오히려 고전적인 어카운터빌리티의 강화, 확보를 파이너는 요구한 것이다. 이 두 학자를 중심으로 행정책임의 본질을 둘러싼 논쟁이 발생하였다. 이것을 프리드리히·파이너 논쟁(FF논쟁)이라고 부른다.

관료의 행동에 대한 사후 통제를 강조하는 파이너에 대해, 프리드리히는 사전 통제의 중요성을 주장하고 있다. 관료의 자발적 행동이 허용되는 것은 관료가 전체에의 봉사를 목표로 하여, 전문지식을 이용한다고 하는 프로정신을 갖추고 있기 때문이다. 그것을 담보하려면 사전 통제에 의한 적절한 임용이 필요하다.

논쟁의 결론은 나지 않고 있다. 어느 쪽이 타당한가는, 정치가의 본질에 따라 다르기 때문이다. 어카운터빌리티는 행정의 폭주를 막을 수 있지만, 정치가에 의한 지시·명령의 부담은 과중하게 되기 십상이다. 리스폰시빌리티는 행정의 전문성이나 조직력을 살릴 가능성을 열어두지만, 행정이 폭주하지 않기 위해서는 적절한 선임이 필요하다. 따라서 정치 측이 어떻게 통제를 가할 것인가에 따라 어느 쪽이 타당한가는 바뀐다. 포퓰리즘적인 정치와 행정의 관계(☞제3장)를 주장하면서, 행정의 리스폰시빌리티를 요구하는 것은 모순되는 것이다.

2. 위임의 실패와 정책적 귀결

본인·대리인 관계의 실패

위임이 기대한 대로의 결과를 낳지 않는 데서 행정책임의 문제가 발생하는 것을 지금까지 살펴보았다. 그러나 위임의 실패는 여기에 한정되지 않는다. 에이전시·슬랙만이 위임의 실패 원인은 아니다. 여기에서는 위임 실패의 세 가지 형태에 대해서 생각해 보고자 한다. 게다가 위임의 실패가 우리에게 무엇을 가져오는지도 생각하고 싶다. 이것은 기본적인 질문이지만, 이 질문에 관한 연구는 별로 많지 않다. 정치가에 의한 민주적 통제 자체를 목표로 하고, 그것이 달성되어 있지 않은 것을 문제시하므로 거기서 논의가 멈추어 버리는 것이다. 그러나 여기에서는 한 발짝 더 나아가 생각하고 싶다.

정치와 행정의 본인·대리인 관계에서의 실패에는 세 가지 형태가 있다. 첫째는, 위임을 실시한 후에 관료를 충분히 통제할 수 없다는 것이다. 에이전시·슬랙의 발생을 억제할 수 없었다고 하는 것이다. 위임의 실패라고 하는 경우 우선 연상되는 건 이런 종류의 실패일 것이다. 둘째로, 위임을 한 다음 지나치게 통제를 가한다고 하는 실패가 있다. 관료가 제멋대로 하는 것은 억제할 수 있겠지만, 대리인에게 위임의 본래 목적이 달성되어 있지 않다고 하는 의미에서는 이것도 또한 실패이다. 셋째로, 충분히 위임할 수 없는 것도 역시 실패이다. 대리인을 충분히 통제할 수 있는 범위 내에서만 위임하는 경우, 확실히 언뜻 볼 때, 위임에 관한 실패는 발생하지 않는다. 그러나 정치 측에 지나친 부담이 남게 된다. 적절히 위임함으로써 남아 있는 시간이나 노력을 사용하고, 정치 측이 감당해야만 하는 직무를 수행할 수 없게 된다고 하는 의미에서, 이것도 본인·대리인 관계의 실패이다.

통제 부족·과잉

실패 형태의 차이에 따라 발생하는 귀결도 다르다. 첫 번째 형태(통제 부족의 경우)에서는 정치가의 의향과는 다른 정책이 성립할 가능성이 있다. 반대로, 관료가 전문지식을 활용하지 않거나 정책 실시에 최선을 다하지 않기 때문에 정책이 실효성을 가지고 있지 못하다고 하는 가능성도 있다. 즉 이 경우 행정 기구는 양극단의 방향으로 향할 수 있다. 한편으로는, 정책 형성이나 실시에 지식과 노력을 투입하고 있지만, 그것은 마음대로 정책을 만들 수 있으므로 자율성이 높은 행정 기구가 나타날 수 있다. 다른 한편으로는, 활동량이 낮은 행정기관이 나타날 수 있다. 활발하지 않음에도 불구하고 처벌받을 일도 없고 귀중한 자원을 낭비한다. 그런 의미에서 사회에 기생하는 행정기관이 생길 수 있다. 이 중 어느 쪽이 될 것인가는 관료의 선호에 따른다. 정책 실현을 목표로 하는 타입이라면 전자에, 노력을 가능한 한 작게 하고 싶은 타입이라면 후자가 된다.

다른 말로 표현하면 통제 부족은 분파주의를 낳는다. 집정의 수장에 의한 통합기능을 수행할 수 없게 되기 때문이다. 그리고 분파주의란 한편으로는 부처 간에 소관싸움의 형태를 취하기도 하고, 다른 한편으로는 서로 책임을 떠미는 형태를 취하기도 한다. 관료의 선호에 따라 역시 분파주의도 두 가지 방향을 취하는 것이다.

두 번째 형태(과잉 통제의 경우)에서는 관료의 전문성이 활용되지 못할 가능성이 높아진다. 확실히 통제를 가함으로써 관료의 정책 선호를 정치가 측에 접근하게 함과 동시에 정책의 시행을 게을리하는 일도 막을 수 있을 것이다. 그러나 관료는 정치가의 눈치를 살피게 되고, 정치가의 선호에 합치하지 않지만, 사회나 경제 전체에 이익을 주는 정책을 관료가 실시하는 일도 없어진다. 정책 수단과 정책 효과의 관계처럼, 전문지식이 필요한 부분에 관해서, 정치가가 잘못된 믿음을 갖고 있는 경우에도 올바로 잡는 것이 어려워진다. 전체적으로 충분한 정보와 지식을 반영하지 않음으로써 정책의 질이 저하된다.

게다가 과잉 통제는 중장기적인 영향을 정치와 행정의 양쪽에 미친다. 관료 측에서는 전문지식이나 기능의 저하가 생긴다. 관료의 전문지식이나 기능은 불변의 것은 아니다. 그것을 고양하려면 시간과 노력을 투입할 필요가 있다. 과잉 통제는 그 인센티브를 앗아가 버린다(Gailmard & Patty 2013). 한편 정치 측에는 관료를 통제하는 부분이 비대해진다고 하는 문제가 생긴다. 관료의 행동을 감시 혹은 통제하기 위해 많은 노력이 필요해진다.

과소 위임의 귀결

세 번째 형태(과소 위임의 경우)에서는 위임이 이루어지고 있는 영역과 그 이외의 차이가 발생한다. 위임이 이루어지고 있는 영역에서는 적정한 정책이 실현될 것이지만, 그 이외에서는 관료의 전문성이 활용되지 않는다. 게다가 충분한 위임을 받지 않기 때문에, 행정이 여분의 정책 형성, 실시 능력을 부담한다. 즉 정부의 비효율성을 낳게 된다. 정치가 측은 스스로 정책 형성을 실시하는 데 많은 노력을 할애할 필요가 생긴다. 그러나 제1장에서 말한 것처럼, 위임하면 관료가 제멋대로 일을 한다고 경계하고, 위임을 피하는 경우는 정책의 전문성이 높은 경우이다. 그 경우 정치가 자신의 정책 형성은 곤란한 것이 될 것이다.

이러한 실패의 타입을 구별하지 않고 정책 결과만을 보고 있으면 잘못된 처방전을 내게 될 수도 있다. 예를 들어 제1장의 환경 규제의 예를 한 번 더 살펴보자(그림 1-2). 여기서 정책 효과로서 정치가가 바라고 있고, 관료에게 실현을 요구한 상태보다 경제적 손실이 커졌다고 한다. 그것은 정치가와는 다른 정책 선호를 갖고, 능력이 많은 관료가 의도 그대로의 결과를 실현할 수 있었을지도 모른다. 혹은 관료의 정책 선호는 정치가와 일치하고 있지만, 능력이 적기 때문에 계획대로의 결과를 실현할 수 없었던 것일지도 모른다. 전자의 경우에 능력을 높이는 것 혹은 후자의 경우 정책 선호에 접근하는 것은 문제 해결에는 도움이 되지 않는다. 반대로 정치가가 이상으로 하는 정책이 실현되었다고 하더라도, 본인·대리인 관계에 문제가 없다고 보장되는 것도 아니다. 확실히 이것은 정치가의 통제가 완전하게 기능했을 경우 생기는 귀결이다. 그러나 통제가 불완전하고, 관료는 자신의 선호에 가까운 정책을 실현하려고 했지만, 관료의 전문성도 불충분했기 때문에 최종적으로 귀결된 정책이 관료가 바라는 것이 되지 않고, 우연히 정치가가 바라는 정책이 되었다고 하는 경우도 생각할 수 있다. 최고의 본인·대리인 관계와 최악의 본인·대리인 관계가 완전히 같은 정책 효과를 낳을 수 있는 것이다.

세 가지의 실패 사례

첫 번째 형태, 즉 통제 부족의 결과로서 정치가의 선호로부터 괴리된 정책이 된다고 하는 사례가 예산의 팽창이다. 미국 정치학자 니스카넨이 이론모델을 제시한 이후 모델의 수정이나 검증 작업이 축적되어 왔다(Niskanen 1971). 모델의 개요는 다음과 같다. 관료는 공공서비스의 실시를 담당하고 있고 거기에 필요한 예산을 요구한다. 관료는 예산의 극대화를 목표로 하고 있다. 정치가가 승낙하지 않으면 예산은 성립하지 않지만, 그들은 공공서비스의 제공에 필요한 진정한 비용을 모른다. 이때 성립하는 예산은 정치가가 이상으로 하는 예산보다 고액이 된다.

이러한 모델의 예측을 뒷받침하는 사례를 상기하는 것도 가능할 것이다. 공공사업에서 부처나 지방정부가 과잉 예측을 하고 사업을 추진하는 게 우선 떠오를 수 있다. 철도, 고속도로, 항만, 공항의 건설 등 모두 다 말할 수는 없다. 이러한 자주 나타나는 현상에 관해, 정보의 비대칭성에 근거한 이론을 만들고 명확한 귀결을 제시한 니스카넨의 논의는 주목받았다.

그러나 실제로는 관료보다 정치가가 예산의 극대화를 목표로 하고 있는 건 아닌가 하는 의문도 남는다. 위임이 실패한 결과로서의 재정 적자가 아니고, 위임이 너무나 잘 된 결과로서의 재정 적자도 많다. 정치가의 재선 전략으로서 좁고 단단한 이익을 대표하는 것이 유효한 경우에, 이러한 경향이 강해지기 쉽다. 중선거구 당시 자민당 정권이 그 예이다(히로세 1993).

이러한 이익 배분에 대한 비판이 강해질 때, 정치가는 관료를 희생양(scapegoat)으로 할 것이다. 일본에서도 2000년대 이후, '관료 주도에서 정치 주도에'라는 기치 아래, 정치와 행정의 관계가 재검토되어 갈 때 염두에 있던 것은 기존 정치와 행정의 관계가 첫 번째 실패, 즉 통제 부족에 빠져 있다고 하는 이해였다. 그런 이해에 근거해서 통제의 강화를 시도해 왔다.

그러나 그것은 다른 위임의 실패를 초래하였다. 민주당 정권은 세 번째 실패, 즉 위임의 부족에 빠졌다. 관료에 대한 불신으로부터 정치가의 손에 의한 결정을 강조한 민주당 정권의 귀결은 대신, 부대신, 세무관이 직접 계산기를 두드리는 모습이었다. 그러나 현재의 정책 형성은 그러한 작업으로 진행되는 게 아니다.

이에 대해 제2차 이후 아베 정권은 두 번째 실패, 즉 과잉 통제에 빠졌다고들 말한다. 특히 간부 직원의 인사권을 장악하는 것은 그 사용 방법에 따라 지나친 통제가 될 위험이 있다(시마다 2020). 총리의 의향에 따르는 행동을 관료가 계속 취해왔던 모리토모(森友)학원이나 가계(加計)학원의 사건을 눈으로 보면서 그러한 염려를 불식하기란 어려워 보인다. 그러나 한편으로 관료를 사용하면서, 그에 대한 통제를 가함으로써 장기간 정권 운영에 성공했다고도 말할 수 있다. 충분한 통제를 가할 수 있음으로써 위임에 성공한 면도 크다는 것을 간과해선 안 된다.

전체적으로, 하나의 위임 실패에 대한 대응은 다른 위임의 실패로 이어지기 쉽다는 게 어려운 점이다. 두 번째 실패에 대해서는, 장기적인 시야에 서 있는 관료가 정치가의 요구를 때론 거부하는 것이 바람직한 결과를 얻는 데 연결될지도 모른다. 그러나 관료가 장기적인 시야에 서 있는 프로정신을 갖추지 않으면, 첫 번째 실패로 퇴보해 버린다. 위임의 실패는 다면적이며, 세 가지 모두에서 벗어나기가 어려운 트릴레마(trilemma)인 것이다.

통제의 편성과 정책 퍼포먼스

여기까지는 위임과 통제 정도의 귀결을 살펴보았다. 이에 대해서 최근의 연구는 통제의 편성이 관료의 퍼포먼스에 어떻게 영향을 미치는가 하는, 보다 미시적으로 정치화한 방향으로 연구를 진행하고 있다.

예를 들어, 미국의 정치학자 크라우스 등은 미국 각 주의 행정기관의 능력을 예산 책정 시의 세입 예측과 실현치 차이의 정도로부터 측정하고, 각 주가 정치임용과 자격임용의 어느 쪽을 이용하고 있는가에 따른 설명을 시도하였다(Krause et al. 2006). 정치임용은 직업공무원의 근로 의욕을 저하할 수 있지만, 자격임용은 직업공무원의 리스크 회피, 새로운 아이디어에 대한 저항을 낳기 쉽다. 거기서 양자를 조직 상층부와 그것 이하로 조합하는 것이 가장 좋은 퍼포먼스를 나타낸다고 예측한다. 통계분석의 결과는 예측 그대로였다. 즉 실제의 정치가와 관료의 관계는, 정치임용이라 하더라도 그것이 정치가와 선호의 동일화를 초래하고, 관료의 능력을 저하시킬 정도로 단순하지 않은 것이다.

게다가 관료에 대한 통제에 의해 관료의 기능 형성의 정도가 다른 것부터 정책 퍼포먼스에도 차이가 나온다. 게일마드와 파티는 정책 형성에의 관심을 가지는 타입이 전문성이나 정보를 계속해서 수집하기 위해서는 채용 후의 처우가 중요하다는 걸 보여주고 있다(Gailmard & Patty 2007).

3. 사회 · 경제의 발전

임용 방법과 사회 구성의 전환

전근대 사회에서는 신분제가 존재하여 혈연이나 문벌이 위세를 떨쳤었다. 사람들의 의사로 직업을 선택하고 능력에 따라 활동의 장소가 주어지는 사회는 근대가 되어 탄생했다. 그 전환의 중요한 요소가 행정에서의 자격임용이었다. 가족이나 친구를 중용한다고 하는 인간의 자연스러운 선택으로부터 멀어지기 위해서는 자격임용이라고 하는 구조가 필요하다. 관료가 어떠한 형태로 임용되는가 하는 문제는 어떠한 인간이 중용되는가 하는 문제를 통해 사회의 본질을 변화시킨다(후쿠야마 2018).

그러나 자격임용과 정치임용의 어느 쪽을 선택할 것인가는 본인인 정치가 나름이다. 정치가가 연고자를 우대하는 경우에도 혹은 선거에서 표를 얻기 위해 정부의 일자리를 배분하려고 하는 경우에도 자격임용은 선택되지 않는다. 따라서 한편으론 권위주의 체제하에서 정치임용을 지속하기 쉬운 동시에 일찍이 민주제가 도입된 나라에서도 정치임용은 지속되기 쉽다. 미국 외에도 이탈리아나 그리스 그리고 아프리카 여러 나라 대부분이 이에 해당한다. 미국은 예외적으로 거기서 빠져나오기 시작했지만, 이행에는 곤란이 따르며 여전히 상대적으로 많은 정치임용을 포함하고 있다(☞제1장). 제도 도입의 순서가 임용 방식이라고 하는 통제의 선택을 바꾸어 그것이 사회의 본질에도 영향을 미치는 것이다.

자격임용이 근대화의 하나의 열쇠였던 데 대해, 현대사회의 본질과 깊게 관련되는 것은 여성의 임용이다(마에다 2019). 제2차 세계대전 이후 선진국에서는 대체로 성별 역할 및 분업이 존재하고 있었지만, 1970년대 이후 성별 분업의 해소가 진행된 나라와 그렇지 않은 나라로 양분되어 간다. 행정에서 여성의 임용은 두 가지 의미를 지니고 있다. 하나는 여성이 고용 기회를 얻는 데 있어서 정부의 고용이 큰 부분을 차지하는 나라가 있다. 스웨덴을 비롯한 북유럽 여러 나라다. 반대로 일본과 같이 정부에 의한 고용이 적은 나라에서는 여성의 고용률 전체 또한 상승하기 어려운 경향이 있다(마에다 2014). 또 하나는 특히 간부 직원에서 여성의 비율이 낮은 것은 여성의 이익에 따르는 정책을 입안하기 어려운 것과 연관된다.

각국 정부의 일반직원과 간부 직원에서 여성의 비율을 확인해 보자(그림 4-1). 가로축에 지방정부도 포함한 정부 부문 전체의 직원에서 여성 비율, 세로축에는 중앙부처의 간부 직원에서 여성의 비율을 나타냈다. 대다수의 나라에서 민간 부문 이상으로 정부 부문에서 여성의 고용이 선행한 결과로써, 현재는 정부 부문에서는 오히려 여성이 과잉 대표로 되어 있음을 간파할 수 있다. 다른 한편 간부 직원에서는 거기까

그림 4-1 ▸ 정부 부문과 간부 직원에서 여성의 비율(2015)

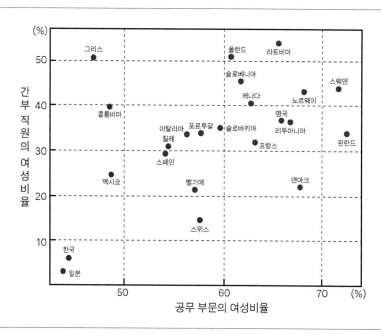

[출처] 그림 1-5와 동일.

지 도달하지 않지만, 그런데도 최근 급속히 상승하여, 평균만 치더라도 30%를 넘고 있음을 알 수 있다. 이러한 경향의 예외가 되고 있는 것이 한국과 일본이며, 일본은 정부 부문 전체적으로 볼 때 40%대 전반이며, 간부 직원에 관해서는 5% 전후를 차지하고 있다. 세계적으로 볼 때 극단적으로 여성의 비율이 낮은 나라가 되고 있다. 간부 후보자로 말하자면, 채용 시 여성 비율은 1986년에는 6.9%, 그 후 서서히 상승하여 2000년 대에는 15%에서 20%, 2015년에는 30%를 넘어 현재는 35% 정도로 되어 있다. 그러나 과장 실장급 이상에서는 현재에도 6% 정도에 머무르고 있다. 이러한 상태는 국민 전체 가운데서 공무 부문에 대한 이해나 신뢰를 얻기 어려운 것에도 연결된다(소가 2016: 9장).

행정의 자율성과 경제성장

정치와 행정의 관계는 경제발전의 정도에도 영향을 미친다. 관료가 정치로부터 통제받지 않는 것은 모럴·해저드(moral hazard)가 발생하는 원인이 될 수 있다. 경제발전을 저해하는 불충분한 인프라 정비, 자의적인 규제의 운용, 지나친 세금에 의한 수탈 등을 관료가 시행하고, 정치가가 그것을 방치해서는 경제발전을 가져올 수 없다.

한편으로, 수년에 한 번 찾아오는 선거에 대한 영향을 고려해야 하는 정치가보다 관료가 정책 형성을 담당하는 것이 장기적인 경제발전으로 이어지기 쉬운 면도 있다. 존슨은 전후 일본의 고도 경제성장의 원인을 관료에서 찾았다(☞제14장). 그는 성장 분야에 중점적으로 자원을 투입한 경제 관료의 존재가, 타국에서 예를 볼 수 없는 일본의 고도 경제성장의 원천이라고 생각하였다(존슨 2018). 이 논의 이후, 한국이나 대만 등에서도 관료가 주도하는 형태로서의 경제성장을 발견할 수 있다고 하는 주장이 많이 나타나고 있다(웨드 2000).

부패의 억제나 유효한 정부

자격임용을 실시하는 데에는 정치 부패의 억제나 정부의 유효성을 높이는 효과가 있다는 점이 국제비교에서 밝혀지고 있다(Dahlstrom & Lapuente 2017). 정치임용의 경우에는 관료의 충성은 정치가에게 향해지는 데 대해, 자격임용의 경우에는 같은 전문성을 가지는 사람들에게로 향해지기 때문이다. 정치가와 관료의 커리어를 분리하는 것, 즉 관료를 정치임용을 하지 않고, 관료에서 정치가로의 전신(轉身)도 억제함으로써 관료는 자신의 전문성에 충실한 행동을 취할 수 있게 된다. 그 결과, 정치가의 부패를 적발하는 것이나, 보다 장기적인 관점이나 사회 전체의 이익에 입각한 정책을 펼 수 있게 된다고 주장한다. 같은 결과는 개발도상국의 관료를 대상으로 한 실험에서도 확인된다. 자격임용은 부패 행동의 억제에 기여하지만, 신분 보장은 그렇지 않은 것이다(Oliveros & Schuster 2018).

정당에 의한 이권 배분의 도구로서 행정기관이 엽관제에 이용되는 경우 그 자체가 부패의 온상이 된다. 지지자들의 엽관적 행동은 정당이 금전 등을 모으는 도구가 된다. 또 그러한 결과로서 직무가 주어진 사람이 중립적·전문적인 정책을 시행하지 않는 것도 쉽게 상상할 수 있을 것이다. 한편 행정 기구의 독립성이 높으면 부패가 적다고 하는 것도 아니다. 본인으로부터의 감시가 불충분하면 행정은 모럴·해저드(moral hazard)를 낳을 가능성이 있다.

각국 데이터를 통한 확인

깨끗하고 실효성이 있는 정부는 효율적으로 공정한 행정의 산물이다. 그러한 행정을 구현하는 데 정치가 완수해야 하는 역할은 크다. 이것을 데이터에 근거하여 확인해 보자. 관료에 대한 통제의 정도는 요테보리대학 '정부의 질' 센터가 전문가 조사에 의해 작성한 관료의 하루하루 활동에 대한 정치 관여의 정도를 나타내는 지표를 이용하였다. 그림 4-2는 정치의 관여가 정부 부패와 어떠한 관계에 있는지를 확인한 것이다. 정부 부패의 지표는 일반 유권자나 기업가를 대상으로 한 앙케이트 조사를 가능한 한 넓게 모아 합성한 지표이다. 그 나라의 공공정책 전체의 부패 정도를 나타내는 지표라고 해도 좋을 것이다.

다음으로 그림 4-3은 정치의 관여와 세계은행이 작성한 정부의 유효성 지표와의 관계를 확인한 것이다. 정치 관여의 정도가 높아지는 만큼 정부의 부패가 강해짐과 동시에 유효성은 저하하는 것이 이 그림을 통해 이해할 수 있다. 북유럽 여러 나라가 가장 부패가 적고 유효성이 높은 부류에 들어가고, 일본은 미국 등과 같이 한가운데보다는 약간 부패가 적고, 유효성이 높은 곳에 위치한다. 이탈리아, 그리스 등은 정치의 관여가 크고, 그것이 부패와 유효성의 낮음으로 결부되어 있다.

그림 4-2 ▸ 정부 부패와 정치적 통제(2017-20)

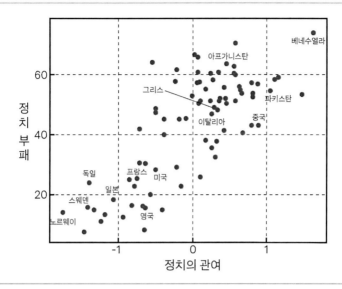

[출처] 요테보리대학 '정부의 질' 센터의 데이터 세트를 활용하여 필자 작성.

그림 4-3 ▸ 정부의 유효성과 정치적 통제(2017-20)

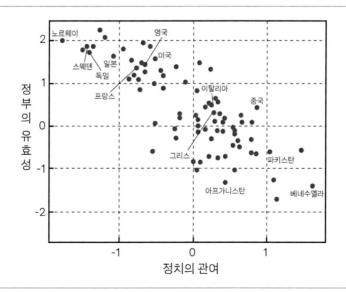

[출처] 그림 4-2와 동일.

4. 민주제에 미치는 영향

군부에 대한 문민 통제

마지막으로, 정치에 의한 행정통제가 민주제라고 하는 체제에 미치는 영향을 살펴본다. 행정 기관에 대한 민주적 통제가 파탄한 결과 발생하는 큰 문제 가운데 하나가 군부의 폭주이다. 무관에 대한 문민 통제(civilian control)가 무너지면 군부가 전쟁을 일으키거나 정권 획득을 시도하는 쿠데타라는 결과를 초래하기 쉽다. 문민 통제란 국민의 의사에 따른 군부의 통제를 의미하므로, 여기에서도 민주적 통제라는 용어가 사용되는 경우가 많다. 군부가 정치에 개입하는 것이나, 군부의 폭주를 막으면서, 국민의 의사에 따른 형태로 군부의 활동을 가능하게 하는 정·군 관계의 구축이 과제가 된다. 이 '위험하지만 도움이 되는 것'을 얼마나 잘 다루는가 하는 문제는 행정 전반에 공통되는 문제이지만, 군부의 경우는 담당 업무의 전문성이 높기 때문에 정보의 비대칭성 문제가 한층 커지기 쉽다.

정·군 관계에 대해서는 정치로부터의 중립성을 확보한 다음, 직업군인에게 그 전문 능력을 충분히 발휘시키는 게 필요하다고 주장한 것이 미국의 국제정치학자인 헌팅턴이다(헌팅턴 2008). 군사력 행사의 관리를 전문으로 하는 장교의 프로정신을 극대화함으로써, 군부에 대한 민주적 통제는 실질적으로 가능하다고 생각한 것이다. 이에 대해 장교의 프로정신만으로는 군부의 폭주를 초래할 위험이 있다고 비판하는 것이 영국의 정치학자 S.파이너이다(Finer 1962). 그는 군부 측이 문민 통제를 받아들임과 동시에 정치 측에도 군부를 통제하는 리더십을 발휘하려는 정치문화가 있어야 비로소 문민 통제는 확립한다고 한다. 지금까지 살펴본 정·관 분리론과 융합론 혹은 프리드리히와 H.파이너의 행정책임을 둘러싼 논쟁과 같은 논점이 정·군 관계를 둘러싼 논의에서도 제시되고 있다.

전쟁 전의 일본은 문민 통제의 실패 사례로 여겨져 왔다. 천황이 통수권을 가지고, 군령 기관은 내각을 거치지 않고 천황을 보필하는 통수권의 독립과 육·해군 장관을 현역 무관으로 한정하는 군부장관 현역 무관제(武官制)의 존재가 군부에 의한 정치 개입을 초래하였다. 무엇보다 전전의 군대는 국민의 의지로부터 이탈하여 폭주했다고 하기보다는 군사적 합리성에 철저한 프로정신이 충분하지 않았던 존재였다고 하는 문제도 컸던 것이다(기타오카 2012).

이에 대해 전후 일본국 헌법은 문민 통제를 명문화했다. 그러나 자위대라고 하는 성격 규정이 명확하지 않은 조직 형태를 취했으므로, 정·군 관계를 둘러싼 논의는 충분히 이루어지지 않았다. 어떠한 형태로 문민 통제를 실질적으로 수행할 것인가를 논의하지 않고 '문관' 통제에 떠맡겨졌다. 문관 통제란 방위 부처 내부에서 이른바 제복조에 대한 신사복조에 의한 통제이다. 구체적으로는 방위성의 관방장, 각 국장, 9명의 방위 참사관이 방위상을 보좌하며 기본방침을 책정하는 구조였다(히로세 1989).

이 구조는 오랫동안 전후 정·군 관계의 기본을 이루어 왔지만, 제복조의 역할을 경시하고 있다고 하는 비판이 점차 강해졌다. 1990년대 중반 이후 미일 간 군·군 관계의 긴밀화가 진행되는 가운데 제복조의 역할은 확대되어 왔다(시바타 2011). 2009년의 기구개혁에서 방위참사관은 폐지되고 방위상 보좌관을 설치함과 동시에 방위상을 의장으로 하는 방위회의가 방위성의 기본방침을 책정하게 되었다. 회의는 정무 삼역, 국장 이상, 네 막료장과 정보본부장으로 구성되어 있다.

자위대의 존재를 인정하면서 민주적 통제를 가하는 방향을 추구하게 되면 최후에는 총리에 도달한다. 국가안전보장회의와 내각 관방의 국가안전보장국의 설치는 이를 구체화한 것이다. 한편, 자위대 자체는 국민의 이해를 얻는 데 노력함과 동시에 정치에의 관여라고 볼 수 있을 수도 있는 조언 등에도 신중하다(코이데 2019). 전문 조직으로서의 역할을 강화하면서 민주적 통제가 효과를 발휘하고 있는 상태를 실현하려면 남겨진 과제도 많다.

민주제와 행정 기구

관료에 대한 민주적 통제는 민주제의 요건 중 하나라고 하는 주장이 있다. 보통선거 실시나 정당내각의 성립만이 민주제의 조건이 아니라, 집정 장관이 얼마나 행정기관을 통제하는지 또한 민주제를 민주제답게 하는 조건이라고 하는 것이다.

행정에 대한 민주적 통제의 결핍이 민주제에서 위기인 것은 사실이다. 그러나 관료가 민주제에서 주의해야 할 존재라 하더라도 그 존재가 그대로 민주제에 반하는 것은 아니다. 행정 기구의 존재 의의는 전문지식이나 정보를 가지고 정책의 질을 높이는 데도 있다. 앞서 말한 것처럼, 행정 기구의 질이 높거나 부패가 적은 것이 경제의 발전에 플러스 효과를 가져온다. 그리고 행정 기구의 질이 높은 것은 정책의 질을 향

상시킴으로써 현 체제의 정통성을 높이는 기능을 수행한다. 따라서 정치체제가 권위
주의 체제든, 민주제든, 질 높은 행정 기구는 체제의 안정성에 기여한다. 행정 기구가
일정한 정도의 자율성을 유지하고 전문성을 가지는 것은 그 자체로서 민주화를 초래
하는 요인은 아니라 하더라도, 한 번 성립한 민주제를 안정시키는 데는 중요한 요인
이 되는 것이다(소가 2012).

행정 기구의 질을 가로축에, 그 나라의 민주화 정도를 세로축으로 하면, C형의 관
계가 떠오른다(그림 4-4). 이것은 권위주의 체제의 나라에서 관료의 질이 높으면 그 경
제 퍼포먼스에 의해서 체제를 유지하는 것이 용이하게 되거나 민주제 나라에서 관료
의 질이 낮은 것은 거기에서 발생하는 부패나 경제 침체의 결과 체제 전환이 일어나
기 쉬운 것의 귀결이라고 생각할 수 있다. 질 높은 행정 기구는 민주제와 권위주의
체제 쌍방의 체제를 안정화하는 것이다.

그림 4-4 ▸ 행정 기구의 질과 민주제의 정도 관계(1984-2008)

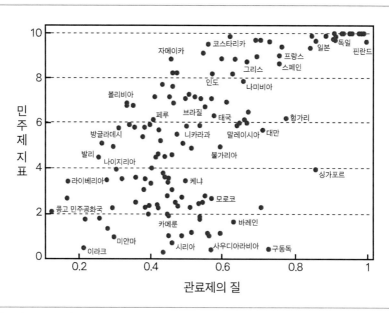

[출처] 소가 2012: 그림 2.

연습문제

❶ 행정책임의 네 가지 형태에 관하여 그 차이는 어떤 것인가? 구체적인 예를 추가하면서 설명해 보자.

❷ 다음 문제에 대해서, 누구의 어떠한 책임을 물어야 한다고 당신은 생각하는가? 그 이유와 함께 생각해 보자.

 ① 정부의 대폭적인 재정 적자, ② 국민연금의 지속가능성 저하, ③ 식량자급률의 저하,

 ④ 코로나19 바이러스 감염증에 의한 사망자 및 대응에 수반하는 경제·사회에의 영향.

❸ 전후 일본의 사회나 경제, 그리고 민주제에서 행정은 어떠한 의미를 가졌다고 말할 수 있을까? 이 장의
 논의를 근거로 검토해 보자.

제Ⅱ부

행정 조직

SCIENCE OF PUBLIC ADMINISTRATION

개요 ___

정치가로부터 위임받은 업무를, 어떻게 행정 조직은 해나가는 것인가? 거기서 열쇠가 되는 것은 분업과 통합이다. 양자를 잘 조합했을 때 비로소 조직은 1+1=2 이상의 성과를 낳을 수 있다. 어떻게 업무를 분할하는가 하는 물음은, 행정 조직에서는 어떻게 부처나 부국을 편성하는가 하는 물음이 된다. 게다가 부처나 부국 또는 개개의 구성원이 제멋대로 행동을 취해 조직이 분해되지 않도록 통합을 도모하지 않으면 안 된다. 거기에는 집권적으로 통제를 가하는 방법도 있지만, 분권적인 방법으로서 수평적 조정이나 조직 외부와도 공통되는 전문성을 이용하는 수법도 있다. 게다가 조직의 실체를 이루는 것은 사람과 금전이며, 이 두 가지를 잘 관리하는 것이 조직을 지탱한다.

그러면 조직 형태를 나누는 포인트가 되는 통합의 방법 차이는 어떠한 요인에 의해서 설명되는 것일까? 여기에서도 이익, 아이디어, 제도의 세 가지 요인을 생각할 수 있다. 상사와 부하 간 이해의 서로 다름을 어떻게 극복할 것인지가 출발점이다. 이 외 조직을 구성하는 개인이나 환경과의 관계가 조직을 규정한다고 하는 이념의 영향을 받기도 한다. 또 다른 조직과의 관계나 개인의 기능을 형성하는 교육 시스템 등에 제도적으로 매몰되는 형태로 통합의 방법은 정해진다고 하는 생각도 있다.

게다가 통합의 방법 차이는 무엇을 가져오는지에 대해서도 생각해 본다. 관료제라고 하면 경직성이나 과도한 획일성이 비판받기 십상이지만, 단점뿐이라면 이 정도로 지속적으로 뿌리 깊게 존재하지 않을 것이다. 집권적인 행정 조직에도 분권적인 행정 조직에도 각각의 장점과 단점이 있다는 것을 잘 이해하길 바란다.

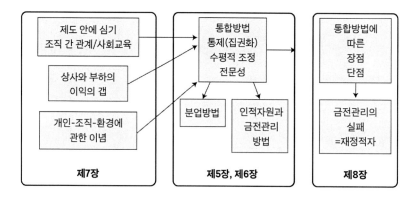

제 5 장

행정 조직의 형태

여기에서는, 크게 두 가지 시점에서 행정 조직을 파악한다. 하나는 구성원들의 업무가 어떻게 조직 전체적인 활동으로 연결되는지, 업무를 구분하는 조직의 구조는 어떠한 것인가? 하는 거시적 시점이다. 구체적으로는 분업과 통합의 방법에 주목한다. 또 하나는 조직 중에서 사람들이 어떻게 업무를 실시하고 있는가 하는 미시적 시점이다. 어떻게 정보를 모으고 의사결정을 해나가는지, 인사관리 등은 어떻게 행해지는가 하는 여러 가지 점을 생각한다.

1. 분업과 통합

왜 분업과 통합이 필요한가

관공서든 민간기업이든 조직이라고 말하면 우선 떠올리는 것은 톱이 있고, 여러 부국으로 나누어진다고 하는 조직편제나 거기서 일하는 많은 사람들의 모습일 것이다. 그러나 조직의 실태를 이해하는 데서 소중한 것은 조직이 어떻게 결정을 시행하고 얼마나 활동하고 있는가?이다. 조직의 구성원이 가고 있는 의사결정이나 일이 어떻게 합쳐지고, 조직으로서의 행동에 결부되어 가는지를 파악하는 것이 중요하다. 조직편제나 조직 구성원이라고 하는 것은 조직의 행동을 성립되게 하는 요소로서 자리매김된다.

조직의 결정이나 활동의 본질을 파악하려면 어떻게 분업이 이루어지고, 그것이 어떻게 통합되고 있는가를 생각하지 않으면 안 된다. 한 사람 한 사람이 뿔뿔이 흩어져 시행하고 있어서는 성취할 수 없는 것을, 개개 인간의 힘을 살리면서 정리해 완수하는 것, 즉 1+1=2 이상의 성과를 조직으로써 완수하는 것이 조직의 의의이다. 그리고 그것을 얼마나 달성할지가 조직의 과제가 된다. 그때 분업을 진행하면 진행할수록 전문 특화는 진행되지만, 통합은 어려워진다. 즉 분업과 통합의 상충(trade off)이 있는 가운데 어디까지 분업이 추진될 수 있는지가 조직을 생각할 때의 첫 번째의 시점이 된다.

분업과 통합을 생각하는 데도 제Ⅰ부에서 이용한 본인·대리인 관계는 유효하다. 민주제에서의 본인·대리인 관계의 연쇄라고 하는 시점을 연장한다면, 대신을 본인으로서 행정 조직의 톱, 일본에서 말하면 사무차관에게 권한이 위양되어 그 사무차관은 국장에 권한을 위양해 나간다고 하는 형태로, 말단의 직원까지 위임이 반복되어지면서, 정책 활동을 전개해 간다. 다만 유권자로부터 정치가까지의 부분에서는 복수의 본인이 한 명의 대리인을 선택한다. 유권자가 의원을, 의원이 총리를 선택하듯, 복수의 사람들의 집합적 결정으로서 한 명의 대리인을 골라낸다. 이에 대해서 집정 장관, 즉 행정의 톱으로부터 행정 조직에 이르는 본인·대리인 관계는 한 명의 본인이 복수의 대리인을 임용해 간다. 복수의 본인 간 관계가 정치와 행정 관계의 중심이었는 데 대해, 복수의 대리인을 얼마나 잘 이용할 것인가가 행정 조직을 생각하는 데 최대의 문제가 된다.

통제, 조정, 전문성

조직으로서의 통합을 유지하고 조직의 목표를 향해서 구성원의 행동을 집중시키는 것, 즉 통합을 달성하기 위한 방법에는 다양한 것이 있다. 구체적으로는 통제, 조정, 전문성이라는 세 가지 방법이 있다. 세 가지 가운데 어느 것에 의해 조직의 통합이 초래되고 있는지가 조직을 보는 두 번째 시점이다.

첫째, 상위 사람이 하위 사람을 통제 혹은 규제한다고 하는 것이다. 상사가 부하에게 지시를 내리고, 부하가 그 지시에 따라서 행동하는 것의 축적으로 조직의 통합을 달성하는 게 이 방법이다. 피라미드형의 조직 이미지와 일치하고 일반적으로도 쉽게 볼 수 있는 것이다.

둘째, 수평적인 조정에 의해서 통합을 달성하는 방법도 있다. 상사의 지시가 아닌

동료 간 대화를 통해 혹은 국장의 지시가 아닌 과와 과 사이의 협의를 통해 일을 진행해 나가는 방법이다. 팀으로서 업무를 수행하는 것을 통해서, 개개인이 각자 행동하는 걸 억제하고 전체적으로 조직의 목표를 달성해 나간다고 하는 방법이다.

이러한 세로 방향의 통제와 가로 방향의 조정에 대해서 제3의 전문성이라고 하는 것이 조금은 상상하기 어려울지도 모른다. 그러나 예를 들어 야구 선수가 팀을 이적했을 경우, 이루어야 할 일을 위로부터 지시받거나 팀메이트와 조정하거나 하지 않아도 일정한 플레이는 할 수 있다. 일루수라면 자신 이외의 투수로부터 송구를 받는 것이나 주자가 있는 경우에 견제구를 받는다고 하는 '업무'에 곧바로 종사할 수 있다. 조직을 넘은 전문성이 확립되어 있는 경우는, 수직적 통제나 수평적 조정이 없더라도 일정한 통합은 가능하다.

이러한 통합의 방법 차이는 조직 가운데 어느 조직이 인적 자원이나 금전 자원의 관리를 실시할 것인가와도 결부되고 있다. 그것들을 합쳐 세 가지 통합의 방법을 보다 자세히 살펴보자.

계층제(hierarchy)

통합을 성립시키기 위해서 집권화를 철저히 하는 조직 형태를 계층제 조직이라고 부른다. 계층제 조직은 히에라르하나 하이어라키로 표기되기도 하나 계층제나 계통제라고 번역된다. 원래는 가톨릭교회의 교황을 최상위로 하는 조직 구조를 칭했다. 거기로부터 상위자가 많은 하위 사람을 지배하는 상하 관계를 반복하는 피라미드형의 조직이나 질서를 넓은 의미에서 계층제라고 칭하게 되었다.

계층제는 고대 이래 왕 등 지배자의 하부기구로서 존재해 온 조직 형태이다. 집권화를 도모하기 위해서 업무에 관한 지시는 물론 인사관리나 예산 편성도 조직 중추부가 결정하는 것이 예정된다. 계층제의 전형적인 예는 상사의 명령에 대한 절대복종을 요구하는 군대 조직이다.

계층제 조직에서 통합의 열쇠는 조직 상위자의 리더십이다. 상위자가 하위자를 얼마나 통솔할지가 조직 전체 통합의 정도를 좌우한다. 그런 의미에서는 속인주의적인 요소가 강한 조직이라고도 할 수 있다.

조정을 통한 통합: 정보공유형 조직

다음으로 분권적이면서 통합을 완수하는 조직 형태에 관하여 생각해 보자. 집권화를 진행하여 나가면 조직 중추가 결정해야 할 것이 너무 많아져서 지나친 부담이 생긴다. 그래서 조직의 하부나 개개의 구성원에게 재량을 주어 그 자발성이나 창의 연구를 살려 가는 것이 필요해진다(아오키 2003, 2008).

조직 하부에서의 수평적인 정보 유통이나 조정을 확보하고, 팀으로서 기능을 작동시켜 가기 위해서는 권한을 개개인에게 명확하게 할당하는 것은 포기하지 않을 수 없다. 복수 멤버에게 개괄적으로 권한을 주어 상황에 따른 역할 분담을 조직 하부에 맡김으로써 조직 하부의 힘을 이끌어낼 수 있다. 따라서 각각의 부국의 소관은 정형적인 업무에 관해서는 정해져 있지만, 부정형의 업무에 관해서는 복수의 부국이 협력하고 처리한다. 혹은 신규의 과제가 부상하고 그 소관이 명확하지 않을 때, 조직 상부가 어디엔가 소관을 할당하는 것이 아니라 부국 간의 조정에 맡긴다. 부국 내의 조직 구성원에 관해서도 한 사람 한 사람의 직무가 고정되고 있는 건 아니고 상황에 따라 서로 도우면서 부국 전체적으로 업무가 수행된다.

이와 같이 누가(어느 부국이) 무엇을 할 것인가를 조직 상부가 미리 완전하게 규정하지 않음으로써 개인 간(부국 간) 조정 협력을 가능하게 하는 것이 이 조직 형태의 열쇠이다. 결과적으로, 조직 내에서의 정보는 하부의 문으로 수평적으로 유통하는 것이 많아진다. 그러한 정보의 축적, 즉 노하우의 계승 등도 조직 하부에서 행해진다. 이로부터 이 조직 형태는 정보공유형 조직이라고 불린다.

전문성을 통한 통합: 기능특화형 조직

전문성을 통해서 조직을 통합하기 위해서는 개개의 업무에 대해서 요구되는 전문적 지식이나 정보가 무엇인지를 명확히 하고, 그걸 습득한 인재를 조달할 필요가 있다. 개개인의 권한의 명확화는 조직 상부가 실시하고, 어떻게 업무를 진행시킬 것인가는 전문성을 갖춘 개개인에게 맡기는 것이다. 조직 하부가 각각 특정의 전문성에 의거하여 특화하는 데서 이러한 조직 형태를 기능특화형 조직이라고 부른다.

기능특화형 조직에서는 다른 구성원과는 명확하게 다른 업무가 주어지고 있기 때문에 구성원 간 혹은 부국 간 협력이나 소관 싸움이 생길 여지는 없다. 어느 부국이 혹은 어느 구성원이 담당하고 있는지가 불명료한 업무나 신규 업무가 발생했을 경우는 조직 상부가 업무의 재할당을 한다. 이렇게 하여 조직 하부 간 수평적인 정보의 유통은 억제되어 정보가 조직 하부에 축적될 것도 없다.

쌍대원리(双對原理)와 그 파탄

정보공유형과 기능특화형이라고 하는 분권적이면서 조직 통합을 완수하는 두 가지 조직 형태에서는, 통합을 위해서 사람과 금전의 관리인가, 업무를 할당하는 권한의 관리인가, 어느 쪽인지를 조직 상부가 장악할 필요가 있다. 이와 같이 집권화와 분권화가 일정한 정도 병존함으로써 조직 형태가 처음으로 성립되는 것을 조직편제의 쌍대원리라고 부른다.

정보공유형 조직의 경우, 조직 하부에 정보가 축적되는 데다 조직 상부가 권한의 할당을 통해 통합을 도모할 수 없기 때문에 조직의 원심화(遠心化)를 막는 수단이 필요하게 된다. 그것은 사람과 금전의 배분을 조직 상부가 장악함으로써 가능해진다. 즉 조직 하부에 무엇을 어떻게 할 것인가를 맡기면서, 거기에 투입하는 인적 자본과 자금은 조직 상부가 관리하는 것이다. 따라서 각 부국은 주어진 사람과 예산의 범위 내에서 업무를 수행하게 된다.

기능특화형 조직에서는, 사람과 금전의 관리를 조직 상부에서 통합할 필요성은 거의 없다. 달성해야 할 목표가 명시되어 있는 이상, 그것을 어떠한 물리적 자원으로 달성할까는 조직 하부의 재량에 맡기는 게 가능하다. 다른 말로 표현하면, 쌍대원리가 파탄함으로써 매우 집권적인 조직 혹은 반대로 극히 분권적인 조직이 발생한다. 전자가 계층제에 해당한다. 후자에 관해서는 네트워크형 조직이라 불린다. 취미를 같이 하는 사람들의 모임 등을 예외로 하지만, 대규모 조직에서는 이 형태는 성립하기 어렵다. 조직의 원심화가 진행되어 조직으로서의 통합이 유지되지 않게 되기 때문이다.

2. 업무의 수행

업무의 수행과 공식화

앞 절에서는 조직편제에서의 분업과 통합의 본질에 관하여 생각해 보았다. 다음으로 조직의 보다 미시적인 부분으로서 조직의 구체적인 활동, 즉 개개의 업무 수행이나 활동을 담당하는 사람이나 금전이라는 자원 관리에 관하여 살펴본다.

　업무의 수행은 의사결정을 항상 동반한다. 예를 들어 코로나19 바이러스 감염증에의 대응책을 결정하여 실시한다고 하는 사례나, 건축 허가 신청을 인정할 것인가 여부와 같은 매우 일상적인 허가도 있다. 게다가 현업의 업무에서도 동일하다. 예를 들어 쓰레기 수집 등에서 규칙을 지키지 않고 나온 쓰레기를 회수하지 않거나 혹은 회수한 후에 행정지도할 것인가 하는 판단을 한다. 조직이란 의사 결정체라고도 할 수 있다.

　의사결정 때의 기준을 명확히 하고 누구나가 눈에 보이는 형태로 해 가는 것을 공식화라고 한다. 규격화 또는 제도화라고도 불린다. 공식화가 되면 누가 업무를 담당해도 같은 결정을 한다. 즉 표준화가 가능해지는 것이다. 또한 결정할 때도 고려해야 할 포인트가 좁혀짐으로써 담당자의 부담은 작아지고 신속한 결정을 한다.

　그러나 공식화는 아무 때나 잘 기능하는 건 아니다. 공식화의 기본은 조건에 대응한 결정 내용의 편성이지만, 조건이 너무나 복잡한 경우나 조건의 변화가 격렬한 경우에는 공식화는 기능하지 않는다. 이런 경우 무리하게 단순화하는 것이나 과거의 공식을 계속 사용하는 건 실정에 맞지 않는 결정을 초래할 뿐이다. 따라서 공식화할 뿐만이 아니라 어느 정도 그에 대한 재검토를 적절히 할 수 있는지, 정해진 규칙이나 순서의 업데이트를 얼마나 할 수 있을지가 조직의 공식화를 판단하는 데 주요한 포인트가 된다.

　공식화는 조직의 다양한 레벨에서 행해진다. 구체적인 작업에 관하여 이것을 시행하면 매뉴얼의 제정이 된다. 조건에 대응한 작업 순서를 빠짐없이 기술함으로써 어느 구성원이 담당하더라도 작업의 질을 담보하려고 하는 것이다.

　한편, 정책 형성의 레벨에서는 계획의 책정이 이에 해당한다. 조직 전체적으로 목표의 달성에 기여하도록 각 부문의 정책을 조정함과 동시에 어느 단계에서 무엇을 하는가 하는 시기적인 조정도 도모하는 것이 계획이다. 각 부문이 무엇을 실시할 것인가를 정리하고, 전체의 정합성을 확보하는 사실로부터 계획이란 정책 형성 레벨에서의 공식화라고 이해할 수 있다.

공식화된 조직으로서의 관료제

관료제(bureaucracy)란 공식화의 정도가 높은 조직이다. 행정 조직을 관료제라고 부르는 경우도 많지만, 여기서 말하는 관료제란 하나의 조직 형태이며 민간 조직에도 적용될 수 있는 것이다. 반대로 행정 조직이 조직 형태로서 항상 관료제를 취한다고는 할 수 없을 뿐만 아니라 그 이외의 조직 형태를 취하는 경우도 있을 수 있다.

관료제의 이러한 특징을 최초로 명확하게 지적한 것이 사회학의 태두 웨버이다(Weber 1960, 1962). 그는 관료제를 다음과 같은 여러 원칙에 의거하고 있는 조직이라고 정의하였다. ① 규칙에 의거하는 조직화. 규칙에 의해 직위를 설정하고 직위의 권한이나 직무의 운영도 규칙에 의해 정한다. ② 조직편제의 원리로서의 계층제. 직위는 계층적으로 구성되어 명령과 감독의 체계로서 조직이 편성된다. ③ 조직과 개인의 분리. 직무 수행에 필요한 설비 등은 구성원의 사유물과 분리된다. ④ 문서에 의한 처리 원칙. 규칙이나 결정에 관해서는 문서에 의한 기록과 보관을 한다. ⑤ 전문화의 원칙. 직무는 전문화되고 분업이 이루어진다. 자격과 적성에 의거하여 인재의 채용이나 승진이 결정된다. ⑥ 구성원은 그 조직 업무를 전업으로 하고, 계약에 의거하여 노동한다. 그 대가로서 화폐에 의한 일정액이 지불된다.

이러한 특징 가운데는 분업과 통합의 방식이나 인사관리에 대한 특징도 포함되어 있다. 그러나 근대가 되어 등장한 새로운 조직 형태로서의 관료제를 웨버가 주목한 것은 고도로 공식화가 진행되고 있다고 하는 특징이다.

문서와 디지털화

의사결정의 공식화로 인해 가능하게 되는 것이 문서에 의한 기록이다. 반대로 문서의 존재가 공식화를 진행시키는 요인이 되는 측면도 있다. 문서를 이용하지 않는 결정이란 개개인의 머릿속에서 혹은 복수의 구두로 주거니 받거니 하는 결정이다. 신속, 가변적인 결정은 가능하지만, 가시성이 낮고 불안정한 결정이다.

결정이 문서화됨으로써 축적이나 후일의 검증이 쉬워지고 또 외부에의 공개가 용이해진다. 장기간에 걸쳐 결정을 표준화하기 위해서는, 결정을 문서에 남겨 재검증을 가능하게 하는 것이 필요하게 된다. 또 문서라면 장기 보존이 가능해진다.

문서가 가지는 정형화된 정보를 보다 대량으로 축적, 전달할 수 있도록 하는 것이 전자 정보, 디지털 정보이다. ICT(정보 · 커뮤니케이션 기술)의 발달이 이것을 가능하게 한다. 작성, 전달의 코스트가 크게 삭감될 수 있고, 지금까지 이상으로 많은 정보를 축적할 수 있게 되고 검색도 쉬워진다. 그러나 반대로 이것은 변개(變改)가 쉽게 되는 것이기도 하므로, 보존의 관점에서는 새로운 곤란을 떠안는 측면도 있다.

3. 인적 자원과 예산 관리

인재와 예산 관리

조직의 구조를 정하고 업무를 할당하는 것만으로는 조직은 움직이지 않는다. 거기에 일하는 사람들이 있고, 실제로 활동함으로써 비로소 조직은 실제로 기능한다. 어떻게 사람을 채용하고 배치해 나가는가 하는 인사관리와 어떻게 금전을 조달해 이용해 나가는지, 즉 예산 편성으로 대표되는 금전의 관리가 필요하다.

예를 들어 식당이면 요리사를 찾아 고용하고 매일 매일 재료의 매입이나 요리의 가격을 설정하는 것이다. 같은 요리사를 오랫동안 고용하기도 하고 메뉴에 맞춰 밖으로부터 새롭게 사람을 구하기도 할 것이다. 가격 설정으로부터 매입의 가격까지 재무 담당자가 결정하고 있기도 하고, 요리사가 구매하러 가서 거기에 알맞은 가격을 설정하기도 할 것이다. 이것들은 요리를 만드는 것 그 자체는 아니지만, 식당을 성립하게 하는 데 불가결한 부분이다. 말하자면 군대의 업무가 전투라고 하더라도 그것은 병참(logistics)이 없어서는 성립하지 않는 것과 같다.

채용, 이동, 승진의 두 유형

인사관리란 채용으로부터 퇴직이라고 하는 입구와 출구의 관리에 더해 구성원들의 배치와 승진이라고 하는 가로와 세로의 관리를 하는 것으로부터 형성된다. 이 가운데 입구와 출구에 관해서는 민간 부문과의 관계가 크게 영향을 준다. 입구에 관해서는 민간 부문과의 인재의 유동성, 반대로 행정 조직의 측에서 보면 민간에 대해서 개방적인가 폐쇄적인가가 문제시된다. 출구에 관해서는 행정 직원의 민간 부문에의 이행은 이른바 '낙하산인사' 문제로서 논의되어 왔다. 다만 이 점은 행정과 민간 부문의 관계가 다른 부분과의 관련성도 크기 때문에 제IV부에서 취급한다.

채용, 이동, 승진에 관해서는 정보공유형과 기능특화형으로 다른 모습을 띤다. 각각의 유형의 조직에 필요한 지식이나 기능을 구성원이 습득하도록 인센티브(incentive)를 제공하는 것이 목표가 되기 때문이다.

정보공유형 조직에서는 다른 구성원이나 부국의 업무도 이해하고, 그것과 조정하는 것 혹은 협력하고 작업을 진행하는 것이 요구된다. 그러한 지식은 조직에 들어가기 이전에 습득할 수 있는 게 아니라 들어간 후에 몸으로 익힐 수밖에 없다. 또한 거기서 몸에 익힌 지식은 다른 조직에선 의미가 없다. 그런 의미에서 정보공유형 조직에서 요구되는 기능은 개개의 조직마다 다른 '문맥형 기능'이라고 부를 수 있다.

이러한 기능을 습득시키기 위해서는 조직은 구성원을 장기간, 조직에 소속시켜 조직 내의 다양한 직장을 경험시킬 필요가 있다. 그래서 학교 졸업 후 채용하여 장기 고용을 하려고 한다. 채용 후에는 조직 내 각 부서에의 이동을 반복하며, 다양한 직무의 경험을 쌓게 하면서, 승진에 관해서는 연차를 근거로 어느 단계까지는 동시에 승진하는 연공서열 방식을 취하게 된다. 동시 승진이 종료한 후의 승진 차이는 조직에 들어간 이래 능력 평가의 축적과 연결되어 있다.

이 구조는 승진 가능성을 기대하게 하면서 최초의 단계 또한 평가의 대상으로 함으로써 근로 의욕을 초기부터 강하게 갖도록 함과 동시에 젊은 부하에 대해 교육을 베푸는 인센티브(동기부여)를 연장자에게 주는 것이다. 급여는 직무와 연동되어 있고, 최종적인 도달 지위에 따라서 장기간 재직한 만큼 급여가 상승하게 되어 있다. 방대한 인사 정보를 집중, 관리할 필요가 생기므로 커다란 인사 담당 부문이 설치되는 경우가 많다.

이에 대해 기능특화형 조직에서는 요구하는 기능은 부국마다 미리 명확하게 규정되고 있고, 그것은 조직 외부, 즉 다른 조직에서의 경험이나 대학 등 교육기관에서의 훈련 등에 의해 습득이 가능한 것이다. 그 기능은 조직을 넘어서 보편적으로 이용할 수 있는 대신에, 조직 내부의 다른 부국에서의 이용 가능성은 낮다. 따라서 인사의 채용과 관리는 부국 단위로 실시하는 것이 잘 진행된다.

인사 채용은 외부로부터의 중도 채용이 많아진다. 한편 동일 조직 내에서도 부서를 넘나드는 이동은 적다. 실적을 객관적으로 평가할 수 있는 형태에서 명시적으로 업무가 설정되어 있으므로 급여는 단기적인 실적평가에 연동한다. 그것은 승진 관리와 결부된다. 근속 연수가 아니라 실적 달성도와 승진의 정도가 연결될 수 있다.

인사관리의 두 유형

정보공유형과 기능특화형의 두 가지 조직 형태에서는 관리직이나 경영진의 역할
도 다르다. 정보공유형 조직의 경우, 관리직은 업무의 할당이 아니라, 부하들 사이에
서 원활한 의사소통을 촉진하고 그들에게 직장에서의 업무 내용을 가르치며 능력을
평가하게 된다. 말하자면 정보공유형 조직에서의 관리직이란 업무를 이끄는 존재로
서보다 부하의 능력을 끌어내는 코치로서의 역할이 크다.

이에 대해서 기능특화형 조직의 경우, 관리직의 업무는 부하 혹은 각 부서에의 업
무 할당과 실적 기준에 근거하는 성과의 평정이 중심이 된다. 이러한 관리 수법도 조
직에 특유한 건 아니고 조직 외부에서 습득되는 기능이며 조직 외부로부터 관리직에
취임하는 사람이 많아진다.

지금까지 살펴본 것처럼, 정보공유형과 기능특화형이라고 하는 두 가지 조직 형
태의 유형은 다른 사람과의 유연한 협력과 개개인의 전문성이라고 하는 서로 다른 기
반 위에 성립한다. 조직 구성원에게 요구되는 기능이나 조직 상부가 통제를 유지하기
위한 수단 그리고 인사관리 방법도 서로 다르다. 거기에는 일관된 논리의 연관성을
발견할 수 있다. 요점을 표로 정리해 두자(표 5-1).

표 5-1 ▸ 정보공유형과 기능특화형

	요구되는 기능	조직편제의 형태	인사관리의 형태
정보공유형	수평적 정보 유통에 근거한 유연한 협력	개괄적인 권한 규정, 하부에서의 정보 축적, 사람과 돈의 집중관리	일괄 채용, 내부 훈련, 빈번한 배치전환, 연공 서열, 장기적 능력 평가
기능특화형	특화된 지식에 근거한 전문성의 발휘	기능과 권한의 명확화를 통한 위로부터의 관리, 사람과 돈의 분산적 관리	중도 채용, 외부 훈련, 배치전환 부재, 실적주의

정보공유형 조직으로 보이는 인사를 멤버십형, 기능특화형 조직으로 보이는 인사
를 작업형이라고 부르는 경우도 많다. 그러나 여기서는 어디까지나 조직을 이해하는
열쇠는 조직의 행동을 만드는 조직의 의사결정이나 업무의 수행방법이라 생각한다.
그러므로 멤버십형이나 작업형이 아니고 정보공유형과 기능특화형이라고 하는 명칭

을 사용한다.

고위 간부의 인사

여기까지는 민간기업과 행정 조직에 공통되는 인사관리의 측면을 다루어왔다. 그러나 행정 조직의 인사관리에서는 정치로부터의 영향이 한층 더 문제가 된다. 중심이 되는 건 정치와의 인터페이스(interface, 접점)를 어떻게 구성할 것인가 하는 문제이다. 조직 상부가 통합을 완수하기 위해서 관리 기능을 가지는 것은, 지금까지 언급해 온 대로이지만, 행정 조직의 경우에는 거기에 더하여 조직 상부는 정치와의 접점도 된다. 따라서 행정 조직의 상부는 조직 내 관리의 기능, 정치적 조언의 기능, 정책 형성의 기능이라고 하는 다면적인 기능을 담당한다. 그러한 다면적인 기능을 담당하는 인재를 어떻게 조달할 것인가 하는 문제는 조직 중간층까지의 인사관리와는 별도로 검토할 필요가 있다(경제협력개발기구 편 2009).

행정 조직에서 고위 간부의 인사관리는 특유의 임용 제도를 제정하는 경우와 일반적인 임용 제도를 이용하는 경우 두 가지로 나눌 수 있다. 고위 간부를 떼어냄으로써 부처를 넘어선 인재 유동, 재능있는 인재를 확보하기 위한 고용 조건 설정의 유연화, 정치로부터의 영향을 받는 범위의 차단이라고 하는 효과를 기대할 수 있다.

고위 간부에게는 폐쇄적인 형태와 개방적인 형태의 쌍방이 있다. 전자는 내부로부터의 승진에 의한 것이며, 후자는 민간을 포함한 외부로부터 채용하는 것이다. 전자의 폐쇄적인 형태를 취하는 경우에는 간부 후보자를 어느 단계에서 선발하는지가 제도 설계의 포인트가 된다. 빠른 단계에서 선발하는 경우에는 간부가 되지 않는 사람들과의 차이를 어느 정도 둘 것인지도 중요하다. 가장 빠른 단계에서의 선발이란 조직에 들어가는 시점에서의 선발이며, 그 시점에서 큰 차이를 내는 경우는, 간부 후보생이 최초로 취임하는 직무가 그 이외의 사람이 퇴직 시에 오르는 직무보다 위에 온다. 반대로 최초의 단계에서는 전혀 선발하지 않고 수시로 선발하는 형태도 있다.

예산 관리: 재정민주제의 제약

행정 조직에 의한 금전 자원의 관리란 예산을 편성하고, 집행하고, 결산을 감사한다고 하는 일련의 절차를 가리킨다. 동시에 예산은 정책 시행의 주요한 수단이기도 하다. 즉 예산은 한편으로는 행정 조직 내부의 관리 도구이지만, 한편으로는 행정 조직이 외부에 제의하는 도구이기도 하다(이 측면은 제IV부에서 다시 언급한다). 이로부터 행정 조직에서의 예산 관리는 민간기업에는 없는 제약을 띤다. 재정민주제, 정치의 관여 그리고 시간의 단절이라고 하는 세 가지 제약이다.

첫째, 재정민주제이다. 미국 독립 당시 슬로건인 "대표 없이 과세 없다"라는 말에 표현되듯이, 정부에 의한 금전의 조달과 사용은 국민의 강한 관심의 감시 아래에 놓인다. 이 때문에 조세의 부과는 반드시 법률의 규정을 필요로 하는 조세법률주의는 물론, 예산 내용의 공개, 연도마다 사전 의회에 의한 의결이 필요하고, 단일한 명료하고 엄밀한 예산의 편성과 이에 따른 집행이라고 하는 재정민주제에 근거하는 제약이 부과된다.

이 결과 예산 관리란 공식화의 정도가 높게 나타난다. 그러나 그것은 행정 조직에서의 내부 관리에서는 말하자면 족쇄이다. 그래서 공식화의 정도를 완화하려고 하는 움직임도 나온다. 재량 예산이나 복수연도예산 등의 도입이다. 이러한 비공식화를 어느 정도 진행할 것인가가 예산 관리의 한 축이 된다.

둘째, 정치의 관여이다. 예산 편성에서 결정하지 않으면 안 되는 포인트는 크게 나누어 세 가지가 있다. ① 세출 총액, ② 정책 영역마다의 배분, ③ 재원 확보의 방법이다. 그리고 편성 과정에서의 문제는, 이것들을 어떤 순서로 누가 결정하는가 하는 것이다. 크게 나누어, 세입에 맞추어 세출 총액을 결정한 다음에 배분을 생각하는 매크로 선행과 개별 영역의 예산을 쌓아 올린 다음에 그 재원을 확보한다고 하는 마이크로 선행의 두 가지 방법이 있다. 세출과 세입을 소관하는 관청이 일체화되고 있으며, 매크로 선행의 톱-다운(top down) 형의 예산이 편성되는 경우가 가장 집권적인 관리 형태가 된다. 반대로 개별 부처 주도의 마이크로(micro) 선행의 적립식 방법으로 보텀-업(Bottom up) 형의 예산이 편성되는 경우가 가장 분권적인 관리 형태가 된다. 어느 쪽으로 할 것인지는 행정만으로는 결정할 수 없다. 예산 편성은 정치와도 깊은 관계가 있는데, 수상·대통령이나 의원이 결정에 관여하기 때문이다.

셋째, 시간의 단절이다. 통상의 정책은 특별히 정답이 없는 한, 정책 개·폐의 새로운 결정을 할 때까지 존속한다. 이에 대해서 예산의 경우는 회계연도마다 책정이 요구된다. 이 결과 예산에는 자동적으로 재검토의 기회가 편성되어 있다. 날마다 반복되는 일상의 행정이나 계속 존속하는 조직에 대해서, 시간적인 쐐기를 박는 역할을 예산은 수행하고 있다.

시간의 단절이 있음으로써 예산에는 통상의 정책과는 다른 세 가지 특징을 발견할 수 있다. 첫째, 현상점(現狀占)과 부작위(不作爲)의 의미가 다르다. 정책의 경우에는, 새로운 정책을 책정하지 않는 한 현상이 존속한다. 그러나 예산의 경우 매년 현상은 백지상태로 돌아간다. 신년도 예산이 책정되지 않으면 정부는 금전을 지출할 수 없다. 둘째, 책정의 타임 스케줄이 매우 어렵다. 전년도 중에 예산을 성립시키지 않으면, 공무원의 급여를 지급할 수 없고, 생활보호 수급자의 수입이 끊어질 수도 있다. 이러한 사태에 빠지지 않도록, 책정의 각 공정에 기한을 주는 건 통상의 정책 형성 과정과 다른 점이다. 셋째, 책정 후에 역시 시간이 잘린 집행 기간이 있고, 결산이라고 하는 재검토의 기회가 설치되어 있다. 예산은 결산과 조합됨으로써 관료의 행동에 대한 사후적인 검증의 기회가 된다(경제협력개발기구 편 2006).

4. 각국의 행정 조직 실태

분업의 정도

각국의 행정 조직은 실제로 어떠한 조직 형태를 취하고 있는 것일까? 분업의 정도, 통합의 방법, 사람과 금전 관리 방법에 관하여 살펴보자.

우선, 분업의 정도로서 가장 기본이 되는 성 수를 확인하자. 그림 5−1에서는 아울러 장관 수에 관해서도 제시하였다. 가로축에 나타난 각국의 성 수는 7에서 32로 상당한 폭을 가진다. 그러나 많은 나라는 10에서 20의 범위에 들어가 있다. 성 수는 각국에서 정부가 수행하는 기능의 차이로는 설명할 수 없다. 예를 들어 북유럽 여러 나라와 같이 정부가 수행하는 역할이 큰 복지국가라고 해서 성 수가 많은 것은 아니다. 따라서 성 수가 적으면 많은 정책 영역을 하나의 성에서 취합하는 형태가 되며, 반대로 다수의 성이 있으면 정책 영역을 세세하게 분할하는 형태를 취한다. 혹은 동일 정책 영역에서 복수의 성이 존재하고 경합 관계가 생기는 경우도 있을 수 있다.

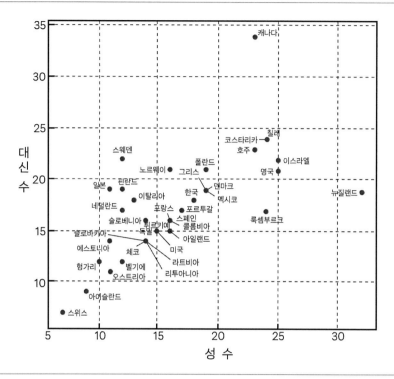

그림 5-1 ▸ 38개 국의 성과 대신 수(2019)

[출처] OECD, Government at a Glance 2019, Contextual Factors를 이용해 필자 작성.

그림 5-1에서 기울기 1의 직선상에 놓여 있는 나라가 많이 나타나고 있듯이, 성과 대신의 수는 같은 나라가 많지만 다른 양상을 보이는 나라도 있다. 하나는 대신보다 성의 수가 많은 나라이며, 뉴질랜드가 전형적인 예이지만 룩셈부르크, 영국, 이스라엘 등도 해당된다. 이러한 나라에서 대신은 복수의 성을 때로는 제휴, 가끔 경합시키면서 정책을 전개해 간다. 또 하나는 성보다 대신이 많은 나라이다. 캐나다가 전형적인 예이며, 스웨덴, 노르웨이, 핀란드 등의 북유럽 여러 나라 외에 일본도 이에 해당한다. 하나의 성에 복수의 대신이 관여하거나 정부 중추에 배치되어 특정 사항을 취급하는 대신이 존재하는 것을 의미한다.

그러면 구체적으로는 어떠한 정책을 단위로 하여 분업을 시행하고 있는 것일까? 조금 오래되었지만, 2009년 시점의 23개국에서 어떠한 정책을 담당하는 성이 설치되어 있는가를 열거한 것이 그림 5-2이다. 합계 45 종류의 성이 설치되어 있으며, 그 가운데 법무, 방위, 외무, 내무, 재무, 환경, 교육, 농업이라고 한 곳은 거의 모든 나라에서 설치되어 있다. 분업의 중심적인 부분에 관해서는 나라의 차이를 넘어 유사성이 높다. 한편 스포츠, 어린이, 대학 등 각각의 나라에 특징적인 성을 설치하고 있는 나라도 있다. 이런 와중에 일본은 대체로 평균적인 성 편제를 시행하고 있다.

그림 5-2 ▸ OECD 23개국이 설치하고 있는 성(2009)

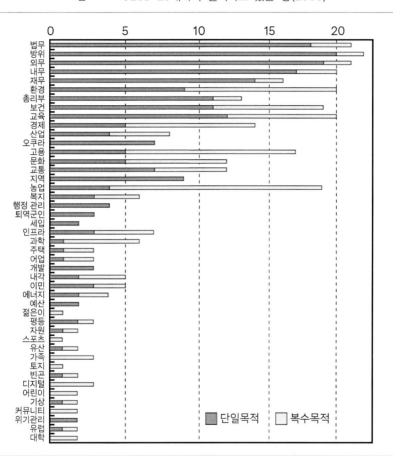

[출처] White & Dunleavy(2010), p.25 그림을 기초로 필자 작성.

통합의 세 가지 방법과 공식화

각국의 행정 조직에서 통합의 방법이나 통합의 실현 정도를 관찰하는 것은 쉽지 않다. 따라서 여기에서는 전문가의 조사 결과를 활용하자. 우선 통제와 공식화의 정도를 본다. 그림 5-3에서는, 정치 리더가 결정한 정책을 행정 직원이 실현하려고 하는 정도를, 상위자의 지시에 의한 통제를 나타내는 지표로 하여 세로축으로 한다. 행정 직원이 규칙에 따르려고 하는 정도를 공식화 정도의 지표로서 가로축으로 하였다. 통제에 의한 통합은 가장 기본적인 형태인 만큼, 이것조차 실현될 수 없는 나라는 통합이 충분히 되지 않고 행정 조직이 충분히 기능하고 있지 않을 가능성이 높다. 개발도상국의 대부분이 그러한 상태에 있는 걸 알 수 있다. 또한 통제는 강하지만 공식화가 진행되지 않은 나라도 도상국에서 많이 나타나는 것을 알 수 있다. 이에 대해서 선진국의 상당수는 이탈리아 등을 예외로 제외하면, 통제의 정도도 공식화의 정도도 전체적으로는 높다는 걸 알 수 있다. 게다가 일본이나 독일은 상위자에 의한 통제 정도가 보다 낮고, 영국이나 미국은 반대의 경향에 있음을 알 수 있다.

그림 5-3 ▸ 통제와 공식화(2015)

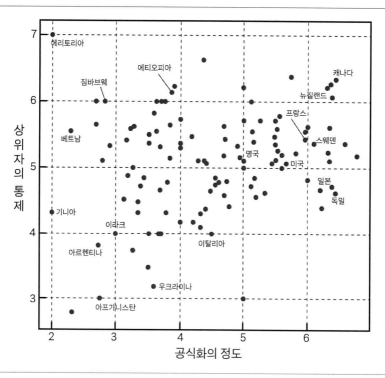

[출처] 그림 1-4와 동일.

다음으로 분권적인 통합의 두 가지 방법, 즉 정보공유형과 기능특화형에 관해서도, 직접 그것을 파악할 수 없기 때문에 대리 지표로부터 추적해 본다. 그림 5−4의 가로축에는 입구(채용)가 어느 정도 한정적인지를 취했다. 조직 하부에 채용하고 있을 정도 값이 크고, 조직의 중간층 이상에 외부로부터의 채용이 있는 경우는 값이 작다. 따라서 일괄 채용한 직원이 장기에 걸쳐 고용되는 경우는 이 값이 커진다. 세로축은 고위직이 직업 공무원에 의해서 점유되고 있는 정도를 취했다. 이 값이 낮은 경우는 민간기업 등의 외부에 대해서 고위직이 개방되고 있음을 나타낸다. 정보공유형의 전형적인 예는 그림의 오른쪽 위에 기능특화형의 전형적인 예는 왼쪽 아래에 위치하게 될 것이다. 다만 중도 채용이 많고 고위직에의 승진도 제한되어 있는 행정 조직은 안정성이 취약하므로, 왼쪽 아래 방향으로 넓게 위치하고 있다고 생각하는 게 좋을 것이다.

그림 5-4 ▸ 입구의 획일성과 고위직의 폐쇄성(2015)

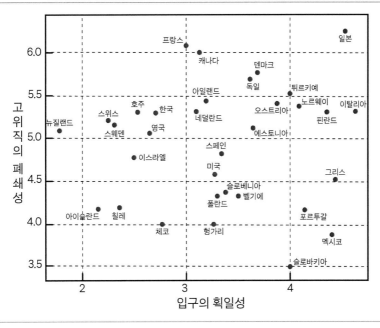

[출처] 그림 5-3과 동일.

정보공유형의 가장 좋은 예는 일본이 되겠다. 당해 졸업자를 채용함으로써 대부분 채용을 하면서 그러한 직원이 고위직도 차지하고 있다는 점에서 특징적이다. 반대로 기능특화형 가운데, 특히 고위직의 개방성이 높은 것이 미국, 반대로 중간층도 포함하여 개방적인 것이 뉴질랜드, 스웨덴, 영국이다. 미국의 경우에는 비정치임용의 고위 간부 직원(SES) 약 8,000명은 인사관리청(OPM)의 손에 공모되어 결정된다. 영국의 경우는 고위급 관리직 제도(SCS)로 불리고 있으며, 대체로 과장급 이상의 4,000명이 해당한다. 양국 모두 부처의 의향에 따라 민간기업으로부터의 응모도 받아들이고 있다. 이러한 구조를 통해 매니지먼트 능력을 보유한 간부 직원을 정부 전체에서 육성하려고 하고 있다. 또한 영국에서는 정보통신기술(ICT) 관련이나 의료 부문 등에서 민간기업으로부터의 채용이 약 5할 이상이 된다(오다 2019).

프랑스는 고위직이 직업 공무원에 의해 점유되고 있는 정도가 일본과 비슷하게 매우 높다. 그러나 채용되는 방법이 엘리트와 그 이외로 크게 다르다는 점에서 차이가 난다. 반대로 그리스나 멕시코는 채용 시의 획일성은 높고, 엘리트 선발 등도 행해지지 않는 한편, 고위직에의 승진도 이뤄지지 않고 채용한 직원을 소급절이로 하고 있을 가능성이 엿보인다.

예산과 인사의 집권화

마지막으로, 예산 편성과 인사가 어느 정도 집권화되어 있는가를 국제비교가 가능한 데이터에 근거하여 살펴보자. 예산에 관해서도 인사에 관해서도, 부국 횡단적으로 통일된 제도를 채용하고 있는지, 그렇지 않으면 정형화하지 않고 재량적인 형태를 취하는지를 살펴본다. 그림 5−5에서는 가로축에 예산 편성에서 실적예산제도의 채용 정도를 취했다. 세로축에는 정형적인 인사정보의 집약 정도를 취했다.

이 그림을 보면 세 가지 유형을 발견할 수 있다. ① 쌍방의 집권화가 진행되는 나라(한국, 스위스, 캐나다, 영국, 스웨덴 등), ② 인사의 정형화 정도는 높지만 예산의 집권화 정도는 낮은 나라(이스라엘, 미국, 이탈리아 등), ③ 어느 쪽도 분권적인 나라(포르투갈, 일본, 독일, 그리스 등)이다. 세 번째 유형은 고전적인 관리 방법을 지속하고 있다고도 말할 수 있다.

그림 5-5 ▸ 예산 편성과 인사 집권화(2016)

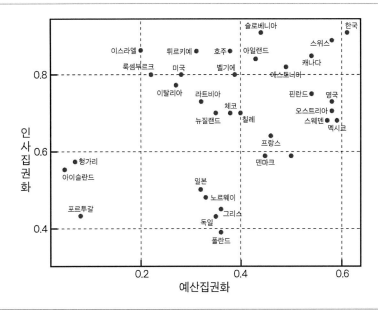

[출처] OECD, Governance at a Glance 2016의 데이터를 활용하여 필자 작성.

연습문제

❶ 당신이 지금까지 아르바이트 등으로 소속한 경험이 있는 조직(클럽이나 학생회 등도 좋다)에 관하여, 어떻게 분업과 통합이 이루어지고 있었는지를 서술해 보자.

❷ 일본의 '취직 활동'이라고 하는 것의 특징을 정보공유형 조직의 특징과 관련지어 설명해 보자. 다른 나라와는 어떠한 차이가 있는지에 관해서도 조사해 보자.

❸ 어느 나라든 흥미가 있는 나라를 선택하여, 그 나라 공무원의 개방성이나 인사 방식에 관하여 조사해 보자. 그리고 양자의 관계를 생각해 보자.

제 6 장

일본의 행정 조직 실태

이 장에서는 일본의 행정 조직 실태를 살펴본다. 우선 분업과 통합의 형태, 즉 부성(府省)의 편제와 그 내부 부국의 편제를 살펴본 후, 실제 업무 수행을 소재로 하여 조직 활동의 프로세스를 나타낸다. 그리고 금전 자원과 인적 자원의 관리를 채용, 배치, 승진과 예산 편성 작업의 실태를 통해서 제시한다. 일본의 행정 조직이 정보공유형의 특징을 현저하게 가지고 있다는 것, 다만 그건 부성을 단위로 하는 인사를 통해 부성 내부에서는 통합되어 있지만, 부성 간에서의 분립성은 높다는 것을 이해해 주었으면 한다.

1. 부성(府省)의 편제와 조정

전전부터 점령기까지 성(省)의 편제

메이지 이래 현재에 이르는 일본의 중앙부성 편제는, ① 메이지 정부 성립(1868년) 이후의 20년간, ② 정부의 규모가 확대되어 패전과 점령을 경험한 1930년대 후반부터 60년까지, ③ 2000년대 이후의 세 시기에 큰 변화를 보이며, 그 이외의 시기는 안정되어 있었다.

메이지 헌법 체제에서 성은 치안, 국방, 외교, 재무를 중심으로 하면서, 내정 부문이 거기에 추가되고, 그 내정 부문이 점차 분기해 나가는 형태를 취해왔다. 메이지유신 이후 행정 기구의 개폐(開閉)가 반복되어 왔다. 하지만 1885년부터는 새롭게 내각

제도하에서 성이 설치되게 되었다. 발족 당시에는 외무성, 대장성, 내무성, 사법성, 농·상무성, 문부성, 체신성, 육군성, 해군성, 궁내성이 설치되었다. 그 이후 주된 변화로서는 체신성으로부터 분리된 철도성의 설치(1920년), 농상무성의 농림성과 상공성으로 분리(25년), 해외 식민지에 관한 탁무성 설치(29년), 내무성에서 후생성 분리(38년)를 들 수 있다. 더욱이 제2차 세계대전을 수행하는 가운데 총동원 체제를 주도하는 기획원이 설치되었다(37년).

패전 후 1950년대까지는 중앙 부처의 재편이 빈번히 실시되었다. 그 전반은 연합국 최고 사령관 총사령부(GHQ), 후반은 집권당이나 국회가 변혁 추진의 주된 주체였다. 이 시기는 사회경제적인 환경 변화의 대응보다 정치적인 요인에 수반하는 조직 변화가 전면에 대두되었던 시기였다. 그 조직 변화의 특징은 두 가지가 있다.

첫째, 부처가 빈번히 재편되었다. 우선 전쟁 종료에 수반하여 육군성과 해군이 복원성을 거쳐 폐지되었다. 그 후 1950년에 6·25전쟁(한국전쟁)이 발발하면서 경찰 예비대와 경찰 예비대 본부가 설치되어 보안청을 거쳐 54년 7월에 방위청으로 개편되었다. 그 당시 실제 실전부대도 자위대로 개칭되었다. 46년에 경제안정본부가 설치되고 55년에 경제기획청이 되었다. 47년 후생성에서 노동성이 분리되었다. 내무성 폐지에 수반하여 건설원을 거쳐 건설성이, 경찰 부문에 관해서는 국가공안위원회가 48년에 설치되었다. 지방정부와 관계되는 부분에 관해서는 지방재정위원회를 거쳐 최종적으로는 60년에 자치성이 설치되게 되었다(☞제10장). 게다가 49년에는 상공성이 통상산업성이 되었다. 사법성은 법무청, 법무부를 거쳐 법무성으로 개칭되었다. 그리고 총리부가 설치되었다.

둘째, 이 시기에는 미국으로부터 받아들인 행정위원회 제도가 종종 이용되었다. 행정위원회는 합의제 조직이며, 독립성이 높고, 준입법·준사법권을 가진다. 부처나 내각으로부터 독립한 부분을 어느 정도 마련할 것인가를 둘러싸고, GHQ와 부처, 또 국회 부처 간에도 대립이 있어 격렬한 개폐가 이루어졌다(이토 2003). 내각으로부터도 독립되어 있는 회계검사원은 전쟁 전부터 존재하고 있었지만, 전후가 되어 설치된 것으로서는 앞서 말한 지방재정위원회나 국가공안위원회 외에 인사원이나 미국의 규제위원회를 모방한 공정거래위원회나 증권거래위원회, 일본 측의 주도에 의한 중앙노동위원회나 통계위원회 등이 있다. 그 밖에 전파감리위원회나 공익사업위원회와 같이 폐지된 것도 있지만, 점령 종료 후에 설치되어 지금까지 존속하고 있는 공안심사

위원회(1952년 설치)나 토지조정위원회(51년 설치. 72년에 공해 등 조정위원회가 된다)도 있다.

집권적 통합의 모색

천황에 대한 대신의 단독 보필제를 채용한 결과, 원래 분립성이 높았던 것에 더해 1930년대에 정부의 역할이 증가하고 행정의 전문화가 시작되었다. 거기서 통합 기능의 확충이 검토된다. 권한, 인적 자원, 금전 자원, 어떤 정보를 이용할 것인가 하는 선택지도 가능성을 갖고 있었다.

인적 자원이나 권한에 관해서는 통합 기능을 내각 법제국이 쥐고 있었다. 법제국은 법률·명령의 기초·심사권을 가지는 데 더하여 각 성의 설치가 관제에 근거하고 있었기 때문에, 조직이나 정원의 사정 권한도 가지고 있었다. 게다가 내각회의나 차관회의에 의한 조정의 시도도 1930년대 후반에는 볼 수 있었다. 한편 금전 자원에 관해서는 회계국을 내각에 이관함으로써 예산에 통합 기능을 갖게 할 구상이었지만, 전쟁의 개시와 함께 어느덧 사라지게 된다. 그리고 정보에 관해서는 기획 개념을 축으로 한 통합 관청의 구상이 있었다. 35년에 수상 직속의 내각 조사국이 설치되어 그 후의 기획원을 통한 물자 총동원 계획(물동계획)은 이 구상의 실현이었지만, 잘 기능하지 않았다(미쿠리야 1996).

점령 개시에 수반하여 GHQ의 각 부국과 개별 부처의 관계가 깊어지는 가운데 분립화는 한층 더 강해졌다. 가타야마 데쓰(片山哲) 내각 시기(1947-48)에는 차관이 내각회의에도 출석하고 차관회의에서도 많은 실질적 결정이 이루어지고 있었다. 이러한 움직임에 대해서 경제안정본부의 설치에 의해 집권화가 시도되었지만, 49년경부터 점령정책이 전환되고 재정금융을 긴축하여 자유 경쟁을 촉진하는 닷지·라인(Dodge line)이 실시되는 가운데, 경제안정본부는 존재 의의를 상실해 간다. 요시다 시게루가 밝힌 수출 진흥을 위해 내각 직속의 무역청을 마련한다고 하는 구상은 실현되지 않았지만, 상공성과 외무성의 통상 부문의 통합에 의한 통상산업성의 설치로 연결되어 경제안정본부의 종말을 맞게 되었다(무라이 2008).

한편, 1948년 2월에 내각 법제국이 해체됨으로써, 행정 관리에 의해서 통합을 도모하는 행정경영 부국의 구상과 거기에 대항하여 예산에 의해서 통합을 도모하는 대장성의 구상이 밝혀진다. 그러나 최종적으로는 행정경영 부국 구상은 좌절되고, 52년에 제한적인 성격을 가진 법제국이 부활함과 사무차관회의를 연락 조정 기능으로 제한하는 걸 통해 분담 관리 원칙이 재확인되어 간다. 대장성에 의한 예산을 통한 통합 기능도 보텀—업의 완만한 조정에 머물렀다. 그 이후 내각 레벨의 통합 관청은 단념되고 각 성 간의 조정을 의미하는 '종합 조정'이 중심이 되었다(오카다 1994).

부처 간 분쟁과 해결

자민당 정권 아래 있던 행정 조직의 최대 특징은 1960년대부터 90년대 전반까지, 성 레벨의 조직이 안정되어 있었다는 점이다. 60년에 자치청이 성으로 승격한 후, 2001년의 부처 재편 때까지 성 편제의 변경은 없었다. 그 40년간 행정을 둘러싼 환경이 크게 변한 것을 생각하면 이런 안정성은 놀라울 따름이다. 자민당의 장기 정권 하에서 정치와의 관계가 안정적이었던 게 하나의 요인이었다(☞제2장). 일본의 중앙 부처가 정보공유형의 특징을 가지고 신규의 정책 과제에 대해서도 기존 부처가 소관 사항을 취합한 것이 또 하나의 요인이다.

조직이 안정되어 있다는 것은 분파주의로 연결되기 쉽다. 이 문제에 대해서는 두 개의 부처 간 조정의 축적을 기본으로 하는 보텀—업의 조정 메커니즘이 정비되어 갔다(마키노하라 2009). 첫째, 협의이다. 법안 책정에서는 관련되는 성과의 협의가 제도화되고 있다(☞제3절). 그 밖에도 분쟁이 발생할 때마다 협의한다. 내용의 중요성에 따라서 각서 체결자의 지위를 바꾸는 등의 구조를 통해서 조정 결과를 정리한다. 둘째, 소관의 정리이다. 조정이 일정한 결론에 이르면 그것을 소관을 확정함으로써 고정화해 나간다. 반대로 말하면 협의를 계속하는 부분의 소관을 정할 건 없다. 또 공관이라고 하는 형태로 분쟁의 해결을 도모하는 경우도 많다.

셋째, 총리부에 마련하는 조정 관청의 설치이다. 1955년에 경제심의청에서 개칭된 경제기획청, 과학기술청(56년 설치), 환경청(71년 설치), 국토청(74년 설치)과 같이 복수 성의 소관에 관계하는 문제에 대해 새로운 대신청을 설치함으로써 승부를 낸다. 최종적으로는 앞서 말한 네 개의 청 외에 총무청, 홋카이도 개발청, 오키나와 개발청, 방위청을 합쳐 여덟 개의 대신청이 존재하였다. 이것들은 어디까지나 기존의 성을 베이스로 하여, 새로운 조정 관청 안에서 관계 각 성의 소관이 확정되어 간다. 새로 설치된 조정 관청의 포스트를 차지하는 것은 관계성으로부터의 전출자이며, 각 성은 전출 포스트의 확보를 통해서 소관의 연장을 제도화하였다.

넷째, 각종 종합 및 조정기관이나 메커니즘의 존재를 들 수 있다. 내각 관방, 대장성/재무성, 내각 법제국이라고 하는 각종 기관은 단정적으로 위로부터의 재정(裁定)을 내리는 존재는 아니지만, 두 부처 간 조정이 막혔을 때 새로운 조정을 정리하는 작업에 관여한다. 이들 모두가 '종합 조정'을 담당하였다.

하시모토 행정개혁에 의한 부처 재편

고도 경제성장 이후 사회·경제의 변동을 극복한 부처 조직이었지만, 1990년대에는 마침내 재편을 맞이한다. 우선 1998년에 대장성으로부터 금융 부문을 떼어내 금융감독청을 설치하였다(2000년 7월에 금융청으로). 조정 관청의 신설이 아니고 기존 성의 권한 재편이라고 하는 점에서 55년 체제에서는 볼 수 없는 조직 개혁이다.

다음으로, 1996년 1월에 총리가 된 하시모토 류타로(橋本龍太郎)가 6대 개혁의 일환으로 부처 재편에 나선다. 전후부터 50년대까지와 같이 부처 편제를 크게 바꾼 건 정치의 힘이다. 행정개혁위원회가 설치되고 하시모토 총리 자신이 위원장이 되어 개혁을 주도하였다. 그 목표는 총리 권한의 강화였다. 부처 재편에 대해도 부처를 큰 괄호로 묶음으로써 관저 주도의 부처 간 조정을 진행하려고 하였다.

처음에는 국토개발성과 국토보전성과 같이 이익이 상반되는 것을 성의 단락으로 하는 대담한 조직재편안도 구상되었지만, 결국은 기존의 성 편제를 기초로 병합을 진행하여 성의 수를 줄이는 게 재편의 중심이 되었다. 결과적으로 1부, 12성, 8대신청, 2대신위원회가 1부, 10성, 1대신청, 1대신위원회로 재편되었다. 이 체제는 방위청의 성에로의 승격을 거쳐 1부, 11성, 1대신위원회가 되어 현재까지 지속되고 있다(그림 6-1).

성의 재편은 네 가지 유형으로 나눌 수 있다. 첫째, 관저 기능 강화를 목적으로 하여 신설된 내각부이다. 종래의 조정청 대부분을 여기로 흡수하고, 다른 성보다 한 단계 상위 조직으로서 내각부를 자리매김하고 관저 주도의 정책 형성을 지지하려고 하였다. 둘째, 기존 두 개 이상의 부처가 합병함으로써 거대해진 성이다. 총무성, 국토교통성, 후생노동성, 문부과학성이 이에 해당된다. 셋째, 기존 부처를 모체로 하면서 권한의 확대나 축소가 있었던 성이며, 경제산업성, 재무성, 환경성이 해당한다. 마지막으로 넷째, 거의 변화가 없었다고 말할 수 있는 성이며 법무성, 외무성, 농림수산성, 국가공안위원회·경찰청이 이에 해당한다.

그림 6-1 ▶ 2001년 부처 재편

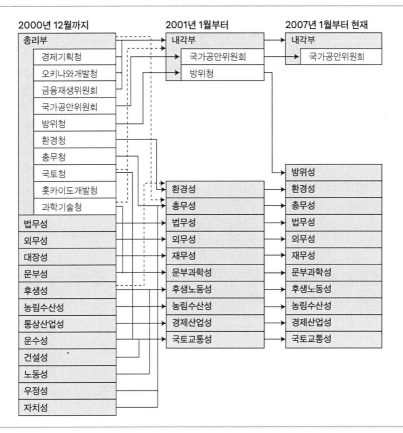

2000년 12월까지	2001년 1월부터	2007년 1월부터 현재
총리부	내각부	내각부
경제기획청	국가공안위원회	국가공안위원회
오키나와개발청	방위청	
금융재생위원회		
국가공안위원회		
방위청		방위성
환경청	환경성	환경성
총무청	총무성	총무성
국토청	법무성	법무성
홋카이도개발청	외무성	외무성
과학기술청	재무성	재무성
법무성	문부과학성	문부과학성
외무성	후생노동성	후생노동성
대장성	농림수산성	농림수산성
문부성	경제산업성	경제산업성
후생성	국토교통성	국토교통성
농림수산성		
통상산업성		
운수성		
건설성		
노동성		
우정성		
자치성		

[주] ──▶ 는 주된 권한 계승, ┄┄▶ 는 일부 권한 계승을 나타낸다.

　　다만 정보공유형 조직의 경우에는 통합의 단위는 조직 기구가 아니고 인사의 통합이다. 그래서 다른 부처 등에 전출해 있어도 원부처에 대한 강한 충성이 유지된다. 따라서 부처 재편이라고 하더라도, 인사의 단위에 손을 대지 않고 기구로서의 부처를 재편하는 경우에는 실질적인 변화는 작은 부분에 머무른다. 변화의 정도는 성에 따라 다르다. 총무성과 같이 합병 후에 신규 채용하는 직원도 옛 우정성, 옛 총무성, 옛 자치성으로 나누어 관리하고 있는 곳도 있다. 국토교통성과 같이 사무차관에게 구성의 출신자를 교대로 교차하여 자리를 배정하는 인사를 실시하는 곳도 많다. 내각부나 환경성과 같이 여전히 많은 전출 직원으로 구성되어 있는 곳도 있다. 한편으로 후생노동성이나 문부과학성 등 옛 부처마다의 포스트를 넘어서 인사를 하게 된 곳도 있다. 게다가 어느 성이어도 내각 관방·내각부에의 전출이 가지는 의미가 커지고(☞제2장), 간부급 인사가 관저와 내각 인사국의 손에 의해 이루어지게 됨으로써 부처 내에서 인사가 완결되는 것은 아니게 되었다. 이전에 비하면 통합의 단위로서 성의 통합은 약해졌다고 말할 수 있다.

관저 주도와 독립기관

그 후 2000년대 이후도 행정 조직의 재편은 계속된다. 두 가지 흐름을 거기에서 찾아낼 수 있다. 하나는 기존 복수의 성에 관련된 정책 과제를 하나의 청에 처리하는 것으로, 거기에는 수상의 의향이 반영되는 것도 많다. 또 하나는, 독립성이 높은 행정위원회를 설치하는 것이다. 수상의 영향이 강하게 미치는 것과 반대로 수상으로부터의 독립성이 강한 조직이라고 하는 역방향의 조직이 같은 시기에 설치되어 있는 것이다.

첫째, 신설 청으로서는 우선 내각에 설치된 부흥청(2012년 설치)이 있다. 21년 9월에 신설된 디지털청도 같은 형태를 취한다. 다음으로 부성에 설치된 것으로서 국토교통성의 관광청(08년), 내각부의 소비자청(09년), 방위성의 방위장비청(15년), 문부과학성의 스포츠청(15년), 법무성의 출입국재류관리청(19년)이 설치되었다. 게다가 아이―가정청의 신설이 검토되고 있다(22년 1월 시점).

이러한 신설 청은 모두 총리의 의향이나 정권으로서 중점을 두는 정책을 실현해 가는 자세를 반영하는 것이다. 복수의 성에 분산되어 소관되어 온 정책 과제의 일원화를 도모한다는 점에서는 1990년대까지 총리부에 설치된 청과 유사하지만, 조직 형태는 다양하다. 부흥청은 주무(主務)대신으로서의 총리를 포함함과 동시에 부흥대신이 설치되어 있다. 디지털청도 같은 형태를 취한다. 소비자청에 관해서는 내각부 특명담당대신으로 소비자 및 식품안전 담당은 당연히 설치될 것으로 여겨진다. 그 외의 청에 관해서는 대신 등은 설치되지 않는다.

둘째, 행정위원회에 관해서는 이른바 3조위원회로서 2000년대 이후에 신설된 것으로 내각부의 개인정보보호위원회(16년), 카지노관리위원회(20년), 국토교통성의 운수안전위원회(08년) 그리고 환경성의 원자력규제위원회(12년)가 있다.

운수안전위원회나 원자력규제위원회는 모두 큰 사고를 계기로 도입된 것이다. 그 의미에서는 3조위원회는 아니긴 하지만, 2001년의 BSE(소해면상뇌증)에 감염된 소의 발생 후 03년 5월의 식품안전기본법 제정을 받아들여 내각부에 설치된 식품안전위원회가 그 선구라고 할 수 있다.

이것들에는 하시모토 행정개혁에서는 구상이 송두리째 뒤집혀 끝나버린 이익이 상충하는 생각이 반영되어 있다. 과학기술에 수반하는 리스크 사회화의 경향이 강해지는 가운데 리스크 관리와 리스크 평가를 동일 부국이 떠안은 것의 폐해는 커졌다. 두 가지 기능을 동일 부국이 담당하는 경우, 리스크 관리 책임을 회피하기 위해 평가를 왜곡하려고 하는 유인이 작동해 버린다. 리스크 평가를 적절히 실시하기 위해서는 양자를 떼어낼 필요가 있다.

이러한 조직 분할이 잘 작동하는 건 평가 작업이 가시화되어 사회에 보이기 쉬워지고 리스크 평가의 적절성이 향상한다고 하는 메리트가 리스크 관리 부문과의 의사소통 곤란이나 충돌에 의한 한계라고 하는 디메리트를 웃도는 경우이다. 그리고 메리트를 확대하기 위해서는 신설의 리스크 평가 기구의 조직 강화가 필요해진다.

원자력 발전의 리스크 평가와 관리의 체제는 그 첫 번째 예라고 할 수 있다. 원자력 정책을 책정하는 원자력위원회로부터 1978년에 원자력안전위원회가 분리되어 안전 규제에 관한 결정 권한이 주어졌다. 그러나 실제의 규제 업무는 원자력안전위원회 감독하에 경제산업성의 원자력안전·보안원(院)이 담당해 왔다. 형식상 리스크 관리와 리스크 평가는 분리되어 있었지만, 실제 분리의 정도는 미약하였다. 2011년에 일어난 후쿠시마 제일 원자력 발전소의 사고는 이 체제의 미비를 명확히 드러냈다.

그래서 원자력규제위원회는 3조위원회로서 독립성을 강화한 뒤 문부과학성이나 경제산업성이 아니라 환경성에 두게 되었다. 경제산업성이나 문부과학성에 나뉘어 소유되고 있던 원자력, 핵물질 관련의 규제 권한은 규제위원회에 일원화되고 중대사고 대책의 규제나 새로운 규제 기준을 기존 조직에 적용하는 등의 규제를 강화하였다. 원자력규제청이 사무국으로서 이걸 지지한다. 국제기준과 과학적 식견에 따른 판단이 중시되게 되어 있으며, 재가동에 관해서는 정권의 의향으로부터 일정한 거리를 두고 판단하고 있다.

2. 부성 내부의 조직편제

획일적인 라인

부성 내부의 조직편제에 관해서는 톱으로부터 조직 하부에 이르기까지를 어떻게 구분할 것인가 하는 수직 방향으로의 편제와 어떠한 기준에 따라서 조직 하부를 구분해 갈 것인가 하는 수평 방향의 편성 두 가지 측면이 있다.

수직 방향에 관해서, 라인(본체 업무를 담당하는 부국)에서는 일치된 명칭이 사용되고 있는 데 대해서, 스텝(보좌나 지원을 담당하는 부문)에 관해서는 규격화가 이루어지지 않았다. 라인에 관해서는 어느 부성에서도, 행정 조직의 톱은 사무차관이라고 하는 명칭을 가지고 있으며, 그 아래에서는 국과 관방 또한 부, 과와 실이 설치되어 있고, 각각은 국장, 과장 등 장을 가지는 것이 국가행정조직법에 정해져 있다. 또 국이나 과 사이에서도 핵심국이나 핵심과 등 실제의 서열이 정해져 있으며, 조직도에서는 왼쪽

그림 6-2 ▸ 재무성의 내부 조직(2021)

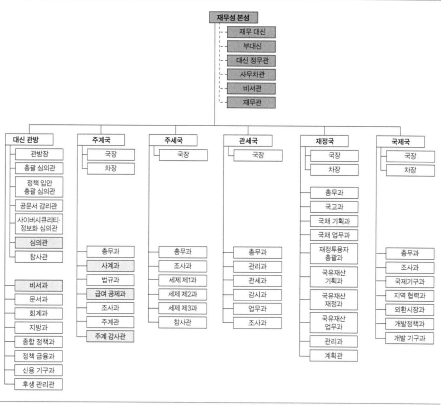

[주] ▨▨▨▨ 는 법률에 의해 설치되어 있는 조직 또는 일자리.
　　 ▢▢▢▢ 는 시행령에 의해 설치되어 있는 조직 또는 일자리.
[출처] 재무성 웹 사이트(https://www.mofgo.jp/about_mof/introduction/organization/index.htm)의 그림을 기초로 작성.

에서 오른쪽, 위에서 아래로 배치되어 있다. 일례로 재무성의 조직도를 들 수 있다(그림 6-2). 대신관방에 이어 예산 편성을 담당하는 주무국으로 자리매김되고 있고, 각 국 내에는 총무과가 필두로 설치되어 있다.

유연한 스텝 계통

이에 대해서 스텝 부문에 해당하는 조직 직명에는 다양한 것이 있다. 예를 들어 사무차관에 뒤이은 넘버2는 많은 성에서는 ○○성 심의관이라는 명칭이지만, 재무성의 경우는 재무관이라는 직무이며 국토교통성에서는 기감이다. 게다가 같은 심의관이라는 명칭은 관방에도 설치되고 있으며, 국장급 심의관이나 국 차장급 심의관으로 불린다. 한편 성에 따라서는 정책통괄관이라는 국장급의 직무가 설치되어 있다. 내각부가 전형적인 예이며, 국보다 정책통괄관이 상위에 위치한다(그림 6-3). 더욱이 관방이나 국에는 참사관이란 관직이 설치되어 있으며, 이건 과장급에 해당하는 경우가 많다. 그림 6-2의 재무성 조직도 내에 회계국 회계관이라고 하는 관직이 있으며, 예산 편성 작업의 중심을 담당하고 있지만(☞제5절), 이것도 참사관의 일종이다. 정책통괄관이나 참사관과 같이 특정한 소장(所掌)사무를 복수의 인간이 분담하는 직무를 총칭해 분장관이라고 부른다.

이와 같이 스텝 계통의 조직이나 직무는 규격화의 정도가 낮고, 또 전전의 성의 경우 대신관방 등도 꼭 설치되어 있었던 건 아니다. 그러나 전후 10년 정도 사이에 각 성은 대신관방을 정비하고, 관방 3과로 불리는 인사, 문서, 재무를 담당하는 세 개의 과를 마련하였다. 재무성(그림 6-2)에서는 비서과, 문서과, 회계과라고 하고, 내각부(그림 6-3)에서는 인사과, 총무과, 회계과라고 하며, 명칭은 다르지만, 인사, 문서, 재무를 담당하는 세 개의 과를 확인할 수 있다. 재무의 중요성은 알기 쉬울 것이지만, 인사 담당이 비서과라고 하는 명칭인 것은 이해하기 어려울지도 모른다. 또한 문서란 결국에는 관공서 의사결정의 모든 것이며, 예를 들어 국회 대응에서도 답변서가 만들어지기 때문에 그 중심을 담당하는 것도 문서과·총무과인 것이다.

그림 6-3 ▸ 내각부의 내부 조직(2021)

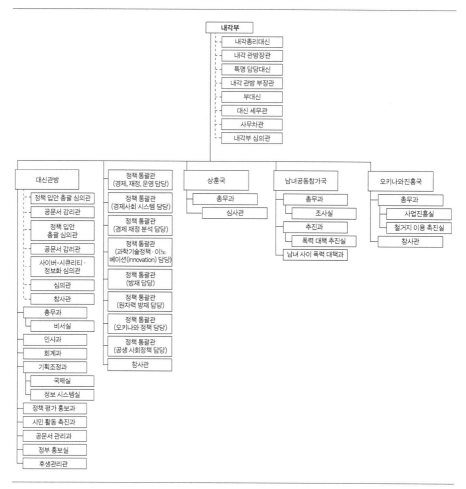

부성의 유형

부성에 따라서 부국 간 관계나 그 활동의 본질에는 차이가 있다. 행정학자인 시로 야마 히데아키(城山英明) 등은 현역 관료들과의 공동 연구에서 정책 형성에서 조직의 행동 양식을 다음과 같은 두 가지 축으로 정리하였다. 첫째는 집권과 분권에 상당하는 축이며, 관방 계통 조직에 의한 통제가 강한 타입과 라인의 부국을 주체로 하는 타입으로 나누어진다는 것이다. 둘째는 정책 형성이 부처 자신의 손으로 능동적으로 시행하는가 그렇지 않으면 수동적인가 하는 것이다. 이 두 가지 축을 조합함으로써 네 가지 유형이 만들어진다. 집권·능동이 기획형, 집권·수동이 사정(査定)형, 분권·능동이 현장형, 분권·수동이 섭외형이다(시로야마·스즈키·호소노 편 1999; 시로야마·호소노 편 2002).

부처 재편 전의 부처를 대상으로 한 유형화에 따르면 많은 성은 현장형으로 분류된다. 즉 중앙 부처에서는 원래의 과를 대표로 하는 라인을 중심으로 적극적으로 입안을 진행하고 있다. 다른 한편 외무성과 같이 대외 교섭을 임무로 하는 과업의 특수성으로부터 섭외형 성도 있으며, 다른 관청과의 교섭이 많고 관방을 중심으로 하는 간부층의 역할이 큰 통산성이나 경기청이라고 하는 기획형 부처도 존재한다. 그리고 이른바 사정 관청인 총무청과 대장성은 사정 업무의 성질상 수동적인 입장에 서서 마이크로의 축적을 매크로·레벨에서 조정하는 사정형의 성·청이다.

그림 6-4 ▸ 부성별 예산, 정원, 관리직 비율(2019)

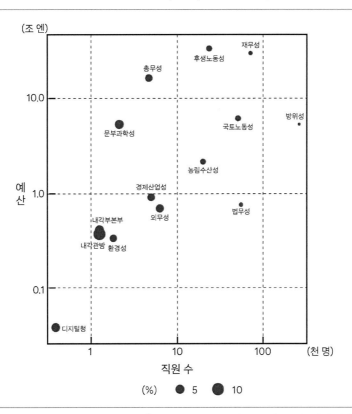

[출처] 재무성 「예산·결산 데이터베이스」 내의 「레이와 원년도 결산서(일반회계)」를 활용하여 필자 작성.

그림 6-4에서는 각 부성의 예산 규모를 세로축으로 직원 수를 가로축으로 하였다. 양축 모두 상용대수화하고 있기 때문에, 예를 들어 세로축의 0.1은 1,000만엔, 10은 10조 엔을 의미한다. 점의 크기는 과장급 이상의 관리직 직원의 비율(%)을 나타내고 있다. 여기에서는 ① 많은 일반직원을 거느리며 정책 집행의 비중이 높은 법무성과 방위성, ② 금전 자원의 비중이 높고, 자금 배분 기구의 측면이 강한 총무성, 문부과학성, 후생노동성, ③ 인적 자원과 금전 자원의 쌍방이 그 나름대로 큰 농림수산성과 국토교통성, ④ 양쪽 모두 규모가 작고 관리직 비율이 높은 내각 관방, 내각부, 외무성, 경제산업성, 환경성, 디지털청, ⑤ 복합적인 성격을 띠는 재무성 등 분류가 가능할 것이다. 이 분류는 대체로 시로야마 등이 묘사한 정책 형성 스타일과도 겹친다. ①~③이면 현장형이 되고, ④의 경우에 기획형이 된다는 것이 기축이라 말할 수 있다. 여기에서 분류되는 부성이 증가하고 있는 것은 2000년대 이후의 변화를 나타내고 있다.

3. 활동의 실태: 일상 업무의 처리와 법안 작성

품의서에 의한 처리

중앙부성의 활동의 실태를 잘 살펴보면 정보공유형의 특징이 떠오른다. 분권성은 높고 수평적인 조정이 부단히 행해진다. 결과적으로 정보 자원의 하부 집적도 높다. 여기에서는 중앙부성의 실제 활동 가운데 세 가지 측면을 구체적으로 거론해 보자. 첫 번째는 부국 내에서 업무의 처리이다. 두 번째는 중앙부성에 의한 신규 법안의 작성 과정이다. 세 번째는 중앙부성 전체에서의 예산 편성 작업이다.

조직으로서의 정형적인 업무에 관해서는 전통적으로 회의 등을 거치지 않고 문서에 의해 결정을 시행해 왔다. 기안서[또는 품의서(稟議書)]라는 서류(그림 6-5)와 기결(旣決)과 미결(未決)이라고 쓰인 결재 상자를 이용한 차례차례 회람 방식이라 불리는 구조이다. 조직 말단의 기안자가 기안서를 작성하고 상사의 결재상자의 미결제함에 넣는다. 상사는 대충 훑어보고 문제가 없으면 날인하여 기결재함에 기안서를 이동한다. 기결재함에 들어온 기안서는 한층 더 고위의 사람의 결재상자에로 이동해가서 결재권자가 날인함으로써 결재된다. 직원의 출장 질문으로부터 각종 인·허가 신청에 대

그림 6-5 ▶ 기안서(품의서)의 예(법무성)

양식 제2호(제11조 관계)(기안 용지)

결재 · 공람 · 보고

건명					문서 번호				
					년	제			호
지시사항									

기안	기안일		년 월 일	결재	접수일		년 월 일	
	부서				결재처리기한일		년 월 일	
					결재일		년 월 일	
					시행처리기한일		년 월 일	
	기안자			시행	시행일		년 월 일	
	연락처(내선)				시행처			
분류명칭	대분류				시행자			
	중분류				취급상의 주의			
	명칭(소분류)							
취급구분	비밀구분							
	비밀기간종료일		년 월 일	등급설정	기밀성격취급			
	지정 사유				취급제한			
				보존	행정문서보존기간			
					보존기간만료일			

결재 · 공람 · 보고란		대신	부대신	대신 정무관	사무차관	관방장
	비서과					
	기안 부국 · 과					
비고란						

(비고) 용지의 크기는 일본산업규격 A열 4번으로 한다.
[출처] 법무성 행정 문서 취급 규칙 양식 제2호.

한 승낙 여부의 결정 등 여러 결정이 이렇게 해서 처리된다. 사안의 중요성에 따라서 결재권은 국장이나 과장 등에게 사전에 할당되고 있다. 회람 경로 안에는 관방 부문의 문서담당 부서가 포함된다.

기안서를 이용한 업무 처리에는 많은 이점이 있다. 첫째, 회의하지 않고 의사결정이 되어 시간과 노력이 절약된다. 둘째, 결정이 서류로서 남는다. 셋째, 말단 직원으로부터 결재권자까지가 결정에 관여할 수 있다. 넷째, 말단 직원이 기안을 작성하므로 OJT(업무를 실시하는 가운데 훈련을 하는 것)의 기능을 수행한다. 한편 이 방식에는 결점도 많다. 많은 사람이 결정에 관여한다고 하더라도 실제로는 지극히 형식적이고 상위자는 기계적으로 날인하는 것뿐이라고 하는 경우도 많다. 또 서류가 결재상자에서 자고 있는 시간이 길고 최종결정까지 많은 시간을 요한다. 현재는 전자결재시스템의 이용이 증가하고 있지만 의사결정 방식으로서의 근간에는 차이가 없고 메리트와 디메리트에 관해서도 변화가 없다.

품의서를 사용하지 않는 처리

비정형적인 결정의 경우, 즉 판단이 어렵고 또한 중요하며, 상위자가 실질적인 결정에 관여가 필요한 경우나 결정에 시간을 들일 수 없는 긴급성이 높은 안건의 경우에는 다른 업무 처리 방식이 이용된다.

전자의 경우는, 회의를 열고 거기서 실질적인 결정을 한 후 확인 서류로서 품의서를 작성한다. 구체적으로는 법령 개정, 예산 요구, 매스컴 사안, 불이익 처분 등을 들 수 있다. 판단이 어렵고 중요한 사안이란, 많은 경우 이해관계가 광범위하게 미치고 다른 부국과의 조정이 필요하기 때문에, 회의를 통한 조정이나 회의 전후에 개별 조정 이른바 '사전 교섭'이 진행된다. 이 경우 품의서의 회람이나 결재는 기안자가 직접, 상위자들의 책상을 도는 형태로 단시간에 진행되기 때문에 '돌림 결재형'이라고 불린다(나카지마 2020).

후자의 경우에, 시간을 절약하는 방법은 두 가지가 있다. 하나는 회람·결재 방식의 궁리이다. 결재자가 부재의 경우 하위자가 대리로 결재하는 것 혹은 미리 정해져 있는 관계 부국 간, 직무 간으로 회람 순서를 변경하여, 사후 결재함으로써 회람·결재 시간의 절약을 도모할 수 있다. 또 하나는 품의서를 작성하지 않고 조직으로서 결정하는 것이다. 대표적인 것은 국회답변서 작성이다. 이것은 시간적인 제약이 매우 어렵기 때문에, 품의서의 형태를 취하지 않는 게 관례화되어 있다.

품의제론과 '오오베야(大部屋)'주의

지금까지 살펴본 것처럼, 부국 내부에서의 사무 처리 방식에 일본 관료제의 의사 결정 특징이 나타나고 있는 것을 최초로 지적한 건 츠지 키요아키(辻淸明)의 품의제론이다(츠지 1969). 그에 덧붙여 츠지는 조직 상위자의 리더십 부재라는 부정적인 평가를 내리고 있다. 정관 관계(☞제2장), 중앙·지방 관계(☞제10장)와 함께 츠지는 품의제론이라는 형태로 일본 행정 조직의 특징을 파악하고, 일관되게 그것들에 대해 소극적인 평가를 하였다. 업무 처리 형태의 기저에 깔린 의사결정 방식의 특징을 간파한 것은 혜안이다.

이러한 관점은 오모리 와타루(大森彌)에 의해 발전되고, 품의제에 나타나는 의사결정 방식은 조직 하부에서 권한 배분의 불명료함, 같은 과 내 직원끼리의 의사소통을 도모하기 위해서, 직원에게 개인실을 주지 않고 큰 방에서 집무하는 것 등에도 연결되어 있다는 것이 나타났다. 이것들 전체에 통하는 팀 생산적인 일본의 의사결정 특징을 오모리는 '오오베야주의'라 명명하고 있다(오모리 1987, 2006). 실제 부국 내부에서의 사무 처리 방식은 전체적으로 정보공유형의 조직의 특징을 잘 나타내 보여주고 있다.

풍자만화, 질문주의서에 회답, 정보 공개

여기까지는 조직으로서 결정에 관여하는 사무 처리를 살펴봤지만, 중앙부성의 일상업무에서는 그 외에 방대한 서류를 작성하고 있다. 그 하나가 결정에 이르는 전 단계에서 설명이나 정보를 제공하는 데 따른 서류이다. 심의회에서의 배부 자료나 관련 단체에의 설명 자료 등도 있지만, 특히 많은 것은 정치가의 요구에 대한 설명 자료이다. 설명 자료에는 논의의 개략이나 포인트를 그림으로 표시한 이른바 풍자만화가 포함되는 것이 많다. PC가 널리 도입되게 된 2000년대 이후, 그림을 자료에 포함하는 것이 가능해져, 설명받는 측의 요망에 부응함으로써 널리 이용되게 되었다. 한편 배부 자료의 페이퍼리스화 등은 좀처럼 진행되지 않고 대량의 카피 작성이 현재에도 이루어지고 있다.

요구를 받고서 작성하는 문서라는 점에서 부담감이 큰 것으로서는 질문주의서에 대한 회답이 있다. 국회의원은 내각에 대해서 구두로 질의를 하는 것 외에 문서로 질문할 수 있다. 이것이 질문주의서이며, 제출을 요청받은 경우는 일주일 이내에 내각으로서, 즉 내각 법제국에서의 심사나 각의 결정을 거친 다음에 답변하지 않으면 안 된다.

정보공유형 조직에서는 정보가 조직 하부에 축적되기 십상이지만 그것은 문서에도 적합하다. 부성, 또 중앙부성 전체적으로 문서를 작성한 후의 보존이나 폐기, 이관이라는 일련의 관리는 통일되어 있지 않다. 문서는 과 단위로 축적되기 쉬우며 또 개인이 소장하는 경우도 많았다. 다양한 레벨에서 사전 교섭에 의한 조정이 개인의 관계성을 기반으로 하는 것과 마찬가지로 문서가 조직 전체에 공유되지 않는 것도 많았다(사카구치 2016).

이것은 공문서 관리와 정보 공개에 대한 대응 코스트를 높이고 있다. 관료에게 문서 관리의 인센티브는 크지 않다. 책임 소재를 명확히 함으로써 자신을 지키는 데에 연결되는 경우 이외는, 문서를 관리하는 인센티브가 부족하다. 수고와 노력을 필요로 하기 때문이다. 특히 최종결정에 이르는 과정의 중간 단계에 관한 문서나 자료를 정돈해 보존하는 건 어렵다. 문서의 작성, 결재, 관리에 이르는 일련의 과정을 가능한 한 자동화한 전자적인 시스템 등을 준비하지 않는 채로 또는 대응에 임하는 인원 등을 늘리지 않고 공문서 관리와 정보공개를 충분히 하는 건 어렵다.

전체적으로 일본의 중앙 부처에서는 부처의 밖, 특히 정치가와 시민으로부터의 요구에 응답하기 위해서, 문서의 작성으로부터 공개에 이르기까지의 부담은 커지고 있다. 전자화의 진전은 이에 응답하는 걸 가능하게 하는 일 없이 오히려 풍자만화에서 보는 것과 같은 추가 업무가 확대되고 있는 면도 크다. 인원 부족 하에서 업무 부담의 증가는 노동 환경 악화의 한 요인이 되고 있다.

법안 작성의 의미

다음으로 법안을 신규 작성하는 경우, 어떠한 작업을 하는지 살펴보자. 다만 그전에 새로운 정책 과제가 있었다고 해서, 반드시 신규로 법안 책정이 진행되는 건 아니라는 것을 확인해 두자. 기존 정책의 전용이나 미세한 조정으로 대처할 수 있는 경우는, 우선은 그렇게 대처한다는 것이 기본자세이다. 한편으로 일본의 중앙부성에서 정책 형성은 자신의 역할의 하나로 인지되고 있으며, 다양한 플러스 측면을 가진 기회이기도 하다. 연간 100개 정도의 내각 제출 법안이 있으니까, 평균하면 각국(局)이 매년 한 개 정도의 법안을 제출하고 있는 게 된다. 따라서 법안 책정의 중심이 되는

과 단위로 본다면, 수년에 한 번은 이러한 법안 책정의 기회가 돌아온다.

법안 책정의 프로세스는 크게 두 단계로 나눌 수 있다. 부처 내에서 원안의 책정 단계와 성외와의 조정 단계이다. 이하, 순서에 따라 살펴보자.

성 내에서의 작업

부처 내에서의 원안 책정 작업에서는 정보 수집이 출발점이 된다. 주관하는 과의 직원이 중심이 되어 타국에서의 유사 사례나 지방정부에서의 관계 사례에 관하여 정보를 모은다. 그 외 관련된 연구소(예를 들어 재무성의 재무종합정책연구소)나 각종 심의회도 이용된다.

정보 수집이 끝나면 실제의 기초 작업이 개시된다. 그것을 담당하는 것이 법안 준비실이다. 이것은 주관 과를 중심으로 관련되는 각 과에서 1명 정도의 직원을 모으고, 10명 정도로 형성되는 임시 조직이다. 동시에 물리적으로도 가스미가세키의 청사안 등에 하나의 사무실을 확보하는 것이 통례이다. 이것에 의해 국내에서 연락 조정 비용을 삭감하며 동시에 기초(起草) 과정에서 정보를 집중관리 할 수 있다. 구성원은 과장 보좌 클래스를 중심으로 입성한 지 얼마 되지 않은 청년까지 포함된다. 기획 입안의 '마무리'와 이해관계자의 '처리'라고 하는 신규 정책 형성에 필요한 두 가지 작업을 OJT로 취득해 나가는 것이 기대되기 때문이다. 마무리를 할 수 있는 '두뇌'와 문제를 처리할 수 있는 '담력' 쌍방을 연단(鍊鍛)하는 장소로서 젊은 커리어 관료에게 순서대로 이러한 기회를 제공해 간다. 법안 준비실에서 책정된 원안은 순서대로 과장, 국장, 대신관방 문서과의 법령심사관에 의한 검토를 거쳐 최종적으로 대신의 승인을 받는다(다마루 2000).

성 외부와의 조정

이렇게 부처 내에서의 책정이 끝나도 성 외부에는 크게 세 가지 장애물이 기다리고 있다. 이것들을 넘지 않으면 최종적으로 법률로서는 성립하지 않는다.

첫째, 내각 법제국의 법안 심사이다. 거기에서는 법안의 조문이 필요성, 공익성, 기존의 법제도와의 정합성이라고 하는, 주로 세 가지 관점에서 검토된다. 내각 법제국 심사의 중심이 되는 것은 부장과 참사관이다. 참사관에게는 각 성 과장급 사람이 전출되어 있으며, 주로 전출부서의 법안을 담당한다. 이 참사관과 법안을 제출하는 담당 과장 보좌가 철저한 논의를 반복한다(니시카와 2000; 오모리 2005).

둘째, 부성 간 협의이다. 모든 법안은 모든 부성에 배부하게 되어 있다. 이 시점에서 최종적으로, 모든 부성은 다른 부성의 법안 책정에 대해서 일종의 거부권을 가지는 것이다. 설명회 개최 후에, 다른 부성으로부터의 질문에 대한 견해의 제시를 반복하고, 최후에는 대면 절충에 의해 세세한 협의를 반복해 간다. 여기에서는 과장 보좌로부터 시작하여 합의에 이르지 않았던 부분에 대해서는, 보다 상위 사람에 의한 조정에 맡김으로써 전체적으로 조정에 필요한 시간을 단축한다. 이전에는 협의 결과를 각서로 남기고 있었지만, 정보공개법이 제정되고 나서는 각서는 남기지 않도록 규정되어 있다.

셋째, 여당의 설명과 국회 심의이다. 일본의 정치·행정이 융합되어 있으므로, 관료는 입법부 내에서의 심의 과정에 관여하고, 최종적인 성립까지 책임을 진다(☞제2장). 여당 의원에 대한 법안 설명과 국회 답변의 준비는 관료에 위임되어 있다는 점이 크다.

정보공유형 조직과 한계

법안 작성의 프로세스에도 정보공유형 조직의 특징은 잘 나타나고 있다. 첫째, 법안의 책정이라고 하는 비일상 업무에 대해서 증원이나 조직 개편을 수반하지 않고 기존의 조직 구성원의 일부를 잘라냄으로써 대처가 이루어진다. 법안 준비실에 멤버를 배웅하는 각 과에서는 남은 직원들이 준비실에 간 직원의 업무를 보완한다. 각자의 사무소 영역의 범위가 유연하게 정해져 있어 과 단위로 보았을 경우, 어느 정도의 조직적 여력이 존재하고 있으므로 이것이 가능해진다. 최근에는 내각 관방에 의한 법안 책정이 증가하고 있지만, 거기에 관계 부처가 인재를 보내는 일도 같은 메커니즘에 의해 가능해진다.

둘째, 수평적 조정을 주체로 하면서 행정부 전체에서의 조정이 충분하게 행해진다. 국내(局內) 조정에 대해서는 법안 준비실에 각 과가 사람을 전출함으로써 달성된다. 국장에 의한 톱-다운형의 재정(裁定)이 아니고, 과 사이에서 수평적 조정이 의사결정의 중심이 되고 있다. 게다가 부성 간 조정이 편성되어 있다. 다른 부성의 신규 정책에 말참견하는 것이 서로 가능해지고 있으며, 거기서의 대립은 상호 협의를 통해 해소된다. 여기에서도 역시 내각, 관저 등 상위자에 의한 조정이 아니고, 수평적 조정이 기본이 되고 있다(요리모토 1998). 다만 기존의 부성 간의 분업이 사회나 경제가 요청하는 정책 과제와 잘 들어맞지 않게 되어, 부성 횡단적인 정책 과제가 많아지면 부성 간 조정으로서의 대응은 잘 기능하지 않게 된다. 내각 관방이나 내각부에서 각 성의 인재를 모음으로써 법안을 작성하는 것이 증가하고 있는 건 이 문제에 대한 대응이기도 하다(고바야시 2021).

셋째, 수평적 조정의 대상은 행정 조직 내부를 넘어서 외부에도 확산된다. 여·야당 정치가 외, 정책의 시행을 담당하는 지방정부(☞제10장)나 민관 사이의 그레이존 조직(☞제14장) 등과의 조정도 충분히 행해진다. 같은 상황은 지방정부에도 들어맞으며, 이쪽에서는 정책 시행의 국면 등도 포함하여 다기관 제휴라 불린다(이토 편 2019). 해외에서는 이러한 민관을 넘어선 조정에 의한 정책 입안·시행을 협동 거버넌스(collaborative governance)라고 부르지만(Ansell & Gash 2008), 일본에서는 이전부터 이런 상태였다고 말할 수 있다.

4. 인사관리의 특징

관리의 단위와 간부·일반직원의 융합

전후 일본의 중앙부성에서 인사관리의 첫째 특징은 인사관리의 단위가 부성이 되어 있는 것이었다. 중앙부성 전체를 통합하는 형태로서의 인사관리는 행해지지 않았던 것이다. 채용시험이나 급여의 개정은 인사원이 전체적으로 관리하지만, 채용의 최종결정, 직원의 배치, 승진의 관리라는 인사관리의 핵심은 부성 단위로 행해진다. 인사원이 실시하는 국가 공무원 시험에 합격하는 것은 부성에 채용되기 위한 필수조건이지만 충분조건은 아니다. 부성별로 행해지는 면접(관청 방문으로 불린다)에서 최종 판단이 이루어지는 것이다.

둘째, 간부 직원의 인사와 일반직원의 인사는 연속적으로 부성 단위로 행해지며 부성 전체에 걸친 형태로서의 이동은 시행되지 않았다.

즉 정보공유형 조직으로서 일본의 행정 조직에 있어서 인사를 통한 통합은 부성 단위로 행해져 왔다. 다른 나라에서 볼 수 있는 것과 같은 고위 간부를 분리하지 않고, 조직 상부에서의 부성을 넘어선 인사 교류나 민간에의 개방도 진행되어 오지 않았다. 이러한 특징이 변화하는 건 2000년대 이후 보다 본격적으로는 제2차 아베 정권 성립 이후이다.

인사원의 설치와 한계

부처마다 단절된 인사관리는 전전 이래 것이었다. 전후 GHQ 개혁에 있어서는 후버고문단 제언에 근거한 공무원 제도 개혁을 통해 인사원이 설치되었다. 개인 단위로 직무를 명확화하는 직계제를 통해서 인사관리의 기능을 통합하는 것, 노동 기본권 제한의 대체 조치로서 직원의 이익을 보호하는 것이 인사원의 두 가지 기둥이 될 것이었다. 그러나 전자는 방치된 채로 있고, 후자의 기능만이 인사원에는 남겨졌다.

점령 초기의 단계에서는, 공무원(치안 업무 관련 직원을 제외)에도 1945년 12월에 제정된 노동조합법이 적용되어 단결권, 단체교섭권, 쟁의권이라고 하는 노동 삼권도 인정되었다. 그러나 노동 운동이 격화하는 가운데, 요시다 시게루(吉田茂)는 공무원의 노동 기본권에의 제한을 GHQ에 요구하고 노동정책의 재검토가 진행된다. 48년 7월에는 시행령에 의해 공무원의 단체교섭과 쟁의행위를 금지하였다(경찰, 방위 직원 등은 단결권도 갖지 않는다). 한편 철도 등 현업 부문은 공사로 떼어내 협약 체결권까지를 부여하였다. 동년 12월 국가 공무원법의 개정에 의해, 이것이 법제화되고 동시에 인사원이 발족하게 되었다.

급여 등에 관한 인사원 권고가 인사원의 주된 존재 근거가 된다. 그런 만큼 권고가 내각에 받아들여지지 않으면, 인사원의 존속은 위험해진다. 실제로 내각은 재정난을 이유로 권고를 시행하지 않은 경우도 있었다. 따라서 인사원은 민관의 균형, 관공의 균형을 취함으로써 권고 제도를 존속시켜 간다. 민간 급여의 실태를 근거로 해서 국가 공무원 급여를 정하고 게다가 그것을 지방에 파급시키고 있었다(니시무라 1999).

공무원 제도 개혁의 시도

이렇게 하여, 부성 단위의 인사관리 및 노동 기본권의 제약과 인사원 권고라고 하는 특징은 전후 일본에 뿌리내려 왔다. 그러나 2000년대에 통치 기구의 재편이 진행되는 가운데, 이러한 특징도 재검토를 재촉당한다. 2000년 12월에 각의 결정된 행정 개혁 대강에서는 실적주의, 재고용 규제, 민관 인재 교류, 부성에의 조직편제과 인사 제도 설계의 분권이 강조되었다. 다른 나라에서 진행되는 인재 자원 관리의 분권화와 개방화가 이 시점에서는 목표로 정해졌다. 그러나 그 후의 개혁 과정에서, 인사관리의 주체라는 문제는 개혁 의제로부터 제외되고 낙하산 인사 규제의 문제로 개혁은 수렴되어 갔다. 그 이면에서 내각 관방이나 내각부에의 전출이 증가함으로써 부성을 넘어선 이동이 확대되었다. 부성 단위의 인사는 조용히 변화하기 시작하였다.

제1차 아베 정권하에서 공무원 제도의 개혁을 다시 시작하고, 2008년 6월 국가공무원 제도 개혁 기본법이 성립되었다. 정치 주도를 실질화하기 위해서 내각에 의한 인사관리 기능의 강화를 도모하고, 간부 직원 인사를 각 성에서 떼어내고, 행정 외부로부터의 등용도 요구하고 있다. 이러한 기능을 담당하기 위해서 내각 관방에 내각 인사국을 설치하고, 총무성이나 인사원으로부터의 기능 이관이 구상된다. 즉 간부 직원의 인사관리를 내각에 통합하려고 하는 것으로, 전후 공무원 제도로부터 크게 전환한 집권·통합화가 목표로 정해졌다.

민주당 정권에도 이 방향은 계승되어, 간부 직원의 일괄 관리나 내각 인사국의 설치를 내용으로 하는 국가공무원법 개정안은 2009년 3월과 10년 2월 국회에 제출된 것도 폐안으로 끝났다. 11년 6월에는 국가공무원 제도 개혁 관련 4 법안이라고 하는 형태로 세 번째 제안이 이루어졌지만, 이것도 폐안으로 끝났다.

제2차 아베 정권은, 제1차 아베 정권 이래 구상해왔던 내각 인사국을 설치함으로써, 인사와 조직·정원 관리의 이관을 실현하였다. 다만 인사원은 존속하고 있으며 공무원의 노동 기본권의 문제도 손을 대지 못하고 있는 상태다. 총리의 리더십과 관계되는 부분을 실현하고, 그 외 부분의 개혁은 방치되었다고도 말할 수 있다.

간부 직원의 인사는 관저의 손에서 이뤄지게 되었다. 1997년에는 관방장관, 부장관으로 구성되는 내각회의 인사 검토회의가 설치되고, 2000년부터는 국장급 이상에는 내각의 승인을 받게 되어 있었다. 이 방향을 강화하여 2014년부터는 심의관급 이상의 650명 정도가 내각 인사국에 의한 일원적인 관리의 대상이 되었다. 승진의 마지막 부분에 관해서는, 부성에 의한 인사관리의 자율성이 저하되었다. 한편 실제의 운용에 관해서는, 부성 간에 걸친 이동은 산발적으로 발견되는 데 머무른다. 또 민간으로부터의 등용도 그다지 많은 것도 아니다. 부성 단위라고 하는 성격을 남기면서, 정보공유형 조직의 인사에 의한 통합을 강화하고 있는 중간 단계라고 할 수 있다.

약한 엘리트주의

'누구를 출세시킬 것인가'는 인사관리의 핵심 가운데 하나이다. 일본의 행정 조직의 경우에는 직원의 선발에 관해서는 약한 엘리트주의가 취해지고 있다. 간부 후보자는 입구 시점에서 선발되어 과장급까지의 승진을 보장받고 있다. 그 이외의 직원 가운데, 본성 과장급에 도달하는 사람은 한정되어 있으며 간부 후보의 조기 선발과 우대를 발견할 수 있다. 그러나 간부 후보 이외의 사람이라도 과장 이상으로 승진하는 일이 있으며, 또 간부 후보여도 그 출발점이 비간부 후보의 도달점 이상으로 높다고 말할 것도 아니다. 이러한 의미에서는 엘리트주의이지만, 그 정도는 약하다.

전전에는 문관고등시험 합격자를 고등관으로서 채용함으로써, 간부 후보를 별도 기준으로 취급하는 것이 제도화되어 있었다. 이에 대해서 전후의 공무원 제도에서는 간부 후보의 별도 기준 취급은 어디까지나 관행이며, 법적 근거는 존재하지 않는다. 이른바 커리어라고 하는 것도 1950년대에 확산된 통칭이다(카와테 2005). 따라서 커리어에 대한 명확한 정의는 없지만, 그 중심이 되는 것은 국가공무원 상급 갑종 시험, 85년 이후는 1종 시험, 12년부터는 종합직(대학원 졸업자 시험 및 대졸 정도 시험)에 합격해 부처에 채용된 사람, 그 안에서도 특히, 법률, 행정, 경제라는 시험 구분으로 채용된 사무관이다. 넓은 의미에서는 기술계 구분으로 채용된 기관(技官)을 포함하는 경우도 있다. 성에 의한 차이도 있으며, 법무성에서는 종합직 법률 구분의 채용자는 검찰총장 등 사무직의 수장(首長)이 되는 일은 없다. 검찰관으로 채용된 사람이 요직을 차지한다. 방위성에서는 국가공무원 시험에 채용된 신사복조(組)가 사무차관까지 오를 수 있지만, 통합막료장 이하 간부 포스트는 제복조(組)의 간부 자위관이 차지하고 있다.

커리어로 채용되는 것은 매년 각 부성에서 10~30명 정도이다. 2년을 기준으로 빈번히 직장 이동을 반복한다. 동기(同期)는 동시에 배치 전환되고 동일 직장에 배치되는 일은 없다. 입성 후 10년 정도에 과장 보좌로 승진한다. 20년 정도에 과장 클래스가 된다. 여기까지는 동기를 동시에 승진시킨다. 반대로 말하면, 이 단계 이후 승진 속도에 차이가 나온다. 그리고 최종적으로 승진의 길이 끊긴 커리어는 성을 떠나게 된다(up or out으로 불린다). 조직을 피라미드형으로 유지하기 위해서다. 그렇다고 하더라도, 40대에 성외에 방출하기에는 재취업의 필요성이 생긴다. 이것이 낙하산 인사가 필요한 하나의 이유가 된다. 최종적으로 사무차관이 탄생했을 때, 그 동기는 모두 성밖으로 떠나있다. 연공서열은 강하게 지켜지고 있으며, 입성 연차가 아래인 사람이 윗대를 앞지르는 건 우선 볼 수 없다. 민간기업과 비교했을 때 유사점은 많지만, 업·오어·아웃과 연공서열의 엄수는 중앙부성에서 특징적이다.

늦은 선발

입성 후 20년 정도 동시에 승진을 시키며 그 이후 시기에 승진이 차이를 내는 것을 '늦은 선발'이라고 부른다(이나츠기 1996). 다만 그것은 선발 결과의 개시가 늦다고 하는 것이며, 선발 작업 자체는 입성한 시점으로부터 시작된다. 입성 이후 각 직장에서의 각자 평가는 관방 인사과에 집중적으로 축적되고, 그것이 과장 이상에서의 선발 기준이 된다. 그래서 커리어 관료들은 입성 직후부터 연일 심야까지 가혹한 노동을 계속한다. 평가를 장기적인 축적 후에 이용함으로써 다면적인 평가를 모으고 또 단기적으로는 결과가 나오지 않는 측면을 평가에 포함한다. 이러한 노력으로 인해 평가 결과의 타당성은 받아들여지기 쉽다.

그림 6-6 ▶ 국가 공무원 과장급까지의 급여

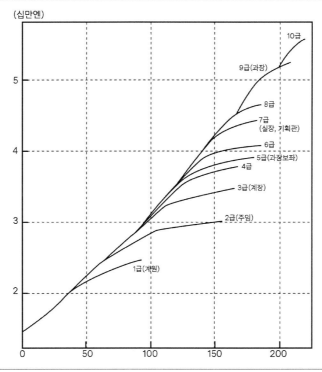

[주] 각 급 1호봉의 급여가 바로 아래가 되는 일급 아래의 호봉에 연속되도록 각 급의 급여 라인을 그리고 있다.
　　　세로축은 월액이지만, 기본급분이며 각종 수당은 포함하지 않았다. 각 급의 직무는 대표적인 것을 내걸었다.
[출처] 일반직 직원의 급여에 관한 법률의 별표 1에 있는 행정직(1)에 관한 봉급표로부터 필자 작성.

늦은 선발 결과의 개시란 뒤집어 말하면 모두에게 출세의 가능성을 기대하게 하는 것이다. 이것에 의해 모든 구성원에게 기능을 취득할 동기를 부여할 수 있다. 동시에 그것이 충분한 인센티브가 되도록 출세의 매력을 크게 한다. 일의 중요성, 보람, 재미, 그리고 급여의 모든 것이 직무와 결부되어 있다. 급여는 봉급표에 의해서 정해지며, 급여표는 과장, 계장 등 직위의 차이에 대응한 '급'과, 동일 직급 내에서 경험 연수의 차이에 상응하는 '호'에 의해 정해진다. 승진이 차이가 나는 과장 단계까지는 동일한 급여를 받는다. 그러나 승급의 폭은 처음에는 작고 후의 단계만큼 커지고 있다. 그림 6-6에서는 행정직, 표 6-1에서는 지정직의 급여를 나타내고 있다. 더 나아가 퇴직금은 퇴직 시점의 급여액과 연결되며, 낙하산 인사처에 관해서도 고위직 퇴직자에게는 사회적 지위와 급여가 높은 직무가 부여된다.

표 6-1 ▸ 주된 지정직(국 차장급 이상) 급여

호	주된 관직	월액(엔)
1	본성국 차장, 심의관	706,000
3	외국 차장	818,000
4	관방장, 국장	895,000
6	각 부성 심의관	1,035,000
8	사무차관	1,175,000

[출처] 일반직 직원의 급여에 관한 법률 별표 11을 기초로 필자 작성.

논커리어

논커리어란 현재의 국가 공무원 일반직 시험, 예전의 Ⅱ종(대졸자 정도) 및 Ⅲ종(고졸자) 시험의 합격자로서 채용된 비간부 후보이다. 그들의 승진 속도는 느리고 계장급에 승진하는 데 10년 이상 걸리며, 최종적으로 일부 사람은 과장 보좌 클래스에의 승진이 도달점이 된다. 극히 일부의 예외적인 사람은 과장급 이상에 승진한다. 다만 직위에 관계없이 정년까지 근무를 계속하는 것이 통례이다. 이러한 느린 승진과 반드시 동기의 동시 승진이 보장되지 않는 다수의 논커리어가 조직 하부를 지탱함으로써 커리어 관료의 과장급까지 승진 보장이 가능해진다. 이러한 조직 구조를 이나츠구 히로아키(稲継裕昭)는 '이중말안장형'라고 명명하고 있다(그림 6-7)(이나츠구 1996).

논커리어 직원들의 이동은 커리어의 이동만큼 빈번하지 않고 특히 일정한 직위 이상에서는 길고 같은 직장에 배치되는 경우가 많다. 그리고 그렇기 때문에 전문지식이나 정보를 축적하기 쉽다. 커리어가 관방 인사과에 의해서 성 레벨에서 인사관리가 되고 있는 데 대해, 논커리어의 경우는 각국 총무과가 담당하게 되며 성 레벨에서의 관리는 행해지지 않는다.

그림 6-7 ▸ 이중 말안장형

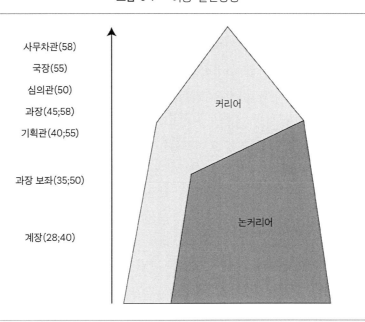

[주] 괄호 안의 숫자는 대략의 도달 연령. 왼쪽이 커리어, 오른쪽이 논커리어의 경우.

논커리어와 커리어의 관계는 기본적으로는 협력·제휴 관계에 있다. 훨씬 빠른 속도로 승진을 계속하고 자신들보다 훨씬 젊은 나이에 상위 직위에 오르는 커리어 관료에 대한, 어떤 종류의 질투나 불만이 없는 건 아니다. 그러나 실무의 상당수는 논커리어 관료의 전문지식 없이는 진행되지 않는다. 그러므로 관공서를 실질적으로 지탱하고 있는 건 자신들이라고 하는 자부심을 가지는 논커리어 직원도 많다. 또 논커리어에 대한 처우는 나쁘지 않다. 국장이나 사무차관이 되는 커리어 관료와는 비교할 수 없지만, 과장급에서 공무원 인생을 끝내는 커리어 관료와 비교한다면, 논커리어는 정년까지 근무할 수도 있으며 생애 임금 등에서 압도적인 차이가 나는 건 아니다.

커리어 제도의 재검토

2000년대 이후 커리어 제도는 재검토되어 왔다. 정리하면 ① 약한 엘리트주의의 새로운 약체화, ② 입구일괄채용에 더해 중도 채용 확대, ③ 과장급까지 동시 승진과 업·오어·아웃 원칙의 이완, ④ 평판의 축적에 의한 선발 결과의 납득성 저하라고 하는 네 가지다. 우선 커리어와 논커리어의 차이가 축소되었다. 능력이 있음에도 불구하고 승진할 수 없는 논커리어를 떠안고 있는 것은 조직으로서도 비효율적이다. 근무지 변경이 많거나 근무지 변경 등 비정형성이 강한 일하는 방법과 보다 안정성이 강한 일하는 방법을 가능하게 하는 그룹으로 다시 자리매김하는 것이 일하는 방법의 다양성에 대한 요구가 높아지고 있는 데에도 대응할 수 있다. 그래서 2012년도에 채용시험을 재검토하였다. Ⅰ,Ⅱ,Ⅲ종 시험을 폐지하고, 종합직 시험과 일반직 시험(대졸 정도 시험과 고졸자 시험)으로 일하는 방법의 차이를 중심으로 재편되었다. 승진 속도의 차이도 존재하지만, 이전과 같은 엄격한 구별은 행해지지 않고, 논커리어 직원이더라도 국장급에 승진하는 사람이 나타나게 되었다.

다음으로, 업무의 전문성 고조 등에 대응하여 민간기업으로부터의 중도 채용을 늘리고 있다. 2006년도부터 경험자 채용 시스템이 도입되어 새로운 사법시험 합격자나 국가Ⅰ종 상당한 사회인 경험자로서 10명 정도가 채용되고 있다. 이 외의 직종도 포함한 민간인재의 채용은 98년도 이래 매년 100명을 넘고 있어 민관 인사 교류도 진행되고 있다. 12년도의 채용시험 재검토에서는 경험자 채용시험(과장 보좌급 및 계장급)이 창설되었다.

논커리어의 일부나 중도 채용자가 들어오게 된 것은, 한편으로 일괄 채용한 커리어 조의 포스트 조작을 어렵게 한다. 낙하산 인사에 대한 규제가 강화됨으로써 승진 가능성이 닫혀있던 사람을 조직 밖으로 내보내는 것이 어려워져 업·오어·아웃 원칙도 유지하기 어려워졌다. 이것은 게다가 과장급 이상의 포스트 부족을 심하게 한다. 이것들이 함께 종래보다 승진 속도가 늦어지고, 동시에 승진을 실시하는 것이 어려워지고 있다. 과장급 승진 시에 차이가 나고, 본성 과장으로 승진하지 못하는 사례도 발견된다(오오타니·카와이 편 2019).

마지막으로 이와 같이 승진을 둘러싼 경쟁 조건이 악화되고 있는 데 더하여, 심의관급 이상의 인사는 내각 인사국의 결정으로 이전됨으로써 축적된 평가 결과에 납득하기 어려워지고 있다. 정치와의 거리의 가까움이 승진에 영향을 미침과 동시에 동기 입성조로부터 사무차관은 1명만이라는 등 암묵의 룰이 무너지는 것으로, 청년기의 일하는 태도는 나중에 반드시 보답받는다고 하는 신뢰감이 저하되어 간다.

제너럴리스트 지향과 기관

채용과 훈련에서는 정보공유형 조직에서 중시되는 문맥형 기능을 보유하는 인재의 채용과 육성이 중시되어 왔다. 채용에서는 법률을 중심으로 하는 사회과학계의 출신자를 중심으로 입구에서의 일괄 채용을 시행한다. 다양한 직장의 경험을 반복하게 함으로써 조직 전체적으로의 업무에 익숙하게 한다. 그 때문에 각자의 과거 직장 경험을 관리하며, 이동 시에는 경험하지 않은 부서에 배치를 시행하고 있다.

정보공유형 조직에서 배움에의 열정이 요구되는 기능은 조직 내의 수평적인 정보 유통을 근거로 하여 이른바 '서로 양보하며 의견의 일치'를 찾아내는 종류의 기능이다. 이러한 기능은 조직 외부에 있고, 정형적인 지식을 습득하는 형태로 입수하기란 어렵다. 이 때문에 일본의 조직에서 훈련은 조직 내부에서 업무를 수행하면서 행해지는 OJT가 된다. OJT의 중심은 직속 상사이다. 일상업무의 처리나 법안 형성에서 청년에게 OJT가 고려되고 있는 건 앞서 본 대로이다.

이러한 제너럴리스트 지향의 힘은, 반복하자면 기관으로 대표되는 전문성을 갖춘 직원을 그만큼 중요시하지 않는 것이기도 하다. 원래 입구의 시점에서 법률직을 중심으로 하는 채용이 중심이며, 기관 채용은 적다. 법률·경제·행정의 3구분부터 전체의 반수를 넘는 채용이 이루어지고 있다. 또한 법률직, 경제직 채용자는 모든 부성에 미친다. 이에 대해서 기관으로서 성에 채용되는 것은 농학계로부터 대부분을 채용하는 농림수산성, 이공계로부터 대부분을 채용하는 국토교통성, 경제산업성, 폭넓게 소수씩 채용하는 문부과학성, 환경성, 더 나아가 시험과는 별도로 의료계 기관을 많이 채용하는 후생노동성에 한정된다. 기관(技官)은 사무관과 비교해서 승진에서도 푸대접 받기 십상이다. 그러므로 전전부터 승진 가능성을 확대할 것을 요구하며 운동해 왔다(와카츠키 2014). 사무차관에 기관 출신자가 승진하는 사례는 제한적이며, 문부과학성, 후생노동성에서는 몇 차례에 한 번, 국토교통성에서는 두 번에 한 번 있을 정도이다. 한편, 기관(技官) 쪽이 큰 예산을 가지고 있으며, 관련 업계도 많아서 은퇴 후 재취업하는 낙하산 취업단체 등에서도 풍족한 면도 있다. 그러므로 기관들이 개혁에 강하게 저항하는 것도 많이 보인다(후지타 2008).

제너럴리스트 지향의 강함에 대해서는 2010년대 이후 양방향의 움직임이 보인다. 한편 정책의 전문화, 복잡화가 진행되고 있으므로, 문맥형 기능보다 전문지식을 중시하는 움직임이 보인다. 다른 한편, 내각 관방에서의 근무 등 조정이나 기획을 유연하게 시행할 수 있는 능력이 요구되기도 하며, 보다 고도의 문맥형 기능이 요구되는 측면도 있다.

2012년의 공무원 시험제도 개혁에서도 이 양면이 나타나고 있으며, 종합직에 대학원 졸업자 시험이 신설되어 이른바 이과의 시험 분야뿐만 아니라 행정 분야도 설치되어 있다. 또한 22년도부터의 디지털 분야에서 보이듯, 전문적 인재를 확보하기 위한 시험 분야도 추가로 시행되고 있다. 한편, 대졸 정도 시험에는 교양 분야가 신설되었다. 종래의 전문지식을 묻는 시험과는 다른 시험 형식이며, 전문 분야의 시험 전년도 가을에 시험을 볼 수 있다. 이 분야로부터의 채용자는 점차 증가하고 있으며, 경제산업성이나 외무성과 같이 교양 분야에서의 채용을 특히 중시하고 있는 성도 나오고 있다.

지방정부의 인사관리

지금까지 살펴본 인사관리의 특징은 지방정부의 인사관리에도 들어맞는 것이 많기는 하지만, 어느 정도 빠른 시기부터 승진에 차이가 나는가 하는 점에 관해서는 지방정부마다 차이가 있다. 하야시 레오나(林嶺那)의 연구에 의하면 대졸자를 간부 후보자로 채용하는 학력주의가 가장 빨리 차이를 내는 유형이다. 다음으로, 채용 후의 시험에 의해서 승진에 차이를 내는 시험 주의가 위치한다. 마지막으로 학력이나 채용 구분에 의한 승진의 차이를 가능한 한 내지 않는 평등주의를 취하는 곳도 있다. 오사카시, 도쿄도, 가나가와현이 순서대로 그 예이다(하야시 2020).

이른 단계에서 승진의 차이를 내는 것은 능력이 있는 사람이 분명하면 그러한 능력이 있는 사람을 채용하고 조직으로부터의 퇴출을 막는 데 유효할 것이다. 그러나 승진 가능성이 막힌 사람의 불만은 클 것이다. 반대로 승진의 차이가 늦게까지 나타나지 않는 건 능력의 차이가 거의 없는 사람 모두에게 승진 의욕을 계속 갖게 하며, 근로 인센티브를 제공하는 데 유효할 것이다. 그러나 능력이 높다고 자부하는 사람에게는 '나쁜 평등'으로 비칠 것이다. 승진 관리의 해답이 하나만이 아니라는 걸 지방정부의 인사관리의 다양성은 잘 나타내 보여주고 있다.

한편, 현재의 지방정부에서는 장기에 걸친 고용을 반드시 전제로 하는 것이 준비되어 있지 않다. 정원 관리의 엄격함이나 재정난으로부터 비정규 고용의 직원이 증가하고 있다. 비정규 공무원 수는 70만 명, 직원의 3할 이상이 비정규 직원으로 구성되어 있다(칸바야시 2015).

5. 예산 편성과 기구 · 정원 관리

예산 편성 과정의 특징

제5장에서 설명한 예산 편성을 파악하는 시점에서 보았을 때, 일본의 예산 편성 과정의 특징은 다음과 같이 파악할 수 있다.

첫째, 1990년대 이전에는 보텀 – 업 중심으로 분권적이었다. 사업 관청과 족의원이 제안하고, 대장성이 사정하는 형태를 취하며, 마이크로 세출 선행의 예산 편성이라고 하는 경향이 강했다. 그러나 둘째, 2000년대 이후에는 집권화가 진행되었다. 고이즈미 준이치로 집권기에 매크로 총액 선행, 세입과 세출의 동시 결정이 지향되었다. 관저 주도의 톱–다운에 의한 편성의 시도이다.

셋째, 형식적인 공식화의 정도는 일반회계에서는 높다. 단년도 회계를 관철하고, 비목(費目) 간 탄력적 운용이나 부성에 재량의 부여는 다른 나라에 비해 진행되지 않았다. 사전에 상세하게 예산을 결정하고 그것을 준수하는 경향이 강하다. 그러나 넷째, 실질적인 공식화의 정도는 높지 않다. 표준화된 프레임의 이용이나 평가와의 연동이 약하고 재무성의 재량에 의한 결정의 부분이 크다. 특별회계와 일반회계 사이에 복잡한 자금의 출납도 이루어진다. 이 때문에 예산 전체적으로 보았을 경우 가시성(可視性)은 높지 않다.

예산 편성의 흐름

예산 편성에서의 작업과 타임 스케줄을 2000년 전후로 크게 나누어 살펴보자. 주된 포인트를 정리한 표 6–2를 참조하기를 바란다.

표 6-2 ▶ 예산 편성 스케줄

	1980년대 이후 자민당 정권	2000년대 자민당, 공명당 정권	민주당 정권
1월		경제의 중기 전망	예산 편성의 기본방침
5월	과 레벨의 개산 요구안		
6월	국 예산의 작성	골격 지침	
7월	실링의 제시	예산의 전체상	행정 사업 리뷰의 반영
8월	성 예산의 작성		
9월	대장성에 의한 히어링		
10월	대장성에 의한 사정		
11월	원안의 작성		사업 구분
12월	재무성 원안의 제시		
1월	부활 절충		
2월	국회 심의		
3월	예산 성립		

[주] 2000년대 이후에 관하여 기록되어 있는 것은, 그 시기에 새롭게 추가된 작업이다. 그 시기에서도 좌측의 자민당 정권 시대와 같은 작업도 계속해서 시행되고 있다.

큰 특징은 연도 당초까지 예산을 확실히 성립시키기 위해서 종점에서부터 역산하는 형태로 타임 스케줄이 정해져 있다는 점이다. 예산에 관해서는 중의원의 우월성이 정해져 있으므로, 전년도 2월 말까지 중의원을 통과하면 연도 안에 성립하게 된다. 1월 중순에 개회되는 예산 국회에 제출하려면, 각의 결정 등의 시간을 예측하고 정부 예산 원안은 12월 후반에는 확정되어야 한다. 그리고 사정 작업에 3개월 남짓 필요하다는 것을 생각하면, 사업 관청으로부터의 제출은 8월 말을 목표로 하게 된다. 이렇게 해서 4월부터 8월까지 사업 관청의 요구안 작성 단계, 9월부터 12월까지 재무성에 의한 사정 단계 그리고 연초 이후 부활, 절충에서부터 국회에의 제출, 심의 단계라고 하는 세 단계로 크게 나뉜다.

예산 편성 과정에는 표면상 정치가의 관여는 적다. 표면에 나타나는 것은 부활 절충의 최종 단계에서 각 부성의 대신이 재무상과 실시하는 대신 절충뿐이다. 그러나 이면에서 자민당 의원은 자신들의 의향을 반영하고 있었다. 족의원은 각 성의 개산 요구안 책정 단계에서, 자신들의 의향을 성 측에 충분히 전달하고 있다. 이러한 의원의 의향은 재무성에 의한 사정 단계에서도 고려되어 왔다(☞제2장).

축적형 교섭과 공수(攻守) 교체제도

사업 관청에 의한 요구안의 작성과 재무성에 의한 사정에 관하여 상세히 살펴보자. 사업 관청에 의한 요구안 작성은 담당과로부터 시작된다. 정책을 소관하는 기본 단위가 되는 과가 예산 요구에서도 기본 단위가 된다. 5월을 목표로 담당과로부터의 개산 요구안이 나오고 6월에는 국 예산으로 집약된다. 그 후 8월 말까지는 성에서의 요구안이 정리된다. 이러한 요구안의 작성 과정에서는 대체로 국토교통성이나 후생노동성과 같이 개별 사업을 많이 떠안고 있는 성일수록 보텀-업의 경향이 강하다. 이에 대해서 정책 관청, 예를 들어 경제산업성은 관방 부문에 의한 통합의 경향이 강하다고 한다.

그 후 3개월에 걸쳐 재무성과의 예산 절충, 사정을 한다. 재무성 회계국은 국장 아래 3명의 국 차장, 과장급에 해당하는 11명의 회계관, 그리고 회계관마다 3~4명의 심사(과장 보좌 클래스)가 배치되어 있다. 우선 각 성으로부터 히어링을 한다. 심사가 각 성 총무과장으로부터 히어링을 하는 것으로부터 시작하여, 다음으로 주 회계관이 국장 클래스로부터, 국 차장이 사무차관으로부터, 마지막으로 국장이 대신으로부터 히어링을 한다. 게다가 10월경부터 사정에 들어간다. 여기에서는 사무 경비와 투자 경비로 나누고, 심사가 회계관과 다음에 회계관이 차장과 대치하는 형태로 사정 원안을 제시해 나간다. 부활 절충에서도 특정 항목으로 좁힌 다음 같은 순서로 사정을 진행한다(Campbell 2014).

이러한 일련의 프로세스에 보이는 특징은 다음 네 가지로 정리된다. 첫째, 시간적 제약의 어려움이 타협을 재촉한다. 종점에서부터 역산하는 형태로 각 공정이 시간이 짜여 있으므로, 마감까지 합의를 형성할 수 없으면 그 사업에는 예산이 붙지 않는다. 100% 요구대로가 아니어도, 0보다는 나으므로 절충은 타결되기 쉬워진다.

둘째, 대립적인 절충 교섭이 연쇄된다. 말하자면 공수 교체제도라고 할 수 있다. 이것은 타협을 재촉함과 동시에 예산 책정에서 정보 수집의 정도를 높이는 기능을 가진다. 각 성의 입장으로부터 하면, 히어링의 상대측이 되는 회계국 관료는 이어지는 회계국 내 사정에서는 자신들의 요구를 대변(代辨)하는 존재이다. 싸우고 헤어지면 아무것도 얻을 게 없다. 주계관(主計官)이나 주사(主査)도 히어링 단계에서 충분한 자료를 얻어두지 않으면, 다음 사정 단계에서 자기 자신이 설명하는 데 고생하게 된다.

셋째, 일사부재리의 원칙에 의해서 부분적인 결정을 쌓아 올라간다. 이로 인해 판단이 어려운 점에 얽매여 시간을 낭비하는 걸 회피하게 된다. 다음 단계에서의 결정을 염두에 둔다면, 앞 단계의 결정도 재검토하는 것이 예산 전체의 효율성이나 타당성을 높인다고 하더라도 그러한 일은 하지 않는다.

넷째, 주계관이나 주사의 행동 양식은 철저한 수동형이다. 어떠한 기준에 따라, 적극적인 제안을 하는 건 없고 요구 중 삭감가능한 부분을 찾아내는 데 힘을 쏟는다. 결과적으로 부성 간, 사업 간, 연도 간 균형을 잡으려고 하는 태도가 지배적이다.

정원과 기구의 관리

부·성 내 부국의 수와 정원의 관리도 예산 편성과 동일한 프로세스로 진행되어 왔다. 부성 전체적으로 큰 틀이 결정되어 있으며 전체적으로 관리할 필요가 생긴다. 사정을 실시하는 것은 총무성의 행정관리국이었다. 각 성은 조직의 개편, 신설의 요구, 정원 증가의 요구를 정리하고 총무성이 심사한다. 그 작업 순서나 프로세스는 예산 편성과 유사하고 다단계의 적립식 교섭 방식이 취해지고 있다.

전체 틀이 설정되어 있기 때문에, 부국 레벨의 조직 개편은 스크랩 앤드 빌드 (scrap and build)를 원칙으로 한다. 그러나 조직 개편 수의 데이터 분석에 의하면, 반드시 성마다 조직 개편 수는 일정하지 않다. 즉 성과 성은 부국 수를 둘러싸고 경쟁 관계에 있으며, 기존 조직의 필요성이 약해졌을 때, 변화에 대응하여 새로운 조직을 만들지 않으면 다른 성에 부국을 빼앗길 수도 있다. 그러므로 각 성은 조직의 개편에 힘을 쏟게 되는 것이다(마부치 1999).

총액 관리와 세입·세출의 연결 시도

지금까지 살펴본 것처럼, 세출 선행, 마이크로에서의 보텀-업이 일본의 예산 편성과 기구·정원 관리의 핵심이 되어 왔다. 그러나 그 외 측면, 즉 총액 관리와 세입 부분과의 조정을 어느 단계에서 어떠한 형태로 실시할 것인가는 시기에 따라 다르다. 현재에 가까워짐에 따라 이 두 가지 측면이 강하고, 또한 이른 단계에서 편입되어 총리의 의향이 전보다 강하게 반영되기에 이른다.

1970년대 경제가 저성장으로 이행하고 동시에 복지정책의 확충이 도모되었던 것으로부터 재정 적자가 확대되었다. 이에 따라 세출 억제를 도모하기 위해서 이용하게 된 것이 실링(개산 요구 기준)이다. 각 부처의 개산 요구에 선행하여 7월경에 내각회의에서 승인된 후에 오쿠라쇼(대장성)가 틀과 방침을 정하는 것으로, 78년에 일반행정 경비에 관해서 처음으로 0%의 실링이, 83년에는 마이너스·실링을 부과하는 데 이르러 세출 억제책으로서의 영향을 가지게 되었다. 그 후 그 시대 시대의 정권이 중점적으로 배분하는 틀을 마련하게 되면서, 실링의 내용은 상세해져 간다.

이 경향을 한층 더 추진한 게 고이즈미 집권기의 경제재정자문회의 활용이다. 매년 6월에는 '경제 재정 운영과 구조개혁에 관한 기본방침' 이른바 '근간이 되는 기본방침'을 제시하고 정권의 기본방침으로 내세운다. 그것을 계승하면서 7월에는 '예산의 전체 틀'에 의해서 세입 전망과 결합한 형태로서의 예산 편성 방침을 제시하기에 이르렀다.

민주당 정권은 국가 전략국을 마련하고 총액 관리와 세입·세출을 연결하려고 했지만, 국의 설치는 실현되지 않았다. 반대로 민주당 정권에서 행해진 것은 행정쇄신회의에 의한 마이크로한 예산 편성에의 개입이었다. 민주당 의원과 민간 유식자로 구성된 '판단자'가 공개 장소에서 관청의 설명을 듣고 사업의 필요·불필요를 구분하였다. 그러나 이것은 예산의 지극히 일부분에 손을 댄 것에 불과하다. 항상적인 조직을 가지지 않고 마이크로한 배분 과정에 관여하는 건 불가능하다.

관저 주도의 재정·조직 관리

제2차 아베 정권에서의 예산 편성에서는 민주당 정권과 같은 예산 편성 조직의 재조합 등은 시행되지 않았지만, 실제로는 관저 주도의 성질이 강해졌다. 경제성장을 목표로 제창된 아베노믹스에서 기동적인 재정 운영은 금융완화, 성장 전략과 대등한 세 개의 화살(정책) 가운데 하나였다. 소비세율을 5%에서 8%, 더 나아가 10%까지 인상을 실행에 옮기는 데 관해서는, 아베 총리 자신이 최종 판단하는 등 재정 운영의 기본 방향을 결정한 건 총리였다.

국토 강화나 1억 총활약 사회라고 하는 재정 지출의 방향성이 정책회의에서 정해지고 내각 관방의 보실(補室)이 그것을 지탱하였다. 또한 경제재정자문회의는 계속하고 있었지만, 내각 관방에 새롭게 설치된 일본경제재생본부가 성장 전략의 책정을 통해서 재정적 조치와 관계되는 부분에도 관여하게 되었다. 경제재생본부 사무국에는 경제산업성으로부터 온 전출자가 대부분 포함되어 있었다. 재무성 측도 법인세 실효세율 인하나 소비세 인상에 수반하는 유아 교육 무상화 정책을 제시하는 등 총리에 대한 협력을 중시하는 입장이 드러나고 있다(시미즈 2015).

한편 기구·정원 관리에 관해서는 내각 인사국 설치에 수반하여 관저 의향을 반영하는 구조가 정리되었다. 정권 측으로부터 편성의 기본방침이 제시되고 실제 배분에도 신축성이 붙게 되었다.

연습문제

❶ 일본의 관공서는 분파주의가 강하다고 하는 주장에 대해서, 민간기업과의 비교, 국제비교를 통해서도 그렇게 말할 수 있는지, 실태를 어떻게 설명하면 좋을지를 검토해 보자.

❷ 당신이 살고 있는 시·정·촌의 행정 기구의 직원 수와 간부 직원 수, 예산 규모를 조사하고 중앙 부처와 어떠한 차이가 있는지, 그 차이는 왜 나타나고 있는지를 검토해 보자.

❸ 일본의 행정 조직에 나타나는 인사관리의 특징을 정리하고, 그것이 정보공유형의 조직 통합의 본질을 어떻게 지탱하고 있는지를 설명해 보자.

제 7 장

조직 형태를 규정하는 요인

조직 형태는 통제, 수평적 조정, 전문성이라는 세 가지 조직 통합의 형태나 공식화의 정도에 따라 다양한 형태를 취한다. 이 차이를 낳는 요인은 무엇인가. ①조직 구성원의 자기 이익이 조직을 통합하는 데 장애가 된다. 그것을 어떻게 해소할 것인가에 따라서 형태가 다르다. ②조직이 있어야 할 모습을 어떻게 이해하는지 또 그것을 가능하게 하는 테크놀로지에 따라서 형태가 다르다. ③개개의 조직이 단독으로 형태를 선택할 수 있는 것이 아니라, 다른 조직과의 연결 등에 제도적으로 깊숙이 관여되어 있다. 이익, 아이디어, 제도에 근거한 이러한 세 가지 생각을 순서에 따라 소개한다.

1. 이익에 의한 설명(1): 구성원의 행동과 목표

숨겨진 정보와 숨겨진 행동

제5장에서 설명한 것처럼, 조직을 파악하는 축은 분업의 정도와 통합의 세 가지 형태이다. 그러한 조직 형태의 차이는 어떠한 요인에 의해 나타나는 것일까? 대답은 크게 나누어, ① 조직을 구성하는 사람들의 이익, ② 조직의 본질과 관계되는 지식이나 아이디어, ③ 조직을 형성하는 제도라고 하는 세 가지 논의로 정리할 수 있다. 대체로 이익에 근거한 설명은 조직 구성원 개개인의 이익에 주목한다고 하는 점에서 마이크로 시점이며, 아이디어·어프로치는 조직 밖의 환경에까지 시야가 확산된다는 점

에서 매크로 시점이 된다. 제도에 의한 설명도 마찬가지다. 제5장에서는 매크로에서 마이크로의 순서로 조직을 이해해 왔지만, 여기에서는 마이크로에서 매크로의 순서로 논의한다. 그건 거의 이 순서로 연구가 발전해 왔기 때문이다.

우선, 조직을 구성하는 사람들의 이익에 주목하는 마이크로 시점이다. 논의를 알기 쉽게 이해하기 위해, 조직의 관리 기능을 담당하는 상사와 그 아래에서 업무를 수행하는 부하라고 하는 양자 관계로부터 검토한다(그림 7-1). 상사는 부하에게 지시·명령을 내리고, 부하는 거기에 따라서 업무를 진행한다고 하는 통제모델이 잘 기능한다면 아무것도 문제는 없다. 그러나 실제로는 단순한 통제모델은 기능하지 않는다.

그림 7-1 ▶ 조직을 마이크로하게 파악하는 시점

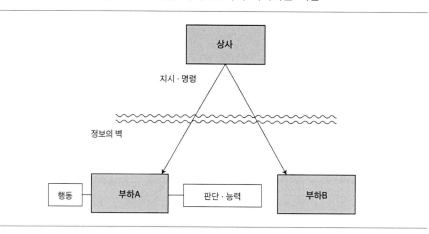

그것은 정보의 비대칭성이 존재하기 때문이다. 상사가 보았을 때, 부하는 무엇을 생각하고 있고, 무엇을 수행하고 있는 것인가. 그 모든 건 모른다. 부하가 보유하는 사적 정보는 크게 두 개로 나눌 수 있다. 하나는 부하의 행동이다. 상사가 부하를 사시사철 감시할 수 없는 이상, 업무에 게으름을 피우고 있어도 모른다. 부하의 행동은 상사의 눈에는 '숨겨진 행동'인 것이다. 또 하나는 부하의 생각이나 능력이다. 마음속은 보이지 않기 때문에 말로 무얼 말하든지 사실은 무엇을 목표로 하고 일을 하고 있는지는 모른다. 또한 어느 정도 능력을 가지고 있는지도 보이지 않는다. 부하의 생각이나 능력은 상사에겐 '숨겨진 정보'인 것이다.

즉 상사와 부하의 관계도 정보의 비대칭성의 존재로부터 발생하는 문제를 얼마나 해소할지가 중심적 과제라고 하는 점에서 본인·대리인 관계의 한 유형으로 파악할 수 있다. 게다가 다음의 두 가지가 특징적이다. 첫째, 변호사와 의뢰인의 관계와 같은 본인·대리인 관계와는 달리, 부하와 상사의 경우에는 대리인에 해당되는 부하의 능력이 높다고는 할 수 없다. 상사의 능력이 높은 경우도 많다. 둘째, 한 명의 본인이 다수의 대리인을 통솔한다. 이것은 본인의 감시를 한층 곤란하게 함과 동시에 대리인 간 비교를 가능하게 한다.

과학적 관리법

에이전시·슬랙(agency slack)을 억제하기 위해서는 '숨겨진 행동'을 가능한 한 없애는 것이 조직 관리의 첫째 생각이다. 사람들은 가능한 한 일하고 싶지 않고, 일에 게으름을 피우고 싶어 한다. 일을 하게 하려면 감시하고, 게으름을 피운 경우는 벌을 주는 게 필요하다. 그리고 게으름을 피우고 있는지를 판별하려면 한 사람 한 사람이 수행해야 할 일이 명확하지 않으면 안 된다. 조직 구성원의 업무를 명확하게 규정하고, 업무의 수행을 감시하며 상벌을 주는 것이 조직 관리의 기본이 된다. 거기에는 집권적인 통제가 불가결하다. 여기에서는 일하게 하고 싶은 상사의 이익과 게으름을 피우고 싶은 부하의 이익은 정면으로 충돌한다. 조직론의 출발점이 된 것은 이러한 생각이며, 과학적 관리법으로 불린다.

과학적 관리법은 어떠한 형태로 개개인에게 작업을 분담시키면 효율적일까 하는 물음에 대해서 관찰이나 실험에 근거하여 해답을 이끌어 낼 수 있다고 생각한다. 미국에서 기사(技師)를 하고 있던 테일러는, 필요한 작업의 종류와 양을 명확히 한 다음, 작업에 필요한 시간이나 순서를 정확하게 관측하여(동작·시간연구), 작업의 편성을 검토함으로써 생산성의 향상을 도모할 수 있다고 주장하였다(테일러 2009). 이러한 생각은 현재의 생산관리론의 원류가 되었다. 과학적 관리법은 실제로 행정 조직의 편성을 생각하는 때에도 도입되고, 미국에서의 직계제는 이에 근거하여 만들어졌다.

고전적 조직론

과학적 관리법은 주로 공장에서 작업의 레벨을 대상으로 하고 있었다. 화이트칼라의 업무도 포함하여 조직 전체에 이 견해를 확장한 것이 고전적 조직론으로 불리는 일련의 연구이다. 테일러와 동시대에 프랑스에서 광산회사를 경영하고 있던 앙리 파욜(Henri Fayol)은 기업의 활동을 분류한 다음, 그 가장 중심적인 활동으로서 관리 활동을 들었다. 그리고 관리란 계획 · 조직 · 지휘 · 조정 · 통제로 구성된다고 정식화한 것이다. 영국의 경영 컨설턴트 · 경영학자인 린달 어윅(Lyndall F. Urwick)은 파욜의 논의를 영어권에 소개하면서, 미국의 행정학자인 귤릭(Luther H. Gülick)과 함께 조직 관리의 논의를 완성하였다.

어윅과 귤릭의 논의 가운데 하나의 기둥은 계통제 조직을 효율적으로 기능하기 위한 조직편제의 방법이다. 상사가 2명 이상 있어서는 혼란을 초래하므로, 부하에게 있어서 상사는 반드시 한 명으로 하고, 지휘명령 계통을 확립하는 것, 반대로 상사가 거느리는 부하의 수도 일정한 통제 가능한 범위 내에 억제하는 것, 분업하는 기준으로서는 업무의 목표, 프로세스, 고객, 장소 등의 동질성을 이용하는 것, 라인과 스텝을 명확하게 구분함으로써, 지휘명령 계통을 확보하면서, 관리자의 보좌 기구를 충실하게 하는 것과 같은 원칙을 제시했다. 또 하나의 논의의 기둥은 조직 관리자의 역할을 정식화한 것이다. 그것은 계획(plan) · 조직(organize) · 인사(staff) · 지휘(direct) · 조정(coordinate) · 보고(report) · 예산(budget)의 머리글자로부터 POSDCORB라는 조어로 정리하고 있다.

귤릭은 F.D.루스벨트 대통령이 1937년에 설치한 행정 관리에 관한 대통령 위원회의 멤버가 되어 대통령 행정부의 확충을 제언하였다. 이에 따라 예산국이 대통령 행정부에 이관되어 전문적인 보좌 기구를 갖춘 현대적인 대통령제의 기반이 만들어졌다. 행정학의 성과가 실천적으로 활용된 하나의 예라고 할 수 있다. 또 조직 관리자에 관한 주목은 조직 내 리더십을, 스텝 기능에 관한 주목은 조직에서 정보의 의의를 생각하는 데에 연결되어 갔다.

인간관계론

조직을 움직이는 것은 인간이며, 인간은 기계의 톱니바퀴는 아니기 때문에, 조직이 기대한 대로의 효과를 발휘한다고는 할 수 없다. 이러한 주장은 지금은 위화감 없이 받아들여지겠지만, 과학적 관리법 등 20세기 초의 조직론은 이러한 측면에 관심을 기울이지 않았었다. 거기서 전제하고 있는 인간상은 기본적으로 일에 싫증이 나지만, 감독을 당하면 일한다고 하는 단순한 것이었다. 그러나 20세기 중반에는 고전적 조직이론에서 간과되어 온 조직을 구성하는 인간을 향하게 된다.

인간관계론의 출발점이라고 하는 호손(Hawthorne)공장의 실험은 처음부터 인간관계가 작업 효율에 미치는 영향에 주목하고 있었던 건 아니다. 메이요(E. Mayo)나 뢰슬리스버거(F. J. Röthlisberger) 등은 실험을 통해서 기존의 과학적 관리법과 유사하게 작업의 물리적 환경, 예를 들어 조명이 작업 효율에 미치는 영향의 효과를 측정하려고 하고 있었다. 그런데 조명을 밝게 해도 어둡게 해도 작업 효율이 올랐다. 관찰 대상으로 선발되었다고 하는 의식이 팀의 생산성을 상승시키고 있었던 것이다. 그 이후 다양한 관찰을 통해서 직장에서는 공식 직위와는 별도로 직장의 중심이 되는 리더가 존재한다는 것, 그러한 직장의 인간관계가 생산성을 좌우하고 있다는 것 등이 해명되었다.

이러한 관찰의 결과에 근거하여 심리학의 연구 성과를 도입하면서, 조직을 구성하는 사람들의 심리나 다른 사람과의 관계성에 주목하는 연구를 인간관계론이라고 부른다. 1940년 대부터 60년대에 걸쳐 발전하였다. 대표적인 사례는 매슬로우(A. H. Maslow)의 욕구단계론 혹은 욕구계층설이다(매슬로우 1987). 인간은 우선 의식주와 같은 물리적 욕구를 갖고 있으며, 다음으로 안전이나 안심감을 요구하며 한층 더 가족 등의 소속 욕구나 애정, 승인 욕구 그리고 자기실현을 추구한다고 하는 것이다. 이것을 조직이론에 응용한 게 두 가지 다른 인간관과 거기에 기초를 둔 조직 관리 형태를 유형화한 맥그리거의 XY이론이다(맥그리거 1970). X이론이란 본래부터 일을 회피하고 싶어 한다는 인간을 전제로 관리의 중심을 명령이나 강제에 둔다. 이에 대해서 Y이론이란 자기실현을 위해 자발적으로 일에 임하는 인간을 전제로 자율적인 관리를 중시한다.

인간관계론은 조직에서의 인간상을 전환하여, 부하와 부하 간의 수평적 관계에 관심을 가진다는 점에서 기존의 고전적 조직론과 다르다. 권한에 의한 집권적 관리의 한계를 주장한 논의라고 할 수 있다. 수평적 정보 유통을 기능하기 위해 권한의 분권화를 도모하는 정보공유형 조직도 팀으로 일을 하는 데서 기쁨을 발견하고, 금전 이외의 인센티브를 통해서도 사람은 일에 임하기 때문에 성립되는 조직 형태이다.

관료의 유형

인간관계론의 문제 제기를 행정 조직의 분석에 도입하면, 관료가 무엇을 목표로 하고 있는지를 생각하는 데 연결된다. 공무원 중에서도 오전 9시부터 오후 5시까지 가능한 한 업무에 노력을 할애하지 않고 끝내려는 타입부터 자기 나라를 지탱하고 있다는 사명감에 불타서 침식을 잊고 일에 몰두하는 타입까지 다양한 유형이 있다. 그러한 여러 유형의 혼재는 조직 관리에서 어떠한 과제를 초래할 것인가.

관료의 유형을 구분하는 대표적인 방법은 다운즈에 의한 것이다. 추구하는 목표의 넓이, 크기가 그 기준이 된다. 우선 자기 이익의 추구를 도모하는 유형이 있으며, 그 가운데 이미 획득한 노동 조건 등을 지키는 것만을 생각하는 보신가(제1유형)와 권력이나 수입의 확대를 바라는 출세주의자(제2유형)로 한층 더 세분화할 수 있다. 제3유형은 광신자이다. 특정한 사업의 달성, 예를 들어 미사일 방위시스템의 개발 등에 전념하는 유형이다. 제4유형은 조직인이며 정책이나 조직 레벨의 목표를 추구하려고 하는 유형이다. 자신의 조직을 위해 몸을 내던지는 인간은 여기에 분류된다. 제5유형은 경세가이다. 사회 전체의 공익을 실현 목표로 하는 유형이다.

이러한 유형의 차이는 다른 행동 패턴에 결부된다. 보신가는 개혁에 저항하는 경우가 많고, 출세주의자는 공직 이외의 기회에 관심을 가지기 십상이다. 또 광신자는 다른 타입의 관료와 충돌하기 쉽다. 조직인은 헌신적으로 업무를 수행하지만, 어떤 때에는 조직 밖에 대해서 배타성을 초래할 수 있다. 그리고 경세가는 따분하고 가까이하기엔 거북한 조직인과 같이 행동하는 경우가 많다고 한다(다운즈 1975).

부하가 어떤 유형인가는 상사가 모를 가능성이 높다. 부하는 자신의 타입을 위장할 가능성이 높다. 이러한 상황하에서 관리직 상사가 어떻게 부하에게 일을 할당해 가는가 하는 것은 정보의 비대칭성을 다루는 게임이론에 의한 분석이 활용된다는 점이다(Brehm & Gates 1997).

몇 가지 프로젝트가 있을 때, 상사가 중시하고 있는 것과 그렇지도 않은 것이 있다. 게다가 상사는 스스로 프로젝트에 종사하는 것과 부하의 행동을 감시하는 것 쌍방에 시간을 할애하지 않으면 안 된다. 이때 상사는 어느 프로젝트에 어느 부하를 할당할 것인가. 상사의 유형에 따라서는 광신자가 중용되기도 하지만 대부분은 그렇지 않다. 조직인과 보신가 중에는 조직인 쪽이 사용하기 쉬운 듯이 보이지만, 상사의 감시에 응답적인 보신가가 사용하기 쉬운 경우도 있다. 어쨌든 시행착오에 의해 할당은 서서히 개선되지만, 만족스러운 결과를 얻기란 어렵다.

인적 자원 관리론과 PSM

이러한 관점에서 나타난 것이 인적 자원관리론(HRM)이라 불리는 것이다. 이것은 구성원의 유형에 근거한 인사관리를 조직 전체의 전략적인 관리와 연결하여, 보다 능동적으로 구성원의 질을 높여 동기부여를 하려고 하는 생각이다. 전에는 노무관리나 인사관리라 칭해져 온 구성원의 관리에 있어서 보다 장기적인 인재의 육성을 목표로 하여 교육이나 훈련의 본질을 검토하는 것이다. 드러커는 인적 자원이라는 개념을 새롭게 만들어 내고, 지식 노동이 중요해졌기 때문에 그 개발의 필요성을 주장하였다. 커리어 · 디자인이라는 생각이나 모티베이션이라는 용어는 현재는 일반적으로 사용되고 있지만, 이것들도 인적 자원관리론 안에서 형성되어 나온 관점이다(드러커 2006).

이러한 흐름은 현재도 인재 개발과 그것을 위한 인사관리라는 형태로 강화되고 있다. 1990년대 이후, 한편으로는 인원 삭감, 다른 한편으로는 사람들 요구의 다양화에 대한 응답의 필요성이라는 환경 변화 속에서 각 구성원의 질을 높일 필요성이 높아지고 있다는 게 그 배경에는 있을 것이다(이나츠기 2006; 시마다 2014).

미국에서는 공무 모티베이션(PSM: Public Service/Sector Motivation) 연구가 1990년대 이후, 공무원이 공공이익의 실현을 목표로 하고, 그 실현을 목표로 하는 동기부여는 어떻게 하면 가능할 것인가 하는 문제에 대처해왔다. 대체로 정리하면, 정책 형성에 대한 관심, 공익에 대한 관여(commitment), 공감, 자기희생이라는 네 가지 특성이 PSM의 내용이라고 하며, 실제의 공무원이 어느 정도, PSM을 가지고 있는지, 어떻게 하면 이것을 촉진할 수 있는지 등과 같은 주제가 논의되어 왔다(Gailmard 2010).

금전적 인센티브 이외의 인센티브는 얼마나 존재할 수 있는가 하는 관심이 PSM 연구의 배경에 있다. 부하의 자기 이익뿐만이 아니라 상사의 그것 또한 조직의 목표 추구를 해칠 가능성이 있다. 민간기업이라면 스톡옵션(종업원이 자사의 주식을 구입할 수 있을 권리) 등의 금전적 인센티브로 대처할 수 있다. 그러나 공무원의 경우는 그렇게는 안 된다. 정부 자산의 잘라 팔기 등은 이용할 수 없기 때문이다. 그런 만큼 PSM에 대한 기대가 커지는 것이다.

2. 이익에 의한 설명(2): 구성원의 능력

제한된 합리성

부하의 숨겨진 행동과 부하의 목표라는 숨겨진 정보가 조직 관리의 본질을 규정하는 중요한 요인이라고 하는 논의를 지금까지 살펴봤다. 남은 주제는 부하의 능력이라고 하는 측면이다. 능력이 있다고 하더라도, 그것을 발휘하는 건 부하에겐 일정한 부담을 수반한다. 그런 의미에서, 능력을 발휘시키는 일도 또한 부하와 상사의 이익 충돌을 초래하는 것이다.

부하의 능력은 상사가 보면 숨겨진 정보다. 그것은 조직에 어떠한 결과를 가져오는 것일까? 이 점을 정면으로 취급하여 개인과 조직의 관계를 해명하려고 한 것이 사이먼의 조직론이다(사이먼 2009; 마치·사이먼 2014; 하시모토 2005). 사이먼은 노벨 경제학상 수상자이지만, 인지심리학이나 인공지능 연구 등에서도 공적이 있는 미국의 연구자이다.

사이먼의 논의의 출발점은 인간의 제한된 합리성(bounded rationality)이다. 목표를 최대한 달성하려는 의도로부터 선택을 수행한다고 하는 의미에서는 합리적이지만, 손에 가지고 있는 정보나 그 정보를 처리하는 능력에는 한계가 있다고 하는 인간상이 그의 논의의 출발점이다. 그러므로 사람들이 목표로 하고 있는 것은 '만족화'이며 '최적화'는 아니라고 사이먼은 말한다. 있을 수 있는 최선의 해답을 찾지 못하고 자신이 설정한 현실적인 기준을 웃돌면, 그 해답을 가지고 좋아한다. 그리고 해답을 찾는 데 할애할 수 있는 시간이나 에너지에 한계가 있는 이상, 해답이 발견되지 않을 때는 점차 그 기준도 낮추게 된다.

그러한 제약으로서 네 가지를 들 수 있다. 정보, 계산력, 주의, 시간이다. 이러한 네 개의 제약의 어느 것이 어떠한 조건하에서 특히 강한 제약이 되는지에 주목한다면, 사이먼의 논의는 인적 자원과 테크놀로지의 관계에 관한 논의로서도 의미를 가진다. 예를 들어 IT(정보기술)화는 계산력의 문제를 해소하고 사람들이 취급하는 정보의 양을 폭발적으로 증대시켰지만, 시간은 불변이므로, 주의를 다른 데로 돌리는 건 더욱더 희소한 자원이 되고 있다.

조직이란 사람들이 의사결정을 하는 골격, 사이먼의 말로 하면 '결정의 전제'를 제공하는 것이다. 합리성에 한계가 있는 이상, 우리는 조직이 제공하는 결정의 절차나 정보에 의거하면서 결정을 해나간다. 결정 전제는 가치 전제와 사실 전제로 나눌 수 있다. 가치 전제란 어떠한 목표를 가져야 할 것인가를 지시한다. 사실 전제란 어떠한 선택사항이 있고, 그 선택사항이 어떠한 귀결을 가져오는지에 대한 지식이다. 이것들을 패키지화하고, 상황을 파악하는 방법으로부터 취해야 할 선택사항까지를 나타냄으로써 공식화가 완성된다.

즉 사람들은 합리성의 제한성을 떠안고 있으며 그 해소는 사람들의 이익에 합치한다. 조직은 공식화를 통해서 그것을 가능하게 한다. 그래서 매뉴얼 등 조직에 의한 공식화를 사람들은 받아들이는 것이다. 조직 내에서 왜 사람들이 매뉴얼에 따르는 '예종(隸從)에의 길'을 걷는가 하는 물음에 대해, 그것은 사람들에게 이익이 되는 것도 있기 때문이라고 하는 게 사이먼의 대답이다.

앨리슨의 쿠바 위기 분석

사이먼이 나타내 보인 조직과 개인의 관계를 파악하는 방법을 이용하여, 실제의 정책 형성에서 결정의 양상을 그려낸 대표적인 사례가 앨리슨에 의한 쿠바 위기에서 미국 정부의 결정 과정 분석이다(앨리슨·제리코우 2016). 그 가운데 앨리슨은 세 가지 시점에서 분석을 진행한다. 제1의 합리적 행위자 모형은 완전 합리성에 의거하는 모형이다. 조직을 단일의 결정자로 파악하고 충분한 정보와 계산 능력을 가진 존재라고 생각한다. 이 견해는 외교정책의 연구에서 자주 사용해 왔지만, 이것으로는 사실의 일면밖에 보이지 않는다.

그래서 제2의 시점으로 제시되는 게 조직과정모형이다. 이것은 조직 내에 복수의 결정자가 존재하는 경우 얼마나 상호 조정이 이루어지는지, 그 결과로 어떠한 결정이 이루어지는지에 주목하는 것이다. 조정 수법으로 그가 주목한 것은 정책을 결정할 때의 표준화된 절차이다.

제3의 모형은 정부 내 관료정치모형이라 불린다. 여기에서는 복수의 결정자가 다른 목표를 가지는 경우 어떻게 결정에 도달하는지가 검토된다. 조정의 절차 등도 정해지지 않아, 타협, 연합 등 교섭의 결과로 결정이 이루어진다고 파악된다.

앨리슨의 논의는 정부에서 의사결정의 실태도 또한 사이먼이 말하는 제한된 합리성에 근거한 것이라는 걸 밝혔다. 특히 쿠바위기라는 핵전쟁의 직전에 다가왔을 때조차, 제2, 제3 모형이 많은 걸 설명하는 것은 독자에게 충격을 주었다. 안전보장과 관계되는 영역이라 하더라도 행정 조직에서 공식화의 과부족을 볼 수 있다는 게 여기에는 잘 나타나고 있다.

중간 관리직과 3인1조론(3人1組論)

제한된 합리성의 존재, 즉 구성원들의 정보 수집과 처리의 한계를 인식함으로써 중간 관리직의 의의도 명확해진다. 만약 정보의 한계가 존재하지 않는다면, 상사와 부하를 직결하면 좋을 것이다. 그러나 거기에 한계가 존재하는 경우 양자가 정보를 잘 공유하고 의사소통을 도모하기에는 정보의 가공이 필요하게 된다. 상사는 조직 전체의 전략에 근거하여 지시를 내리지만, 그 지시는 부하에겐 상세함이나 구체성이 부족하다. 한편 부하는 실무를 담당하고 있으므로, 그 보고는 상사의 시점에서 보면 잡다한 일이 많다. 그래서 상사의 명령을 해석하고 보완하면서, 구체적이고 개별적인 지시를 내리는 것과 부하로부터의 보고를 총괄하고 축약하면서 간결 명료한 보고를 하는 것, 양쪽 모두의 역할을 담당하는 중간 관리직의 기능이 중요해진다. 이 점에 주목하는 것이 영국의 행정학자 던자이어에 의한 3인1조론이다(Dunsire 1978).

상사와 부하가 직면하고 있는 업무의 차이가 큰 만큼, 또한 상사에 비교하여 부하의 인원수가 많고 부하의 업무 다양성도 큰 만큼, 중간 관리직의 기능의 중요성은 높아진다. 이 때문에 3인1조론은 민간기업 이상으로 행정 조직에서 보다 중요성이 늘어난다. 행정 조직에서는 조직 활동의 근간 부분이 법률로 규정되어 있으므로 상층부가 제시하는 지시는 추상도가 높은 것이 많다. 또한 이윤 추구라고 하는 명확한 조직 목표를 가지고 있지 않아 현장에서의 업무 내용도 다양해지기 쉽다.

ICT(정보 통신 기술)의 발전에 수반하여 정보의 전달 비용은 큰 폭으로 저하된다. 그래서 중간 관리직을 중지하고 조직의 평면화가 진행된다고 하는 주장은 많고, 실제로도 그러한 변화가 많은 조직에서 발견된다. 평면화에 즈음하여 분업의 재검토를 수반하는 경우도 많다. 중간 관리직을 폐지하고 2층으로 하는 것이 아니라, 상사를 폐지하고 중간 관리직과 일체화하여 2층화하는 것, 구체적으로는 과장과 과장 보좌가 있는 과제(課制)를 실제(室制)로 하는 것이 그 예이다(이리에 2020).

그러나 사이먼이 주장하듯, 정보의 처리에는 주의를 돌리는 희소 자원이 필요하고, 정보 전달의 비용이 저하했다고 하더라도 주의를 돌리는 자원이 확장되지 않는 한, 처리할 수 있는 정보의 양과 질은 크게는 개선되지 않는다. 조직의 평면화란 이미 중간 관리직이 담당하고 있던 기능을 상사와 부하 각각이 분담하는 것과 조합을 이룰 때 비로소 효과를 발휘하는 것이다.

제일선 직원론

마지막으로 숨겨진 행동과 숨겨진 정보라는 두 가지 정보의 비대칭성이 겹치는 경우를 생각해 보자. 행정 조직 안에는 특히 그러한 조건을 포함하기 쉬운 부분이 존재한다. 케이스워커(케이스워크 활동에 종사하는 사회복지 전문가-역주), 학교 교원, 파출소의 경찰관 등 제일선 직원이다(리프스키 1986). 이러한 직원의 특징은 고객 개개인과의 직접적인 접촉이 업무의 중심이라는 점에 있다. 고객과의 직접적인 접촉이 가능하도록 직원은 관리 부문과는 물리적으로 다른 장소에서 근무한다. 여기에서 제일선 직원은 스트리트 레벨의 관료라고도 불린다. 또한 개별적으로 다른 사정이 있는 고객에게 대응하도록, 직원의 행동에는 일정한 정도의 재량이 필요한 부분도 있다. 예를 들어 쓰레기 수집의 작업원도 규칙을 지키지 않는 쓰레기 배출에 어떻게 대응할 것인가를 판단하여, 주의나 지도 등의 대응을 하고 있으며, 제일선 직원이라 할 수 있다(후지이 2018).

제일선 직원의 업무 수행을 감시하는 건 곤란하다. 그럼에도 불구하고 정보 자원을 집권화하고 상사가 제일선 직원의 관리를 시도한다면, 그것은 업무 결과의 가시적인 부분에 치우쳐 버리게 된다. 그 결과 할당량의 설정이나 보고서의 과잉 제출을 요구하기 십상이다.

이러한 정보 자원의 집권화에 의한 왜곡을 피하면서, 제일선 직원의 원심화를 막기 위해서도 공식화가 이용된다. 집무 내용을 평준화하기 위해서 행동의 준칙·매뉴얼이 책정되게 된다. 또한 매뉴얼이라는 공식화는 이러한 조직 관리상 필요에 의해서만 대두하는 건 아니다. 제일선 직원 중에도 그걸 요구하는 사람이 있다. 개별 사정별로 대응을 생각하는 건 큰 부담이며, 하물며 고객과의 거리가 가깝기 때문에, 고객이 안고 있는 문제, 고민 등을 정면으로 지속적으로 받아들이면, 그러한 문제가 직원 측에 '전이'되기도 한다. 그러한 사태를 피하기 위해서도 공식화가 요구된다.

근대국가의 성립 과정과 관료제 유형

여기까지의 논의는 조직 내부 당사자들의 이익으로부터 조직 형태의 선택을 설명하는 것이었다. 이에 대해 조직 외부의 제도 설계자의 선택이 조직 형태의 차이를 낳는다고 하는 설명도 있다. 그 대표적인 논의가 실버맨의 논의이다(실버맨 1999). 프랑스나 일본에서는 사회 안의 톱·엘리트를 채용할 때 울타리를 치고, 조직 지향의 강한 관료를 양성하는 관료제가 취해졌다. 이에 대해, 영국이나 미국 등에서는 전문가적 지향이 강하고 외부와의 교체가 격렬한 관료제가 채용되었다. 이 차이는 행정 조직이 형성되는 시기에 정치적 리더가 어떠한 과제에 직면하고 있었는지로 설명된다는 것이다.

프랑스나 일본에서는 선거에 의한 리더의 교체가 조기에 확립하지 않았다. 또한 기회의 평등을 부여하면서 능력을 기준으로 한 인재를 등용함으로써 사회 통합을 도모할 필요가 높았다. 그래서 높은 능력을 지닌 관료가 공익을 추구한다고 하는 중립성을 담보함으로써 새로운 정치체제의 정통화를 도모하려고 했다. 관료의 공급원이 되는 고등교육 기관을 한정하고, 그 졸업생에게 관료가 되는 유인을 제공하려고 충분한 처우를 장기적으로 보장하였다.

이에 대해서 영미의 경우는 정당제가 확립됨으로써 행정 조직의 정당에 대한 자립이 과제가 된다. 그러나 정당으로부터 중립화시킨 행정 조직이 폭주하지 않도록 할 필요가 있으므로, 강한 전문가적 지향이 요구되었다. 그러면 소속 조직이야말로 중요하다고 생각하는 것이 아니라, 각 개인이 갖추고 있는 전문성이 중요해진다고 생각하게 되었다. 정치와 거리를 두면서, 자신들의 이익을 조직으로써 추구하는 걸 억제하는 것이 요구되었다.

이 설명은 정보공유형과 기능특화형에 연결되는 특징이 근대화 과정에서 정치가의 선택에 영향을 받고 있음을 나타낸다. 다만 근대국가의 성립 이후에도 전환점은 존재하며, 정치가의 선택만으로 조직 형태가 결정되는 건 아니기 때문에, 그 후 무엇이 생겼는가 하는 물음은 별도로 검토하지 않으면 안 된다.

3. 아이디어에 의한 설명: 개인, 조직, 환경

버나드의 조직이론

여기에서는 조직은 어떠한 것이어야 하는 것인가? 라는 이념이 조직의 본질을 형성한다고 하는 논의를 살펴본다. 또한 그러한 본질이 실현될 수 있을까 어떨까를 좌우하는 요인으로서 조직에서의 환경이나 테크놀로지에 주목하는 연구도 아울러 다룬다.

우선, 조직을 구성하는 것은 자율적인 개인이기 때문에, 원래 조직에 사람들이 참가하는 것은 왜인가? 라는 물음으로부터 출발해야 할 것을 논한 것이 버나드이다. 그는 20세기 전반 미국에서 전화회사의 사장을 맡으면서 조직에 관해 많은 연구를 남겼다. 지금까지 살펴본 연구가, 본인·대리인 관계의 존재를 당연한 것으로 여기며, 거기서 정보의 비대칭성 문제에 주목해 온 데 대해, 버나드의 관점은 원래 본인·대리인 관계가 존재하는 건 어떤 조건인가를 묻는 것이었다. 조직구성원이 조직 외부로 나갈 가능성, 조직 외부로부터 들어올 가능성에 주목하는 것으로, 조직을 환경과의 관계에서 파악한 것이다. 그의 논의는 조직을 보는 관점을 일신시켜, 환경과의 관계로부터 조직의 통합 형태나 공식화를 파악하는 새로운 논의의 출발점이 되었다(버나드 1968).

조직을 구성하는 것은 자율적인 개인이기 때문에, 조직에 참가하는 것은 구성원들의 선택 결과이다. 구성원들이 조직에 계속 참여하는 의미를 발견하지 못하고 조직에서 탈퇴한다면 그 조직은 지속될 수 없다. 조직이란 구성원에게 참가에 대한 충분한 동기부여를 제공함으로써 비로소 유지된다. 이러한 조직균형론을 주창함으로써, 버나드는 조직이 흥망성쇠 하는 다이너미즘을 환경과의 관계로부터 파악하였다. 그러므로 조직 구성원이 조직에 만족하고 조직에 계속 소속하고 있는 상태를 능률적(efficiency)이라고 한다. 일반적인 용법과는 다르지만, 그의 관점에서 보면, 이것이 조직을 평가하는 하나의 요점이란 건 이해할 수 있겠다. 또한 조직을 환경에 대해서 열린 것으로서 파악하는 것부터, 이해관계자를 폭넓게 조직에 포괄해 나가는 것도 조직균형론에서 시작된 논의이다. 예를 들어 기업이라고 하는 조직의 구성원이란 그 종업원뿐만 아니라 고객을 포함한다고 생각한다.

게다가 자율적인 개인의 선택으로 조직을 파악하는 것부터, 조직 내부에서의 상하 관계로부터도 강제의 요소는 배제되어, 부하가 상사의 판단의 타당성을 받아들이는 걸 기본으로 한다. 즉 상사의 권위란 상사의 실력을 부하 측이 인정함으로써 성립한다. 이런 생각을 권위수용설이라 부른다. 계층제에서 강제적인 상하 관계와는 다른 조직상이 나타나는 것이다.

그러면 조직은 완전히 분권적인 것인가 하면 그렇지 않다. 부하는 일상의 명령에 관해서는 개별적으로 타당성을 되물을 건 없고, 통례와는 다른 특정한 문제에 관해서만 타당성의 판단을 하기 때문이다. 이러한 부하의 '무관심권'이 존재하기 때문에, 일정한 정도의 집권성이 조직에는 초래된다. 그리고 그것이 있기 때문에 조직은 조직의 목표 달성을 향하여 방향을 결정할 수 있다. '능률'과 함께 조직의 평가 기준으로서 버나드가 들고 있는 건 조직의 목표 달성의 정도를 묻는 유효성(effectiveness)이다.

이와 같이 버나드는 자율적인 개인이 조직을 형성한다고 하는 출발점으로부터 개방적이고 분권을 기초로 하면서 일정한 집권성을 갖춘 조직의 성립을 설명하였다. 조직 구성원에게 충분한 소속 인센티브를 주면서, 어떻게 조직 구성원의 통합을 도모하는가 하는 문제는 오늘날까지 지속되고 있는 중요한 문제이며, 그 문제를 확립했기 때문에, 버나드는 현대조직론의 시조로 평가받고 있다.

환경에 대한 수동성과 능동성

버나드는 개인으로부터 논의를 출발했지만, 그 논의가 단서를 연 환경과의 관계에서 조직을 보는 관점은, 그 후의 연구에서는 조직 내부의 개인의 특성을 배제하고 환경과의 관계에 초점을 강하게 집중하도록 진행된다. 그 가운데 크게 나누어 두 가지 다른 견해가 등장한다. 하나는 조직이 환경에 제의하는 측면을 강조하는 견해, 또 하나는 환경에 조직이 규정되는 측면을 강조하는 견해이다.

조직이 환경을 형성한다고 하는 관점에서 살펴보자. 조직이 무엇을 환경으로 파악할지도 선택의 산물이며, 무엇을 활동 영역으로 하는가 하는 전략적 선택을 통해서, 환경이 조직을 좌우하는 것을 회피하려고 하고 있다는 것이 그 하나의 견해이다.

톰프슨은 조직을 인풋에서 아웃풋으로 전환하는 테크놀로지, 행동 영역으로 설정되는 도메인, 요구의 대상이 되는 태스크 환경이라고 하는 개념의 편성으로부터 파악한다. 도메인의 범위는 조직이 설정하는 것이다. 그리고 조직은 조직 활동을 크게 좌우하는 요인을 미리 내부에 넣어 두려고 하므로 성장하는 경향이 있다고 한다. 반대로 말하면 환경이란 조직의 입장에서 보면 새로운 특성이 형성되는 것이며, 조직은 그러한 행위를 통해서 변화에의 원동력을 얻는다고 말할 수 있다(톰프슨 1987).

조직은 환경을 형성하는 것만이 아니고, 조직의 목표에 대응한 조직 형태를 스스로 선택한다. 예를 들어, 조직 목표가 단일하고 명확하면 집권적인 쪽이 그 목표를 달성하기 쉽기 때문에 집권적인 형태가 채용되기 쉽다. 이에 대해 조직 목표가 다수 있고 불명료할수록 조직 형태는 분권적으로 되기 쉽다. 행정 조직에서도 군대, 경찰, 소방이라고 하는 안전 보장·치안과 관계되는 조직은 조직의 목표가 명확하다. 이러한 조직은 집권성이 높다. 지휘관의 지휘나 명령이 명확하게 전달되지 않는 것이나, 그에 대한 의문이나 이의제기를 인정하는 건 신속하고 통일적인 행동의 방해가 된다. 전장, 화재의 현장, 범죄자와 대치하는 현장에서 그러한 일은 생사를 가를 수 있다. 다른 한편, 의사결정자에의 참모역을 담당하고, 부정형(不定型)의 업무가 많은 조직의 경우 분권성이 높다. 내각부의 조직편제는 그 일례이다(☞제6장).

조직의 목표가 다의적이기 때문에 분권성이 높은 조직의 모습을 묘사한 것이 마치와 올센에 의한 쓰레기캔모델(쓰레기통모델이라고도 표기)이다(마치·올센 1986, 1994). 그들은 대학 조직의 의사결정에 관한 관찰로부터 분권적인 조직에서의 의사결정을 '조직화된 무질서'로 파악한다. 거기에서는 의사결정에의 참여자는 유동적이며 선택사항이 어떠한 귀결을 가져오는가 하는 정보나 지식도 충분하지 않고, 원래 결과에 대한 선호도 명확하지 않은 상태로 의사결정에 참여하고 있다. 따라서 문제, 해결책, 참가자, 선택 기회라고 하는 의사결정의 요소는 반드시 순서대로 줄 서지 않고, 별개로 발생하며 우연적인 것들이 결부됨으로써 결정된다. 부국 간이나 구성원 간의 연결 구조가 강하고 약함에 근거하여, 타이트·커플링과 루스·커플링을 구별하고, 조직 목표가 일의적인 경우에는 전자가, 다의적인 경우에는 후자가 적응적이라고 하는 와이크의 논의도 동일한 주장이라 할 수 있다(와이크 1997, 2001).

환경의 성질과 조직의 적합성

이에 대해서, 조직과 환경의 관계에 관한 또 하나의 견해는 환경조건에 따라 적합성이 높은 조직 형태는 다르다고 주장한다. 이러한 환경조건과 조직의 적합성을 찾는 것이 상황적합이론 또는 조건적합이론(contingency theory)이라 불리는 일련의 연구이다. 조직과 환경의 관계에 대한 실증 연구에 근거하여 양자의 관계를 명확히 하려고 하는 이론이다. 환경조건의 첫째는 테크놀로지이다. 영국의 100 이상의 제조업자의 관찰로부터, 집권적 조직은 대량생산 시스템에서만 유효하다는 것이 밝혀지고 있다(우드워드 1970). 둘째는 환경의 안정성이다. 시장이나 기술 변화가 큰 경우에는 분권적인 조직 형태가 적합하다고 하는 것이 밝혀지고 있다. 셋째는 환경 안의 전체와 부분의 구분이다. 기업 중에서도 환경 변동이 작은 생산 부문에서는 집권적이지만, 환경 변동이 큰 연구 개발 부문에서는 분권성이 높다고 하는 걸 볼 수 있다(로렌스·로시 1977).

아오키 마사히코(靑木昌彦)로 대표되는 경제학에서 비교제도 분석도 조직의 환경을 전체와 개별 부분으로 나눈 다음, 각각의 상호관계에 주목한다(아오키 2003, 2008). 우선 환경 가운데에서도 조직 전체에 영향을 미치는 시스템 환경과 개별 부국에만 영향을 미치는 개별 환경이 존재한다. 중앙부성으로 말하면 인구나 경제력의 성쇠나 글로벌화라고 하는 것은 시스템 환경, 교통수단이나 쿠데타는 개별 환경이 된다.

주목해야 할 점은 각각의 개별 환경 간 관계와 개별 환경과 시스템 환경의 중요성 비중이다. 위의 예에서 말하면, 교통수단과 쿠데타 사이에는 관계는 없다. 즉 개별 환경의 연관성은 낮다. 한편 국토교통성에서는 시스템 환경보다 개별 환경의 영향이 크지만, 재무성에서는 개별 환경은 그다지 큰 의미를 갖지 않는다. 인구나 경제력 등 시스템 환경의 비중이 크다.

이러한 환경 내 종횡으로 연관되는 강함이 조직 형태를 적합하게 바꾼다. 시스템 환경과 개별 환경을 비교하고, 시스템 환경의 영향이 상대적으로 크다면 집권적인 조직 형태가 적합할 것이다. 그렇지 않은 경우는 일정 정도의 분권적인 조직 형태가 적합하므로 정보공유형이나 기능특화형의 조직이 선택되기 쉬워질 것이다. 게다가 개별 환경 간의 연관이 강한 경우에는 수평적인 정보 유통의 중요성이 증가한다. 따라서 이 경우도 정보공유형이 적합하지만, 반대의 경우는 기능특화형이 적합한 것이다.

4. 제도에 의한 설명: 동형화, 보완성과 경로의존성

동형화와 정당성

조직 형태와 환경조건의 적합성을 추구한다면 하나의 조직 안에서도 부국마다 다른 조직 형태를 취할 것이다. 혹은 업종이 다르면 다른 조직 형태를 취할 것이다. 그러나 실제로는 그러한 일은 별로 볼 수 없다. 중앙 부처는 어디도 비슷한 조직 형태를 채택하고 있으며, 게다가 행정 조직과 민간기업 사이에서조차 같은 나라 안에서는 유사성을 볼 수 있다. 일본 내에서는 직업의 종류에 관계 없이 정보공유형의 조직 형태를 취하고 있는 곳이 많고, 미국에서는 기능특화형의 조직이 많다. 왜 미·일이라는 나라의 차이에도 불구하고, 같은 직종의 조직이 같은 형태의 조직이 되며, 직종이 다르면 조직 형태도 다른 것이 되지 않는 것일까?

그것을 설명하는 하나의 메커니즘이 파월과 디마지오가 말하는 조직의 동형화이다(Powell & DiMaggio eds. 1991). 동형화에는 두 가지 형태가 있으며, 하나는 경쟁에 의해 도태된다고 하는 메커니즘이다. 또 하나는 제도적인 동형화로 불리며 사회 속에서 정통성을 가진 조직 형태로 수렴하게 된다는 메커니즘이다. 법률에 의한 규정, 성공 사례의 모방, 조직 횡단적인 전문성이라는 세 가지가 대표적인 사례이다. 이 논의는 개인적인 이익보다 규범이 주는 영향을 중시하고 그것이 제도화되는 측면을 강조하므로 사회학적 신제도론이라 불린다.

전략적 보완성과 시스템 보완성

또 하나의 설명 방법은 부국이나 업계마다 조직 형태가 변하지 않는 것은 부분적으로 최적화는 아닐지도 모르지만, 보완성이라는 메커니즘이 작동하기 위해서 전체적으로는 각각의 구성원이나 조직의 이익에도 결부되어 있다고 하는 것이다.

보완성에는 두 종류가 있다. 우선 다른 조직 간에 조직 형태를 동일한 것으로 갖추는 것이 원활한 조직 간 관계를 쌓아 올리기 쉽다고 하는 것을 생각할 수 있다. 예를 들어, 어떤 기업이 몇 개의 기업으로부터 부품을 조달할 때 그 기업이 정보공유형이라면 부품의 공급처와의 관계도 현장 레벨에서의 섬세한 피드백을 통해 사양을 만들어 가는 방법을 좋아할 것이다. 명확한 시방서를 작성하고 계약 관계를 기본으로 하는 기능특화형의 조직 간 관계에는 적합하지 않다. 부품의 제조 공정 관점에서는 기능특화형의 조직이 제품 개발 등에서 유리하다고 하더라도, 그것보다 조직 간 관계의 관점에서 정보공유형을 갖춘다고 하는 선택이 이루어지기 쉽다. 이러한 조직 간 관계의 조정이 가져오는 동조화의 힘을 시스템 보완성이라고 부른다.

시스템 보완성의 결과, 어떤 사회 속에서는 특정한 조직 형태가 확산하기 쉽다. 그러자면 이번은 사람들이 그것을 전제로 해서 행동하는 결과, 더욱더 그 조직 형태는 유지되기 쉬워진다. 예를 들어, 지금부터 기능을 습득해 나가려고 하는 젊은 층 가운데는 기능특화형에 적절한 기능을 가지고 있는 사람도 있다면, 정보공유형 지향의 기능이 적합한 사람도 있을 것이다. 그러나 사회 속에서 지배적인 기능 쪽이 사회에 나갈 때 평가되기 쉬운 것도 사실일 것이다. 거기서 자기 자신의 특성보다 사회 속에서 지배적인 기능에 투자하는 것이 투자 대비 효과라고 하는 관점에서 보면 합리적이라고 생각한다. 이것이 전략적 보완성이다. 생존 전략으로서 합리적인 것은 사회 속에서 지배적인 조직 형태에 맞추는 것이라고 하는 개개인의 판단이 전략적 보완성을 낳는 것이다.

경로의존성과 조직 형태의 변화

제도 레벨에서의 시스템 보완성과 개인 레벨에서의 전략적 보완성이 작동하는 결과, 사회 속에서 한 번 지배적인 조직 형태가 확립하면 그것은 꽤 변화하기 어렵다. 최초의 단계에서는 어떤 조직 형태가 확산할 것인가는 모르기는 하지만, 한 번 어느 정도의 확대되면 그다음은 한층 더 그 조직 형태가 사회 속에서 확장된다. 이러한 사회 변화의 방법을 역사적 경로의존성(path dependency)이라고 부른다. 출발 시점에서는 다른 경로도 있었을 수도 있음에도 불구하고, 한 번 어떤 경로를 걷기 시작하면 다른 경로로 옮겨 진행하기란 어려운 일이다.

그러나 그렇다고 해서 사회 속에서 지배적인 조직 형태의 변경을 볼 수 없는 것은 아니다. 보완성의 존재는 한 번 어떤 부분이 움직이기 시작하면 다른 부분도 거기에 따라 변화가 생기는 것으로도 이어진다. 즉 보완성이 존재함으로써 일정한 정도까지의 변화이면 기존의 조직 형태를 유지한다고 하는 관성을 낳지만, 동시에 어느 정도 이상의 변화가 생긴 경우는 단번에 다른 조직 형태로 사회 전체가 옮겨간다고 하는 다이너미즘도 낳기 쉬운 것이다. 실제로 일본에서 정보공유형이 지배하게 된 건 주로 제2차 세계대전 이후다. 고도 경제성장기의 노동력 부족 등 몇 가지 요인이 중첩된 형태로 장기 고용의 관행이 확립되어, 그것이 정보공유형의 업무 형태에 잘 적합함으로써 사회 전체에 널리 퍼지게 되었다. 반대로 말하면, 전쟁 전까지는 예를 들어 고용 관행 등도 달라 동일 조직에서의 근속 연수는 짧고 노동의 유동성은 높았다. 일본형 고용 관행이라 불려 왔던 많은 것은 예전부터 일본에 있는 것도 일본에만 있는 것도 아니다.

연습문제

❶ 숨겨진 정보와 숨겨진 행동의 어떤 것을, 어떻게 해결하려고 하고 있는가 하는 관점에서 이 장에서 살펴본 다양한 논의를 다시 정리해 보자.

❷ 조직을 바꾸어 가는 것은 사람인가, 조직 그 자체인가, 환경인가. 현대 일본의 행정 조직을 예로 들어 어느 설명이 가장 좋은 설명이 되는지를 검토해 보자.

❸ 이 장에서는 조직 그 자체에 주목하는 논의를 다루었지만, 제Ⅰ부에서 살펴본 것처럼, 정치가가 조직편제를 통해서 통제를 가하려고 하는 면도 있다. 양자의 관계를 생각해 보자.

제 8 장

조직 형태의 귀결

조직 형태의 차이는 어떠한 귀결의 차이를 낳는 것일까? 우선, 관료제 조직의 장점으로 업무의 공정성이나 경제발전의 촉진을 들 수 있다. 그 반면, 주걱자(杓掟規)의 대응이나 조직의 경직성을 수반하기도 한다. 한편, 분권적 조직으로서의 정보공유형과 기능특화형에도 각각의 강점과 약점이 있다. 특히 근년 일본의 상황은 정보공유형의 약점이 나타나기 쉬운 데 주의하고 싶다. 마지막으로, 조직 관리의 실패 사례로서 예산 편성의 방식에 따라서는 재정 적자가 확대되기 쉽다는 점을 살펴본다.

1. 관료제 조직의 장점

높은 예측 가능성

관료제 조직은 계층제 형태인 동시에 공식화된 조직 형태로 정의할 수 있다. 이것은 근대 특유의 조직 형태이며, 근대 이전의 조직 형태에 비해 예측 가능성과 계속성이라고 하는 관점에서 보면 우수한 것이다. 그리고 그 기술적 우월성 때문에 광범위하게 퍼지는 것을 예측할 수 있다. 이것들에 관한 일련의 논의를 정리한 사람이 웨버였다(Weber 1974).

웨버의 문제 관심은 근대를 그 이전과의 대비 가운데서 평가하는 데 있다. 그러므로 근대 관료제도 그 이전의 과거 지배 형식과의 대비 속에서 논해진다. 구체적으로는 지배를 정당화하는 근거의 차이에 따라 카리스마적 지배, 전통적 지배 그리고 합법적 지배라고 하는 세 가지 구분이 이루어진다. 각각 지배자 개인의 특성이나 능력에 의한 지배 형태, 혈연이나 신분 혹은 전통이나 관습에 의한 지배 형태 그리고 비인격적인 규칙에 의한 지배 형태를 가리킨다.

관료제는 합법적 지배를 실현하는 메커니즘으로 위치가 부여된다. 관료제의 행동은 예측 가능성과 비인격성이 매우 높다. 누가 직무를 맡고 있는가에 의해 좌우되지 않고, 또 사안마다 판단 기준이 다르지 않고, 안정적인 동시에 통일적으로 업무가 수행된다. 따라서 관료제는 합법적 지배를 가능하게 한다.

게다가 이러한 관료제의 특징 때문에, 정부 부문, 민간 부문을 불문하고 대규모 조직은 관료제를 채용한다고 예측된다. 근대를 합리화의 프로세스라고 생각하고, 그것을 달성한 것이 세계적으로 퍼진다고 하는 것이 웨버의 근대에 관한 이해였다. 다만 웨버는 이러한 합리화의 프로세스 보급을 예측하면서도 그것을 예찬한 건 아니다. 오히려 그것이 초래하는 자유의 억압 가능성, 사회적 유대의 파괴 등에 위기감을 안고 있었다.

관료제와 부패 그리고 경제발전

웨버가 말하는 관료제의 존재는 두 개의 경로를 통해서 경제발전에 기여한다고 생각할 수 있다. 첫째, 관료제에서 공식화가 확립되어 있으면 관료제에서의 부패, 즉 뇌물수수에 의한 불공정한 법률의 집행은 감소한다. 따라서 시장을 규제하는 다양한 규칙이 공정하고 확실히 집행되는 것을 시장의 참가자들이 기대할 수 있다. 그 결과 효율적인 시장에서의 경쟁이 실현되기 쉽다. 둘째, 관료제에서 신분 보장의 확립은 관료가 장기적인 시야를 가지는 데 기여한다. 따라서 자신들의 명성이나 다양한 자원의 획득도 장기적인 정책의 성공, 즉 경제발전에 의존한다고 하는 의식이 강해진다. 그래서 웨버형 관료제 쪽이 장기적으로 효과를 발휘하기 쉬운 인프라 정비 등에 주력하기 쉽다고 생각할 수 있다.

미국의 정치학자 에반즈와 경제학자의 라우슈는 이러한 주장을 각국의 데이터를 가지고 검토하였다(Evans & Rauch 1999; Rauch & Evans 2000). 전문가에 대한 앙케이트 조사로부터 각국의 행정 조직의 특징을 파악한다. 경제 관청의 정책 책정의 자율성, 상급 관직 중 시험 채용의 비율, 대졸자의 비율, 평균 재직 연수, 민간과의 급여 격차, 뇌물의 정도 등이 그 대표적인 항목이다. 이 항목들로부터 각국의 행정 조직이 어느 정도 웨버형 관료제라고 할 수 있을까를 지표화한다. 그리고 그것과 경제발전 정도와의 관계를 계량분석을 함으로써 양자의 명확한 정(正)의 관계를 발견하였다. 그러나 보다 장기간의 계량 데이터를 이용한 다른 분석에서는, 시험 채용과 경제성장의 관계는 존재한다고 하더라도, 제2차 세계대전 이후로 제한되는 등 보편적이라고는 말하기 어려운 부분도 나타나고 있다(Cornell et al. 2020).

경제발전에의 영향은 논의가 갈리는 것이라고 하더라도 정부의 부패 정도나 공공정책에서 유효성 등과의 사이에는 보다 명백한 관계를 가질 수 있다. 또한 행정 조직의 형태나 특징에 관하여, 새로운 데이터 세트를 구축하고, 최근 그리고 보다 많은 나라를 분석 대상으로 포함하는 일도 시도되고 있다. 예를 들어 요테보리대학(스웨덴)의 '정부의 질'센터는 190 이상의 나라를 대상으로 전문가에 대한 서베이조사를 실시하여, 각국 공무원 제도의 채용, 승진의 방법, 신분 보장의 정도, 부패의 정도, 법령 준수(준수)나 효율화 지향, 정치적 응답성의 정도 등을 찾아내려 하고 있다(Dahlstrom et al. 2012).

그림 8-1 ▸ 웨버형 관료제와 국가의 쇠약성(2014)

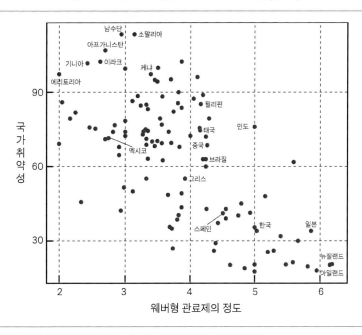

그림 8－1에서는, '정부의 질'센터의 전문가 조사로부터 산출된 웨버형 관료제, 즉 시험 채용이나 신분 보장의 정도의 지표를 가로축에, 세로축에는 사회·경제·정치에 미치는 실패국가지수를 취해 각국을 평가하였다. 웨버형 관료제의 특징이 강화됨으로써 실패국가지수가 낮아지는 완만한 경향이 있음을 알 수 있다. 특히 웨버형 관료제의 성격이 약한 경우에는 보다 기울기는 강하고, 웨버형 성격이 국가의 취약성을 약하게 하는데, 보다 큰 효과를 지닐 가능성(이 있음)을 파악할 수 있다.

그림 8－2에서는, 공무원의 업무의 공정성을 가로축으로 하고, 세로축에는 부패에 관한 17의 지표를 종합화한 베이즈 부패지표를 넣어 각국을 평가하였다. 이쪽은 보다 명확한 관계가 있고, 관료제가 공식화 등의 결과, 공정한 정책을 실시하고 있는 나라에서는 부패도 적다고 하는 경향을 간파할 수 있다.

그림 8-2 ▸ 업무의 공정성과 부패 정도(2014)

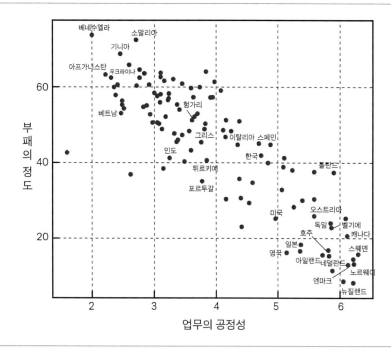

[출처] 그림 8-1과 동일.

2. 관료제 조직의 단점

관료제 비판

웨버는 역사적 거시적인 시점에서 관료제와 그 귀결로서의 기술적 우위성을 논하였다. 그러나 그것은 실태로서 관료제의 모든 모습을 묘사하고 있는 것은 아니다. 오히려 실제로는 관료제는 많은 비판에 계속하여 노출되어 왔다.

한편으로는 그 외의 비인격성이 비판된다. 관료 기구가 비인간적인 목표조차도 묵묵히 수행하는 것은 나치스·독일에서의 대량학살이 여실히 보여주었다. 친위대 중령으로서 유대인 '이주'의 마이스터라 칭해진 아이히만은, 1961년의 재판에서 자신의 행위를 '명령에 따랐을 뿐'이라고 말했다. 그 모습은 광신자도 큰 죄인도 아니고 너무나도 말단 관리였다(아렌트 1994). 그 충격을 받아, 일반인이 상위자의 명령에 지나칠 정도로 복종하는 경향을 확인한 미국의 심리학자 밀그램의 실험은 우리 누구나가 아이히만이 될 수 있다는 가능성을 명확히 하였다(밀그램 2012).

다른 한편으로는 관료제는 그 팽창성이나 경직성이 비판받는 경우도 많다. '주어진 시간을 채우도록 일은 만들어진다'라고 하는 파킨슨(영국의 역사가)의 법칙이 대표적인 사례이다. 거기로부터 공무원 수가 증가하는 경향이나, 세입에 맞추어 세출이 만들어지는 경향이 파생적으로 나타난다. 또한 정부에 의한 규제나 정부에의 인·허가 때 작성이 요구되는 문서의 양은 방대하고 게다가 증가할 뿐이다. 이러한 경향을 번문욕례(繁文褥礼, red tape)라 한다(카우프만 2015). 정부 부문, 민간 부문을 불문하고, 공식화는 방대한 서류 작성이나 형식적인 관리·감사 업무를 초래한다는 점에서 내용이 없는 '쓸데없는 일(bullshit job)'을 증가시킨다. 이런 경향은, 민영화 등에 의한 경쟁 도입을 노래하는 것(☞제13장)이 결국에는 신청 서류나 평가 서류의 증가를 초래함으로써 점점 더 강해지고 있다고도 한다(그레이버 2017, 2020).

머튼의 역기능론

이러한 관료제의 문제점은 왜 발생하는 것인가. 이 물음을 실증적으로 해명하는 연구가 전후의 미국 사회학에서 많이 진행되어 왔다. 이러한 논의는 웨버 비판으로서 자리매김되는 경우가 많지만, 단순한 웨버 비판에 머무르는 논의가 아니다. 보다 광범위하게 왜 관료제는 예기된 성과를 낳지 않는 것인가, 관료제는 어떠한 성과를 낳고 있는가 하는 문제를 고찰하고 있다.

대표적인 논자인 머튼은 사람들의 상호행위의 의미나 그 동작을 기능으로 파악하고, 그 기능을 충족하도록 사회는 움직이고 있다고 하는 기능주의의 생각을, 실증적인 인과관계의 분석에 이용하였다(머튼 1961). 하나의 기능으로부터 출발하여, 그것과 등가의 기능이나 부(負)의 기능을 포함함으로써 실태를 기술할 수 있는 골격을 정돈하였다.

예를 들어 도시의 재분배를 담당하는 정부 기능의 결과, 빈곤자가 최저한의 생활을 성취하는 게 실현되고 있는 경우도 있을 것이다. 그러나 도시의 운영자가 일 등을 미리 준비한 결과 실현되는 경우도 있다. 여기에서는 정부와 도시의 운영자가 기능적으로 등가의 관계에 있다. 게다가 정부에 의한 재분배는 수급자의 자존심을 해치고 자립을 곤란하게 한다고 하는 예기치 못한 결과도 초래할 수 있다. 이것을 역기능이라고 한다. 기능적 등가는 같은 결과에 대한 다른 원인이며, 역기능이란 같은 원인의 다른 결과이다. 더 나아가 당사자들이 눈치채고 있는 표면적 기능 이외에 당사자도 눈치채지 못하는 잠재적 기능도 존재한다. 이러한 도구들을 준비함으로써 추상화와 구체화를 연결하는 방법을 중범위 이론이라 부른다.

이러한 관점에 근거하여 머튼이 분석한 것은 관료제에서의 공식화가 가져오는 역기능이다. 본래 규칙은 정형적인 업무를 효율적으로 처리하고 불평등한 취급을 하지 않도록 설정되어 있다. 그러나 규칙에 대해서 과잉 동조하면, 본래는 수단인 규칙에 따르는 게 목표로 바뀌어 버린다. 그 결과 상황에 대한 변화에 대응하지 못하고 조직의 경직화가 진행된다. 이와 같이 공식화가 경직성을 낳는 것을 '훈련된 무능력'이라고 부른다.

또 하나의 규칙의 역기능은 불평등한 취급을 피하기 위한 규칙이 과잉 획일성을 초래한다고 하는 것이다. 규칙의 적용을 자기 목적화하는 것이 개별 사례의 실태를 무시하거나 모든 예외적 취급을 거부하거나 하는 것과 관련된다. 이것은 획일적인 대응이라 불린다.

다양한 역기능

공식화가 가져오는 역기능은 보다 복잡한 형태를 취하기도 한다. 셀즈닉은 TVA (테네시강유역 개발 공사)의 분석에서 조직과 환경과의 관계에 주목하였다. 변화하는 환경에 대한 적응을 계속함으로써 조직의 하부에서 수익자의 착취 등 제도화가 진행되어 간다. 그러나 그것은 조직 하부에서 설정한 목표를 내면화해 버리는 것이나 거기로부터 분파주의가 발생하는 걸 분명히 하였다. 머튼이 제시한 경직성을 넘어선 조직이라 해도 거기에는 다른 역기능이 나타난다는 것이다(Selznick 1949).

계층제 조직에서의 상하 관계가 가져오는 역기능을 참여 관찰에 의해 발견해 낸 것이 골드너이다(골드너 1963). 지역 커뮤니티에 뿌리내린 형태로 오랜 세월의 노동 관행이 형성되어 있던 석고공장에 본사로부터 새로운 관리자가 파견되어 왔다. 그는 획일적인 규칙에 대한 준수를 요구하며 작업원들에게 감독을 강화했지만, 작업원들은 반발하며 분쟁이 지속되었다. 여기에서는 계층제 조직의 상위자가 하위 구성원의 동의를 얻지 않고 규칙을 강제로 시행하는 징벌형 관료제와 양자의 동의에 의거하는 대표 관료제라는 두 가지 유형을 도출할 수 있다. 그리고 하위의 구성원에게 전문성이 있는 경우에는 대표 관료제의 가능성을 추구해야 한다고 골드너는 주장하였다.

이것들에 대해서, 관료제 조직의 역기능은 그것에 대한 새로운 대응으로부터 혁신의 원천도 될 수 있다는 것을 주창한 것이 블라우이다(Blau 1963). 그가 관찰 대상으로 한 것은 미국의 공공직업안정소와 노동기준감독서이다. 전자에서 새로운 업무평가 방법을 도입했는데, 직원 사이의 경쟁을 촉진시킨 부서에서는 기대에 반해 생산성은 저하하고, 협력하여 새로운 평가방법에 대항한 다른 부서의 생산성은 높아졌다. 후자에서는 규정에 반해 감독관끼리의 상담이 빈번하게 보이는 것이 전체의 생산성을 높이고 있었다. 조직 구성원들의 자발적 적응이 조직의 다이너미즘을 만들어 낸 것이다.

지금까지 살펴본 것처럼, 역기능론은 일반적으로 생각되고 있는 단순한 관료제 비판의 논의가 아니다. 역기능은 기능과 세트이며, 역기능이 발생한다고 해서, 관료제에서 규칙·룰을 철폐하면 좋다는 게 아니다. 관료제 비판의 상당수는 '그렇다면 관료제 없이 어떻게 하면 좋을 것인가'라고 하는 물음에 대답하지 않는다. 문서주의에 폐해가 있다고 해서, 이것을 없애면 사람의 지배로 돌아올 뿐이다(노구치 2018). 중요한 건 기능과 역기능의 양면을 파악하면서 그 공과 죄를 종합적으로 바라보고 그 발생 메커니즘과 개선책을 검토하는 것이다.

제일선 직원의 딜레마

관료제에서 공식화의 기능과 역기능의 양면이 전형적으로 나타나는 것이 제일선 직원이다. 그들은 정보의 분산과 공식화가 함께 존재하는 상태에 놓여 있다(☞제7장). 이것이 제일선 직원을 해결 곤란한 딜레마로 몰아넣는다. 이 점을 최초로 지적한 것은 리프스키였다(리프스키 1986). 그들이 접촉하는 고객은 개별 사정을 안고 있으며, 그 사정에 적합한 대응을 취하고 싶다고 그들은 생각한다. 매뉴얼에 따르는 것만으로는 융통성이 없는 대응이 되어 버리고, 고객을 만족시키는 것, 나아가서는 법령 본래의 취지를 실현하는 게 안 되기 때문이다. 그러나 개별 사정에 대응하는 재량의 행사는 경우에 따라선 고객과의 유착을 낳고, 다른 고객과의 사이에 불공평을 낳게도 될 수 있다. 매뉴얼은 그러한 문제를 해소하기 위해 준비되는 면도 있다. 제일선 직원이 한편으로는 번―아웃(burn out)증후군에 빠지기 쉽고, 다른 한편으로는 기계적·경직적인 대응으로 시종일관하기 쉬운 것은 같은 동전의 양면과 같다.

또한 제일선 직원은 복수의 업무에 시간과 에너지를 얼마나 배분할 것인가 하는 점에서도 딜레마에 빠진다(하타케야마 1989). 관리 부문에 관한 보고가 요구되고 있지만, 법령의 본래 취지를 실현하는 데 반드시 효과가 크지 않은 업무, 관리 부문에 대한 보고 사항은 아니지만, 고객의 본래 요구에 적합한 업무, 어느 쪽에 어느 정도의 에너지를 배분해야 하는 것일까? 예를 들어 주민은 지역 경찰관이 자주 순찰함으로써 범죄 예방을 요구하고 있고, 경찰관 등도 그것을 중시하고 있다고 하더라도, 관리 부문이 검거율의 향상을 목표로 내거는 경우, 어떻게 시간을 배분할 것인가는 어려운 문제이다.

3. 정보공유형과 기능특화형의 귀결

최대 동원 시스템과 혁신

여기에서는 분권화의 두 가지 형태, 정보공유형 조직과 기능특화형 조직의 귀결에 대해서 살펴보자.

정보공유형 조직의 경우, 조직 하부에서 수평적 정보 유통과 정보의 축적이 촉진된다. 이 때문에 직장의 다른 구성원이나 다른 부서의 상황을 고려하면서 일을 진행해 나가기 쉽다. 수평적인 조정이 수시로 행해지면서 업무는 처리되어 간다. 따라서 날마다 변해가는 환경을 앞에 두고 자그마한 조정을 반복하면서 전체적으로 골을 향해 행동하는 것이, 이 조직 형태가 자랑으로 여기는 것이 된다. 구성원이 서로 보완함으로써 상대적으로 적은 인원수로 많은 활동을 담당할 수 있다. 무라마츠 미치오(村松岐夫)는 일본 행정의 특징을 적은 자원을 최대한으로 이용하는 최대 동원 시스템이라고 부르지만(무라마츠 1994), 그것을 행정 조직 레벨에서 지지하고 있는 것이 정보공유형의 조직 형태이다.

이에 대해 기능특화형 조직의 경우, 권한의 할당은 관리 부문에 의해 행해지고 조직 하부에서의 수평적 정보 유통은 생기지 않는다. 따라서 정보공유형 조직의 경우와 달리, 일상적으로 자그마한 조정을 실시하는 것은 이 조직 형태가 자랑으로 여기는 건 아니다. 그 반대로 매우 안정적인 환경에서 권한의 할당을 재검토할 필요가 생기지 않는 경우 기능특화형 조직은 강점을 발휘한다. 또한 환경이 매우 불안정하고 시행착오가 중요해지는 경우도 조직 하부 각각의 자율성이 강한 기능특화형 조직이 유리하다. 정보공유형 조직에서는 조직 하부 간에 연결성이 있으므로 전체적으로 같은 방향을 바라보게 되고 각자가 시행착오를 일으키는 게 어렵기 때문이다.

투명성이라는 관점에서는 기능특화형 조직이 유리하게 되기 쉽다. 정보처리의 통일적 방침을 관리 부문이 정하여 기록의 작성으로부터 폐기나 이관 후의 축적까지를 전체적으로 관리한다고 하는 방침을 취하기 쉽기 때문이다. 이에 대해서 정보공유형 조직에서는 조직 하부에서 정보가 축적되고 그 외에서는 나오지 않는 게 투명성을 내리기 쉽다. 부국 또는 개인 단위로 정보가 머물기 십상이다.

정리하면, 환경 변화의 정도가 중간인 경우는 정보공유형이, 환경 변화의 정도가 낮은 경우와 높은 경우는 기능특화형이 적합하다. 바꾸어 말한다면, 정보공유형 조직은 기존의 아웃풋에 조금씩 개선을 추가하여 그 질을 높여 가는 과제에 강점을 가진다. 이에 대해 기능특화형 조직은 기존의 아웃풋에 사로잡히는 일 없이 혁신을 일으킨다고 하는 점에서 우수하다. 제2차 세계대전 후 일본의 중앙부성은 정치가나 업계의 이익을 조정하면서 고도 경제성장과 그 범위 내에서 문제 해결에 대체로 성공해왔다. 그러나 1990년대 이후 격렬한 환경 변화에 대해서 적절한 대응책을 내세울 수 있었다고는 말하기 어렵다(☞제2장, 제14장). 이것들은 정보공유형이라는 조직 형태의 하나의 귀결로서 이해할 수 있다.

양자의 차이가 현저하게 나타나는 예는 재해에 대한 대응이다. 지진을 비롯한 자연재해에 휩쓸리기 쉬운 나라임에도 불구하고, 일본의 행정 조직은 항시적으로 설치되어 있는 대규모 재난 담당 부국이 없다. 재해 발생 시에는 대책 본부가 설치되어 관계 부서를 모으고 대응을 진행하여 나간다. 비일상의 업무에 대해서 수평적 조정에 의해 대응하는 것이다. 미국에는 긴급사태관리청(FEMA)이 설치되고 있어 재해에 대응하는 인재의 전문성 향상 등에 일상적으로 임하고 있는 것과는 대조적이다.

일본의 대응 방법은 평상시의 인원에 여유가 있다면, 그것을 비일상시에 차출하여 대응하게 함으로써, 평상시부터 재해 대응을 위한 사람과 조직을 떠안지 않아도 된다고 하는 의미에서 효율적이라고 할 수 있다. 그러나 평상시부터 빠듯한 인원으로 돌리게 되면, 재해 시에는 한계를 넘어선 극심한 노동에 의지하게 된다. 그것은 장기적으로 유지할 수 있는 건 아니다. 신형 코로나바이러스 감염증에서는 대응의 장기화에 수반하여 이 문제가 현저하게 나타났다.

분파주의와 조직재편의 정도

정보공유형 조직의 경우, 언뜻 보았을 때 관할 싸움이 많아진다. 그러나 그것은 정보공유형의 병리라고 하기보다는 생리이다. 두 성간 조정의 네트워크가 세세하게 둘러쳐져 있다는 것은 일본 행정 조직의 특징 가운데 하나이다(☞제6장). 확실히 원래 분쟁이 없는 것이나, 톱-다운에 의한 해결을 이상으로 한다면, 이러한 실태는 평가하지 못하고 관할 싸움은 분파주의의 발로가 될 것이다. 그러나 사회나 경제의 변화에도 불구하고, 성의 편제를 바꾸지 않고 새로운 행정 과제에 계속 대응해 온 것과 관할 싸움이 많은 것은 표리일체(表裏一體)이다(이마무라 2006).

한편, 기능특화형 조직에서는 관할 싸움이라고 하는 형태로서의 문제는 발생하지 않는다. 그러나 반대로, 환경 변화에도 불구하고 적절히 권한을 할당하지 않으면 어디에도 소관되지 않고 대처되지 않는 부분이 남기 쉽다.

즉 정보공유형과 기능특화형에서는 조직편제의 안정성이 다르다. 정보공유형 조직은 조직편제가 안정적이다. 신규 업무가 발생했을 때, 정보공유형에서는 기존 부국이 그 슬랙(잉여자원)을 이용하여 대처하는 데 대해, 기능특화형에서는 소관의 재할당으로 대처하기 때문이다. 따라서 신규 업무의 발생 정도가 같으면, 조직재편의 정도는 조직 형태의 차이를 당연히 반영하고 있다.

그림 8-3 ▸ 영·일의 성청수와 증감수

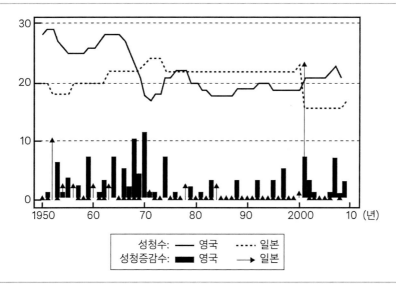

[출처] 영국에 관해서는 White & Dunleavy(2010), p.17의 그림, 일본에 관해서는 국립국회도서관 부처 조직 변천
도(http://www.digital.archives.gojp/hensen/)를 기초로 필자 작성.

유감스럽지만, 각국의 부처 변천의 정도에 관한 통일적인 데이터가 존재하지 않
기 때문에, 여기서는 일본과 영국을 비교해 보자. 그림 8-3에서는 양국의 중앙 부처
의 수를 꺾은선 그래프로, 증감의 연인원수를 막대그래프로 표시하고 있다. 예를 들
어 두 개의 부처가 합병하여 하나가 되었을 경우 증감수는 3으로 세고 있다. 이것을
보면, 영국의 중앙 부처가 빈번히 재편을 반복하고 있는 데 대해, 일본의 중앙 부처
가 지극히 안정적이었다는 걸 잘 알 수 있다. 다만 일본의 경우는, 재편하는 경우는
대규모 개혁이 이루어지고 있으며, 1952년과 2001년에는 증감수가 커지고 있다.
1952년에는 독립 회복에 수반하는 재편, 2001년에는 거의 모든 부처를 대상으로 하
는 재편이 실시되었기 때문이다.

상호 책임 전가, 뒤로 미루기, 진척 없는 디지털화

조직 확장기에는 관할 싸움이 문제가 되지만, 조직 축소기에는 반대로 서로 책임
전가가 발생한다. 사람, 금전, 권한, 정보를 늘려 조직이 발전할 수 있을 때는 관할을
확장하려고 하겠지만, 반대로 부담만이 증가하고 사람도 금전도 증가하지 않는 상황에

서는 관할을 수중에 넣지 않으려고 한다. 기능특화형 조직에서는 몇 개의 부처에 관할을 할당함으로써 대응이 이루어진다. 그러나 정보공유형 조직에서는 부성 간에 관할을 서로 전가할 뿐이다. 예를 들어 음식의 안전과 같이 농림수산성과 후생노동성 간에 관할이 확실치 않은 영역에서 사고가 발생했을 경우, 책임의 상호 전가가 발생한다.

정보공유형 조직에서는 순환이 빈번하게 이루어진다. 반대로 말하면 같은 부서에는 단지 몇 년밖에 없다고 하는 것으로부터는 문제의 판단을 뒤로 미루는 현상도 발생한다. 조직의 어느 부서인가가 대처하지 않으면, 언젠가 큰 문제가 되리라는 것을 알고 있어도, 실제로 문제가 발생하는 것은 자신이 지금의 부서를 떠난 다음이 되는 경우, 문제 해결에 임하는 것을 기대하는 건 어렵다. 정책 실시에서도 실시에 따른 부담을 싫어하고, 리스크를 회피하려고 하는 경향이 강하다(이토 2020).

판단을 뒤로 미루는 경향과 조직 하부에서 업무 분할의 불명확성이 중첩됨으로 디지털화에의 대응도 어려워진다. 정보처리 시스템이나 업무 시스템을 도입하려면, 지금까지의 업무 진행 방식을 밝혀내고, 그것을 어떻게 전자적으로 처리할 것인가를 검토하지 않으면 안 된다. 이러한 업무 내용이나 업무 흐름의 재검토나 재설계를 BPR(Business Process Reengineering)라고 부르지만, 일상 업무 처리와 병행하여 BPR를 진행하기란 어렵다. 이 때문에 디지털화는 뒤로 미루어지거나 BPR를 수반하지 않는 형태만의 디지털화로 끝나기 쉽다. 게다가 정보공유형 조직에서는 업무가 충분히 분할되지 않고 불명확한 게 많으므로 BPR를 진행하는 것이 어려운 것이다(닛케이컴퓨터 2021).

직장과 인간관계에의 영향

조직 형태의 차이는 각각 적합한 직장 환경이나 일의 관행, 동료나 상사·부하와의 관계성, 한층 더 사람들의 워크·라이프·밸런스 등에도 영향을 준다. 직장 생활이 사람들의 인생에서 차지하는 비율은 높고, 따라서 조직 형태의 차이는 우리 사회의 많은 부분을 형성하고 있다.

우선, 정보공유형 조직에서는 수평적인 정보 유통을 가능하도록 조직구성원 대부분이 물리적으로도 같은 공간에서 일한다. 계(係)마다 섬을 만들면서 '주빈석'에 해당되는 부분에 계장이 앉고 한층 더 그것을 포함하는 형태로 과장까지가 같은 사무실에서 근무하는 것은 일본 직장에서 자주 볼 수 있는 광경이다. 개인실이 주어지는 것은 고위층에 한정된다. 이에 대해 기능특화형 조직에서는 공장 근무나 typist와 같은 직종은 예외지만, 화이트칼라(사무직)면 직위에 관계 없이 개인실에서 근무하는 경우가 많다. 조직 하위에서는 수평적 정보의 유통을 필요로 하지 않기 때문에, 이러한 직장의 공간 취급 방법이 채택되는 것이다.

동료나 상사·부하의 모습이 항상 시야에 들어오는 직장에서는 그들의 모습을 파악하면서, 필요에 따라 협력을 요청하거나 혹은 협력을 요구하는 것이 요청된다. 직무의 할당이 완전하게 시행되는 건 아니고 직무는 팀으로서 수행되어 가는 것이며 팀 플레이가 요구된다. 다른 구성원이 많은 일을 가지고 전전긍긍하고 있음에도 불구하고, 먼저 일을 끝내고 직장에서 퇴근하는 건 이러한 조직의 논리에 반한다. 적어도 '먼저 실례합니다'의 한마디가 요구된다. 상사의 역할은 이러한 팀플레이가 잘 진행되도록, 부하들의 인간관계를 배려하고 무임승차자(free rider)의 출현을 억제하는 것이다. 그 때문에 적확한 인사 평가를 실시함과 동시에 일상적으로도 직장의 밖을 포함하여 커뮤니케이션이 요구된다. 퇴근길의 한 잔이나 휴일의 업무관계자와의 골프는 정보 공유형 조직의 일부인 것이다. 이렇게 하여 '회사인간'이 탄생한다. 워크·라이프·밸런스를 유지하는 건 어렵고 가정에서는 성별 역할에 따른 분업에 의존하기 쉽다.

잃어버린 지속가능성

일본 중앙부성의 경우는 정치와의 관계에서 대응해야 할 업무량이 많아지기 쉬운 한편, 노동기본권의 제한을 받고 있다. 인사원이 대체 조치로서 설치되어 있다고 하더라도, 장시간 노동이나 '서비스 잔업'을 개선하는 기능은 해 오지 않았다. 「블랙 가스미가세키」(千正 2020) 등 이라고 칭해지는 상태가 여기에서 만들어진다.

개개인의 업무가 명확하게 할당되어 있지 않음에도 불구하고 무임승차자의 발생을 억제하려면, 한 사람 한 사람의 일하는 태도를 평가하고 그 평가의 축적이 장기적으로는 승진의 차이가 되어 나타나는 것이 필요하다. 또한 직원의 업무 수행 능력의 향상이나 기능의 향상은 직장 밖에서의 체계적인 훈련이 아니라, 직장 내에서 상사나 선배의 조언에 의해 이뤄진다. 그러나 지금의 중앙부성에는 상사가 부하의 성장에 골고루 주시하고 배움의 기회를 주도록 고려할 여유가 없어지고 있다.

게다가 직장에서의 동조 압력이 강한 것은 조직 내 문제를 밖으로 표출하는 데 대한 억압으로 연결되기 쉽다. 공익을 제보하기 어려운 것이나 불상사의 은폐 등이 거기로부터 귀결된다. 자위대의 일일보고를 은폐한 문제나 모리토모 학원에의 토지불하를 둘러싼 재무성의 공문서를 악용하기 위한 개찬(改竄) 문제 등은 이런 예이다. 이 사례는 여러 유형의 희롱(harassment)이 외부에 알려지기 어렵다고 하는 문제와도 연결된다(무라기 2018, 2020).

공무원 지망자의 감소, 중도 퇴직자의 증가는 그 표현이다(니시오 2018). 정보공유형 조직에서 노동 환경 악화의 영향을 받기 쉬운 것은 젊은 직원이다. 그러한 환경 악화를 경험하고 있지 않거나 혹은 환경 악화 하에서도 조직에 남는 것을 선택한 세대가 상사에 많게 됨으로써 문제의 개선은 늦어지기 쉽다. 한층 더 기저에는 공무원이 적다고 하는 문제가 있다(☞제14장). 정치와의 관계로부터, 업무량의 조정이나 개선을 시행하기 어렵다고 하는 점도 크다.

착실한 노동 환경을 제도적으로 보장하면서 동시에 상사의 부정형(不定型)적인 역할을 재활성화하거나 그렇지 않으면 개개인의 업무를 명확히 하여 기능 형성을 명확히 가능하게 하든지, 어느 쪽인지를 시행하지 않으면, 조직으로서의 지속가능성은 사라져 버릴 것이다. 현재 상태에서는 여러 가지의 요인이 과잉 노동을 낳고, 퇴직자를 증가시킴으로써 한층 더 남아있는 사람에게 부담이 늘어난다고 하는 부(負)의 스파이럴(spiral)에 빠져 있다.

4. 자원 관리의 실패: 재정 적자

분권형 조직의 귀결로서 재정 적자

행정 조직에서 관리의 실패가 현저한 형태로 나타나기 쉬운 것은 금전 자원의 관리이다. 어떤 자원이라 하더라도 조달할 수 있는 양 이상으로 사용하면 당연히 부족이 발생하지만, 금전 자원은 그것이 재정 적자라는 형태로 보이기 쉽다. 물론 정부의 재정은 가계와는 다르므로 단기 적자가 즉시 문제가 된다고는 말할 수 없고, 혹자 폭이 큰 만큼 좋다고 하는 것도 아니다. 국민의 후생을 향상시키는 것이 중요하다고 하여, 세대 간 부담을 균형 있게 하고, 장래 투자를 위해 채권을 발행하는 건 문제는 아니다. 그렇다고는 하더라도, 정책 결정자들의 규율이 없어져 발생하는 재정 적자는 일상화되기 쉽고 좌시할 수 있는 게 아니다.

재정 적자의 요인으로서는, 유권자에 대한 편익 공여를 중시하여 부담을 회피하려고 하는 정치가의 선택과, 제4장에서 본 정치와 행정의 관계에 더하여 행정 기구의 조직 형태도 그 하나이다. 재정 전체에 책임을 지는 재무 관청과 특정 정책 영역에 책임을 지는 개별 부성과의 사이에서, 전자에의 권한의 집중이 충분하지 않으면 재정 적자는 확대되기 쉽다. 개개의 부성은 재정 적자 전체에 책임을 지지 않기 때문에, 세수입을 둘러싸고 이른바 '공유지의 비극'(공유물이 과잉 이용되어 고갈해 버리는 현상)이 발생하는 것이다.

일본의 구조에서는 형식적으로는 재무 관청의 예산 편성 권한은 약하지 않다. 그러나 다나카 히데아키(田中秀明)는 재무상의 권한이나 그 재직 연수, 한층 더 정권의 안정성 등을 검토하면, 선진국 가운데서는 미국과 함께 일본의 예산 편성의 집권성이 약하다는 걸 지적하고 있다(다나카 2011). 이것은 일본의 재정 적자의 한 요인일 것이다.

다만 재무 관청에의 집권화가 예산 편성 전체를 바람직하게 한다는 보증은 없다. 개개의 정책 영역에 관한 정보는 사업 관청이 대부분 가지고 있는 정보의 비대칭성이 존재하기 때문이다. 어떠한 공공 문제가 발생하고 있으며, 얼마나 금전이 필요한가 하는 정보는 사업 관청이 가지고 있다. 문제는, 재무 관청의 입장에서는 그러한 일이 숨겨진 정보이기 때문에, 사업 관청이 그것을 이용하여 과대 예산을 요구한다는 데 있다. 따라서 재무 관청에의 집권화를 시행하는 것은 재정 적자의 억제에는 효과적이지만, 필요한 금액을 필요한 정책 영역에 지출한다고 하는 점에서는 유효하다고는 할 수 없다.

엄밀한 세출 예측과 그 좌절

재정 적자를 억제하는 두 번째 방법은 세출 예측을 엄밀하게 함으로써 쓸데없는 예산을 줄이는 것이다. 현장의 정보와는 별도 형태의 정보를 이용하여 예산 결정의 능력을 향상시킴으로써 정보의 비대칭성을 극복하는 시도라고도 할 수 있다.

재무 관청이 세출액을 판단할 만한 정보가 없는 경우는 전년도 예산을 답습하게 되기 십상이다. 이것은 현실적인 예산 편성 방법으로서 바람직한 것으로 생각되어 왔다. 미국 정치학자인 린드블롬(Charles E. Lindblom)이 주장한 점증주의(incrementalism)이다. 제한된 합리성에 근거한다면 전례의 답습을 기본으로 하면서 결정은 이루어진다. 그 결과 조직이 낳는 산출(output)은 조금씩밖에 변하지 않는다. 동시에 그것은 규범적으로도 바람직하다. 역사적으로 생존해 온 것에는 그만한 이유가 있다고 하는 보수주의 생각과 친화성을 가지는 것이다.

점증주의는 정책 전반에 적용할 수 있는 논의이지만, 특히 설명력을 가진다고 여겨지는 것은 예산 편성이었다. 예산 편성은 방대한 결정 사항을 단기간으로 결정하지 않으면 안 되기 때문에 점증주의가 적합한 영역이다. 그리고 실제로 예산이 매년 크게 늘거나 감소하는 것 같은 일은 없고, 완만한 변화에 머무르는 건 점증주의를 지지하는 증거라고 생각되었다.

이에 대해서, 재무 관청이 충분한 정보를 수집·처리할 수 있다면, 보다 효율적인 예산 편성을 할 수 있다고 하는 입장도 있다. OR(Operations Research)로 불리는 수학·통계학을 이용한 의사결정 기법이 1950년대에 발전하여, 60년대에는 그것을 예산 편성에도 도입하려는 시도를 발견할 수 있다. 그 대표적인 사례가 조직의 목표를 명확히 계획한 후에, 비용·편익분석에 근거하여 예산을 할당하려는 PPBS(Planning, Programing and Budgeting System)이다. 미국의 케네디 집권기에 국방장관 맥나마라에 의해 국방 예산의 책정에 도입되었다. 그 후 68년부터는 다른 부처에도 도입되었지만, 충분히 기능하지 못하고 3년 후에는 폐지되었다.

야심적인 PPBS 좌절 후에는, 그 정도의 포괄적인 형태가 아니라, 중장기 계획에 근거하는 예산 할당이나 개별 사업마다 비용·편익분석을 하게 되었다. 또한 전년도 예산을 출발점으로 하지 않고 신년도 예산에서 리셋을 제도화하는 제로베이스 예산이나, 정책의 재검토 기간을 3년이나 5년이라고 하는 단위로 설정해 두는 선셋(일몰제) 방식이 1970년대에는 시도된다. 즉 그 이후로는 점증주의와 PPBS의 중간을 걷고 있다.

1980년대 후반 이후에는 NPM의 움직임이 강화되는 가운데, 사전 예측보다 사후 평가를 중시하는 경향이 금전 자원의 관리에도 나타난다(☞제16장). 정보의 비대칭성을 전제로 하여 오히려 정보가 존재하는 곳에 권한을 준다고 하는 생각이다. 구체적으로는 중기계획 목표를 설정한 후에, 어느 정도의 재량을 사업 관청에 주어 정책 평가와 예산 책정을 연동시킨다. 즉 집행 단계에서 공식화의 정도를 느슨하게 함으로써 정보의 소재와 권한의 소재를 일치시켜, 사후적으로 정보의 비대칭성을 해소하는 것이 현재의 흐름이다.

일본의 경우는 이러한 동향이 충분히 도입되지 않았다. PPBS 도입이 검토되었지만, 본격적으로 실현된 건 없고 제로베이스 예산이나 선셋(일몰제) 방식에 대해서도 같다. 다만 대장성/재무성은 공수 교대제와 적립식 방식과 같은 연구를 거듭해 왔다(☞ 제6장). 그것은 대체로 1980년대까지는 기능해 왔지만, 그 후 커다란 환경의 변동에도 불구하고 사전부터 사후에의 변혁이 충분히 도입되고 있지 않다. 그것은 선진국 가운데서 가장 실적 예산제도에로의 이행이 진척되지 않은 데서도 나타나고 있다(☞제5장).

공식화와 타임 스팬(time span) 확장

재정 적자를 억제하는 세 번째 방법은 공식화를 예산 편성에 적용하는 것이다. 즉 예산 편성에 있어서는 규율이 상실되기 쉽기 때문에, 편성 시에 근거하는 규칙을 확립하는 것이다. 크게 나누어 세입액에 세출액을 맞추도록 요구하는 규칙, 세출액의 상한을 정하는 규칙, 재원 조달에 관한 규칙, 세 가지가 있다.

첫 번째 예로서는, 세출을 세입의 범위 내로 할 것을 요구하는 균형 예산원칙 외에 이자지급비를 제외한 세출과 채권 발행 이외 세입의 비율, 즉 프라이머리·밸런스(기초적 재정수지)의 균형을 요구하는 규칙이 있다. 두 번째 예로서는, 세출액의 상한을 정하는 실링 외에 국내총생산(GDP)이라는 경제지표의 일정 비율에 세출을 설정하는 방법도 있다. 세 번째 예로서는, 채권 발행의 목적을 투자 경비로 제한하는 골든·룰 외에 누적적자의 총액이나 매년 신규 적자액에 상한을 설정하는 규칙이 있다.

이러한 예산 편성 규칙을 자주 사용하는 것이 바람직한 결과를 낳는다고는 할 수 없다. 공식화란 유연성을 단념한 것이기도 하기 때문에, 이러한 규칙을 이용하는 만큼 예기치 못한 경제의 후퇴 등의 쇼크에는 대응하기 어려워진다. 실제로 이러한 규칙의 상당수는 경제 동향의 변동을 이유로 하여 포기되는 경우가 많다. 단년도마다 적용이 아니라, 중기적인 경기순환의 사이클을 단위로 하면서 적용하는 등 연구를 추가하지 않으면 국민경제에 악영향이 생기기도 한다.

그러나 그렇다고 해서, 규칙을 제정하지 않으면 재정 적자의 증가를 억제하는 것도 어려울 것이다. 이 점에서도 선진국 가운데 일본과 미국만이 경기순환을 단위로 하는 중기적인 예산 편성 규칙을 가지고 있지 않다(다나카 2011). 예산의 단년도주의가 재정 민주주의라는 이유에서 지켜지고 있지만, 재정 민주주의는 예산 편성이나 예산의 내용, 그 집행에 걸친 투명성을 향상시키는 것을 통해서도 달성할 수 있다. 게다가 중기적인 재정 계획과 예산 편성 규칙을 도입한다고 하는 선택지가 있다는 점을 지적해 두고 싶다.

연습문제

❶ 당신이 관청 사무의 특징이라고 생각하는 것에 관하여, 기능과 역기능이라고 하는 관점에서 설명을 추가해 보자.

❷ 정보공유형 조직과 기능특화형 조직의 귀결 차이에 관하여, 구체적인 예를 들고 설명해 보자.

❸ 정보공유형 조직의 문제점이, 현재 일본의 중앙부성이나 지방자치단체에서 어떤 형태로 나타나고 있는지를 생각해 보자. 또한 그 해결책에 관해서도 고찰해 보자.

제Ⅲ부

멀티 레벨의 행정

SCIENCE OF PUBLIC ADMINISTRATION

개요

　여기에서는 중앙·지방 관계와 국제 관계라는 두 개의 시점에서 현대 행정을 파악하고자 한다. 글로벌과 로컬을 합친 '글로컬' 시대라는 슬로건이 있지만, 이 두 가지를 아울러 생각하는 데는 이론적인 기초가 있다. 그것은 어느 쪽이나 복수의 본인을 시중드는 대리인의 관계라고 하는 점이다. 지방의 행정 기구는 지방정치가를 나아가서는 지역 주민을 본인으로 한다. 그러나 그것분만 아니라 중앙정부의 대리인 역할도 담당한다. 한편 국제기관이란 각국 정부를 본인으로 하는 공통의 대리인으로 이해할 수 있다.

　이러한 본인·대리인 관계와 지리적으로 넓고 좁음이 중첩된 그림으로서 멀티 레벨의 행정을 이해해 나가면, 거기에는 가로 세로로 확산되는 행정 주체의 네트워크 구조가 떠오른다. 세로는 지리적으로 넓은 범위를 소관하는 기관(국내에서는 중앙정부, 세계에서는 국제기관)의 역할이 큰 집권적인 유형과 그렇지 않은 유형의 차이이다. 가로는 정책 영역별 분립인가 그것들을 묶은 종합인가 하는 유형의 차이이다.

　각국마다 또 레벨 별로 다른 집권·분권과 분립·종합을 설명하는 요인에 대해서도, 이념·아이디어, 이익, 제도의 세 가지로 나누어 이해할 수 있다. 덧붙여 중앙·지방 관계에서는 이것들 이외에 역사적인 유산의 영향이 강한 것, 국제행정에서는 이념이 국제기관의 창출이나 그 본질과 깊이 관련되어 왔던 점에 주목하자.

　게다가 이러한 형태의 차이가 사람들의 정치나 행정에의 관련이라고 하는 정치적 귀결로서 무엇을 낳을 것인가. 그리고 거기에 따라서 정책적으로는 어떠한 차이가 발생하는 것인가. 특히 행정의 자원 관리 실패로서의 재정 적자에 중앙·지방 관계와 국제 관계가 각각 어떠한 영향을 가지는 것인가. 그것이 우리 사회에게 미치는 영향까지 포함하여 생각해 보자.

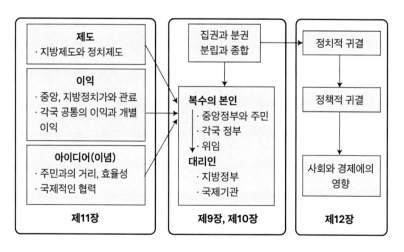

제 9 장

멀티 레벨의 행정-중앙·지방 관계와 국제 관계

국민국가 내의 정치와 행정의 관계나 행정 조직 내부의 관계와는 달리, 지방행정은 지역 주민과 중앙정부라는 두 명의 본인의, 또한 국제기관은 각국 정부라는 다수의 본인의, 공통 대리인이라고 하는 특징이 있다. 이 장에서는 중앙·지방 관계와 국제행정, 양쪽을 통해서 집권·분권(이것은 한층 더 집중·분산과 융합·분리로 분해할 수 있다)과 분립·종합이라고 하는 분석축을 설정한다. 또한 각국의 중앙·지방 관계를 각종 데이터에 의해 평가하고 동시에 국제기관의 실태를 소개하고 그 분립성을 제시한다.

1. 멀티 레벨 행정의 의미와 의의

행정의 공간적 확대: 지역, 국가, 국제

행정을 담당하는 주체는 일국의 수도에 있는 행정 조직, 일본으로 말하면 가스미가세키의 중앙부처만이 아니다. 오히려 우리가 받는 행정서비스의 상당수는 지방정부(local government)에 의해서 제공되고 있다. 출생 신고나 주민 등록에서 시작하여 초중학교에서의 의무 교육, 쓰레기 수집 등의 일상적인 공공서비스, 복지, 마을 만들기 등에 도달할 때까지 모두가 지방정부에 의해서 시행된다.

지방정부란 일국 내의 일정한 지리적 범위의 주민, 그 대표와 행정 조직으로부터 구성되는 통치 기구를 가리킨다. 일본에서 말하면 도·도·부·현(都·道·府·県)이나 시·정·촌(市·町·村)이 해당한다. 이것들은 일본의 법령 용어에서는 지방공공단체로 불리며 또 지방자치단체라 불리는 게 일반적이나, 이 책에서는 각국에서 공통으로 사용되는 용어인 지방정부라는 호칭을 사용한다.

다른 나라의 행정 기구나 국제기관과 우리가 떠안고 있는 접점도 상상 이상으로 많다. 예를 들어 해외에서도 일본의 휴대 전화를 그대로 사용할 수 있는 것은 각국의 휴대 전화가 사용하는 주파수대나 접속 방법을 국제전기통신연합(ITU)이 조정하고 있기 때문이다. ITU는 1865년에 설립된 만국전신연합을 전신으로 하고 있으며, 현재는 국제연합(유엔)의 전문 기관의 하나이다. 2021년 시점에서 193개국의 가맹국을 가짐과 동시에 900 이상의 기업, 대학, 연구기관도 가맹하고 있으며, NTT도코모나 파나소닉을 비롯한 일본 기업도 그 일원이다. 이것은 통신 방법의 국제 표준화를 ITU가 수행하고 있기 때문이며, 거기에 큰 이해가 관련되어 있다는 것은 상상하기 어렵지 않을 것이다.

이 ITU 외에, 유럽연합(EU)이나 유엔 등의 국제기관에서의 행정, 각국 행정 기구의 상호 협력, 국제기관이나 각 국가 간 행정과 비정부조직(NGO)의 관계를 포함하여, 한 나라를 넘어선 국제 레벨에서 행정의 활동과 그것을 지지하는 구조를 총칭하여 국제행정이라 부른다.

멀티 레벨의 행정

멀티 레벨의 행정이란 중앙정부와 지방정부 관계라고 하는 국내의 정부 간 관계 및 다른 나라 정부와의 관계라는 국제적인 정부 간 관계의 쌍방 레벨에서, 정부 간 특히 그 행정 기구 간에 어떠한 조정 메커니즘이 갖춰지고, 대립의 억제나 협력의 촉진을 도모하고 있는가를 파악하는 개념이다. 어느 쪽 정부 간 관계라 하더라도, 좁은 범위를 소관하는 정부와 보다 넓은 범위에 걸친 정부나 행정기관의 관계라는 공통점이 있다.

근대의 특징 가운데 하나는 국민국가의 성립이었다. 거기에는 영토와 국민은 반드시 하나의 국가에 소속되고, 국가 간 관계는 대등하다고 하는 것이 원칙이 된다. 영방(領邦)이 분립하고 있는 상태나 종주국과 속국이라고 하는 관계는 해소되어 간다. 국가는 그것이 실제로는 '상상의 공동체'에 지나지 않는다고 하더라도 하나의 국민을 기반으로 하는 것으로 여겨졌다. 그러므로 근대 국민국가의 성립이란 주권국가 내부에서 중앙·지방정부 관계의 재구축과 새로운 국제 관계의 구축을 수반하는 것이었다. 또 글로벌화가 진행되어, 주권국가의 본질이 재검토되는 1980년대 이후, 중앙·지방 관계의 재검토가 진행된 것도 우연의 일치는 아니다.

지금까지 중앙·지방 관계에 관해서는 많은 연구가 이루어져 왔다. 특히 일본에서는 집권적인 체제를 문제축으로 하여 그 개선을 도모할 수 있도록 큰 에너지가 투입되어 왔다. 한편으로, 국제행정에 관한 연구는 소수에 머물러 왔다(시로야마 1997; 후쿠다 2012). 기존 행정학 교과서에는 거의 다루어지지 않았고, 하물며 그것을 지방과의 관계와 맞춰 다루고 있는 건 눈에 띄지 않는다. 그러나 지방정부와 함께 국제기관 사이에 각국의 행정을 위치지움으로써 비로소, 근대의 국민국가를 전제로 하여 성립한 행정이, 현재, 어떠한 변화를 보이고 있는지를 이해할 수 있는 것이다.

국내 행정과의 차이

지방정부와 국제기관이 존재하고 각각이 중요한 역할을 이루고 있는 것에 더해 중앙정부와 지방정부의 관계, 각국 정부와 국제기관의 관계는 제Ⅱ부에서 본 조직 내 관계와는 다른 측면을 가진다. 즉 멀티 레벨의 행정은 국민국가에서의 행정과는 다른 본연의 자세를 나타내고 있다. 그러니까 별개로 채택하는 이유가 있다. 본인·대리인 관계의 골격을 이용하면 국가의 행정이란 궁극적으로는 단일의 본인, 즉 국민이라고 하는 한 명의 본인을 거느리는 것이다. 그러나 중앙·지방 관계 및 국제 관계에서의 행정에 관해서는 단일의 본인은 존재하지 않는다. 복수의 본인이 존재하는 경우 대리인으로서의 행정 조직이 얼마나 행동하는가 하는 관점이 여기에서는 중요하게 된다.

국민과 지역 주민이라는 두 명의 본인을 거느리는 것은 연방제 국가(federal state)와 단일제 국가(unitary state) 어느 쪽에도 들어맞는다. 확실히 양자는 창설의 유래나 헌법 제정권에 차이는 있다. 연방제 국가는 원래는 별개의 국가가 타국과 대항하는 등의 이유에서 결합함으로써 형성되는 것이 많다. 다른 나라와의 관계에서는 단일 주권국가가 되면서, 내부에서는 헌법 제정권을 포함한 많은 권한이 주에 유보되어 있다. 이에 대해 단일제 국가는 국가주권에 더해 헌법 제정권도 중앙정부가 독점하고 있다. 그러나 단일제 국가에서의 지방정부는 단순한 행정 기구가 아니고, 주민과 그 대표로서의 정치가에 의한 통치를 시행하는 존재이다. 즉 중앙정부와 지방정부의 관계는, 단일제 국가의 경우에도 각각이 서로 다른 '본인'을 갖는다고 하는 의미에서, 같은 조직 내에서의 상하 관계 혹은 같은 조직 내에서의 지리적 관할을 달리하는 부국 간의 관계(예를 들어, 기업에서 본사와 지방 지사의 관계나, 중앙 부처와 지방 파견 기관의 관계)와는 다르다.

그러나 동시에 주의하고 싶은 것은 그 다른 '본인'은 부분적으로는 겹치는 존재이기도 하다는 점이다. 우리는 어느 시·정·촌의 주민이며, 도·도·부·현민이며 그리고 일본 국민이다. 그러므로 지방정부의 행정 기구는 국민의 대리인으로서 중앙정부의 한층 더 대리인이라고 하는 역할도 때로는 담당한다. 중앙정부와 주민이라는 두 명의 본인을 시중드는 대리인으로서 지방정부는 자리매김된다. 게다가 주민도 또 중층적으로 한편 중첩되는 존재로 파악된다. 도·도·부·현과 시·정·촌과 같이 다른 범위의 주민을 기반으로 하는 중층의 지방정부가 존재하는 것이다.

한편 국제기관의 경우, 국가 간의 협정에 의해 형성된다는 점에서는 연방제 국가와 같지만, EU와 같이 가장 통합의 정도가 높고, 그 자체가 의회를 갖추고 있는 경우라 하더라도 여전히 주권은 국가에 남아있다. 하물며 많은 국제기관은 각 국가 간의 연락·조정을 실시하는 행정 조직만이 존재하고 있다. 즉 지구 시민이나 그 대표라고 한 '본인'은 존재하지 않고, 어디까지나 국가 간 동맹이나 협력 관계를 기반으로 하는 행정 조직이 놓여진다고 하는 형태를 취한다. 자주 이용하는 표현으로 말하면, 국제 레벨에서 '정부 없는 거버넌스'만이 존재하는 것이다. 따라서 국제기관과 각국 정부의 관계는 다수 존재하는 각국 정부가 본인이며, 국제기관이 그러한 공통의 대리인이 된다. 그리고 이 복수의 본인은 서로 배타적이고 겹치는 건 없다. 이상을 정리하고, 그림으로 나타내면 그림 9-1이 된다.

그림 9-1 ▶ 중앙·지방 관계와 국제 관계에서의 본인·대리인 관계

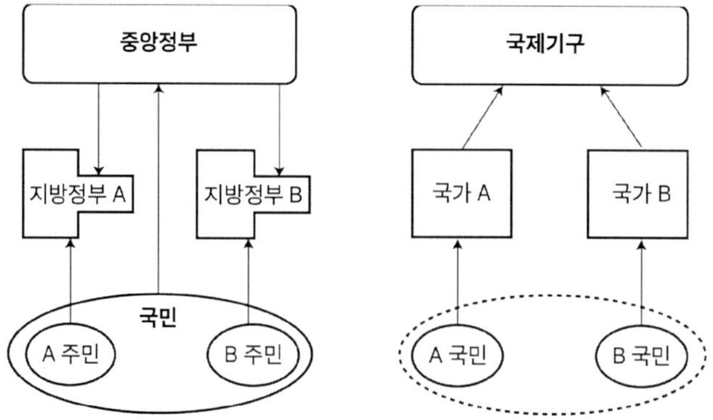

2. 멀티 레벨의 행정을 파악하는 시점

집중·분산과 두 명의 본인

국제 레벨, 국가 레벨, 지방 레벨에 걸친 행정의 실태를 파악하기 위해서는 어떠한 관점을 설정하면 좋을까? 여기에서는 연구의 축적이 있는 중앙·지방 관계를 중심으로 생각하면서, 그것을 국제행정에도 적용해 보자. 중앙·지방 관계를 파악하는 개념으로서 집중·분산, 분리·융합, 집권·분권이라고 하는 다양한 분석의 축이 제시되어 왔지만, 본인과 대리인의 위임 관계로서 중앙·지방 관계를 파악함으로써 이런 개념을 정리해 나가자.

우선 생각해야 하는 것은 대리인으로서의 지방정부가 얼마나 많은 위임을 받고 있는가? 하는 것이다. 주민과 중앙정부라는 두 명의 본인으로부터 많은 위임을 받는 만큼, 지방정부는 많은 역할을 수행하게 된다. 위임을 받지 않은 경우는 지방정부의 역할은 작고, 그 반대로 중앙정부의 역할이 커진다. 국민·주민이 중앙정부와 지방정부 전체에 위임하는 총량을 일정하다고 한다면, 중앙정부와 지방정부 역할의 크기에는 상충(trade off) 관계가 성립된다.

이것을 파악하려고 하는 것이 집중·분산이라고 하는 축이다. 지방정부가 두 명의 본인으로부터 많은 위임을 받고 있는 상태를 분산, 반대로 중앙정부가 많은 역할을 담당하고 있는 상태를 집중이라고 부른다. 구체적으로는 행정 활동에 이용되는 자원에 주목하고, 중앙정부와 지방정부 각각이 권한, 정보, 금전, 조직이라고 하는 자원을 어느 정도 떠안고 있는가 하는 형태로 파악할 수 있다.

다음으로, 두 명의 본인을 가능한 한 나누고, 대리인은 각각의 본인으로부터 위임된 업무를 수행해 나가는가, 그렇지 않으면 두 명의 본인을 나누지 않고, 대리인은 두 명의 본인으로부터의 위임 내용을 적당히 정리하며 대응해 나가는가 하는 문제가 생긴다. 이것을 분리와 융합이라고 하는 축으로 파악한다. 중앙정부와 주민이라고 하는 두 명의 본인으로부터 위임된 내용을 정리하여 하나의 지방정부가 취급하는 것이 융합이다. 분리는 이 두 개의 역할을 나누어 담당하게 된다. 분리를 규명하면, 지방정부는 주민이라고 하는 본인의 대리인으로 특화하게 된다. 이 경우 중앙정부는 지방 파견 기관이라고 하는 다른 대리인을 설치하게 된다.

분리와 융합은 중앙과 지방에 각각 존재하는 정치가나 행정관 사이의 연결에도 영향을 준다. 국정 정치가와 지방정치가 사이의 관계는 정치적 경로(채널)로 불린다. 양자의 관계는 단절 혹은 융합되고 있는 것인가. 후자의 경우에는 정치가의 커리어 패스가 어떻게 되어 있는 것인가. 또한 정책 결정에 어떻게 관계되어 있는 것인가. 정치적 경로는 이러한 문제를 취급한다. 다만 이 책에서는 어디까지나 행정적 경로에 주목하고, 정치적 경로에 대해서는 그것이 행정상의 중앙·지방 관계에 영향을 주는 범위에서 취급하는 것으로 한다.

국제 레벨에서 정치적 경로란 각국 수뇌를 중심으로 하는 각국 정치가 사이의 관계를 가리킨다. 국제정치학 범주이므로 이것도 이 책에서는 다루지 않는다. 직업 외교관에 의한 외교교섭 등도 여기서는 취급하지 않는다. 외무성 이외 여타 행정 기구의 국제적인 활동이나 국제기관의 조직과 그 활동이 이 책에서 취급 대상이 된다.

집권·분권

위임에 수반하는 에이전시·슬랙을 억제하기 위해서는 통제가 필요하게 된다. 주민이라고 하는 본인에 의한 통제에 관해서는 제 I 부와 겹치므로 일단 놔둔다. 여기서 주목하는 것은 중앙정부라고 하는 본인에 의한 통제이다. 다양한 통제 수단을 통해 통제를 강화하거나 혹은 약화하거나 하는 선택사항이 있다.

이것은 집권·분권이라고 하는 축이 파악하려고 시도해 온 것이다. 구체적으로는 네 가지 자원을 어떻게 이용하는가, 그것을 누가 어떻게 결정하는가 하는 질적인 측면에 주목한다. 지방정부가 주민이나 기업에 대해 규제를 가하는 권한을 결정할 수 있을까? 세율의 설정은 자유로운가. 조직의 편제나 인사 배치를 스스로 할 수 있는가. 이러한 지방정부 재량의 크기에 주목할 시점이라고 할 수 있다.

다만 중앙정부가 지방정부에 대해 가하는 통제는 중앙정부가 본인의 경우에 제한되지 않는다. 주민이라고 하는 본인이 가하는 통제를 중앙정부가 떠맡기도 한다. 주민이라고 하는 본인이 자신의 역할을 할 수 없다고 생각하여, 중앙정부가 대신하여 지방정부에 대해서 통제를 가하는 것이다. 융합과 분리의 관계를 여기에도 찾아낼 수 있다. 중앙정부에 의한 통제가 두 명의 본인의 역할을 함께 감당하고 있는 경우가 융합이다. 분리의 경우 중앙정부가 주민을 대신하여 통제를 가하는 건 없다.

집권·분권은 중앙·지방 관계를 파악할 때 전통적으로 가장 잘 이용되어 온 개념이며, 다의적인 것이 되고 있다. 첫째, 분권이란 지방정부에 의한 자율적인 의사결정에 근거하는 정책 활동의 범위로서 정의되어 왔다(니시오 1990: 제12장). 반대로 말하면, 집권이란 지방정부의 권한이나 재원이 적고, 또 중앙정부에 의한 통제이기 때문에, 지방정부가 자율적으로 의사결정을 시행할 수 없는 것이다. 이것은 권한이나 재원의 크기도 포함하고 있으며 위에서 언급한 집중·분산도 포함한 것으로서 집권·분권을 이해하는 견해이다.

둘째, 주민이라고 하는 본인에 의한 통제의 정도를 중앙정부가 좌우하려고 하는 것도 집권의 한 측면으로 여겨져 왔다. 경합하는 본인으로서의 주민에 의한 통제가 강해지면 중앙정부에 의한 통제는 어려워진다. 지방행정의 장을 주민으로부터 선출하거나 중앙정부로부터 파견하는가 하는 것은 그 첫 번째 예이다. 여기에서 분권이라고 하는 개념에는 지방정부에서 민주제의 정도라고 하는 의미가 포함된 것도 있다. 주민의 공선(公選)에 근거하는 대표가 지방정부를 운영하는 것이 아니라, 중앙으로부터 장관이 파견되어 와서는 주민의 정치적 의사는 반영되기 어렵다. 따라서 지방정부에서 공선의 실시를 분권의 요소라 하는 것이다.

즉 집권·분권의 개념은 주민이 자원의 분배와 동시에 그 이용이 어떻게 행해지는지를 어디까지 결정할 수 있는지, 그 전체를 파악하려고 한다. 지방정부가 자원을 가지고 있지 않으면 충분히 정책을 실시할 수 없다. 그렇다고 해서 자원이 있어도, 그 사용법을 중앙정부에 통제되고 있는 것은 혹은 지방정부가 주민의 대표에 의해 운영되지 않고서는 주민의 의향에 따른 정책의 전개는 할 수 없다. 이것들 전체를 파악하자고 하는 것이 집권·분권의 개념이다. 즉 이 개념은 지방정부의 민주성, 자율성이라고 하는 질적인 측면과 활동 범위라고 하는 양적인 측면의 쌍방을 파악하려 하고 있다. 어느 것도 소중하므로 세 가지 요소를 포함하는 개념이 되어 있지만, 그것은 혼란의 원인도 된다.

집중·분산과 분리·융합

거기서 혼란을 피하기 위해서는 집권·분권의 세 가지 측면을 나누어 생각하는 것이 좋다. 우선 지방정부의 민주제는 주민이라고 하는 본인과 대리인으로서의 지방정부 관계로 파악한다. 다음으로 양적인 측면, 즉 지방정부가 떠안는 자원의 대소는 집중·분산으로 파악한다. 남는 질적인 측면, 즉 지방정부가 그것 자체로 의사결정을 실시하고 있는지 그렇지 않으면 중앙정부의 관여를 받으면서 의사결정을 실시하고 있는지는 분리·융합과 결부된다. 분리의 경우는 지방정부가 활동의 자원을 자기 부담으로 조달하여 이용한다. 이에 대해 융합의 경우는 자원이 중앙정부와 지방정부 사이에 이전된다. 중앙정부의 권한을 지방정부에 위임하는 것이나 중앙정부가 모은 재원을 지방정부에 보조금으로 해서 이전하는 것이 융합이다. 따라서 분리·융합이란 지방정부의 자율성과 거의 비례하는 것이다.

이와 같이 생각하면 민주제에 관한 요소를 제거하고, 중앙·지방 관계의 양적 측면과 질적 측면을 함께 파악하려고 하는 집권·분권은 집중·분산과 분리·융합의 편성으로 이해할 수 있다.

그림 9-2 ▶ 중앙·지방 관계를 파악하는 축

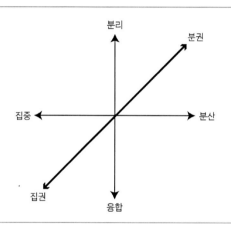

그것을 나타낸 것이 그림 9-2이다. 지방정부가 많은 자원을 갖고, 중앙정부로부터 관여를 받지 않고 그것을 이용하는 것이 분권이라고 할 수 있다. 반대로 지방정부가 자원을 거의 가지지 않고 게다가 그 이용도 중앙정부로부터 관여를 받고 있다면 그것은 집권이라고 할 수 있겠다. 지방정부가 보유하는 자원의 양이 분산, 그 가운데 얼마만큼 자기 부담으로 조달된 것인가가 분리를 의미하므로, 분산·분리인 경우가 분권이며, 집중·융합인 경우가 집권이다. 남는 두 가지 형태, 즉 분산·융합의 경우와 집중·분리의 경우는 그 가운데에 자리매김할 수 있다.

이와 같이 분리·융합과 집권·분권의 사이에는 분리가 분권으로 연결된다고 하는 연관이 존재한다. 분리의 정의에 자율성이 포함되기 때문에 중앙정부의 관여에의 길을 여는 융합은 집권적이라고 파악되는 것이다. 그러나 동시에 융합에서는 지방정부로부터 중앙정부에 대한 움직임이 쉬워지기 때문에 지방의 의향이 국정·지방정치에 전체적으로 실현되기 쉬워질 가능성도 있다. 무라마츠는 지방의 의향 실현의 정도를 '지방자치'라고 명명하고 있다(무라마츠 1988). 융합은 분권에는 연결되지 않지만 '지방자치'를 가져올 수 있다.

이러한 정리를 통해 세 축의 관계는 조금은 전망이 좋아질 것이다. 게다가 이것들을 이분법적으로서가 아니고, 연속선상에서 파악함으로써 실태의 파악에도 이용할 수 있게 된다. 그러나 동시에 통제의 정도를 파악하는 것보다, 어떠한 통제가 가해져 있는가, 그 결과 대리인의 행동은 어떠한 것이 되어 있는가를 이해하는 것이 중요하다. 제Ⅰ부에서 정치 주도인가 관료 주도인가 하고 문제를 제기한 것보다 정치가에 의한 통제 수단이 무엇인가를 살펴봐야 한다고 말한 것과 같은 것이지만, 여기에서도 들어맞는다. 이 장의 국제비교에서는 집권·분권 등의 축을 이용하지만, 제10장의 일본에 관한 서술에서는 통제 수단의 차이에 관심을 가지고자 한다.

지방정부의 규모와 계층

지금까지 주민과 국민이라고 하는 두 가지 구분에 근거하여 중앙·지방 관계를 파악하는 축을 생각해 왔다. 그러나 실제로는 주민이라는 것도 또한 복수의 레벨에서 나누어 생각할 수 있다. 지리적인 경계선을 구분하는 것으로 주민이 확정된다. 좁은 범위에서 경계선을 구분할 수도 있고 보다 넓은 범위를 설정할 수도 있다. 이것이 지방정부의 규모를 결정한다. 지리적으로 넓고 또 많은 주민을 거느리는 지방정부도 있는가 하면, 좁은 범위에서 소규모의 주민으로부터 구성되는 지방정부도 있다.

게다가 지방정부에 계층을 설정할 수도 있다. 일본에서도 시·구·정·촌과 도·도·부·현이라고 하는 두 종류의 지방정부가 있듯이, 보다 소규모의 지방정부와 그보다 대규모인 지방정부로 구분되는 지방정부의 체계를 2층제라고 부른다. 이것들을 한층 더 늘려서 근린 레벨에서부터 주의 레벨까지 3층, 4층으로 구성되는 지방정부를 만들기도 한다. 반대로 한 종류만의 지방정부로부터 구성되기도 한다. 이것은 단층제라 부른다. 최소 규모의 지방정부를 기초적 지방정부나 기초 자치단체, 2층 이상을 광역 지방정부·광역 자치단체라고 부른다.

지방정부의 규모와 계층을 조합함으로써 다양한 지방정부의 체계가 존재한다. 이러한 출발점이 되는 것은 본인인 우리의 본질이다. 서로 아는 사이인 사람들의 집합인가 그렇지 않으면 더 넓은 범위의 사람들과 함께 본인을 구성하는 것인가? 또한 우리는 한 종류의 주민인가 넓거나 좁거나 다양한 범위의 주민이 되는 것인가? 본인인 우리 측의 지리적으로 집합하는 방법과 대비되는 형태로 지방정부의 체계는 만들어진다.

국제행정의 경우

국제 레벨에서의 협정이나 기관과 각국의 행정 조직의 관계에 관해서도 집중·분산과 분리·융합에 의해서 그 관계를 파악할 수 있다. 국제기관이 권한, 금전, 사람, 정보라고 한 많은 자원을 보유한다면 집중이며, 그 반대는 분산이 된다. 국제기관이 스스로 권한을 확정하거나 자주적으로 금전이나 정보를 모으거나 자기 부담의 공무원을 고용하거나 하는 것이 분리이다. 반대로 그것들을 각국으로부터의 이전에 의지하는, 즉 각국의 동의 한 권한만을 갖고, 금전 정보를 공출받아 파견된 공무원에 의해 운영된다면 융합이다. 따라서 국제 레벨에서의 집권이란 집중·분리 상태가 된다. 각국 정부에서의 분권이란 분산·융합의 경우이다. 그림으로 표시하면 그림 9−3과 같이 되며, 중앙·지방 관계의 경우란 90도 어긋난 관계가 된다. 이것은 본인이 누군가라고 하는 차이에 수반하며, 이전하기 전의 자원이 어디에 소재하는가의 차이에 기

그림 9-3 ▶ 국제행정을 파악하는 축

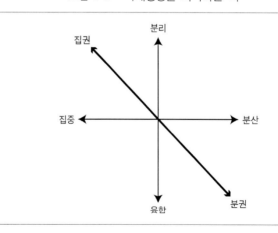

인한다. 국제 관계에서는 자원을 보유하는 것은 국가이다. 그러나 국내에서는 보다 포괄적인 본인인 중앙정부의 측에 배분하는 자원이 존재한다. 이 때문에 국제 관계에서는 국제기관이 자기 부담의 자원을 가지게 되는 것(=분리)은 국제 레벨에서의 집권을 의미하는 데 대해서, 중앙·지방 관계에서는 자원의 이전이 없는 것(=분리)이 지방정부의 자율성을 의미하고 분권으로 연결되는 것이다.

분립·통합

여기까지 중앙·지방 관계와 국제·국내 관계를 파악하는 첫째 시점으로서 집권·분권 및 그 구성요소로서의 집중·분산과 분리·융합에 관하여 생각해 보았다. 이것들은 두 명의 본인과 대리인의 관계를 어떻게 형성하는가를 둘러싼 것이라는 걸 지금까지 설명해 왔다. 또 하나, 이것들과는 다른 측면으로서 중요한 것은 정책 영역마다의 분립성이다. 분립적인 중앙·지방 관계란, 정책 영역마다 별개의 지방 행정 조직이나 재원, 인적 자원 정보의 경로가 존재하고 있다는 것을 가리킨다. 미국의 학교구(區)와 같이 특정의 정책 영역에 특화한 지방정부는, 조직면에서 본 분립성의 전형적인 예이다. 일본에서도 교육 분야에서는 교육위원회가 설치되어 있어 분립성은 높다. 경찰도 그와 틀림없다. 각 부처가 마련하고 있는 개별 정책 영역마다의 보조금, 같은 정책 공동체 내부에서의 인재 교류 등도, 분립적인 중앙·지방 관계의 예가 된다. 예를 들어 국토교통성은 도로나 하천 정비를 위한 보조금을 많이 마련함과 동시에 기관(技官)을 지방정부의 토목부 등에 파견하고 있다.

이에 대해 종합적인 그것이란 정책 영역의 횡단적인 조직 등이 설치되어 있는 경우를 의미한다. 모든 정책 영역을 현이나 시라고 하는 일반 지방정부가 소관하는 것은 종합형의 중앙·지방 관계의 사례이다. 지방 교부세와 같이 용도가 제한되지 않는 일반 보조금도 종합형의 특징이 된다. 교육위원회와 같은 정책 영역별 위원회가 아니라, 지사나 시·정·촌장이 많은 정책 영역을 소관하는 것은 종합화라고 할 수 있다.

국제행정의 경우에서도, 분립적인 국제기관으로서, 서두에 예시한 ITU와 같이 특정한 정책 영역 혹은 특정한 과제마다 설립되는 것이 있는 한편, 유엔이나 EU는 복수의 정책 영역을 포괄한다고 하는 의미로 종합적인 국제기관으로 자리매김된다. 동일하게 재원, 정보, 인적 자원에서도 분립과 종합을 생각할 수 있다.

3. 각국의 멀티 레벨 · 통치의 실태

재정 데이터에 의한 파악

그러면 집중 · 분산과 분리 · 융합이라는 두 개의 축에 근거하여 각국의 집권 · 분권을 파악해 보자. 지표로서는 우선, 금전 자원을 이용하는 것으로 한다. 그림 9 – 2와 같이 가로축에는 집중과 분산을, 세로축에는 융합과 분리를 취한다. 우상에 가면 분권이며, 좌하가 집권이다.

구체적으로로는 각국의 정부 부문 지출 전체 가운데 지방정부(연방제 국가에서의 주 정부도 포함한다)에 의한 지출의 비율을 집중 · 분산의 지표로서 가로축에 두었다. 다음으로 분리와 융합에 관해서는, 지방정부의 세입에서 지방세의 비율 이른바 자주재원율을 이용하였다. 세로축에서 위에 있을수록 재정적으로 자립해 있는 분리 상태이며, 그 반대가 융합, 즉 많은 이전 재원을 받고 있는 상태가 된다.

그림 9-4 ▸ 각국의 집중 · 분산과 분리 · 융합의 정도(2018)

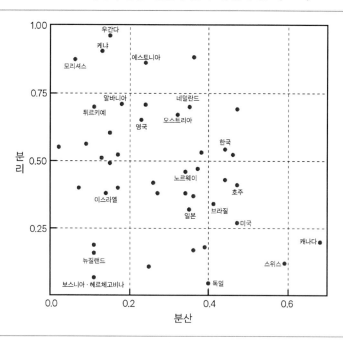

[출처] IMF, The Fiscal Decentralization Dataset를 활용하여 필자 작성.

그림 9-4를 보면, 커다란 경향으로서 우하로 내려가는 직선상에 많은 나라가 위치하고 있는 것을 알 수 있다. 즉 분산·융합형인가, 집중·분리형인가 하는 것이 현재 각국의 기본적인 선택사항이다. 개념도에서 나타내 보인 것 같은 집권·분권과의 관계에서 말하면, 양자의 중간 지점에서 각각의 나라마다 다양한 형태를 보이는 것이다. 극단적인 형태로서의 집권이나 분권을 논의했다 하더라도, 각국의 실태를 파악하는 데는 별로 유효하지 않다. 또한 역사적으로는 영국은 분권적이고 일본이나 프랑스는 집권적이라고 자리매김되어 왔다. 하지만 그러한 낡은 이해에 사로잡혀 있으면 실태를 제대로 파악하지 못할 수도 있으므로 주의가 필요하다.

그 다음으로 분산·융합의 성격이 강한 나라에는 캐나다, 스위스, 독일, 미국을 비롯하여, 호주나 브라질 등 연방제 나라가 많다. 일본이나 한국은 단일제를 취하지만, 위치설정으로서는 이것들에 가까운 곳에 있다. 반대로 집중·분리의 성격이 강한 나라는 개발도상국에 많다. 선진국 가운데 영국이나 네덜란드, 오스트리아라고 하는 나라는 이러한 경향을 가진다. 그 외, 약간의 나라는 집권적인 성격, 즉 집중·융합의 특징을 가진다. 소규모의 나라가 많으며, 이스라엘이나 뉴질랜드가 여기에 포함된다.

인적 자원에 의한 파악

지금 살펴본 것과 같은 재정 데이터에 근거한 각국의 집권과 분권의 정도는 다른 자원에 관해서도 동일하게 볼 수 있는 것일까? 유감스럽지만, 수량적인 파악이 어려운 권한과 정보에 관해서는, 국제비교 데이터를 얻을 수 없으므로 여기에서는 인적 자원에 주목하자. 정부 부문 직원 전체에서 차지하는 지방공무원의 비율을 인적 자원에서의 집중과 분산의 지표로서 조금 전 이미 살펴본 재정 자원에서의 집중·분산과 조합한 것이 그림 9-5이다.

그림에서는 우상향의 기울기 1의 직선을 덧붙여 쓰고 있다. 거의 모든 나라가 이 직선의 위쪽에 있다는 것은 재정 자원에서 지방정부의 비율 이상으로, 인적 자원에서 지방정부의 비율이 크다고 하는 것이다. 이것은 지방정부에 의한 정책 시행에서는 인적 자원을 이용하는 것이 중앙정부의 경우 이상으로 많다는 것을 의미하고 있다. 지방정부는 중앙정부 이상으로 노동 집약적인 서비스를 제공하고 있다는 것이 반영되어 있다. 게다가 각국은 대체로 우상향의 직선상에 존재하고 있으며, 기본적으로 각국의 집중·분산의 정도는 재정 자원으로 봐도 인적 자원으로 봐도 큰 차이는 없다는 것을 알 수 있다.

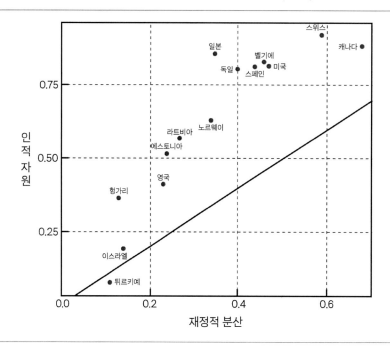

그림 9-5 ▸ 인적 자원으로 본 집중·분산(2017)

[출처] 가로축은 그림 9-4와 같은 데이터, 세로축은 OECD Statistics의 데이터를 활용하여 필자 작성.

　　노동 집약적 서비스를 지방정부가 담당하는 경향이 가장 극단적인 나라가 일본이
다. 재정적인 분산의 정도는 중간 지점에 위치하지만, 인적 자원의 분산 정도는 최상
위 나라의 하나이며, 우상향의 직선으로부터의 괴리도 가장 크다. 제Ⅳ부에서 보듯
이, 공무원 전체는 많지 않기 때문에, 지방정부의 직원이 많다고 하기보다 중앙정부
의 인적 자원이 극히 부족하다는 것을 나타내고 있다. 정책 시행의 손발을 갖지 않는
중앙정부는 지방정부나 민간 부문에 정책 수행을 의존하고 있다.

지방정부의 규모와 계층

　　마지막으로 지방정부를 몇 층 설치하는가, 정부의 규모는 어느 정도일까 하는 점
을 살펴보고 싶다. 그림 9-6에서는 가로축에 시·정·촌 등 기초적 지방정부의 인구
규모를, 세로축에 도·도·부·현 등 광역 지방정부의 인구 규모를 취해, 상용대수화

한 다음 각국을 평가하였다. 게다가 몇 층제인지를 진한 색깔로 칠하여 표현하였다. 각국은 광범위하게 뿔뿔이 흩어져 있는 것으로부터 알 수 있듯이, 기초 지방정부와 광역 지방정부의 규모 사이에는 관련성이 발견되지 않는다. 각각의 규모는 다른 요인으로 규정되어 있다는 것을 알 수 있다. 한편 광역 지방정부의 규모가 큰 경우는 계층이 많고, 새롭게 광역 레벨의 정부를 설치한 곳이 많은 것을 알 수 있다.

영국은 양쪽이 모두 큰 나라인데, 그 밖에 이런 나라는 별로 없다. 스코틀랜드, 웨일즈, 북아일랜드라고 하는 컨트리가 1층을 구성하고 동시에, 도시지역이나 일부의 단일 지방정부에서는 광역 지방정부와 기초 지방정부를 포함하여 1층으로 하고 있다. 미국, 독일, 프랑스, 이탈리아 등은 주의 규모는 크지만, 시·정·촌의 규모는 작다. 일본은 시·정·촌의 규모는 영국, 한국에 이어 세계에서도 최대급이다. 도·도·부·현도 거기까지는 아니지만 상대적으로는 규모가 큰 부류에 들어간다.

그림 9-6 ▸ 지방정부의 규모와 계층

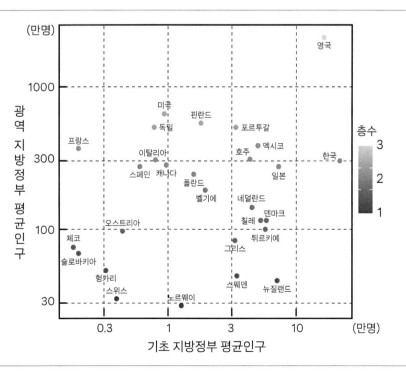

[출처] OECD Statistics의 데이터를 활용하여 필자 작성.

4. 국제행정의 실태

국제행정의 분립성

국제행정의 특징 가운데 하나는 그 분립성이 높다는 점이다. 정책 영역마다 연락·조정 기구가 국제행정의 기본 구조이다. 원래 국제행정의 출발점은 19세기 말에 정책 분야별의 분립적인 국가 간 조정을 한 것이다. 그다음에는 제1차 세계대전 후에 국제연맹, 제2차 세계대전 후에 국제연합이라고 하는 종합형 국제기관이 탄생하게 되었다. 그러나 이러한 종합형 국제기관도 그 내막을 보면 분립성이 높다. 국제기관 가운데서 정책 분야 간 종합성이 가장 높은 것은 EU이지만, EU라 하더라도 주권국가의 통치 기구와 비교하면 분립적이다. 국제정치학에서는 이러한 정책 영역별 룰이나 조직의 집합을 파악하기 위해서 국제레짐이라는 개념을 사용하고 있다.

19세기 후반에 들어와, 행정의 활동 범위가 넓어져 가는 가운데 국가 간 조정이 필요하게 된 대표적인 예가 우편이다. 원래 멀리 떨어진 지점 간에 정보를 교환하는 우편의 성격으로부터 그것이 국내에 머무를 수 없다는 것은 당연할 것이다. 각국은 교환이 많은 나라와의 사이에 조약을 맺는 형태로 국가 간 우편 업무를 실시하고 있었지만, 점차 무수한 2국 간 조약의 네트워크는 뒤얽히고, 중계국마다 가산되는 요금의 높이도 문제시되었다. 거기서 1860년대부터 각국 대표에 의한 다국 간 협의를 시작하여 74년에는 일반 우편연합(78년에 만국우편연합 〈UPU〉 로 개칭)이 성립하였다. 외국향 우편물의 인수, 외국발 우편의 배송 의무, 요금의 정산 방법, 사고 때의 배상에 관해 만국우편조약을 정함으로써, 원활한 국제우편 서비스를 제공할 수 있게 되었다.

같은 국제행정연합이 19세기 말에서 20세기 초에 걸쳐서 탄생해 나간다. 대표적인 예를 들면, 만국전신연합(1865년), 국제도량형연합(75년), 지적소유권 보호 합동국제사무국(93년), 만국농사협회(1905년), 공중위생 국제사무국(07년), 국제철도연합(22년)과 같은 것이다. 어느 것도 특정한 과제에 초점을 모아 업무 레벨에서의 해결을 목표로 하며, 다국간 조약을 맺고 그것을 정기적으로 재검토하는 절차를 마련한 것이다.

종합형 국제기관의 탄생

파리평화회의를 거쳐 1919년에 국제연맹 규약이 채택되고, 다음 해 국제연맹이 발족하였다. 국제연맹은 특정한 정책 영역을 대상으로 하는 것이 아니라, 업무 레벨을 넘어 각국의 정치적인 의사를 반영하는 구조, 말하자면 집정 레벨을 갖춘 점과 상설 사무국에 고유의 국제공무원을 고용하는 구조를 갖추었다는 점에서 획기적인 것이다. 다만 동시에 국제노동기구(ILO)가 국제연맹의 자매기관으로서 설치된 것 외에, 위생 등 전문 영역마다 별개의 조직을 설치하는 형태를 취했다. 국제연맹 본체는 안전 보장에 중심을 둔 조직이었지만, 그 기능을 충분히 수행하지 못하고, 제2차 세계대전을 맞이하게 되었다.

전후인 1945년 10월 국제연합이 발족하였다. 유엔은 각종 기존 국제행정연합 사이에 협정을 체결함으로써, 그것들을 전문기관으로 자리매김해왔다. 먼저 말한 UPU, ITU, ILO 등은 모두 유엔의 전문기관이 되었다. 그 외, 유엔 발족 후에 설립된 전문기관으로는 국제연합교육과학문화기구＝유네스코(UNESCO), 세계은행, 세계보건기구(WHO) 등이 있다. 유엔 본체에서도 안전 보장 이외에 개발, 환경 문제 등에 대응하기 위해서 여러 가지의 계획과 기금을 설치하고 있다. 국제연합아동기금＝유니세프(UNICEF), 유엔개발계획(UNDP), 유엔환경계획(UNEP), 유엔난민고등판무관 사무소(UNHCR) 등이 그 예이다. 이러한 각종 조직으로부터 유엔은 형성되고 있어 그 분립성은 높다.

EU는 그 역사 속에서 가맹국을 증대시킨다고 하는 지역통합에 더해, 서서히 소관 영역을 확대해서 오면서 그 종합적인 운용을 진행하는 측면으로의 발전도 이루어 왔다. 전신인 유럽 공동체(EC)는 유럽석탄철강공동체, 유럽원자력공동체, 유럽경제공동체의 합동 형태를 취하였다. 이것이 1993년에 발효된 마스트리히트 조약에 의해 EU가 된 것은, EC에 한층 더 공통의 외교·안전 보장 정책, 사법·내무 분야 협력이라는 두 가지 사항을 추가함으로써였다. 그리고 2007년의 리스본(Lisbon) 조약에서 EU는 단일의 국제법인격을 가지는(EU로서 조약을 조인할 수 있다) 존재가 되기에 이르렀다.

EU 내부의 기구를 보아도, 정책 영역을 넘은 의사결정기관에 의한 통합을 가능하게 하는 구조가 준비되어 있다. 시기에 의해서도 변화하고 복잡해서 자세한 것은 EU를 전문으로 하는 서적에 맡기지만, 기본적으로는 입법 기능을 가지는 유럽연합이사회(가맹국 원수·수뇌로 구성되는 유럽이사회와 구별하기 위해 각료이사회라고도 부른다), 및 정책 집행을 담당하는 유럽위원회가 중심이 된다. 유럽위원회는 법안의 제출권도 보유한다. 한층 더 입법·예산 결정에 관해서는 직접 공선에 의한 유럽의회의 권한이 점차 강화되고 있다. 그러나 이러한 EU에서도 정책 영역마다 EU와 각국의 관계는 다양하고,

이탈하기 전부터 영국은, 단일 통화 유로에는 참가하지 않은 것처럼, EU 가맹국의 모두가 참가하지 않고 있는 정책 영역은 많이 존재한다.

인적 자원의 집중·분산과 융합·분리

집중·분산과 분리·융합의 축으로 보았을 경우, 국제행정은 일국 내의 중앙·지방 관계에 비해 압도적으로 분산적이다. 또한 그 자원의 대부분을 각국 정부로부터의 이전에 의존하고 있다고 하는 점에서, 지극히 융합적인 구조이다. 그것을 전제로 한 다음, 국제기관에 의해서 또 시기에 따라 집중이나 융합의 정도가 다른 것을 살펴보자.

인적 자원에서의 분리의 성립, 즉 국제기관이 고유의 공무원을 고용하는 것은 19세기 후반부터의 국제행정연합에는 볼 수 없는 것이었다. 국제공무원의 탄생은 국제연맹을 기다리지 않으면 안 되었다. 그 이전은 사무국도 각국 대표에 의해서 구성되어 있던 것이, 국제연맹에서는 고유의 국제공무원이 채용되기에 이르렀다. 자격임용제나, 가능한 한 많은 나라로부터의 채용을 목표로 하는 것은, 이 시기부터 현재에 이르기까지 계승되고 있는 국제공무원의 특징이다. 유엔에 있어서는, 분립적인 전문기관이 많이 존재하지만 그 대부분은 공통 인사 시스템을 채용하고 있다.

현재는 10만 명 이상이 국제기관에 근무하고 있다. 그 가운데 4분의 1에서 3분의 1은, 번역이나 통역에 임하는 언어 직원이다. UNDP, 유네스코 등 전문기관의 전문 직원이 2만 명, 일반 사무직이 5만 5000명 정도이다. 유엔 시스템의 주된 기관별의 직원 수와 본부 직원의 비율을 그림 9-7에 나타냈다. 규모가 작은 기관의 상당수는 본부 밖에 직원이 존재하지 않고, 실행 부문을 갖고 있지 않은 것을 알 수 있다. 유엔 본체는 3만 명을 넘고, 유니세프, UNHCR도 1만 명을 넘지만, 극히 소규모의 기관이 많은 게 명백하게 나타나고 있다.

한편으로 경제협력개발기구(OECD)와 같이, 모든 게 각국의 국가 공무원의 파견에 의한 임시 직원에 의해서 구성되는 국제기관도 있다. 또한 국제공무원은 각국 정부로부터 완전하게 독립하고 있다고도 말하기 어렵다. 소련의 스파이가 미국에 입국하는 하나의 방법이 유엔 직원이었다고 하는 이야기는 옛날 일이지만, 어느 시대도 각국 정부는 자국 출신 국제공무원에 무관심한 건 있을 수 없고 그 증강에 노력하고 있다.

EU의 경우에는, 입법을 담당하는 각료이사회는 각국 정부의 대표이며, 같은 입법을 담당하는 유럽의회는 직접 공선되고 있다. 각료이사회에는 상주 대표위원회가 설치되어 각국과 각료이사회 간 조정을 담당하고 있다. 여기에는 각국의 EU대사 외에, 파견된 각국의 국가 공무원이 소속해 있다. 그 수는 3,500명 정도이다. 유럽의회에도 각종의 스텝이 근무하고 있어, 정당 관계자 등과 합하여, 전체 6,000명 정도가 된다.

그림 9-7 ▸ 국제기관의 직원수(2019)

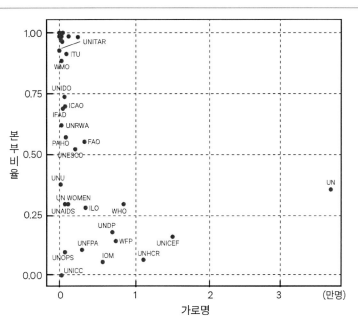

영문약칭	한국어표기	영문약칭	한국어표기
FAO	유엔식량 농업기관	UNFPA	유엔 인구 기금
ICAO	국제 민간 항공기관	UNHCR	유엔 난민 고등판무관 사무소
IFAD	국제 농업 개발 기금	UNICC	유엔 국제 전산 센터
ILO	국제 노동 기관	UNICEF	국제연합아동기금
IOM	국제 이주 기관	UNIDO	유엔 공업 개발 기관
ITU	국제 전기 전신 연합	UNU	유엔대학
PAHO	범미 보건 기관	UNITAR	유엔 훈련 조사 연구소
UN	유엔	UNOPS	유엔 프로젝트 서비스 기관
UN WOMEN	유엔 여성 기관	UNRWA	유엔 팔레스타인 난민 구제 사업 기관
UNAIDS	유엔 합동 에이즈 계획	WFP	세계 식량계획
UNDP	유엔 개발 기관	WHO	세계 보건기구
UNESCO	국제연합교육과학문화기구	WMO	세계 기상 기구

[출처] United Nations, CEB/2020/HLCM/HR/12를 기초로 필자 작성.

이에 대해서 정책 집행을 담당하는 유럽위원회는 각국으로부터의 중립성이 요구되고 있다. 유럽위원회에는 총국이라 불리는 기능별의 하부기관이 설치되어 있다. 말하자면 유럽위원회 위원이 대신, 총국이 부처에 해당한다. 총국에는 약 2만 3,000명의 상근 직원과 약 9,000명의 계약·전출 직원이 근무하고 있다. 번역총국, 농업총국의 규모가 특히 크다. 조금 전의 그림 9-7에 나타난 유엔시스템의 각 기관과 비교해도 EU의 위원회 총국의 크기는 국제기관으로서 예외적이다.

재원의 집중·분산과 분리·융합

재정 자원이라고 하는 관점에서 봐도, EU를 제외한 국제기관의 재정 규모는 매우 작고, 국제행정의 분산성은 명료하다. 유엔의 근년의 재정 규모는 2년간에 55~58억 달러(약 6,000억 엔) 정도이다. 다만 2000년대에 규모는 확대되어 배증하였다. 유엔의 예산은 2년을 하나의 회계연도로 하여 활동해왔지만, 2020년도 예산으로부터 1년을 회계연도로 할 것 같다. 유엔의 예산은 통상 예산과 평화유지 활동(PKO) 예산으로 나눠진다. 2000년대 초에는 통상 예산이 13억 달러(1년분으로 환산), PKO 예산이 18억 달러였던 것이 20년에는 약 30억 달러와 66억 달러가 되고 있다.

이에 대해서 EU는 역시 2000년대 초로 895억 유로의 예산 규모를 갖고, 유엔 예산의 30배 이상의 크기에 이르고 있다. 19년 예산으로는 1,659억 유로가 되고 있으며, EU의 역내 총생산의 1.2% 된다. 이 중 4할이 지역 간 격차의 시정과 결속 강화를 위한 구조 정책에, 3할이 농업 분야의 보조와 직접 지불에 지출되고 있다.

이 차이는 재원 확보 방법의 차이에서 찾을 수 있다. 대다수 국제기관이 가맹국에 의한 분담 갹출금을 재원으로 하는 데 대해, EU만은 고유한 재원 제도를 가지고 있다. 갹출금의 분담 방법에 관해서는, 완전히 평등한 배분, 등급별 분담금을 설정하여, 각국에 등급을 선택시키는 방법(UPU나 ITU 등), 인구나 지불 능력에 근거하여 분담 비율을 평가하는 방법(유엔 등)의 세 가지가 있다. 그러나 갹출금 방식의 경우는, 유엔에서 최대의 분담을 지고 있는 미국이 동시에 고액 체납국이듯 세입의 불안정성은 면할 수 없다.

EU에서도 이전에는 분담금 방식을 취하고 있었지만, 1970년에 농업 과징금 전부, 관세 수입 전부를 공동체 재원으로 하고, 더 나아가 가맹국에서 부가가치세 1% 이내를 고유 재원으로 하는 구조가 도입되었다. 다만 징세 기구가 없으므로 가맹국의 세무 당국에 수수료를 지불하고 징세를 위임하였다. 80년 이후, 분담금 갹출의 구조는 폐지되어 완전하게 고유 재원으로 이행하였다. 그러나 농업 정책의 세출 증대와 유럽의 경제 정체가 맞물려 수년이 지나기 전에 세입 부족에 빠진다.

그래서 1988년에는, 부가가치세로부터의 배분 비율을 상승시키면서, 제3의 고유 재원을 도입하여 한층 더 세입의 안정화를 도모하였다. 제1, 제2의 고유 재원의 부족분을 보충하기 위해서 국민소득에 상응한 지불이 각국에 부과되는 것이다. 게다가 예산 규모의 상한을 EU의 역내 총생산의 1.23% 이하로 한다고 하는 캡시스템 제도가 설치되고 있다. 이에 의해 전통적인 고유 재원의 부족액을 벌충하여 재정 기반의 안정화를 도모하면서, 세출 확대에 브레이크를 걸고 있다. 이 고유 재원은 현재 EU 세입의 6할을 조달하게 되었다.

연습문제

❶ 집중·분산과 분리·융합의 정의를 제시한 다음, 중앙·지방 관계에서의 집권·분권과 국제행정에서 집권·분권의 관계에 관해 설명해 보자.

❷ 일본은 여전히 중앙집권적인 나라라고 하는 주장에 대해서, 국제비교의 데이터를 참고로 하면서 그 시비를 검토해 보자.

❸ 국제행정의 조직이나 구조의 관점에서 보았을 때, EU의 특징은 어디에 있는가. 그 이외의 국제기관과 비교하면서 설명해 보자.

제 10 장
일본의 멀티 레벨 행정

집권·분권과 분립·종합의 축 및 규모와 계층의 관점으로부터, 일본에서의 멀티 레벨의 행정을 살펴보자. 일본의 중앙·지방 관계는 전전에는 사람을 통한 통제를 중심으로 하며 종합·융합의 성격이 강했다. 하지만 1930년대부터 행정의 역할 확대 속에서, 금전을 통한 통제가 중심이 됨과 동시에 분립·융합의 성격이 강했다. 전후 자민당 정권에 의해서 그 성격은 강화되고 분산화가 진행되었다. 1990년대 이후 지방 분권 개혁은 분산·분리를 강화하는 이상으로 종합화를 강화하였다. 한편 국제행정에서도 분립성이 높은 구조가 취해져 왔다.

1. 전전의 중앙·지방 관계 특징

집중·융합 체제의 성립

메이지 정부 초기의 첫째 과제는 여러 번(藩)들로부터 구성되는 분권적인 지방 통치 기구를 집권화하는 것이었다. 제국주의적인 서구 열강을 앞에 두고, 국내의 분열은 그러한 진출에 길을 열 수도 있다. 거기서 판적봉환(版籍奉還), 폐번치현(廃藩置県)이 1871년까지 연달아 시행되었다.

둘째 과제는, 전국적으로 백성을 장악할 수 있는 기구의 정비이다. 같은 71년의 호적법에서는 전국에 구(區)라고 하는 행정 기구를 두고 집권화를 시도했지만, 실패로 끝났다. 그래서 78년의 이른바 지방 3신법(군구 도시와 시골 편제법, 부·현회 규칙, 지방세 규칙)에서는, 부·현회의 설치나 도시와 시골 레벨의 자치 실태를 근거로 한 제도로 전환하였다. 지방 레벨의 행정 기구와 자치 조직의 이중성격 부여와 자유민권운동에의 대응으로서 민주화는, 메이지 헌법 제정에 전후하는 시의 제도, 정촌제, 부현제, 도제에 의해 90년에 완성된다. 부현은 나라의 행정 기구, 시·징·촌은 자치 조직의 성격에 비중을 둔 구조가 완성되며, 이것은 기본적으로 1945년의 패전까지 계속된다(아마가와 2017).

이 두 가지 과제를 실현하기 위해서 지방정부는 인위적으로 창출되었다. 300 이상의 번을 보다 대규모 소수의 부현(府県)으로 바꾸어 놓음으로써 나라로부터의 통제를 시행하기 쉽게 하였다. 시·정·촌에 관해서도 에도시대까지의 신분제에 입각하여 모자이크 상태에 뒤얽혀 있던 마을이나 동네로 바꾸고, 합병을 통해 한층 더 대규모 도시와 시골을 만들어 냈던 것이다(마츠자와 2013).

중앙정부에 의한 통제의 중심은 내무성으로부터 지사의 파견이었다. 국내 행정을 종합적으로 내무성이 장악하고 있던 것으로부터(☞제6장), 종합성은 강했다. 내무성 지방국은 부현의 지사를 억누름으로써 지방의 행정과 재정을 장악하고 있던 것 외, 선거관리의 기능을 담당함으로써, 정당 세력에 대한 견제도 발휘하고 있었다(아리마 2013).

한편, 지방의 장악을 목표로 한 건 정부만이 아니다. 자유민권운동 이래, 지방의 단결은 백성의 지속적인 슬로건 가운데 하나였다. 지방 명망가에 의한 지배는 점차 전국 지배에 편입되어, 20세기에 들어올 무렵에는 전국 정치 가운데 지방 이익의 표출이라고 하는 형태를 띠게 되었다(마에다 2016). 정당도 이익 배분을 통해서 지방의 장악을 도모한다. 하라 다카시(原敬)의 정우회에 의한 적극 정책은 그 전형이었다.

행정국가화와 분립화

이와 같이 인적 자원을 통한 집중·융합·종합의 구조가 전전 일본의 중앙·지방 관계의 특징이었다. 그러나 1930년대에 들어와 정부 기능이 확대되고 행정국가화가 진행된 것과 지방재정의 피폐에 대응했던 것이 분립적인 보조금의 발전을 가져왔다. 예를 들어, 교육비는 지방재정의 4할을 차지하고 있었지만, 의무교육을 도입하면서도 그 재정 부담은 거의 모두 시·정·촌에 지게 하고 있었다. 겨우 18년에는 교원 급여의 일부에 대해서 국고 보조가 개시되었다. 그 후 40년에는 의무 교육비 국고 부담법이 성립하여, 초등학교 교원의 급여 부담을 부현으로 옮기고 그 반액을 국고에서 보조하게 되었다. 이것은 거의 그대로 전후에도 계승되었다.

　도시지역의 성장에 수반하여, 격차 시정의 필요성이 정당 정치기에는 주장되고, 피폐해지는 농촌부에 대한 재분배가 진행된다(사토 켄타로 2014). 1936년에 임시로 도시와 시골 재정 보급금 제도가 설치되어 재정 조정 제도가 처음으로 도입되었다. 40년에는 지방 분여세가 설치되고, 이로 인해 도시에서 농촌에 대한 재분배가 제도적으로 확립된다. 이것은 총력전 체제 구축의 일환이기도 하였다. 한편 보다 많은 자율성을 요구하는 대도시의 요구에는 응하지 않고, 반대로 43년에는 종래 이중행정의 폐해가 지적되고 있던 도쿄부와 도쿄시를 도쿄도로 정리하였다. 수도 방위라고 하는 명목이 내걸리고, 그 장인 도쿄도 장관은 관선으로 여겨졌다.

2. 점령 개혁에 의한 변화

내무성의 해체

　패전 후, 연합국 최고 사령관 총사령부(GHQ)에 의해서 일본의 중앙·지방 관계는 큰 변혁을 재촉당했다. 그러나 점령 개혁 일반과 같이 중앙·지방 관계에서도 변혁의 정도, 정착의 정도는 한결같지 않다. 또한 이 시기의 변혁의 담당자 모두가 GHQ가 아니라, GHQ 변혁의 모든 게 명확한 제도 설계에 대한 전망을 가지고 진행된 것도 아니다. 일본 측이 자주적으로 변혁을 진행한 부분도 많으며, 기저에는 그 이전부터의 변화가 있었음에 주의가 필요하다(표 10-1).

표 10-1 ▸ 전후의 지방 제도 개혁의 측면들

	정착	미정착
GHQ에 의한 개혁	지방정부의 집정 제도와 선거 제도	내무성 해체→자치성 재원의 분리→융합화 교육과 경찰의 지방 이관→재집권화
일본 측의 개혁	지사 공선에 의한 부현의 완전 자치단체화	사업 부처별의 지방 통제→기관 위임 사무 체제

　매우 큰 희생을 지불한 전승국으로선 당연한 일이기도 한데, GHQ의 당초 개혁

의 목표는 일본의 비군사화에 있었다. 그리고 그에 이바지하는 것으로서 민주화가 추구되었다. 이것을 중앙·지방 관계에 적용한다면, 치안유지법으로 대표되는 전전 권위주의 체제의 상징인 내무성을 해체하여, 교육과 경찰의 권한을 지방정부로 옮기게 된다. 실제로는 내무성은 군부와 충돌하는 것도 많아 내무성 자신에 의한 변혁의 시도도 이루어지고 있었다. 예를 들어 부현 지사의 공선화는 전전부터 검토하고 있던 차 패전 후, 내무성 자신의 손으로 진행되었다. 그러나 결국 GHQ는 내무성을 해체하였다(히라노 1990).

집정 제도의 변혁

지방정부의 집정 제도에 관해서는, 미국에서 매우 친숙한 것으로부터도 대통령제가 이입된다. 전전의 제도에서는 부현 지사는 임명제이며 시·정·촌장은 의회에 의한 간접선거였다. 이것을 주민에 의한 직접적인 선출로 전환하였다. 다만 의회에 의한 수장의 불신임을 인정하는 등 상호견제의 요소가 혼재한다. 이것으로부터 전후 지방정부의 집정 제도는 2원대표제라고도 불린다. 지방의회의 선거 제도나 정치임용직의 제한 등, 지방정부의 정치 제도는 이 시기에 형성된 것이, 이후 현재에 이르기까지 계속 이용되고 있다. 새롭게 도입된 2원대표제는 점차 그 자체의 기능을 발휘해 나가고, 직접 선출되는 지사·시·정·촌장이, 일본 정치 주역의 하나가 되어 갔다. 그리고 중앙과 지방에서 집정 제도가 다르다고 하는 제도 배치가 일본 정치의 하나의 특징을 형성한다.

집정 제도에 관해서 미국이 도입한 또 하나의 특징은, 행정권을 수장에게 독점시키지 않고, 각종 행정 위원회에 분립시킨 것이기도 한 합의제의 행정 기관이라는 점에서도, 행정 기관을 다원화한다고 하는 점에서도, 전전의 일본에는 존재하지 않았던 제도가 이입된 것이다. 민주화의 관점에서 큰 폭으로 분권화된 경찰과 교육의 양쪽에서, 공안위원회와 교육위원회라고 하는 행정 위원회 제도가 채용되었다. 그러나 이러한 제도는 정착하지 못하고 점령의 종료에 수반하여 환골탈태 되어 갔다. 1954년의 경찰법 개정에 의해 자치단체 경찰은 도·도·부·현 경찰로 완전히 이전할 수 있었으며, 56년에는 교육위원회의 공선제가 폐지된다. 그런데도 행정위원회 제도는 계속해서 이용되었다. 이것은 이런 정책 영역의 분립성을 유지하는 데 기여하였다(가나이 2007).

분리 · 융합과 종합 · 분립

내무성의 존재는 전전의 중앙 · 지방 관계에서 두 가지 의미가 있었다. 하나는 사람을 통한 융합성 확보이다. 지사를 비롯한 직원의 파견을 통해서 중앙의 지배를 지방에서 관철하고 있었다. 또 하나는 종합성의 확보이다. 내정의 종합 관청으로서 내무성이 존재함으로써 다양한 정책 영역을 종합해 왔다. 그 내무성이 소멸하는 건 이것들 두 가지 측면을 어떻게 재구성할 것인가 하는 문제를 낳았다.

점령기에 진행된 것은 전자에 대해서는 분리화, 후자에 대해서는 분립화였다. 이에 대해, 점령이 종료할 무렵부터 금전 자원을 통한 융합화와 재종합화의 방향이 내세워진다. 그러한 움직임이 1960년대 초에는 거의 정착하여 일본의 중앙 · 지방 관계는 안정기를 맞이한다. 대규모 일반 보조금을 가진다고 하는 점과 폭넓은 정책 영역을 소관하는 지방정부를 가진다고 하는 점에서는, 종합 · 융합형의 지방 제도를 기반으로 하였다. 다른 한편 각 성마다 수장을 부처의 지휘하에 두는 기관위임사무와 개별 보조금을 통한 정책의 실시가 위임된다고 하는 점에서는 분립 · 융합형으로 실제의 정책은 전개되었다.

분리화의 방향으로 추진하려고 한 것은 주로 GHQ 민정국이었다. 헌법을 제정하는 데 있어 미국 자치헌장(home rule) 제도의 도입을 시도하는 등, 중앙으로부터 분리한 권한을 지방정부에서 확보하려고 하였다. 그러나 지방자치법은 법령 범위 내에서의 조례 제정권을 정하여, 민정국의 의도는 좌절되었다. 재정 면에서도, 샤우프 권고가 제언한 지방세제에서는 독자 재원의 확보가 중시되고 부가가치세를 중심으로 하는 도 · 부 · 현세 및 시 · 정 · 촌민세와 고정 자산세를 중심으로 하는 시 · 정 · 촌세를 기축으로 하면서 평형 교부금에 의한 재원 조정을 편성하였다. 그러나 실제의 지방세제에서는 도 · 부 · 현세와 시 · 정 · 촌세는 함께 국세인 소득세와의 제휴가 강하고, 평형 교부금은 지방 교부세로 전환되어 지방재정에서 큰 역할을 하게 되었다.

종합화를 진행하려고 하는 것은 옛 내무성의 지방 관할 부분이다. 내무성 해체 후, 전국 선거관리위원회, 지방재정위원회, 총리청 관방자치과로 세분되어 있던 지방 재무행정을 관할하는 중앙행정기관은 1949년에 지방자치청, 53년에 대신청인 자치청으로 재집약되고 60년 7월에는 자치성이 되었다. 전후 자치성은 금전 자원의 배분을 통한 관여로 무게 중심을 이동하였다. 자치성 재정국은 매년 국가예산 편성에 연동하는 형태로, 지방재정의 재원 보장을 담당하고, 중앙정부로부터 지방정부에 대한 재정 이전의 정도와 그 재원을 오쿠라쇼(대장성)와 교섭하면서 결정해 왔다.

이에 대해 분립화를 진행하는 중심이 된 건 각 부처와 GHQ의 각 섹션이었다. 정책을 전국적으로 실시하는 데 있어 사업 관청의 상당수는 파견기관을 스스로 설치하는 길을 선택하였다. 공선화된 도·도·부·현 지사에 대한 불신감이 있는 동시에 관청에서 예산과 인원을 확대할 수 있는 선택사항이기도 하였다. 그러나 분립화의 진전은 특히 부·현의 존재 의의를 상실하게 할 수도 있다. 그래서 전전에는 시·정·촌에 적용되어 온 기관위임사무가 도·도·부·현에도 적용되었다. 결과적으로 시·정·촌 레벨까지 파견기관을 마련한 법무성, 국세청, 노동성을 제외하고, 다른 많은 부처는 관할구역 레벨의 파견기관만을 마련하고 기관위임사무를 이용하였다. 인적으로도, 사회보험과 직업 안정에 관해서는 지방 사무관 제도, 즉 업무상은 지사의 지휘 감독을 받으면서도 국가공무원의 신분을 유지한다고 하는 구조를 남겼지만, 그 외에 관해서는 도·도·부·현 직원을 이용하는 형태로 전환되어 갔다. 기관위임사무와 지방 사무관 제도는 그 집권성으로부터 비판도 많았지만, 이것들이 없으면 분립화와 집중화가 한층 더 진행되어 있었을 것이다(이치카와 2012).

도주제(道州制)론, 대도시 제도와 시·정·촌 합병

중앙·지방 관계의 변화에 수반하여, 도·도·부·현과 시·정·촌의 2층제에도 동요가 발생한다. 지방정부의 규모와 계층을 둘러싸고 다양한 개혁안이 제시되었다. 거기에는 도·도·부·현의 규모, 시·정·촌의 규모 그리고 대도시의 처리라고 하는 세 가지 문제가 얽혀 있었다. 게다가 그것들은 종합·분립의 축으로 두며 어떤 형태를 취할 것인가를 둘러싼 옛 내무성계(係)와 사업 관청 사이의 줄다리기와도 결부되고 있었다. 기존 부·현에 대신하여 혹은 부·현보다 넓게 광역으로 하여 도주(道州)를 도입하려는 안은 1950년대에는 끊임없이 논의되었다. 사업 관청이 분립화의 움직임을 강하게 하는 가운데, 종합 파견기관을 다시 설치하려는 의도가 거기에는 있었다. 따라서 그러한 움직임이 억제됨에 따라 60년대에 들어오면 도주제 논의도 진정되었다.

한편, 이와는 반대로 시·정·촌에서는 종합화가 진행되어 모든 시·정·촌에 폭넓은 정책 시행을 담당하도록 규모의 확대가 요구되었다. 대략 인구 8,000명 정도, 즉 하나의 중학교구(区)를 염두에 두면서 시·정·촌 합병에 의한 규모의 확대가 진행된다. 1954년부터 불과 2년 사이에 그때까지 1만 정도를 헤아리던 시·정·촌 수는 약 3,500이 되었다. 평균 인구는 약 3만 명이 되어, 74년에 기초 지방정부를 합병한 영국이나 87년 민주화 후의 한국에 추월당할 때까지, 세계 최대급의 기초 지방정부를 갖추게 되었다. 다만 전체의 3분의 2의 도시와 시골은 인구 1만 명 이하였다. 대규모 도시와 많은 소규모 도시와 시골이 혼재하면서, 거의 같은 행정 서비스를 담당한 것이다. 지방 교부세에 의한 재원 보장이 이것을 지탱하였다.

반대로 대도시를 완전하게 부·현과 동격 취급으로서 1층제로 하는 방향은 채택되지 않았다. 전전부터 5대 시(요코하마, 나고야, 교토, 오사카, 고베)에 의한 대도시 제도를 요구하는 운동은 1947년 제정된 지방자치법에서 특별시 제도를 도입하기에 이르렀다. 그러나 도·부·현의 반발이 강하고, 실질적으로 동결된 후, 56년 동법의 개정으로 정령(政令)지정도시 제도로 변경되었다. 이 제도는 도·부·현의 관여나 감독을 완화하고, 도·부·현이 담당하는 권한의 일부를 이양함으로써 권한의 면에서는 대도시의 특례를 인정하였다. 그러나 조세 재정면에서의 특례는 거의 없고, 도·부·현은 주된 세원으로 대도시부를 보존 및 유지할 수 있었다. 이러한 권한 측면과 재원 측면에서의 뒤틀림은 많은 낮(晝間) 인구를 모으는 도시 중추 기능이 강한 대도시만큼 심각한 문제가 되기 쉽다. 오사카는 그 전형이며, 오늘에 이르기까지 이 구조를 계속 안고 있다(기타무라 2013; 스가와라 2012).

3. 고도 경제성장기 이후의 지방정치와 행정

지역개발 경쟁

종합화를 지향하는 자치성의 지방 교부세와 부·현·시·정·촌 체제 및 개별 부처마다의 분립적인 보조금과 기관위임사무 체제가 1950년대에 정돈되어 60년대는 제도 운용기에 들어간다. 급속한 경제성장이 도시지역을 중심으로 달성되어 가는 가운데, 지역개발이 이 시대의 주된 정책 과제가 되었다. 공업화를 진행하기 위해 필요한 고속도로, 항만 게다가 공항이라는 교통 인프라(기반), 공업용수나 전력, 공업단지의 정비가 지방정치·행정의 주된 과제가 된다. 지역 간 개발 경쟁은 개발에 필요한 자원 특히 재원이 중앙정부에 편재되어 있으므로 중앙으로부터의 재원 획득 경쟁의 형태를 띠고 있다. 국정 정치가를 통한 '중앙과의 굵은 파이프'는 유권자를 향한 강한 어필이 되었다. 무라마츠 미치오(村松岐夫)는 이러한 지방정치 모습을 '수평적 정치 경쟁 모델'이라 부르고, 중앙 부처의 강한 통제를 강조하는 '수직적 행정 통제 모델'이 묘사하는 억압적인 지방행정의 이미지와 다른 측면을 명확히 하였다(무라마츠 1988).

이 결과 공공투자는 전국적으로 뿌려지는 형태를 띠었다. 1962년에 책정된 제1차 전국종합개발계획에서는 신산업도시의 인정을 둘러싸고 '사상 최대의 민원 전쟁(陳情合戰)'이 전개되었다. 결국 15개 지역을 추가로 지정하고, 새로운 법률을 규정하는 6개 지역을 공업 정비 특별지역으로 하였다. 수도권 정비법과 긴키권(近畿圈) 정비법은 그린벨트 구상을 밝히며, 수도권과 긴키권을 대상으로 하는 공장 등 제한법에서는 인구·산업의 집중을 억제하는 것도 시도되고 있다. 그러나 한편으로 중부권 개발 정비법에서는 '개발'이라고 하듯이, 대도시권인 중부권에서조차 개발 촉진을 도모하였다. 수도권과 긴키권을 제외하고 거의 전국에서 지방정부와 현지 경제계의 연합체에 의한 지역개발 경쟁이 전개되었다.

종합과 분립의 조합 완성

어느 지역도 경제발전이라는 같은 방향을 목표로 하고 있는 한, 중앙정부로부터의 자립을 요구하는 움직임은 발생하지 않는다. 복지국가화하고 있는 중앙정부가 그 시행을 기관위임사무라는 형태로 지방에 담당케 하는 일도 받아들여지고 있었다. 그림 10-1에 나타나듯이, 고도 경제성장기를 통해서 기관위임사무는 급증해 갔다. 위임사무의 증대에 맞추어, 중앙정부로부터 지방정부에의 보조금도 정비되어 간다. 한층 더 건설성이나 농림수산성, 후생성이라는 사업 관청은 많은 직원을 지방에 파견하였다. 이렇게 하여, 부처마다 분립하면서 권한과 금전 자원의 이전을 통해서 중앙과 지방이 융합하고, 거기에 따라 지방이 많은 정책을 실시하는 분산적인 구조가 1960년대에 확대되어 간다.

분립·융합·분산형의 중앙·지방 관계를 무너뜨릴 수 있는 존재는 종합 지향을 가지는 주체였다. 그러나 국정을 담당하는 자민당 정권은 분립적인 정책 형성 시스템을 정비해 가면서(☞제2장), 오히려 분립·융합·분산형의 중앙·지방 관계를 추진하는 존재가 되었다. 그리고 자치성도 이러한 분립형 구조를 지방 교부세에 의해 이면에서 지탱하는 것을 선택하였다. 보조금의 자기 부담분을 재정력이 약한 지방정부에서도

그림 10-1 ▸ 기관위임사무 수의 시계열 변화

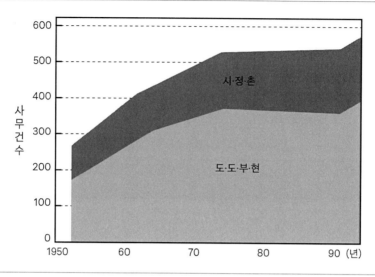

[출처] 신도 2004, 152페이지의 데이터를 활용하여 필자 작성.

담당할 수 있도록, 교부세에 의해 사전 대처함으로써 보조금과 교부세 혹은 사업 관청과 자치성은 공존할 수 있었다(타니모토 2019). 이 구조는 중앙에서 지방에로의 이전인 동시에 지역 간 재분배이기도 하며, 본래 도시와 농촌의 대립을 내포하는 것이지만, 고도 경제성장에 의해 그 대립은 표면화하지 않았다(기타무라 2009).

지방 독자적인 정책 전개와 혁신 자치단체

나라 전체가 경제성장이라고 하는 골을 향하고 있을 때, 지방 독자적인 과제에 눈이 향하기 어렵다. 그러나 경제성장이 일단락을 맞이하고, 그 부산물이 눈에 띄게 되었다. 공해, 과소와 과밀, 산업 전환에 수반하는 쇠퇴나 실업, 고령화의 진전이나 가족 형태의 변화 등이 지역마다 다른 양상으로 나타나 왔다. 그것들에의 대처는 전국 획일적인 규제가 되지 못하고, 요강·조례의 형태를 취하게 되었다. 토지 이용 규제, 배출물 규제, 복지 서비스의 제공 등에 있어서, 지방 독자적인 대처가 1960년대 후반에는 많이 볼 수 있게 된다.

이것의 정치적 표현이 혁신 자치단체의 군생이었다. 중앙정부와의 파이프가 중요한 한, 국정 여당의 자민당을 지방에서도 선택하는 건 당연하다. 그러나 지방 독자적인 쟁점은 지방 독자적인 정치 경쟁을 낳는다. 그것이 혁신 수장의 탄생으로 연결되었다. 한편 최저 당선 라인이 낮아서 지역 대표의 경향이 강한 의회에서는 보수 우위의 구조는 변하지 않는다. 의회에 발판을 가지고 있지 않은 혁신 수장은 재정을 확장하며 복지에도 개발정책에도 많은 서비스를 제공하는 경우가 많았다. 그 귀결로서의 재정 악화는 1970년대 후반 혁신 수장의 급격한 퇴조를 가져오는 큰 요인이 되었다(소가·마치도리 2007).

혁신 자치단체에서의 확장적 재정은 지방 교부세에 의해 유지되고 있었다. 게다가 중앙정부의 재정 악화가 1970년대에 진행되었다. 그러나 자치성과 사업 관청의 연합, 그것을 지지하는 자민당 정치가라고 하는 구조가 있는 한 교부세를 재검토하기란 어려웠다. 80년대에 들어오면 경기 회복과 혁신 자치단체의 종말에 의해 재검토의 계기는 사라졌다.

1980년대는 보수와 혁신 양쪽에 합승하는 수장이 증가한다. 국정에서 여·야당의 대립을 독립적으로 보면, 수장 선거의 경우 승자가 한 사람인 이상 승리마를 타려고 하는 건 당연하다. 안정적인 정치 환경을 얻으며, 지방정부의 독자적인 정책 전개는 더욱 더 강화되었다. 70년대까지의 그것이 공공서비스를 중심으로 한 데 대해, 80년대에 들어오면 정보 공개 조례에서 보여지듯, 통치의 본질과 관계되는 부분에 관해서도 지방정부가 선행하고, 후에 중앙정부가 받아들이는 경우가 많아진다. 지방정부 간 상호 참조라고 하는 대등한 연결이 지방정부 총체로서의 정책 형성 능력, 제도 형성 능력을 높이는 데 기여하였다(이토 2002a, 2006). 한편 정책을 실시하는 경우에도 상호 빈번히 참조하는 등(히라타 2017), 강한 병렬 지향성도 보인다.

4. 지방분권 개혁과 지방정치의 변화

어떤 의미의 지방분권인가

1990년대 이후 특히 호소카와 모리히로(細川護熙) 정권 이후, 지방분권의 움직임이 진행되었다. 1960년의 자치성 성립 이후, 제도적으로는 거의 안정된 30년간을 생각하면 큰 변화다. 그러나 일본의 지방정부는 이미 다양한 정책 시행을 담당하고 있으며(☞제9장), 일본의 중앙·지방 관계는 충분히 분산적이었다. 그래서 분권의 또 하나의 요소, 즉 분리화가 완만하게 진행되었다. 자주재원 비율이 상승하고, 재원 측면에서 분리화가 약간 진행되었지만, 교부세 제도 등의 근간이 바뀐 것은 아니다. 권한 측면에서 자율성도 높일 수 있었지만, 위임 그 자체를 폐지하는 개혁은 이루어지지 않았다.

가장 큰 변화는 오히려 종합·분립의 축에서 종합화의 진전이다. 지금까지 중앙·지방 관계가 개별 부처마다 기관위임사무와 개별 보조금을 통해서 분립적으로 지방정부와의 관계를 통해서 정책을 전개해 온 것을 개선한 것이다. 2000년의 지방분권 일괄법에 따르는 제1차 분권 개혁의 주된 성과가 기관위임사무의 폐지와 관여의 유형화이며, 고이즈미 준이치로(小泉純一郎) 정권하에서의 '삼위일체 개혁'의 주된 내용이 개별 보조금을 폐지 또는 정리하여 일반 보조금화 혹은 지방 재원화한 것은 그 표출이다. 이 개혁은 지방정부 내부에서는 수장이나 총무계 부국의, 중앙 부처 안에서는 총무성의 이익에 따른 것이며, 개별 사업 관청과 지방정부 내 정책 공동체는 적극적으로는 받아들이기는 어려운 것이었다.

제1차 지방분권 개혁의 경과와 성과

1990년대의 정치 개혁의 진전에 수반하여, 지방분권이 정치의 과제에 오르게 되었다. 특히 93년에 성립한 비(非)자민 호소카와 정권에서는 호소카와 총리를 비롯하여 지방정치의 경험자가 많고, 지방분권개혁에 대한 적극적인 대처를 발견할 수 있다. 93년 6월에는 '지방분권의 추진에 관한 결의'가 중의원 참의원 양원에서 채택되었다. 이 움직임은 그 후의 자민당, 사민당, 사키가케 정권에서도 계속되고, 무라야마 도미이치(村山富市) 정권하에서 95년 5월에 지방분권추진법이 성립하였다. 이에 의거하여 지방분권추진위원회가 설치되고, 위원회는 5차에 걸쳐 권고한 바 있다. 권고 책정에 임하여 부처와의 긴밀한 교섭을 위원회 자신이 실시하고, 동의를 조달할 수 있던 걸 권고에 포함하는 형태를 취했다. 이 때문에, 권고 내용은 거의 그대로 지방분권 일괄법으로 불리는 합계 475개의 법률 개정안이 되고, 99년에 성립하여 2000년 4월부터 시행되었다(니시오 2007).

개혁의 첫 번째 성과는 기관위임사무의 폐지이다. 수장을 중앙 부처의 하부기관이라고 평가하는 기관위임사무를 폐지하여, 모든 사무를 지방정부의 자치사무, 지방정부의 법정수탁사무, 중앙정부의 사무, 사무 그 자체의 폐지라는 네 유형으로 구분하였다. 법정수탁사무는, 국정 선거나 호적 사무와 같이 중앙정부가 본래 수행해야 할 역할에 관한 사무이며, 법령에 의해 지방정부에 사무 처리가 의무 지워진다. 이 때문에 중앙정부의 강한 관여가 인정되지만, 어디까지나 이것도 지방정부의 사무이다. 따라서 기관위임사무와 달리, 관련 조례의 제정 등 의회의 관여는 가능하다. 지방정부가 담당하는 사무 중 법정수탁사무 이외의 사무는 모두 자치사무가 된다. 자치사무 가운데도 중앙정부에 의해 의무가 부여되는 것도 있다.

기관위임사무의 대부분은 법정수탁사무와 자치사무에 배분되었다. 개혁 이전에는 부·현 사무의 7~8할 정도에 해당하는 379개, 시·정·촌 사무의 4할 정도에 해당하는 182개 기관위임사무가 있었다. 그 가운데 약 55%를 자치사무에, 나머지를 법정수탁사무에 다시 배분하였다. 바꿔 말하면, 현재의 도·도·부·현의 사무의 7할 이상, 시·정·촌에서는 8할 이상의 사무가 자치사무가 되었다. 덧붙여 중앙정부가 정책 시행까지의 모든 책임을 져야 할 약간의 분야에 관해서는 중앙정부로 권한이 옮겨졌다. 주류군(駐留軍)용지특별조치법에 근거한 토지의 사용·수용에 관한 사무는 그 예이다.

개혁의 두 번째 성과는 중앙정부에 의한 관여의 유형화와 그 근거의 법령화이다. 자치사무에 관해서는 조언·권고, 자료 제출 요구, 협의 시정 요구가 가능하고, 법정수탁사무에 관해서는 이것들에 더해 허·인가─승인, 시정 지시, 대집행까지가 가능하다고 한다. 이러한 유형 이외의 관여를 억제하고, 개별법 안에서 어떤 관여가 이루어질 것인가를 미리 명시하도록 요구하였다. 종래는 특히 교육 분야 등에서 다른 정책 영역에서는 볼 수 없는 관여의 방법이 존재하고 있으며, 그것들을 없앤다는 점에서, 이것은 분권화와 동시에 종합화의 시도이기도 하다.

세 번째 성과는 필치규제(必置規制)의 폐지나 완화이다. 필치규제란 보건소나 아동 상담소와 같은 행정기관의 설치 의무 부여나, 보건소장, 도서관장 등 여러 직무에서 일정한 자격 보유자의 배치 의무 부여를 가리킨다. 이러한 규제를 폐지 내지 완화하였다. 이것도 인적 자원을 중앙정부가 개별 정책 영역마다 통제하는 것의 폐지이며, 분권인 동시에 종합화의 방향의 개혁이다.

네 번째 성과는 중앙정부와 지방정부 사이에 분쟁이 발생했을 때 그것을 처리하는 구조의 도입이다. 나라─지방분쟁처리위원회로 불리는 제3자기관을 설치하여, 중앙정부의 관여 등에 지방정부가 의문을 가지는 경우, 심사와 권고 등의 조치를 하도록 하였다. 중앙·지방 사이에서 분쟁의 가능성을 정면으로 파악하고, 투명성이 높은 해결을 도모하자고 하는 것이다. 다만 실제로는 설립 후의 이용은 저조하다.

이것들이 제1차 분권개혁의 주된 성과이다. 뒤집어 말하자면, 금전 면에서의 개혁은 제한적이었다. 지방분권추진위원회는 당초부터 거기에 발을 내디디지 않을 예정이었다. 예정에 반해, 중앙 부처 재편과의 관련에서 보조금 개혁에 내디디는 것을 하시모토 류타로(橋本龍太郞) 총리가 요구했었지만, 자민당 의원의 반대도 있어, 그 점에서는 거의 성과를 얻을 수 없었다.

'삼위일체' 개혁

2001년에 발족한 고이즈미 정권은 성역 없는 구조개혁을 내걸고 정부 부문의 축소책의 일환으로서 재정 측면에서의 분권화를 목표로 하였다. 구체적으로는 개별 보조금과 교부세라고 하는 이전 재원을 축소하면서, 지방세를 확충하려고 하는 것으로 '삼위일체의 개혁'이라고 명명되었다. 그러나 고이즈미는 처음에는 지도력을 발휘하지 못하고 개혁안을 검토하기 위해 01년에 설치된 지방분권개혁추진회의도 3년이 채안 되어 그 활동을 종결하였다. 그 후, 경제재정자문회의로 무대가 옮겨져, 03년도의 '핵심 방침'에서 4조 엔 정도의 보조금 감축, 교부세 억제, 기간세(基幹稅)를 기본으로 하는 세원 이양을 06년도까지 진행한다고 하는 개혁 공정이 설정되었다. 04년도 예산으로부터 06년도 예산에 걸쳐, 보조금과 교부세 삭감, 3조 엔의 세원 이양 골격 결정과 지방 6단체에 의한 보조금 삭감안 책정, 세원 이양과 보조금 개혁의 구체적 결정이라는 단계를 겹겹이 쌓았다. 최종적으로는 보조금을 4.7조 엔, 교부세를 5.1조 엔 줄여, 주로 소득세를 주민세로 치환하는 형태로 세원을 지방에 3조 엔 이전하였다. 그 결과 지방정부 전체로 봐서 자주재원율은 45% 정도까지 상승하였다.

이 개혁에는 다양한 관계자가 각자의 기대를 가지고 관여하였다. 재정의 재건을 도모하려고 하는 재무성, 교부세 개혁을 막으려는 총무성, 개개의 이해를 넘어 개혁을 성립시키려고 하는 지방정부의 전국 조직과 같은 것이다. 그 결과 융합적인 중앙·지방 재정의 분리화가 진행되었다. 전후 오랫동안 계속되어 온 사업 관청의 보조금과 총무성의 교부세라는 융합적 구조로 수정되었다. 1990년대 이후의 경제 불황 속에서 도시와 농촌의 대립이 표면화하면서 그때까지 농촌을 중시해 왔던 자민당의 방향성이 전환했다는 걸 받아들이고 있다.

이 개혁에 의해서, 금전 측면에서 분리의 정도는 약간 높아졌다. 지방의 세출 총액은 미세하게 감소하였으며, 집중·분산의 측면에서의 변화는 작았다. 한편 종합·

분립의 관점에서 보면, 개별 보조금이 크게 감소하고 있어, 역시 종합화 방향으로의 개혁이었다고 말할 수 있다. 제1차 분권개혁과 병합한다면 전후 중앙·지방 관계에서의 분립적인 측면을 지탱해 온 양면, 즉 권한에서의 기관위임사무와 금전에서의 개별 보조금 모두가 개혁의 대상이 된 것이며, 종합화의 진전이 현저하다(가나이 2007).

시·정·촌 합병의 진전과 오사카도(大阪都) 구상

삼위일체 개혁을 받아서 2000년대 중반에는 시·정·촌 합병이 진행되었다. 자주 재원율이 상승함으로써 마을과 동네가 재무행정 능력을 확충할 필요를 느끼게 되었다. 제1차 분권개혁은 지방정부가 담당하는 권한을 늘리는 것은 아니었기 때문에, 2층제나 현행 지방정부의 규모에는 손을 대지 않고 끝났다. 그러나 종합화가 진행된 결과, 재차 소규모 도시와 시골의 재무행정에 관한 능력이 문제시되었다.

다만 분권화와 정합하기 위해, 쇼와 대합병까지와는 달리 총무성은 합병에 의한 인구 목표를 제시하지 않고, 정령(政令)시에 대한 승격 조건 완화나 의회 정수 특례 등, 각종 지원책을 준비하는 데 그쳤다. 실제로 각 시·정·촌이 합병을 진지하게 검토한 이유는 재정 상황의 어려움이었다. 고이즈미 정권의 구조개혁에서는 세출 억제가 진행되어 소규모 도시와 시골에 대한 극진한 재분배 기능이 약화되었다. 한편 합병하면 상환에 대해서 교부세 급부가 주어지는 합병 특례채 발행 등이 가능했다. 결과적으로 1999년 3월 말 시점의 시·정·촌 수는 3,232개였지만, 2006년도 말 시점에 1,821개까지 감소하였다(2021년 현재는 1,718). 단순한 평균 인구는 약 9만 명이 되었다. 그러나 감소했다고는 하더라도 인구 1만 명 미만의 도시와 시골은 모든 시·정·촌의 4분의 1을 넘고 있다.

이 시기에는 다시금 대도시 제도에 관해서 2층제에 대한 문제를 제기했던 것도 특징적이다. 1996년에 핵심 시(市) 제도가 추가되었지만, 대도시 제도는 손을 대지 않은 채로 있었다. 그러나 분권 개혁이 진행되면서 도시 간 경쟁이 격렬해짐으로써, 대도시 문제는 다시 쟁점이 된다. 대상이 된 것은 대도시 문제가 가장 현저하게 나타나는 오사카이다. 도쿄와 같이 광역정부의 역할을 강화하는 도(都) 구상이 나타났다. 대도시 문제를 해소하려면 도·부·현과 정령(政令)지정도시 조정이 필요하게 되지만, 오사카유신회라는 동일 세력이 양쪽을 장악함으로써 개혁이 가능해졌다. 국정도 움직이고, 대도시 특별법 제정에 의해 길이 열림과 동시에 주민투표라는 허들도 설정되었다. 구의 강화라고 하는 도시 안의 분권 요소를 강조하여 주민투표에 임했지만, 두 번에 걸쳐 부결되었다.

제2차 지방분권 개혁

삼위일체의 개혁까지 거의 10년간의 개혁 기간이 지나 권한과 재원의 분리화와 종합화가 일단락되었다. 그래서 자민당 정권하의 2006년 12월에 성립한 지방분권개혁추진법 이후, 민주당 정권에서의 지역 주권 개혁 그리고 제2차 아베 정권 이후에도 계속하여 진행되고 있는 개혁을 제2차 분권개혁이라고 부른다. 지방 6단체나 지방정부가 개혁의 내용에 대해서 적극적으로 제언하고 있는 것이 이 개혁의 특징이기도 하다.

제2차 분권개혁에서는 기본적으로 제1차 분권개혁에서 축적하다가 남긴 과제 해소가 진행되고 있다. 대규모 제도를 개혁하는 게 아니라, 의무 부여·틀 매김의 재검토, 보조금의 일괄 교부금화, 시·구·정·촌에의 권한 위양, 파견기관의 재검토라는 작업이 진행되고 있다. 그런 의미에서는 권한과 재원의 분리화, 종합화라는 제1차 개혁과 방향성은 공통된다.

그다음, 제2차 아베 정권에서는 지방정부 간 경쟁이 중시되었다. 특별구(區) 제도를 통해, 지방정부 측에 규제완화책을 제안하게 하는 건 그 예이다. 지방창생사업에서 중요 실적평가 지표(KPI)를 설정하게 하고, 그 달성도를 경쟁하게 하는 것도 같다. 모든 구체적인 시책은 지방정부의 아이디어에 의존하며, 중앙정부가 정책을 주도하는 건 어려워지고 있다는 점을 나타내고 있다.

여기까지 살펴본 현재까지의 변화를 재정 측면에서부터 되새겨 보자. 그림 10−2에서는 1960년부터 85년까지는 5년 간격, 그 이후는 매년에 관해 지방정부의 세입에서 차지하는 지방세, 지방 교부세, 국고 보조금, 지방채, 그 외의 비율을 막대그래프로, 중앙정부와 지방정부 전체(양자 사이에서 이전을 조정한 순계) 안에서 지방정부의 세출이 얼마만큼의 비율이 될 것인가를 절선 그래프로 나타내 보였다.

지방세 비율은 완만하게 증감을 반복하면서, 1980년대 후반에는 4할을 넘어 정점에 달한다. 그러나 90년대 전반에는 크게 낮아지고 그것은 지방채 증가를 통해 주로 보충된다. 90년대 후반부터 2000년대에 걸쳐서는 같은 수준이지만, 삼위일체 개혁이후 다시 4할을 넘게 된다. 그러나 08년의 리먼·쇼크 이후 본래 수준으로 돌아와,

10년대 후반에 조금 상승하고 있다. 이것들에 대해 지방 교부세, 국고 보조금 비율은 일정한 증감은 있지만, 기본적으로는 안정되어 있다.

그림 10-2▸ 지방정부의 세입 구성 비율과 정부 부문에서 치지하는 비율 변화

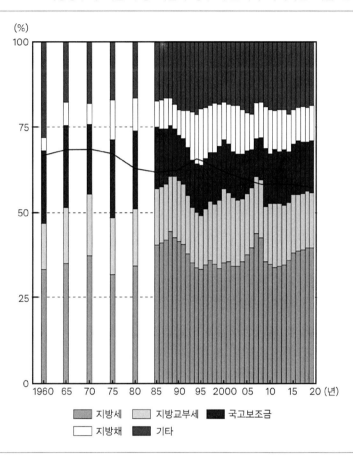

[출처] 자치성·총무성 「지방재정 백서」 및 「지방재정 통계 연보」를 활용하여 필자 작성.

한편, 정부 부문 전체의 지출 가운데 지방정부가 차지하는 비율은 1960년 시점에서 7할에 가깝다. 그 후 70년대 중반에 중앙정부의 복지 지출이 증가하는 근처로부터 기본적으로는 지방의 비율은 서서히 내려가서 현재는 6할이 채 안 된다. 예외는 90년대 전반이다. 지방채에 의지한 지방정부의 지출이 확대된 것이다. 대체로 지방분권개혁의 영향은 재정 측면에서는 제한적이라는 걸 알 수 있을 것이다.

1990년대 이후 지방정치의 변화

전후 오랫동안, 중앙이나 지방도 의회 선거는 단기비이양식(単記非移讓式) 복수정수 선거였지만, 1994년의 선거 제도 개혁으로 중의원 의원 선거가 소선거구를 중심으로 하는 선거 제도로 변경되었다. 이로 인해 중앙정부에서의 유효 정당수가 감소하고 의원의 개별 이익 지향이 약화되었다. 그 결과 지방의회에서 정당제 및 지방의원의 정책 선호와의 괴리는 커졌다.

1990년대 후반에는 무당파 수장이 급증하였다. 유권자의 정당 이탈이 진행되어, 투표 집계상 정당의 유효성은 떨어졌다. 지방분권화로 인해 중앙정부와의 파이프를 의식할 필요가 낮아졌기 때문에, 국정 여당과의 관계를 축적하는 동기가 사라졌다. 다당화, 유동화하는 지방의회에서 정당을 축으로 한 다수파 형성의 효과도 떨어졌다. 이러한 이유로부터 정당과의 안정적인 관계를 유지할 이유가 희미해졌다. 오히려 '기성 정당'으로부터 거리를 두는 것은 현상에 대한 불만이 높은 유권자에 대해 유효한 선거 전술이 되었다(스가와라 2011). 한편 의회에도 발판을 구축함으로써 대담한 개혁을 제창하려고 하는 경우는, 수장 주도의 지역 정당이 만들어지는 사례도 증가하였다. 오사카유신회는 그 대표 사례이다.

제도 개혁으로 종합화가 진행된 건 수장이 사용할 수 있는 자원을 확대하는 데 기여하였다. 지방의 행정 조직으로부터 하면, 지금까지의 분립·융합형의 중앙·지방 관계에서는 중앙 부처와의 관계를 축으로 하여 행정 활동을 해왔다. 이것이 수장과의 관계를 강하게 의식하지 않을 수 없게 만들었다. 예를 들어 분립·융합형의 중앙·지방 관계의 대표 사례인 교육 정책에서는 종합화를 시도하는 수장과의 대립이 격해지고 있다. 주민의 관심도 높기 때문에 소인원 수 학급과 같이 예산 조치를 지렛대로 삼아 교육 정책에 대한 관여를 강화하고 있다(아오키 2013).

중앙정부에서 총리에 의한 통합이 마침 강해지던 차에 지방정부에서도 수장에 의한 통합이 강화되었다. 대통령제라는 집정 제도상의 특징으로부터도 수장은 정당에 대한 의존도가 낮고, 국정의 정당정치와 거리를 둘 수 있다. 이건 총리와 수장이 대립하는 배경이 된다. 신형 코로나바이러스 감염증에 대한 대응과 같이 사람들의 주목을 끄는 사건이나 현상에 양자가 함께 관련되고 또한 양자의 권한 배분이 불명확한 경우에 그 대립은 커지기 쉽다.

5. 일본의 행정 기구와 국제행정

중앙부성의 국제적 활동

일본의 중앙부성이 어떻게 국제행정을 전개하고 있을까를 살펴보자. 다른 나라와의 관계를 담당하는 부성이라고 하면, 먼저 외무성이란 생각이 떠오를 것이다. 그러나 국제행정에서 높은 분립성에 대응하여, 일본 중앙부성의 국제적인 활동도 분립적이다. 확실히 재외 공관에서는 외무성 직원이 대부분을 차지하지만, 각 부성도 상당한 수를 이른바 아타셰(attaché, 전문직원)로서 파견하고 있다. 각 종류의 국제기관 정도되면 각 부성으로부터의 파견이 외무성으로부터의 파견보다 많아진다. 특히 농림수산성, 재무성, 국토교통성으로부터의 파견이 전체적으로 많다(표 10-2).

다음으로, 금전 측면에 관심을 가지고 정부개발원조(ODA) 예산에 관해 들여다보자. ODA란 정부에 의한 개발도상국 원조를 중심으로 하는 국제협력을 가리킨다. 이른바 ODA 예산에는 국제기관에의 거출금 등도 포함되어 있으며, 외무성 이외가 관할하는 예산도 포함되어 있다. ODA 예산은 일반회계 예산과 사업 예산으로 구성되지만, 일반회계 예산에 관해서는 1990년대 후반까지 우상향으로 예산이 확대되다가, 그 후 급속히 축소되었다. 78년에 약 2,300억 엔이었던 것이, 정점이 되는 97년에는 1조 1,687억 엔에 이른 후, 2021년도 예산에서는 정점 때의 반 이하인 5,680억 엔이 되었다. 다만 거기에 출자·거출국채나 재정투융자를 더한 사업 예산 전체(일반회계 예산은 그 일부를 구성한다)에 관해서는 일정한 규모를 유지하고 있다. 1997년도에 1조 6,766억 엔이던 것이 2021년도에는 1조 7,257억 엔이 되고 있다.

이 ODA 예산에 관해서도 분립성은 명확하다. 표 10－2에서는 2011년도 일본의 ODA 예산을 부성별로 확인한 것을 사례로 들었다. 이것을 보더라도 외무성과 함께 엔차관을 담당하는 재무성이 큰 역할을 하고 있음을 알 수 있다. 그 외에는 경제산업성, 문부과학성, 농림수산성도 100억 엔 이상을 지출하고 있다. 일본의 중앙부성은 국제적인 활동을 적극적으로 전개하고 있으며, 국제화의 동향에 대응하고 있을 뿐만 아니라 스스로 국제화를 진전시키고 있는 측면도 있다. 각 부성은 ODA를 통해서 국제 원조, 시장 개척 등을 시행하고 있다(Weiss 1998).

표 10-2 ▸ 부성별 재외 공관 및 국제기관 재적수와 ODA 예산(2011)

부성	재외 공관(사람)	국제기관 파견(사람)	일반회계(억 엔)	사업 예산(억 엔)
내각부	10	1		
공정 거래 위원회	6	2		
경찰청	23	11	0.1	0.1
금융청		3	1.0	1.0
소비자청		1		
총무성	42	10	7.2	7.2
법무성	17	5	1.3	1.3
외무성	3,554	18	4,169.8	4,172.0
재무성	60	82	946.6	12,723.7
문부 과학성	33	20	286.9	286.9
후생 노동성	34	16	66.8	72.5
농림수산성	102	92	34.8	108.3
경제산업성	82	35	190.7	422.6
국토교통성	91	66	3.6	3.6
환경성	8	15	18.2	56.1
방위성	61	2		
회계 검사원		1		
합계	4,123	380	5,727.4	17,855.7

[출처] 재외 공관의 외무성 직원수는 외무성 「외교청서 2011」. 그 외의 인원수는 177회 국회 참의원 질문 제78호에 대한 답변 본문, 예산은, 외무성 「2011년 판 정부개발원조(ODA) 백서」를 기초로 필자가 작성.

한편 최근에는 종합화도 진행되고 있다. 2006년 4월 내각에 해외경제협력회의(의장은 총리)가 설치되어 관계 대신에 의한 조정을 시행하게 되었다. 실시를 담당하는 국제협력기구(JICA)에 관해서도 08년 10월에는 국제협력은행(JBIC)의 해외 경제협력 부문과 합치고, 외무성에 의한 무상 자금 협력의 일부 시행도 이양됨으로써 엔차관, 무상 자금 협력, 기술 협력을 통합해 시행하는 기관이 되었다.

국제기관에의 공헌

국제행정의 활동 자원은 각국 정부나 각국의 사회·경제로부터 제공되는 것이다. 일본은 특히 재원 측면에서 국제기관을 크게 지탱해 왔다. 한편 인적 자원 측면에서는 그 정도까지는 아니었다. 2019년 유엔에서의 금전 자원, 인적 자원 각각의 공헌 정도를 그림으로 표시한 것이 그림 10-3이다. 가로축이 재정의 분담률, 세로축이 전문직 이상의 직원수이다.

국제연합(유엔) 본부를 시작으로 하여, 많은 국제기관에 있어서 일본은 미국, 중국에 이어 많은 재원을 갹출하고 있다. 예를 들어 유엔 통상 예산의 2019~21년 분담률에서는 20%를 넘는 미국, 12%의 중국에 이이, 약 9%로 세 번째로 분담률이 높다. 액수로 하면 2억 4,000만 달러 정도이다. 게다가 평화유지활동(PKO) 예산에 관해서는 5억 6,000만 달러 정도를 부담하고 있다. 분담률은 정점 때인 2000년 전후에는 2할에 달하고, 그 후 낮아졌지만, 2018년까지는 미국에 이어 제2위 분담률이었다.

인적 자원에 관해서는 금전 자원만큼은 아니지만 확실히 공헌의 정도를 높여 왔다. 그림 10-3에 있듯이, 금전 측면이상으로 인적인 측면에서 많은 사람을 내보내고 있는 유럽만큼은 아니지만, 금전 자원과 인적 자원의 비율은 평균적인 정도이며, 전문직원 수를 1,000명 이상 배출하고 있는 몇 안 되는 나라 가운데 하나이다. 주요 국제기관에서 일본인의 전문직 상당 이상 직원수도 착실하게 증가하고 있다. 유엔에 210명, 유엔개발계획(UNDP)에 61명, 유네스코에 47명, WHO에 56명, 아시아개발은

그림 10-3 ▶ 유엔 각국별 분담률과 전문직 이상 직원수(2019)

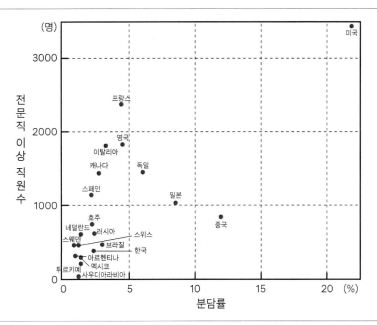

[출처] 분담률은 United Nations, ST/ADM/SER.B/1023, 전문직 이상 직원수는 United Nations, CEB/2020/
HLCM/HR/12를 활용하여 필자 작성.

행(ADB)에 148명, 국제부흥개발은행(IBRD)에 177명 등이다. 그 외에는 유니세프, 국제노동기관(ILO), IMF, OECD, 식량농업기관(FAO), 세계보건기구(WHO), 국제원자력기구(IAEA) 등에 모두 30~90명 정도 전문직 이상의 직원이 근무하고 있다.

양뿐만 아니라 질 높은 인재를 지금까지 일본은 배출해 오고 있다. 유엔 사무차장을 맡은 아카시 야스시(明石康), 유엔난민고등판무관을 맡은 오가타 사다코(緒方貞子), 유네스코 사무국장으로서 2000년대에 유네스코를 개혁한 마츠우라 고우이치로(松浦晃一郎), OECD의 수석이코노미스트를 맡은 시게하라 구미하루(重原久美春)로 대표되는 많은 국제공무원이 활약해 왔다. 앞으로도 한층 더 인적 공헌을 수행할 것을 목표로 각종 지원책이 제공되고 있다. 특히 신진 전문직원(JPO) 파견 제도로 불리는 외무성의 경비 부담을 통한 국제기관에 2년간 파견 제도는 1974년 이래 1,300명 이상을 파견하고, 현재 국제기관의 전문직 이상으로 근무하는 일본인 직원의 반수 미만이 그 경험자이다. 코로나바이러스19 감염증 대책에 대해 전문가로서 대응의 핵심을 담당한 오미 시게루(尾身茂)는 후생성 의계 기관(技官)에서 WHO로 옮겨 서태평양 지역 사무국장을 맡기에 이르렀다. 그러한 경험으로부터 얻은 지식·경험이 활용되고 있는 것으로부터도, 국제기관에의 인적 송출이 국제사회와 일본 국내 쌍방에 공헌이 되는 것은 분명할 것이다.

연습문제

❶ 중앙·지방 관계에서 전후 개혁과 1990년대 중반 이후 분권개혁의 내용을 집중·분산과 분리·융합, 한층 더 분립·종합의 관점에서 다시 정리해 보자.

❷ 1990년대 중반 이후 분권 개혁의 내용에 관해서, 정치와 행정의 관계 변화로부터 어떤 개혁이 어떠한 이유로 이루어졌는지(이루어지지 않았는지)를 설명해 보자.

❸ 표 10-2에 표시한 것과 같은 각 성이 분립적으로 시행하고 있는 국제행정에 관하여, 구체적으로 어떠한 시책이 전개되고 있는지 조사해 보자.

제 11 장
멀티 레벨의 행정을 규정하는 요인

중앙·지방 관계의 양태 차이는 무엇에 의해 초래되는 것일까? 이념, 이익, 제도의 영향을 받으면서, 관계하는 여러 다양한 행위자의 선택이 집권화나 분권화를 초래한다. 다만 중앙·지방 관계의 집권화나 분권화를 초래하는 요인은 중앙정부에 의한 제도 개혁만이 아니라는 데에도 주의하면 좋겠다. 동일하게 국제행정의 형성에 관해서도 국제적인 협조의 가능성을 주장하는 아이디어나, 각국의 집합적 이익 그리고 각국의 개별 이익이 국제기관의 성립과 발전을 좌우해 왔다.

1. 이념에 의한 설명

보완성 원칙과 참가

중앙·지방 관계와 관련되는 이념으로서는 지역의 과제나 공통 이익을 주민 자신의 손으로 실현해 가는 자율성을 바람직하다고 하는 생각이 있다. 근대주의의 전제로서 자율적 개인이 존재한다는 생각과 대비시켜 통치 구조의 근대화를 위해서는 자율적인 지방정부가 필요하다고 하는 생각이다. 이것은 지방분권은 민주주의적이고 그러므로 중시되어야 한다는 주장을 또한 형성하는 것이기도 하다.

이 기저에 있는 것은 보완성 원칙(subsidiarity)이다. 보완성 원칙이란 개인을 중시하는 입장에서 개인에게 친밀한 지방정부를 중시하는 생각이다. 즉 기초 지방정부에서 결정할 수 있는 건 가능한 한 기초 지방정부에서, 그다음에 광역 지방정부에서 결정한다. 그리고 그럼에도 결정할 수 없는 것만이 중앙정부의 손에 맡겨져야 한다고 한다. 기독교의 교의에서 유래하는 이 원칙을 실현함으로써 중앙·지방 관계에서는 분권적인 구조가 바람직하다고 여겨진다.

보완성 원칙은 정치에 있어서 참가나 협동에서 가치를 발견하는 입장이기도 하다. 거기에서는 지방정부 중에서는 기초적 지방정부에 큰 역할을 주고(시·정·촌 우선의 원칙), 지방정부의 규모를 작은 규모로 하는 게 바람직하다고 여겨진다. 규모를 작게 함으로써 주민과의 거리가 가까워져서, 참여의 정도를 높여 유권자의 정책 선호를 쉽게 파악할 수 있다고 생각하기 때문이다. 실제로 프랑스나 이탈리아에서는 참가의 기초가 되는 지역공동체의 규모에 따른 지방정부를 유지하려고 하므로, 기초 지방정부의 규모는 확대하지 않는다.

기능 분담론과 효율성

이에 대해, 일정한 조건 아래에서만 지방정부가 수행해야 할 역할을 크게 해야 한다고 하는 이념도 있다. 사람들의 공통 이익 범위나 행정 서비스를 제공할 때 규모의 경제에 따라서, 중앙과 지방 어느 쪽이 권한을 가져야 할 것인가 혹은 광역 지방정부와 기초 지방정부 어느 쪽이 담당해야 할 것인가는 바뀐다고 하는 생각이다. 이것은 기능 분담론으로 불려 왔다. 이 관점에서는 분권 그 자체가 추구해야 할 이념은 아니다. 추구해야 할 가치는 효율성 등이며 그 수단으로서 일정한 조건 아래에서 분권이 유효하다고 생각한다.

효율성을 목표로 하는 건 지방정부의 대규모화를 정당화하는 데에도 연결되기 쉽다. 규모를 확대함으로써 규모의 경제가 작용함으로써 정책 시행의 효율성이 상승한다고 생각하기 때문이다. 영국이나 북유럽, 일본 등은 중앙정부 주도로 합병을 진행하였지만, 지방정부를 통한 행정 서비스의 효율성이 거기서는 중시되어 왔다. 규모의 크기에 더해 그 규모가 균일할수록, 지방정부에 많은 정책 시행을 맡기는 것이 가능해짐으로 분산적인 성격이 강해지기 쉽다.

복지국가화와 상호의존론

기능 분담론은 복지국가화에 수반하여 중앙과 지방은 각각 단독으로는 공공서비스를 제공하기 어려워진다고 하는 상호의존론으로 연결된다. 1930년대 이후, 정부 규모의 확대가 중앙·지방 관계에 변화를 요구한다. 복지국가를 성립하기 위해서는 누진적인 소득세를 통한 소득 재분배를 정부 부문이 실시할 필요가 있다. 결과적으로 복지국가 아래에서는 재정적인 집중화가 진전하기 쉽다. 전국적으로 일률적인 공공 서비스를 제공하기 위해 중앙정부에 의한 지방정부에 대한 통제가 강화되어 간다. 이와 같이 복지국가화에 수반하여 집권화가 진행되는 걸 신중앙집권이라고 부른다. 국민국가가 형성되던 시기에 행해진 중앙집권의 시도와 구별하기 위해서 그러한 명칭이 붙여졌다.

그러나 동시에 복지국가가 제공하는 행정 서비스는 보육이나 간병에서 대표되듯, 대인 서비스의 성격이 강하다. 이러한 대인 서비스의 제공은 지방정부가 담당하는 것이 바람직하다. 그 방법이 효율적이며 지역에 따른 다양성에도 대응할 수 있다. 그러면 복지국가 아래에서는 정책 집행을 통해서 정보, 인적 자원의 면에서 지방정부의 중량감이 늘어난다.

종합하면 재원 측면에서의 집중화와 정보 및 인적 자원 측면에서의 분산화가 동시에 진행한다. 또한 이전 재원의 확대나 중앙과 지방의 공동 관리 사항을 확대시켜 한층 더 중앙·지방 간 인사 교류나 밀접한 정보교환을 초래한다. 즉 융합화도 진전한다. 영국의 정치학자인 로즈는 분리된 중앙·지방의 관계를 전통으로 이어온 영국에서도 전후의 복지국가 내에서 융합화가 진전하고 있는 모습을 묘사하였다(Rhodes 1988). 동일하게 연방제 아래, 역시 분리를 강하게 유지해 온 미국에서도 중앙정부와 지방정부의 상호의존이 진전하고 있는 것이 밝혀지고 있다.

이념으로서의 분권화

지방분권을 정당화하는 이념은 일본에서도 오랫동안 주장되어 왔다. 따라서 그것만으로는 1990년대가 되어 지방분권의 움직임이 실현된 이유를 설명할 수 없다. 보다 구체적인 이념이나 아이디어가 개혁의 배경, 요인이 되었다고 여겨진다.

하나는, 정치행위자(행위주체)가 생각의 변화를 초래한 아이디어이다. 재계의 생각을 변화시킨 지역 간 경쟁이라고 하는 이념은 이 예이다(키데라 2012). 또 하나는, 제도 설계에 관한 아이디어이다. 저항 세력의 반론을 논파하면서 상세한 제도 설계를 가능하게 하는 아이디어, 즉 나라의 관여나 법령의 규율 밀도와 같이, 현상을 파악해 개혁의 방향을 제시하는 개념을 새롭게 낳은 것이 이 예이다(니시오 2007).

이에 대해 정치학자 마치도리 사토시(待鳥聰史)는 같은 시기의 통치 기구개혁과 근저에서는 공통되는 개혁의 방향성, 즉 자립적인 개인을 기초로 하는 사회나 정치를 지향하는 방향성을 갖추고 있었기 때문에 지방분권개혁도 진행되었다고 생각한다(마치도리 2020). 다만 동일한 방향성을 가지고 있더라도 개혁의 구체적인 내용은 영역마다 달라진다. 중앙·지방 관계에서는 개인에 따라 가까운 지방에 대한 권력 분산이 진행됨으로써 집정 제도개혁 등과는 역점을 두는 방법이 변했다고 한다.

2. 이익에 의한 설명

주민의 이익

다음으로 이익에 의해 중앙·지방 관계의 변화를 설명하려고 하는 논의를 살펴보자. 크게 나누어 네 가지가 있다. 첫째, 주민의 이익, 둘째, 지방정치가의 이익, 셋째, 국정 정치가의 이익, 그리고 넷째, 중앙정부와 지방정부 각각의 행정 조직의 이익에 주목하는 논의가 있다.

지리적 경계선 내 주민에게는 공통되는 이익이 발생하고, 그것을 실현하기 위한 대리인으로서 지방정부가 존재한다. 신분제 시대에는 신분으로 사회가 구분되어 있었다. 따라서 가까운 곳에 살고 있는 것만으로 사람들에게 공통의 이익이 발생할 것도 없었다. 그러나 신분제가 해체됨과 동시에 이동의 자유 등이 확장되어, 지역에 사는 사람들의 경제적, 사회적 활동이 확대되면서, 그것을 지지하는 인프라가 가지는 의미는 커진다. 철도나 도로, 수도 등을 정비하여 지역을 발전시키는 것이 주민의 공통 이익이 된다.

그러나 다양한 공공시설이나 공공서비스가 제공되면, 거기로부터 이익을 얻는 사람이나 부담을 지는 사람들의 범위가 지방정부의 경계선과 일치하지 않게 된다. 예를 들어 교통망의 정비에 수반하여 통근·통학 범위가 확대된다. 사람들은 길을 걸어 근무지로 향하고, 직장의 화장실 등에서 수도를 사용한다. 중심 도시가 정비한 도로나 수도의 편익은 통근·통학해 오는 주변 지역의 주민에도 미치는 것이다. 반대로 지역에서 모은 쓰레기를 소각할 때 나오는 매연은 이웃 마을로 흘러가기도 한다. 여기에서는 대기오염이라고 하는 부담이 주변 지역에 미치고 있다. 이와 같이 편익이나 부담이 주변에 미치는 것을 스필오버(spillover)라고 한다.

이러한 스필오버에 대해서, 세 가지 해결책을 생각할 수 있다. 첫째, 부담과 편익이 미치는 범위가 일치하도록 지방정부의 규모를 크게 하는 것이다. 시·정·촌 합병, 혹은 도·도·부·현의 합병이 구체적인 시책이 된다. 둘째, 광역 정부의 소관으로 하는 것이다. 시·정·촌에서 도·도·부·현으로, 도·도·부·현에서 중앙정부로 소관을 옮긴다. 적절한 규모의 광역 정부가 없으면, 그것을 창출하는 것이 필요하게 되므로, 도주제의 도입으로 연결된다. 대도시에 도·도·부·현의 기능을 담당하게 하는 대도시 제도도 이 파생형이라고 할 수 있다. 그리고 셋째, 지역 간 재분배이다. 이에 의해 부담과 편익을 평균화한다. 편익을 향유하고 있는 지역에 대한 과세나 부담을 떠맡고 있는 지역으로 재정을 이전하기 때문에, 중앙정부가 이 역할을 담당한다.

일본의 경우, 세 번째 선택지를 취해왔다. 시·정·촌 합병은 이루어져 왔지만, 이것은 사람들의 이동 범위 확대에 따라 이루어진 것이 아니고, 중앙정부의 대리인으로서 기능을 수행할 수 있도록, 일정한 재무 행정 능력을 갖도록 하기 위해서 행해진 것이다. 그러니까 전국 일률적으로 한정된 시기에만 합병이 나타난다. 또 두 번째 광역 정부의 이용에 대해서도 2층제를 계속 유지하며 전국을 획일적인 구조로 함으로써, 세무 재정의 조정을 도모하는 대도시 제도를 도입하는 것은 없었다. 따라서 대부분의 조정은 세 번째 선택지, 즉 지방 교부세에 의한 재정 조정에 맡기게 되었다. 지방 교부세는 중앙정부의 대리인으로서 재정 기반을 제공하는 데 중점이 놓여 있으며, 주로 도쿄로부터 농촌부에 대한 지역 간 재분배의 요소가 강했다.

복지국가의 유형과 중앙·지방 관계

어느 정도 지역 간 재분배를 시행할 것인가는 복지국가의 발전 형태에 따라 다른 경우가 많다. 중앙·지방 관계에서도 각국의 양상을 나누는 큰 전환점이 된 것은 세계 공황으로부터 제2차 세계대전에 걸친 시기이다. 이 시기에 중앙정부 측이 세입의 대부분을 조달하는 구조로 이행할 것인지 아닌지 갈림길이 된다. 그 이전은 많은 나라가 관세와 토지에 대한 세를 세입의 기반으로 하고 있었다. 여기에 소득세를 도입하여, 지방에 재분배해 나가는 구조를 도입하는 나라가 나타난다. 산업화가 진행되어 도시지역이 경제적으로 풍요로워져 가는 가운데 재분배를 한다고 하는 선택이다. 도시 부유층이 농촌부의 지주계급과 손잡고, 집권적인 세제 아래에서 완만한 재분배를,

지역마다 다른 세제 아래에서 노동자 계급에 대한 재분배보다 선호하는 경우는 집권적인 세 재정이 성립하기 쉽다.

사회 보장의 성립 과정에서도 동일하게 1930년대가 하나의 전환점이 된다. 우선 미국과 같이 이 시기에 공적 보험이 도입되지 않은 경우는 민간 보험업계가 크게 성장하여, 그 후에 공적 의료보험을 도입하는 건 곤란해진다. 다음으로, 공적 보험이 도입된 경우는 노동자를 주된 대상으로 하는지, 농민도 대상으로 넣을 것인지가 분기점이 된다. 독일이나 영국에서는 노동자를 대상으로 했지만, 농업국인 북유럽 여러 나라에서는 농민을 대상으로 넣었기 때문에 지방정부의 역할이 커졌다. 일본도 38년에 국민건강보험법을 제정함으로써 농민을 대상으로 하게 되고, 전후 48년 동법을 개정하여 시·정·촌이 보험자가 되었다. 후생성은 서서히 재정의 이전을 확대하면서, 제도의 평준화를 진행하여 61년에는 전국민보험을 성립시켰던 것이다(기타야마 2011).

지방정치가의 이익

둘째, 지방정치가의 이익에 주목하는 논의로 옮겨보자. 앞서 말한 복지국가화에 수반하는 재정 집권화를 지방정치가가 어떤 경우에 받아들일 것인지가 여기에서 초점이 된다. 소득세가 도입되기 이전의 고정 자산세를 중심으로 하는 세 체계에서는, 지방정부에 의한 과세의 비율이 높고, 지방정치가가 그 과세권을 손에서 놓지 않으면 재정의 집권화는 진행되지 않는다. 집권화한 다음 중앙정부로부터 분배받는 것이 지방정치가에 있어서도 메리트가 크다. 과세 업무라는 인기 없는 일을 손에서 놓으면서 이익분배라는 인기가 있는 일을 담당할 수 있다. 그러나 그건 중앙정부로부터의 보조금이 확실히 돌아온다고 확신할 수 있을 때, 비로소 성립되는 계산이다. 이것을 가능하게 하는 건 확립된 정당이 존재하고, 국정 정치가와 지방정치가가 동일한 조직 내에서 상하 관계로 조직화되어 있는 경우이다. 이러한 정당이 존재하지 않으면, 지방정치가는 중앙에 의한 분배를 신용하지 않기 때문에 과세권을 중앙정부에 용이하게 양도하려고는 하지 않는다(Diaz-Cayeros 2006).

일본에서도 19세기 말에서 20세기 초에 비슷한 길을 걸었다. 지방 명망가들이 당초 주창하고 있던 국민의 경제력 휴양이란 중앙에 의한 과세의 부정이다. 이것이 세기가 바뀔 무렵에는 부국강병, 즉 국세를 증세한 다음 지방에 급부해 나가는 것에 대한 지지로 변해간다. 공업화가 진행되기 시작하는 가운데 자율적인 농촌경제로부터 집권적인 지방 이익 유도의 구조로 전환된 것이다(마에다 2016).

지방분권개혁에서도 지방정치가가 자신의 이익을 위해서 개혁을 요구하며, 개혁을 지지하는 일이 있다. 분권이라는 개념은 다의적이며(☞제9장), 분권개혁의 내용도 다방면에 걸치는 건 일본의 1990년대 이후 사례에도 잘 나타나고 있다(☞제10장 4). 따라서 지방정치가의 개혁에 대한 태도도 갈라지기 쉽다. 그러나 일본의 분권개혁이 종합화를 지향한 것으로부터 생각하면 가장 이익을 받는 건 지사나 시·정·촌장이었다. 따라서 고이즈미 정권기의 삼위일체 개혁에서는 지사는 지사회의에서 의견을 종합하여 개혁을 진행하는 데 적극적이었던 것이다.

국정 정치가의 이익

셋째, 국정 레벨의 정치가 이익을 생각해 보자. 국정 정치가가 지방정부 특히 지방정치가와 관계를 쌓아 올릴 필요가 있는 것은 국회의원 개개인이 집표를 할 필요가 있는 경우이다. 이 경우, 국회의원들은 각자 집표 조직을 가질 필요를 느낀다. 그러한 집표 조직의 중요한 일부를 이루는 것이 현지 유권자를 강하게 잡고 있는 지방정치가이다. 그러나 지방정치가는 대가도 없이 협력하는 건 아니다. 정치 자금의 제공 등 그 외 현지에 대한 이익 공여를 요구한다. 따라서 개인 투표를 촉진하는 선거 제도 아래에서는 국정 정치가와 지방정치가의 계열 관계가 형성되기 쉽다. 그리고 계열을 유지하는 유대로서 중앙에서 지방으로 이전되는 돈, 즉 보조금이 필요해지므로 금전 측면에서 집중·융합적인 제도가 취해지기 쉽다.

국정 정치가가 지방정치가 의향에 대해 어느 정도 응답적이 될 것인가는, 국정 정치가의 커리어 패스에 의해서도 바뀌게 된다. 중앙과 지방정치가의 커리어 패스가 연결되고 있고, 국정 정치가 대부분이 지방정치가의 경험을 가지고 있는 경우는 지방정치가의 생각을 반영하는 형태로 국정도 운영되기 쉽다. 예를 들어 캐나다에서는 국정과 주 정부 이하 정치가의 커리어 패스가 단절되어 있고, 국정 정치가 대부분은 지방정치의 경험을 갖지 않는다. 이것이 최근 주 정부가 강한 독립을 지향하는 원인이 되고 있다고 한다(Filippov et al. 2004). 또한 영국에서도 동일하게 국정 정치가 대부분이 지방정치를 경험하지 않기 때문에, 지방정치가의 의향과 관계없이 지방 제도를 개혁하기 십상이다. 이 결과 대처 정권에 의한 대도시권의 광역정부 폐지라는 개혁조차 진행되었다(Ashford 1982). 이것들에 대해서, 국회의원이 지방 공선직을 겸직하는 것이 인정되고 있고, 실제로 대다수 국회의원이 현지 지방정부의 공직도 맡고 있는 프랑스에서는 지방 제도 개혁에 대해 지방정부의 의향이 중시된다.

관료의 이익

넷째, 중앙 관료, 지방 관료 각각의 이익을 독립변수로 하는 설명이다. 지방관료 중에서도 정책 영역별로 특화한 하위그룹(테크노크라트)이 존재하는 경우는 그 집단은 동일 지방정부 내의 다른 정책 영역보다 같은 정책 영역과 관련되는 중앙 관료나 관련한 이익집단 등과의 관계를 강화하는 경향이 있다. 이 경우는 다른 정책 커뮤니티나 지방정부 전체를 관할하는 하위그룹(토포크라트)과의 대항에서 오히려 적극적으로 중앙정부의 집권성을 받아들이는 경우가 많다. 금전 자원에 관해서는 개별 보조금이, 조직 자원에 관해서는 독립행정위원회를 설치하거나 이른바 낙하산 인사의 수락 등을 볼 수 있다. 일본에서는 교육과 경찰에 이러한 성격이 강하다.

최근에는 지방정부 내부에서 토포크라트와 유사한 정책 선호를 가지는 수장이 연합하여, 정책 커뮤니티와 대립하는 도식이 증가하였다. 특히 예산 삭감이나 인원 삭감이라는 행정개혁을 실시하려고 할 때 이 대립은 격화하기 쉽다. 1980년대 제2차 임시행정조사회 시기와 2000년대에는 자치성·총무성의 지도나 거기에서 파견된 직원이 경비 삭감의 깃발을 드는 역할을 담당해 왔다.

테크노크라트와 토포크라트의 어느 쪽이 우위에 설 것인가에 따라 중앙정부와 지방정부 쌍방 간에 전자라면 분립형, 후자라면 종합형의 행정 조직이 존립하기 쉬워진다. 중앙과 지방이 각각 한결같은 건 아니고 분립·융합적인 체제가 성립하고, 오히려 분단선은 정책 영역마다 경계가 설정되는 것도 많다. 분단선이 가로−세로 어느 쪽으로 그어질 것인가는 중앙, 지방 각각의 행정 조직에서 구성원들이 어떻게 조직화되는가에 따라 규정된다.

토포크라트와 테크노크라트의 대립에 더해 재무 관할 관청, 게다가 집권당 간부라는 복수의 행위자 간 관계가 전후 일본의 교부금 제도의 유지와 개혁을 좌우해 왔다고 행정학자 기타무라 와타루(北村亘)는 말한다(기타무라 2009). 그림 10−2에 본 것처럼, 1970년대 후반이나 90년대 후반과 같이 지방세가 수입 감소가 되어 지방 재정이 어려워지는 시기는, 국세도 줄어들고 있는 시기이며, 자치성과 대장성의 대립은 격렬해진다. 그러나 집권당 지지도 있어 지방 교부세는 넉넉하게 보장되었다. 이것이

2000년대 이후는 반드시 보장되지 않게 되고, 집권당은 아니고 총리 관저가 조정을 실시하거나 총무성과 재무성이 협력하여 사업 관청과 대립하는 걸 볼 수 있다.

3. 제도에 의한 설명

민주화와 근대화

중앙·지방 관계에는 그 나라 민주제의 본질이 크게 영향을 미친다. 주민과 지방정부, 국민과 중앙정부의 관계는 민주제인가 아닌가에 따라 결정되기 때문이다. 한편 근대 국민국가에 선행하여 지역 공동체나 지역별 지배 권력이 존재한다. 따라서 국민국가의 형성에 즈음해서는, 전국적인 행정 기구의 정비가 과제가 된다. 각국에서 19세기에 걸쳐 지방정부가 통치 기구로서 확립해 나간다. 그때 다음 두 가지 요소가 중앙·지방 관계를 규정한다. 하나는 중앙정부에서 의회와 행정부의 관계이다. 또 하나는 지역 공동체에서 자치의 전통이다(아키즈키 2001).

민주화가 진전하여 지방 제도를 정비하는 시점에서, 국민 대표로서의 의회가 행정부에 우월한 것이 확립되어 있는 경우는 중앙·지방 관계도 법률을 통해 규율하는데 연결된다. 법률에서 중앙정부와 지방정부의 권한을 명확하게 규정하고 권한을 분리한다. 그 전형적인 예는 영국이다. 지방정부의 권한은 제한, 열거되는 형태로 규정되고, 그것이 불명확한 경우에는 사법에 따라 판단되는 월권행위(ultra vires)의 법리가 적용된다. 권한을 분리하는 것부터 중앙정부가 관할하는 정책을 전국에서 실시할 때는, 중앙 부처가 파견 기관을 통해서 제공하는 것이 기본이 된다.

이에 대해 지방 제도의 정비가 민주화의 진전에 선행한 경우는 중앙·지방 관계도 행정을 주요한 경로로 한다. 1800년대에 나폴레옹이 정비한 프랑스의 중앙·지방 관계는 그 전형적인 예이다. 법률에 의한 규율의 역할은 작고, 지방정부의 권한은 법률상으로는 개괄, 예시되는 데 지나지 않는다. 중앙정부와 지방정부의 관계를 조정하기 위해서, 중앙 부처의 하나로서 내무성이 설치된다. 그리고 그 내무성으로부터 지사가 파견된다. 이렇게 하여 지방정부는 지역 공동체가 대표로 하는 성격과 내무성의 파견 기관으로서의 성격을 겸비하며, 융합성이 강한 중앙·지방 관계가 성립하는 것이다.

게다가 이러한 분리와 융합의 차이에 더해, 발전 단계의 차이는 집중과 분산에도 영향을 미친다고 생각할 수 있다. 경제발전의 초기 단계에서는 각국 정부는 부국강병을 위해, 한정된 자원을 국내의 특정 지역에 중점적으로 투입하려고 생각한다. 그 때문에 경제발전의 초기 단계에서는 집중적인 경향이 강하다.

영국으로 대표되는 분산·분리형의 중앙·지방 관계는 앵글로·색슨형이라 불리며, 미국이나 호주 등에도 파급되었다. 북유럽 국가들도 이에 가깝다. 이에 대해서 프랑스로 대표되는 집중·융합형의 중앙·지방 관계는 대륙형으로 불린다. 독일, 이탈리아, 스페인 등 유럽 대륙 여러 나라 외에 그것을 참조하면서 제도를 정비한 일본도 이에 해당한다. 이러한 다른 출발점 위에 각국은 각각의 중앙·지방 관계를 쌓아 왔다. 그 중 겹쳐 쓰여진 부분도 많지만, 출발점의 차이가 남아 있는 부분도 있다. 제Ⅱ부에서 본 조직 형태와 같이 경로의존성이 작동하기 쉽다고 말할 수 있다.

수평적 권력분립과 수직적 권력분립

연방제는 일국 내에서 중앙정부와 지방정부의 권력을 분립하는 교묘한 통치 구조이지만, 그걸 유지하는 건 어렵다. 이라크와 요르단, 마리와 세네갈, 동서 파키스탄, 말레이시아와 싱가포르, 소련, 유고슬라비아 등 많은 연방제가 지금까지 붕괴를 경험해 왔다. 연방제를 유지하기 위해서는 두 가지 힘, 즉 연방정부(중앙정부)의 지역 억압을 통한 단일제에의 이행이라는 구심화와 주 정부의 이탈이라는 원심화의 양쪽을 제어할 필요가 있다.

중앙정부와 주 정부 어느 쪽도 연방제로부터 이탈하지 않게 하기 위해서는 중앙정부 내의 권력 억제 기구와 자율적인 사법의 존재라는 두 가지 조건이 필요하다. 예를 들어 명예혁명 후의 영국은 실질적으로는 연방제였지만, 그것은 왕제를 견제하기 위해 중앙정부의 권력이 분립되어 있던 데 근거하고 있었다. 이것이 그 후 의회에의 권력 집중이 진행됨으로써 단일제로 이행해 갔던 것이다. 이에 대해 독립성이 높은 사법이 연방정부와 주 정부의 균형을 유지하는 역할을 담당함으로써 연방제가 유지되고 있는 대표적인 예로서는 미국을 들 수 있다(Filippov et al. 2004).

영국은 지방자치의 모국이라 불리면서도, 현재는 집권·융합적인 재정 상황에 있는 것과 대규모 기초 자치단체의 합병, 대처 총리에 의한 대도시권 정부의 폐지 등을 경험해 왔다. 총리에 대한 권한의 집중을 강하게 하는 웨스트민스터형 의원내각제가 중앙·지방 관계에서 집권화의 배경에 있다고 말할 수 있다. 동시에 1990년대 이후,

유럽의회 선거가 비례대표제를 취하고 있는 것 등에 영향을 받으면서, 스코틀랜드 등에 권한이 이양된다(야마자키 2011). 제 I 부에서 본 정치와 행정의 관계를 규정하는 제도가 중앙·지방 관계에도 영향을 미치는 것이다.

수평적 정보 유통과 정책 파급

마지막으로 지방정부 간 관계가 중앙·지방 관계에 미치는 영향을 살펴두자. 지방정부 간 관계에서 수평적인 정보 유통이 활성화되어 있는가 아닌가는 중앙·지방 관계의 본질을 크게 바꾼다. 그것이 잘 되면 다른 지방정부에서 정책 형성을 참조함으로써 어떤 지방정부가 채용한 정책이 다른 지방정부에서도 채용되기 쉬워진다. 이것을 정책 파급이라고 부른다. 일반적인 기술이나 소비재 보급의 경우와 같이 선구적인 일부의 사람이 리더로서 채용을 시행하고, 팔로워(추종자)의 다수는 주위에서의 채용 수가 증가하는 만큼 채용하기 때문에 채용 수는 서서히 가속도적으로 증가해 간다.

이와 같이 수평적인 정보 유통이 활성화된 경우는 지방정부의 정보 자원의 축적이 진행되기 쉽다. 다른 지방정부가 채용하고 있는 정책을 모방하거나 수정하거나 함으로써 정책 형성에서의 불확실성을 낮출 수 있다. 이에 따라 지방정부 각각이 단체로서 가지고 있는 능력 이상의 정책 형성이 질적으로도 양적으로도 가능해진다. 게다가 이것이 중앙정부로부터의 자원 배분을 늘릴 가능성이 있다.

일본의 지방정부에서는 수평적인 정보 유통에 근거한 정책 파급이 지방정부의 자원을 많이 증가시켜 분권화를 초래해 왔다(이토 2002a, 2006). 다만 이러한 수평적인 정보 유통이 항상 가능하다고는 할 수 없다. 첫째, 다른 지방정부에서의 경험이 유익하게 되는 정도의 공통성이 없으면 참조는 유효하지 않다. 일본과 같이 모든 지방정부에서 기본적으로 같은 공공서비스가 제공되지 않으면 정책 파급은 생기기 어렵다. 둘째, 다른 지방정부 간에 제로섬적인 관계가 성립하는 경우는 정보의 유통은 이뤄지지 않는다. 예를 들어 자주재원의 비율이 높은 경우에 지역경제를 발전시킬 비책이 있어도, 그것을 다른 지방정부에 전하려고는 하지 않는다. 셋째, 정보는 공공재이므로, 모든 지방정부가 무임승차(free ride)할 것을 생각하면, 어느 곳도 그러한 정보를 생산하려고는 하지 않는다. 자신의 지역에서 중요하고 또 시급히 해결할 필요성이 있고, 게다가 정책 형성의 비용을 부담할 수 있다고 하는 지방정부가 존재해야 비로소 이 메커니즘은 성립한다.

4. 국제행정의 형태를 규정하는 요인

이념과 아이디어

국제행정연합이 19세기 말에 탄생하고, 20세기 전반에 국제연맹이 설립된 이후, 국제기관이 발전해 나가는 과정에서는 그것을 지지하는 이념이 제창되어 일정한 영향력을 가지고 있었다. 최초의 시기 대표적인 예가 영국 페이비언협회에 속해 있던 울프의 논의이다. 울프는 각국 사이에 공통되는 이익이 확대하고 있는 것을 제시하고, 국제적인 합의에 근거하여 각국의 행동에 대해 규제를 가하는 구조를 제시하였다 (Woolf 1916).

그 후 국제기관에 관한 논의를 발전시킨 건 영국(출신은 루마니아)의 국제정치·역사학자 미트라니였다(Mitrany 1933). 그가 제시한 기능주의라는 이론은 기능별로 국제 협력을 진행하는 것이 평화 구축으로 연결된다고 하는 것이었다. 이 주장의 배경이 된 것은, 하나는 행정국가화가 진행되는 가운데 대외관계와 관계되는 행정도 외무성이 한 손에 장악하는 것이 아니라, 개별 관청이 나누어 장악하고 있다고 하는 사실 인식이었다. 또 하나는 군사나 외교에 의한 국익의 추구에 관해서는 대립적인 각국 간에서도 경제나 기술 등 비정치적인 측면에서의 협조는 가능하다고 하는 생각이었다. 정치와 행정의 이원론과 같은 발상을 국제행정에 가지고 들어온 것이다.

기능주의에서는 주권국가 간 대립 관계를 전제로 하면서 기능별 협력이 중시되고 있었다. 거기에서 한층 더 주권국가 간 정치통합의 가능성을 논한 것은 미국의 국제정치학자 하스이다(Haas 1964). 신기능주의로 불리는 이 생각은 국민국가를 전제로 하면서, 그 연합체를 구상함으로써 유럽에서의 지역통합에 대한 이론적 근거를 제공하였다. 비정치적인 측면에서의 협력 경험은 점차 정치적인 영역에서의 협력에도 파급해 나간다고 생각한 것이다. 여기에도 또한 국내 정치에 있어서 정·관이분론으로부터 융합론에로의 이행과 유사성을 파악할 수 있다.

그리고 현재의 국제 관계에서는 비정부조직(NGO)이나 연구자 등에 의한 전문가 집단이, 예를 들어 지구 환경 문제 등에서 의제 설정, 해결책 제시 등을 통해 큰 역할을 하고 있다. 이것은 지식공동체에 의한 제도 형성이라는 형태로 정식화되고 있다 (Haas 1992).

국제적인 공공이익

기술의 진전이나 사회의 변화가 정부가 수행해야 할 역할을 확대하거나 축소하거나 하는 것과 같이, 그러한 요인은 국제적인 행정의 필요성을 좌우한다. 국경을 넘은 이동이 기술적으로 가능하게 되면, 그것을 관리하는 건 국내 정부에는 곤란하게 되며, 국제행정의 필요성이 높아진다. 정부에서도 중요한 자원인 금전과 정보에 관해서는 1980년대 이후, 급속히 그 국경을 넘은 이동이 확대되고 있다.

금전의 이동 관리, 즉 국제적인 자금의 이동에 대한 통제나 환율 제도 유지라는 기능은 각국의 중앙은행을 중심으로 중앙은행 간 연락과 조정을 통해 담당해 왔다. 대공황이 세계에 파급한 것은 불안정한 투기 자금의 유동성이 한 요인이었다고 하는 생각도 있으며, 브레톤우즈 체제에서는 경상거래는 자유화하더라도, 자본거래는 자유화하지 않는 것이 기본 노선이었다.

이와 같이 금융 분야에서는 1970년대에 들어올 때까지는 각국이 강하게 금융시장을 규제하고 있으며, 각국 간의 협조도 재무장관·중앙은행총재회의(이른바 G7나 G20)와 그것을 향한 각국의 금융 당국에 의한 조정을 중심으로 해왔다. 영국 미국 일본 독일 프랑스에 의한 재무장관·중앙은행총재회의는 70년대에 시작되어 이탈리아와 캐나다가 추가되어 G7이 된 건 86년이다. 중앙은행의 협력을 촉진하기 위한 국제기관으로서는 스위스 바젤에 본부를 두고 있는 국제결제은행(BIS)이 있다. BIS에서는 G10 등에 의한 중앙은행총재회의가 빈번히 개최되고 있다. 또한 하부기구로서 바젤은행감독위원회가 있으며, 은행의 자기자본비율 규제 등을 책정하고 있다. 80년대에는 영미 주도로 금융 자유화와 국제화가 추진되었다. 88년 바젤협약을 통해 은행의 자기자본 비율에 관한 국제적인 통일 기준(BIS 규제라고도 불린다)이 정해진 것은 그 예이다.

이에 대해, 정보에 관해서는 인터넷의 발전으로 국경을 넘은 정보의 이동은 엄청났다. 이러한 움직임이 국제행정이나 각국의 행정에 미친 영향으로서 두 가지 점을 지적해 두자. 첫째, 컴퓨터와 통신에 관한 표준화 작업을 담당하는 국제기관의 중요성이 높아졌다. 전자화된 정보의 국제화는 하드와 소프트 양면에 걸친 표준화를 통해 가능해졌다. 문자 코드나 데이터 형식으로부터 컴퓨터의 USB(데이터 전송로의 규격), 통신 프로토콜(통신의 순서와 방식)에 이르기까지, 모두 표준화되어 있으므로, 우리는 국경을 넘은 정보의 교환을 쉽게 할 수 있다. 이것들은 국제표준화기구(ISI)와 국제전기표

준회의(IEC)라는 국제 표준화 단체를 중심으로 국제전기통신연합(ITU), 더욱이 인터넷에 관한 기술 표준화를 주도하는 인터넷기술테스크포스(IETF)나 월드·와이드·웹·컨소시엄(W3C)에 의해서 유지되고 있다. IETF나 W3C는 애초 인터넷의 성립을 반영하듯 민간의 비영리 단체이다.

둘째, 국경을 넘은 정보 유통의 확대는 각국 내에서 정보 관리의 본질 특히 지적재산권 보호에 관해 조정할 필요성이 대두하게 되었다. 지적재산권 보호에 관해서는 유엔의 전문기관인 세계지적소유권기구(WIPO)가 소관하고 있다. 세계무역기구(WTO)의 발족에 수반하여, 양자의 협력을 규정하는 협정이 결성되었다. 또한 WTO 측에서 기존 WIPO가 소관하는 조약을 웃도는 보호 규정(통칭 TRIPS 협정)을 정하는 등, 현재의 지적재산권 보호는 WTO와 WIPO의 손으로 진행하도록 하고 있다. 각국의 특허청에서도 의약품 등을 비롯하여 하나의 발명을 각국에서 특허로 신청하는 게 폭발적으로 증가하고 있는 데에 대처하기 위해, 심사 결과의 상호이용 등 대처가 이뤄지고 있다. 한편 개발도상국을 중심으로 한 모방품·해적판 날조에 대한 대처로서 지적재산권을 보호하기 위한 제도 정비를 지원하는 대응도 진행되고 있다.

각국의 이익

국제기관에의 권한 집중과 각국 정부에의 분산은 각국 정부가 가지는 권한 가운데 얼마나 손을 놓을까에 따라서 결정된다. 그 판단은 각국의 정치가가 하므로 그들의 이익이 반영된다. 따라서 비난 회피의 정치가 보이는 경우도 많다. 예를 들어 유럽연합(EU)에의 집중이 가장 진행되고 있는 정책 영역인 공통농업정책은, 각국 정부가 실시하고 있던 가격 지지 정책의 책임을 반쯤 억지로 떠맡겨진 것 같은 부분이 있다. 다수의 국제행정 기관을 대상으로 한 계량분석에서는, 창설 시에 국제행정관이 관여하고 있는 만큼, 그 기관이 각국 정부의 개입으로부터 차단된 상태에 있다는 걸 보여주고 있다(Johnson 2013).

반대로 말하면, 각국은 자국의 이익에 합치하지 않는 경우는 국제기관으로부터의 탈퇴를 암시하고 실제로 탈퇴하기도 한다. 일본도 1933년에 국제연맹으로부터 탈퇴하였다. 국제연맹에서는 추축국 외에 중남미 여러 나라 중 다수도 탈퇴를 선택하였다. 또한 80년대에 영국과 미국이 유네스코로부터 탈퇴한 예가 있다. 유네스코의 방만한 운영, 정치적인 행동, 보도의 자유에 관한 제약 등에 대한 반발이 원인이었다.

그 후 개혁을 거쳐, 현재는 양국 모두 복귀하고 있지만, 각국의 이익과 국제기관의 방향이 합치하지 않는 경우 가맹국의 탈퇴가 발생하는 건 과거의 이야기가 아니다.

국제기관 운영에도 각국의 이해는 현저하게 반영된다(하수오 2012). 국제기관은 다국간 외교의 징소가 되어 격렬한 다수파 공작을 한다. 유엔안전보장이사회 개혁에서 상임이사국에 들어가려는 것을 목표로 하는 일본, 독일, 브라질, 인도와 그것을 저지하려는 이탈리아, 스페인, 캐나다 등이 격렬하게 대립하는 건 그 예이다. 지구 온난화 방지를 목표로 하는 교토의정서 작성 과정에서는 선진국과 개발도상국 간에 격렬한 대립이 발생하고, 결국 미국은 체결을 보류하기도 하였다.

현재는 각국은 국제 문제를 해결하는 데 항상 포럼·쇼핑을 하고 있다. 포럼·쇼핑이란 원래는 하나의 사안에 대해 복수의 국제재판 관할이 인정되는 경우 유리한 판결이 나올듯한 재판소를 선택하여 소송을 제기하는 것을 가리키지만, 거기서 확장되어 국제분쟁이 발생했을 때 양국 간 협의로부터 다국간 국제기관에 걸친 다양한 선택지 가운데서 자국에 유리한 해결이 가능한 장소를 선택하여 분쟁의 해결을 도모하는 걸 말한다. 예를 들어, 무역 문제이면 양국 간 협의를 하거나 WTO를 이용해 해결할 것인지를 선택하는 것은 그 일례이다. 어느 국제기관을 중시할 것인지도 나라에 따라 다르다. 중국은 국제부흥개발은행이나 IMF 등의 분담금을 많이 내고 있지만, 인도적인 지원 기관 등에서는 그렇지 않다(후쿠다·사카네 2020).

따라서 국제행정이 어느 정도의 집권성을 초래할 수 있을 것인가는 각국의 이익과 합치의 정도 나름이라고 하는 점이 크다. 예로서 국제노동기구(ILO)를 다루어 보자. ILO는 1919년 이래, 국제노동총회에서 노동에 관한 국제기준을 설정하는 조약을 채택해 왔다. 그러나 184의 가맹국은 각각이 선택적으로 조약을 비준하고 있다. 프랑스, 이탈리아, 스페인이라는 복지 보수주의 국가는 노동에 대한 정부의 관여 정도가 크고, ILO 조약의 비준에도 적극적이다. 북유럽의 사회민주제 여러 나라들과 영국이 거기에 이어진다. 한편 미국을 필두로 캐나다와 호주 등 복지 자유주의 여러 나라는 국내에서도 정부가 관여에 소극적이고, 국제적인 틀에도 무관심하다. 일본 싱가포르 한국 등도 이와 유사한 위치에 있다.

연습문제

❶ 복지국가의 시기에 따른 발전의 차이와 나라에 의한 차이가 중앙·지방 관계의 본질과 어떤 관계에 있는지를 설명해 보자.

❷ 중앙·지방 관계를 규정하는 이념·아이디어, 이익, 제도의 세 가지 설명을 다시 정리한 다음, 그것을 일본의 전후 중앙·지방 관계의 특징에 관한 설명에 활용해 보자.

❸ 구체적인 국제 문제를 하나 선택하여, 그것에 관하여 어떤 국제행정의 구조가 존재하는지, 각국 정부는 어떤 자세를 취하고 있는지에 관하여 조사해 보자.

제 12 장

멀티 레벨 행정의 귀결

지방분권은 바람직한 것이라고 생각하기 쉽지만, 그렇게 단순하게 긍정할 수 없다. 집권·분권에 따라 사람들의 참여 정도나 정당시스템이라는 정치적인 측면이 변하고, 정책 제공의 효율성도 변한다. 사람들의 이동이나 중앙정부에 의한 재정 원조에 따른 지방정부의 행동 변화 등의 조건 나름이며 그 효과는 변한다. 국제행정에서도 동일하게 '민주주의의 적자'가 문제시되면서도, 그것이 때로는 정부의 행동을 제약하는 틀로 기능하는 측면도 있다.

1. 집권·분권의 정치적 귀결

시민의 정치 참여·행정 참여

지방자치는 '민주주의의 학교'라는 표현이 있다. 프랑스의 정치사상가 토크빌, 영국의 자유주의 정치철학자 밀, 영국의 역사학자 프라이스 등이 19세기 후반 이후 이러한 취지의 주장을 남기고 있다. 확실히 중앙정부와 비교했을 경우 친밀함은 주민의 지식이나 이해로 연결되면서 동시에 주민의 동질성을 높여 다른 주민과의 일체성을 가져올 수 있다. 그러므로 지방정치에서 사람들은 보다 적극적으로 참여하는 경향을 볼 수 있으며 그 참가의 질도 높아진다고 주장하였다.

현재에도 지방정치에서는 주민에 의한 감시나 주민 자신에 의한 정책 형성이 실현되기 쉽다고 하는 생각이 강하다. 일본의 지방정부에서도 국정에는 없는 직접 청구의 제도가 존재하고 있다. 주민 옴부즈맨 등 주민에 의한 감시단체도 지방정부를 대상으로 하는 게 많다. 주민 가운데 지역의 장래와 관계되는 과제 등에 관해서 자신의 손으로 그걸 결정하고 싶다는 욕구가 생겨, 그것이 주민 투표로 연결되는 경우도 종종 볼 수 있다.

실제로 친밀하고 동질적인 주민으로부터 구성되는 지방정부일수록 사람들은 투표에 참가하는 경향이 어느 정도 남아 있다. 그림 12-1에서는 가로축에 유권자 수를 상용대수화 하여 취한 다음, 세로축에 지방 의회의 투표율을 취했다. 인구 1,000명 이하의, 합병을 오랫동안 경험하지 못하고 있는 도시와 시골에서는 투표율은 8할을 넘지만, 그 이상에서는 인구가 증가함에 따라 투표율이 내려간다. 유권자 수가 10만을 넘는 언저리에서는 인구와 투표율에는 명확한 관계를 볼 수 없다. 같은 경향은 해외의 연구 결과로부터도 얻을 수 있다(McDonnell 2020).

한편, 투표율로 보는 한 지방정치에 사람들이 적극적으로 참여한다고 하는 경향은 현재는 반드시 찾아볼 수 없다. 지방 의회 선거의 투표율은 4~6할 정도의 곳이 많다(그림 12-1). 국정 선거가 5~7할 정도이므로 그것을 밑돌고 있다. 국정에 보다 적

그림 **12-1** ▸ 인구 규모와 지방정치에의 참가의 정도(2018-20)

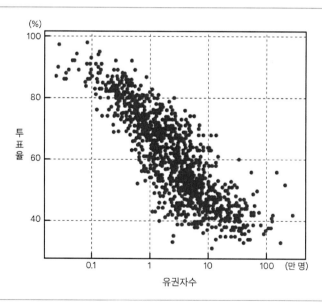

[주] 2017년 5월부터 20년 4월까지의 시·정·촌 의회 선거가 대상.
[출처] 지방자치 종합 연구소 「자치단체 선거 결과 조사」를 기초로 필자 작성.

극적으로 투표하는 요인은 주로 세 가지가 있다. 첫째, 중앙정부가 담당하는 정책이 중요하고, 그 정책의 영향은 크다고 사람들은 인식하고 있다. 예를 들어 다른 나라와의 외교·안전 보장 정책은 때로는 전쟁을 야기하고, 우리의 생사에도 관계되는 문제이다. 한편 지방정부가 취급하는 정책은 친밀하기는 하지만 생명·재산을 크게 좌우하는 건 아니라고 생각할 수 있다.

둘째, 매스미디어 보도의 발달과 지역 공동체의 쇠퇴로 인해 사람들이 얻을 수 있는 정치에 관한 정보의 양은 지방정치보다 국정이 풍부하다. 사람들의 직접적인 접촉을 통해서 정치적인 정보가 유통하는 한 친밀한 지역에 관한 정보가 많을 것이지만, 신문이나 텔레비전이라고 하는 전국적으로 동일한 정보를 제공하는 매스미디어는 중앙의 정치에 관한 정보를 많이 제공한다.

셋째, 선거가 어느 정도 접전이 되는가 하는 요인이 있다. 정치가에겐 지방의원보다 국회 의원이 매력이 높은 경우, 지방선거에는 충분한 입후보자가 모이지 않을 가능성이 높아진다. 그 결과 선거의 승패가 명확하게 보이게 되어서는 유권자는 투표에 참여하지 않게 된다(Treisman 2007).

적어도 중앙·지방 관계가 분권적이라고 하는 것이 사람들에게 국가보다 지역에 관심을 가지게 하고 지역에 대한 충성심을 갖도록 하게 된다고 하는 단순한 관계는 찾아내기 어렵다. 사람들이 지방정치에 적극적으로 관심을 가지고 관여하려면 중앙·지방 관계가 분권적일 뿐만이 아니라, 명확한 쟁점을 유권자에게 전달하며 충분한 입후보자가 있다고 하는 부가적인 요건이 필요할 것이다. 지방자치는 충분히 민주제 학교가 될 수 있으나, 거기에는 학교로서의 설비를 정돈할 필요가 있다.

정당 시스템에 미치는 영향

정당 제도란 두 가지 요소로 구성된다. 어떤 규모의 정당이 몇 개나 존재하는가 하는 정당 시스템 측면과 정당 내에서 간부층과 일반 의원, 게다가 정당 직원이나 지지 단체 그리고 지지자와의 관계라는 정당 조직의 측면이다. 집권·분권은 정당 시스템에도 정당 조직에도 영향을 미친다.

우선 어느 정도 크기의 정당이 몇 개나 존재하는가 하는 정당 시스템에 대한 영향에 관하여 생각해 보자. 실질적으로 선거전을 치르는 후보자 수는 대략 선거구 정수에 한 사람 더하는 것으로 수습된다. 여기서 게다가 정당이 전국(중앙정부의 경우) 혹은 전 구역(지방정부의 경우)에 걸쳐서, 어느 선거구에서도 후보자를 낸다면 실질적으로 선거전을 치루는 정당 수도, 선거구 정수에 1을 더한 정도로 수습된다. 소선거구에서 양당제의 성립이라고 하는 '듀베르제의 법칙'과 그 확장판인 주요 정당 수가 선거구 정수 플러스 1이 된다고 하는 'M+1의 법칙'이 여기에서 성립한다.

반대로 말하면, 특정 선거구에서만 입후보자를 옹립하는 정당이 존재하면 M+1 의 법칙은 성립하지 않게 된다. 그러한 정당이 존재하기 쉬워지는 하나의 요인은 지역적인 이질성이다. 민족, 언어, 종교라는 균열이 지역 간에 성립하고 있고, 특정 지역의 이익 대표인 정치 세력이 존재하는 경우, 지역 정당이 존재하기 쉬워진다. 또 하나의 요인은 분권이다. 분권적인 중앙·지방 관계는 국정에 의석을 갖지 않는 지역 정당의 상대적 가치나 그 존속 가능성을 높인다. 이것은 정당 시스템의 분열성을 높인다. 일본과 같이 지방 레벨에서는 대통령제를 취하고 있으면 이 경향은 보다 강해진다(스가와라 2017).

같은 소선거구를 취하고 있더라도 1990년대까지의 영국이나 1970년대 이후의 미국에서 양당제가 거의 성립하고 있는 데 대해. 그렇지 않은 나라도 산발적으로 보인다. 그 이전의 미국이나 인도, 캐나다 등이다. 인도나 캐나다는 지역의 다양성이 강하지만, 양국 모두 양당제에 가까운 시기와 거기로부터 멀어지는 시기가 있다. 그러한 변화는 지역의 다양성만으로는 설명할 수 없다. 이것을 설명하는 게 집권화·분권화이다. 집권화가 진행될 때 전국 정당화가 진행되고, 양당제도 진행되는 경향이 있다. 분권화의 시기에는 그 반대 경향이 나타난다(Chhibber&Kollman 2004).

정당 조직에 미치는 영향

다음으로, 중앙·지방 관계의 집권성·분권성은 정치가들의 커리어 패스에 영향을 주고, 나아가서는 정당 조직의 집권성·분권성에도 영향을 미친다. 지방정부의 자원 크기 특히 재원의 크기는 정치가로서의 영향력 크기로 연결된다. 그것이 큰 만큼 정치가에게 있어서의 매력은 늘어나므로, 분권적인 중앙·지방 관계에서는 국정의 정치가가 지방정부의 중요한 직무를 목표로 하는 일도 생긴다. 정치가의 커리어 패스가 국정에서 지방으로 향하게 되면, 정당 내 의사결정에서도 지방 조직이 차지하는 비중은 커진다. 예를 들어 주 정부의 재정 규모가 큰 브라질에서는 정치가로서의 최종 목표는 국회의원이 아니라, 유력 정치가들은 국회의원을 경유하여 주지사의 포스트를 얻으려고 격렬한 경쟁을 펼치고 있다. 일본에서도 국회의원을 거쳐 도·도·부·현 지사나 대도시 시장에 전신(轉身)하는 사람은 예전부터 볼 수 있었지만, 지방분권 개혁 이후 그 경향은 한층 더 강해지고 있다.

반대로, 집권적인 중앙·지방 관계이며 또한 집표 행동이 이익분배에 근거하는 경우는 국정 여당이 지방선거에서도 표를 더 얻기 쉽다. 이 경우는 중앙정부로부터 어느 정도의 자원(자원)을 획득할 수 있을지가 기준이 되고, 지방선거에서 경쟁하게 된다. 중앙정부에서 소수당은 지방에서 발판을 구축하는 것이 곤란하게 된다. 지방의원은 국정 정치가의 공급원이기도 하며, 지방의원이 적으면 국정의 인재를 육성하는 것도 어려워진다. 한편, 중앙에서의 다수당은 지방선거에서도 강하고, 그 결과 국정 선거에서 승리를 계속하기 쉽다. 따라서 집권적인 중앙·지방 관계와 중선거구제와 같은 의원의 개별 이익 지향을 강하게 하는 선거 제도의 조합하에서 일당 우위 정당제가 성립하기 쉽다. 이탈리아와 멕시코와 함께 일본의 자민당 일당 우위 체제도 그 대표적인 예로 여겨져 왔다(Scheiner 2006).

행정 기구와 인적 자원에 미치는 영향

집권·분권은 지방정부의 행정 조직 내부에도 영향을 미친다. 주민에 대한 가까운 거리가 높은 응답성으로 나타나므로, 지방정부의 행정에서는 투명성을 높이고 참여를 재촉하는 움직임이 나타나기 쉽다. 분권화의 진전은 지방행정의 이러한 방향성을 촉진한다. 그리고 지방 레벨에서 진행된 투명화 등은 중앙 레벨에도 파급될 것이다. 또한 분권화에 의해 지금까지의 제약이 제거되고 조직 편제의 유연성도 커진다. 일본 도·도·부·현의 경우, 표준 국부제로 불리는 조직 편제상의 제약이 제거됨으로써 도·도·부·현마다 다양성이 증가하였다. 시가현의 비와코 환경부는 그 예이다(무라마츠·이나츠기 편 2003).

또한 집권적인 중앙·지방 관계에서는 정형적인 정책 시행이 업무의 중심이 되지만, 분권화함으로써 정책 형성을 스스로 시행할 필요가 높아진다. 그러면 지방정부의 행정 직원에게 요구되는 자질에도 변화가 생길 것이다. 집권적인 경우는 법령이나 다양한 통지에 정통해 있는 것이 중요하다. 그러나 분권화하면 주민과의 협의나 설득을 추진하는 커뮤니케이션 능력의 역할 중요성이 커질 것이다.

당사자의 의견을 널리 모으면서 집약하고, 의견을 조율하면서 합의 형성에 연결하는 정책 형성 스타일은 지방 레벨에서 채용되기 쉽다. 제Ⅳ부에서 살펴보는 시민과의 협동이 진행되면, 한층 더 그 경향은 강해진다. 한편, 국제행정에서도 국제기관이 각국 정부에 대해 강제력을 지닐 수 없으므로 합의 형성을 통해 행정을 추진해 나가게 된다. 로컬과 글로벌 두 개에는 합의 형성을 기초로 한다는 정책 형성 스타일의 공통성이 존재하는 것이다(시로야마 1997).

2. 집권 · 분권의 정책적 귀결

공공서비스 제공의 효율성

지방분권은 공공서비스 제공의 효율성에 대해서 복수의 경로를 통해서 영향을 준다. 공급 주체로서의 지방정부에 대한 영향과 공공서비스의 수혜자인 주민에 대한 영향이라고 하는 두 가지로 크게 나뉜다.

첫째, 분권화에 따라 공급의 효율성이 개선될 가능성이 있다. 일정한 지리적 범위 내의 사람들이 요구하는 지역 공공재를 제공하는 경우, 지역마다 공급량을 설정하는 것, 즉 치밀한 설정이 가능해진다. 주민이 바라고 있거나 혹은 필요로 하는 공공서비스를 공급할 가능성이 높아진다.

둘째, 규모의 경제나 범위의 경제는 집권화나 종합화에 따른 효율성을 가져올 수 있다. 규모의 경제란 대량생산에 의해 1단위당 생산비용을 낮출 수 있다고 하는 것이다. 범위의 경제란 복수의 재화나 서비스를 종합하여 생산함으로써 별개로 생산하는 경우의 총합보다 비용이 낮아지는 것이다. 공공서비스의 공급에 즈음하여 규모의 경제나 범위의 경제가 작동한다면, 지방정부보다 중앙정부에 의한 공급이 비용의 저하로 연결된다. 또한 지방정부가 공급하는 경우에도 분립적인 것보다도 종합화되어 있는 게 광역 지방정부에 의한 공급의 경우가 비용을 삭감할 수 있다. 지방정부를 유지하는 데는 고정비용이 들기 때문이다.

셋째, 공통 이익 범위와의 갭이 적다고 하는 의미에서는 분립이 효율성을 가져올 수 있다. 공공서비스의 종류마다 공동 소비가 이루어지는 지리적 범위는 다르다. 그 점을 생각하면 분립적인 경우가, 즉 정책 영역마다 분할된 서비스 공급이 공급량의 설정을 적절히 할 수 있어서 효율적이다. 종합적으로 복수의 공공서비스를 지방정부가 공급하는 경우, 어떤 서비스에 관해서는 다른 지방정부 영역에 편익이 미치고, 다른 서비스에 관해서는 다른 지방정부가 제공하고 있는 서비스의 편익을 받는 경우가 생길 수 있다. 이러한 스필오버(구역 외에 파급)의 발생은 과잉 수요나 과소 공급이라는 문제를 초래하기 쉽다.

위의 논의로부터 지방정부의 규모와 효율성의 관계를 생각하면, 양방향의 가능성이 있고 단순한 관계는 찾아내기 어렵다. 확실히 규모의 경제에서 생각하면 소규모 지방정부가 복수 존재하는 것보다 합병을 진행하는 게 비용을 삭감할 가능성이 있다. 단순하게 지방정부의 인구 규모와 주민 1인당 재정 세출의 관계를 보면 인구가 적어도 10만 명이 될 정도까지는 규모의 경제가 작동하고 있다고 말할 수 있다(그림 12-2). 세출이 많은 건 비효율성만을 원인으로 하는 게 아닐지도 모르지만, 일본 시·정·촌의 공공서비스의 양이나 질에 그만큼 큰 차이는 없다고 생각하면, 역시 인구 1,000명 이하의 소규모 도시와 시골이 비효율적이라고 하는 건 명확할 것이다. 한편 그 이상의 시·정·촌에 관해서는 규모와 효율성의 명확한 관계는 알 수 없다.

그림 12-2 ▸ 시·구·정·촌의 인구와 재정 지출(2019)

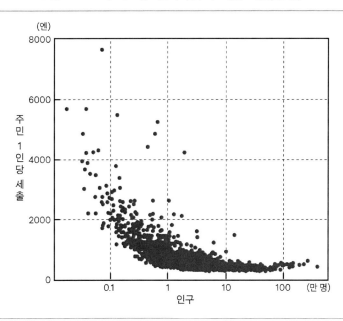

[출처] 총무성 「시·정·촌별 결산 상황조사(레이와 원년)」를 기초로 필자 작성.

발로 하는 투표

지방정부가 제공하는 공공서비스는 주민 측에 반응을 일으키고, 그것이 또 공공서비스의 효율성을 변화시킨다. 우리는 지방정부에 대해서는, 자신이 좋아하는 정책을 제공하고 있는 지방정부에로의 이동, 즉 '발로 하는 투표'를 통해서 그 정책을 선택할 수 있다. 이것은 중앙정부에 대해서는 투표를 통해, 즉 정치가를 선출하는 걸 통해서 정책을 선택할 수밖에 할 수 없는 것과 큰 차이가 있다.

근대 국민국가란 국가가 사람들을 관리하는 단위가 되는 구조이며, 제1차 세계대전 무렵까지는 패스포트(여권)를 갖지 않고 이동하는 게 보통이었지만, 그 이후 여권이나 비자의 관리가 강화되어 간다. 난민이라는 개념이 탄생하는 것도 이 무렵이다. 한편, 국내에서의 이동은 자유롭게 인정된다. 우리는 다른 나라의 국민이 되는 건 어렵지만, 어느 지방정부의 주민이 될 것인가는 선택할 수 있다.

이 결과, 장기적으로는 각 지방정부가 제공하는 공공서비스를 좋아하는 주민의 비율이 높아진다. 높은 세 부담과 높은 복지를 제공하는 지방정부 A와 양쪽 모두 낮은 지방정부 B가 있을 때, B에 살고 있지만 부담을 지고라도 높은 복지를 받고 싶다고 생각하는 주민은 A로 이사를 생각할 것이다. 그 반대도 또한 당연하다. 이러한 이동을 통해서 공공서비스와 부담의 편성에 대한 주민의 선호는 동질화해 간다.

여기에서 미국의 경제학자 티부는 분권화에 의해 시장과 같은 효율성을 지역 공공재에서도 달성할 수 있다고 주장하였다(Tiebout 1956). 지방정부가 많이 존재하여 각각이 다른 공공서비스를 제공하고 있는 만큼, 주민이 본 선택지의 수는 증가한다. 지방정부의 규모가 작고 이질성이 강한 만큼, 발로 하는 투표에 근거하는 효율화는 발생하기 쉽다.

복지 자석

지방분권 특히 재정 측면에서의 분권은 지방정부가 재분배 정책을 시행하는 걸 곤란하게 한다. 이것이 미국의 정치학자 피터슨이 주창한 '도시의 한계(city limits)'이다(Peterson 1981). 이것도 '발로 하는 투표'의 하나의 귀결이다. 지방정부가 재분배 정책을 시행하면 부담은 무거운데 편익을 받지 않는 고소득자는 그러한 부담이 적은 다른 지역으로 퇴거를 도모한다. 한편 재분배를 시행하고 있는 지방정부에는 그곳에서의 편익을 찾아서 저소득자가 유입해 들어온다. 복지정책은 말하자면 자석과 같이 저소득자를 끌어들이고, 고소득자를 떠나게 한다.

이런 '복지 자석(welfare magnet)' 현상이 생기기 때문에 지방정부에 의한 재분배 정책의 시행은 재정적으로 지속하기 곤란하나. 세출은 계속 확대되어 가지만, 세입은 쇠퇴해 가기 때문이다. 실제로 미국과 같이 재정적인 분권성이 강한 나라에서 큰 폭으로 복지정책을 확충했던 뉴욕시는 1970년대 중반에 재정 파탄에 빠졌다. 이러한 복지의 자석 현상을 회피하려고 주변의 지방정부보다 복지의 급부 수준을 인하하려고 하는 움직임도 보인다. 톱은 아니고 최하위를 지향하는 '바닥에의 경쟁(race to the bottom)'이 나타나는 것이다.

지방정부에 재분배 정책의 시행을 위탁하면서, 그것을 재정적으로 지속 가능하게 하기 위해서는, 복지의 급부 수준을 중앙정부 측에서 일정하게 유지하거나 재원을 중앙정부가 부담하는, 어느 쪽인가가 필요하다. 따라서 중앙·지방 관계의 집권성이 지방정부에 의한 재분배 정책 시행에는 필요하고, 반대로 중앙·지방 관계를 분권적으로 하면 지방정부가 재분배 정책을 시행하는 건 어려워진다. 그런 의미에서 지방정부에는 두 가지 제약, 즉 주민의 지역 간 이동에 수반하는 제약과 중앙정부로부터 더해지는 제약, 어느 쪽으로부터도 자유로울 수 없다. '두 가지 자율성의 상충'이다(소가 2001).

다만 사람들이 지방정부의 정책에 응답하며 이동하는 정도에는 한계가 있으므로, 일정 정도의 분권성과 지방정부에 의한 재분배 정책의 시행은 양립할 수 있다. 또한 복지정책 가운데에는 소득 재분배 이외에도 모든 사람을 대상으로 하여 보험 기능을 제공하는 측면도 크다. 거기에서는 복지 자석의 논의는 들어맞지 않는다.

다양한 이동

게다가 거주지를 선택하는 것 외의 이동에 관해 생각해 보자. 구체적으로는 주민이 일시적으로 이동하는 것으로 주민 이외 기업의 이동을 살펴본다.

우리는 통근·통학이나 쇼핑 등에서 일상적으로 지방정부의 경계선을 넘어 이동하고 있다. 이때 무의식적으로 지방정부의 정책을 선택하고 있는 경우가 많다. 예를 들어 어떤 지방정부 A는 기존의 소규모 소매점을 보호하기 위해 대규모 소매점의 입지를 제한하고 있지만, 지방정부 B에는 규제가 없고 대규모 소매점이 출점하고 있다.

여기서 A의 주민이 싼 가격을 요구하며 B에 있는 대규모 소매점에 쇼핑하러 가는 건 지방정부의 유통 정책에 대한 선택을 하고 있는 것이다. 즉 지방정부로부터 받는 공공정책 안에는 주민이 아니어도 일시적으로 그 지역에 이동함으로써 수혜자가 되는 것도 많다. 그러한 공공정책에 관해서는 우리는 이동을 통한 선택을 쉽게 할 수 있다. 반대로 지방정부 측은 이러한 이동을 의식하면서 정책을 제공한다. 어떤 사람들을 유입 또는 유출시키고 싶은가, 하는 전략적 고려가 이루어진다.

다음으로, 기업도 또한 공장, 사무소, 본사의 입지를 통해서 지방정부의 정책을 선택하는 존재이다. 따라서 지방정부 측은 인프라·스트럭처(사회기반)의 정비나 토지 이용 규제의 완화, 세제의 우대조치 등을 통해서 기업의 입지(立地)를 촉진하려고 한다. 기업 측도 지방정부를 경쟁하게 하고 보다 유리한 조건을 얻어 내려고 한다.

그러나 이 경쟁의 결과는 지방정부 입장에선 바람직하지는 않다. 인프라를 정비했지만, 유치에 실패한 사례나 기업이 진출해도 세수입이 오르지 않는 사례 등이 산발적으로 발견된다. '죄수의 딜레마(개개의 주체의 합리적 행동이 어느 주체에게도 바람직하지 않은 결과를 낳는 것)' 상태에 지방정부는 놓여 있고, 경쟁의 귀결은 어느 지방정부에도 바람직하지 않다. 반대로, 중앙정부가 제약을 가해 지방정부 간의 경쟁을 억제하면 기업의 이익은 손상된다. 지방정부 간 경쟁이 공과 죄, 양면을 초래하는 것은 경쟁 일반의 성질과 공통이다.

마지막으로, 사람들 가운데도 또 기업 가운데도 이동의 정도에는 차이가 있다. 첫째, 이동에는 비용이 들기 때문에, 그러한 비용이 낮은 사람이나 기업일수록 이동하기 쉽다. 둘째, 비록 이동 비용이 같아도 현재의 거주·입지 지역으로부터 다른 지역에서는 얻을 수 없는 무엇인가를 얻고 있는 사람이나 기업은 이동을 선택하지 않는 경향이 있다.

이 점을 생각하기 위해서 허쉬만의 '퇴출·고발·애착'이라는 틀을 이용하자(허쉬만 2005). 현상에 불만이 있는 경우, 두 가지 해결책이 있다. 현상에 대한 불만을 상대에게 전함으로써 개선을 도모하거나, 그렇지 않으면 침묵하고 거기를 떠나 보다 좋은 제공의 주체에게로 이동할 것인가 하는 것이다. 예를 들어, 연인에 대해 불만을 느꼈을 때 지금의 연인에게 불만을 전할 수도 있고 다음 연인을 찾을 수도 있다. 이때 퇴출은 아니고 고발을 선택하는 기준이 되는 것은, 하나는 다음 상대를 얼마나 쉽게 찾을 것인가 하는 점이다. 다른 곳으로 이동이 쉽지 않으면 퇴출이라는 선택지는 취하기 어렵다. 또 하나는 현재의 상대에 대한 애착의 정도이다. 불만이 있으면서도 현재의 상대가 그것을 개선해 주기를 바란다고 생각하는 경우는 퇴출은 하지 않는다.

이 분석 틀에 따르면, 지방정부에는 한편으로는 퇴출이라는 선택지를 행사하는 사람들이나 기업 가운데 바람직한 부분을 보다 많이 끌어들이고 바람직하지 않은 부분을 방출하는 전략이 있다. 그러나 한편으로는 애착이 있으므로 퇴출을 선택하지 않는 사람들이나 기업을 육성하고 그들로부터의 고발에 귀를 기울이는 전략도 있다. 기업이라면 대기업 1공장은 퇴출이라는 선택지를 쉽게 행사하겠지만, 중소기업의 공장이 특정 지역에 인접하여 입지하고 협력하면서 제조하고 있는 경우는 그렇지 않다. 일본의 오타구나 히가시오사카시와 같은 기계공업이 집적하는 지역, 이탈리아 북부의 복식 업계가 집적하는 지역, 또 미국의 실리콘·밸리와 같은 정보기술(IT) 산업이 집적하는 지역은 그 예이다(프리드맨 1992). 주민의 경우도 많은 지인이 지역에 살고 있어 지역에 대한 애착을 느끼는 주민이 많은 경우에는 퇴출은 선택하기 어렵다. 그러한 주민으로부터의 고발에 정중하게 대응하는 것도 지방정부가 취할 수 있는 하나의 전략이다.

3. 재정과 경제에 미치는 영향

분산·융합의 귀결로서 재정 적자

주민이 퇴출할 가능성이 있는 것은, 중앙정부와는 다른 의미에서 지방정부를 재정적으로 규율하는 걸 어렵게 한다. 중앙정부의 경우는 화폐 발행권을 가지고 있는 게 재정 규율을 지키는 걸 곤란하게 한다. 증쇄에 의한 화폐 가치의 하락(인플레)이라는 수단을 마지막으로 가지고 있기 때문이다. 지방정부는 화폐 발행권이 없으므로 이런 문제는 발생하지 않는다. 한편, 방만한 재정의 결과 재정 파탄이 일어나도 최종적으로는 다른 지방정부로 퇴출하면 주민은 재정 파탄의 비용을 지불하지 않아도 좋다. 이 점에서 지방정부에 의한 재정 규율의 유지에는 곤란이 따른다.

게다가 지방정부의 재정이 파탄했을 경우 중앙정부가 구제해 주는 것(bail out)을 기대한다면, 지방정부의 재정 규율은 더욱더 약해진다. 중앙정부가 방만 재정의 결과에 의한 파탄인가, 어쩔 수 없는 사회경제의 환경 변화에 수반하는 파탄인가를 식별

하지 못하고, 파탄해도 결국은 중앙정부가 구제해 줄 것이라고 지방정부가 미리 기대한다면 지방정부는 확장적인 재정정책을 취할 것이다. 구제의 가능성은, 중앙정부가 지방정부의 재정에 대해서 일정한 책임을 지는 경우, 즉 융합적인 재정 관계가 성립하고 있는 경우에 높아진다. 따라서 융합적인 재정 관계를 유지하면서 지방정부에 의한 채권의 발행이 자유롭게 되어 있는 경우에는, 지방정부의 재정 적자는 확대되기 쉽고, 그것은 거꾸로 중앙정부의 재정 악화도 초래하기 쉽다.

이러한 예측이 실제로 성립하는 것을 계량 분석에 의한 각국의 비교를 통해서 분명히 한 것이 미국 정치학자인 로덴이다. 우선 미국, 캐나다, 스위스 등 주 정부의 재정적 자율성이 높은 나라에서는 재정 악화의 정도는 낮다. 한편 독일이나 브라질과 같이 주 정부에의 재정 이전의 정도가 크고 재정 적자가 큰 나라 가운데서도, 한층 더 상세하게 살펴보면, 정당제의 본질에 근거하는 차이가 발견된다. 지방선거에서도 국정에의 평가에 연동한 투표를 하기 쉬운 독일에서는 특히 주요 도시를 떠안고 있는 주 정부에서 재정 규율이 유지되고 있다. 자신들의 방만한 재정을 중앙정부가 구제해 준다고 하더라도, 그러한 실정의 결과는 자신들의 낙선에 결부된다는 걸 지방정치가들은 잘 이해하고 있기 때문이다. 이에 대해 브라질에서는 지방선거와 국정 선거는 분리되어 있다. 따라서 중앙정부에 의한 구제 결과, 국민경제 전체가 상처를 입어도, 지방정치가의 집표에는 아무런 관계가 없다. 이 때문에 주요 도시이자 중앙정부가 버릴 가능성이 적다고 예측되는 지방정부일수록 방만한 재정정책을 선택하는 경우가 많다고 한다(Rodden 2006).

일본에서도 이전에는 지방채 발행에는 어려운 통제가 부과되어 있었으므로, 이러한 문제는 발생하지 않았다. 그러나 지방 교부세를 통해 중앙정부는 지방정부의 재원 확보에 책임을 지고 있다. 지방정부의 재정이 파탄하더라도, 결국 구제된다면 지방정부가 기대해도 이상하지 않다. 따라서 교부세를 유지한 채, 지방채 발행 조건을 느슨하게 하면 지방정부의 재정 규율은 약해질 수도 있다.

현재의 모든 시·구·정·촌에서의 공채비 비율을 세로축에, 인구를 가로축으로 하여 나타내 보인 것이 그림 12-3이다. 이걸 보면 같은 인구라 해도 공채비 비율에는 큰 차이가 있으며, 재정을 운영하는 자세에는 다양한 차이가 있는 것이 추측된다. 인구 10만 명 이상의 도시 안에는 거의 공채를 발행하지 않고 재정을 운영하고 있는 곳도 많다. 게다가 전체적인 경향으로서 인구 1만 명 이하의 정·촌에서 극단적으로 공채비 비율이 높은 정·촌이 몇 개 정도 보인다. 교부세 제도에 있어서 수급자가 되어 온 소규모 자치단체에서 공채에 대한 의존도가 높아질 가능성이 제시되고 있다. 덧붙여 인구 100만 명을 넘는 정령시도 공채비 비율이 높지만, 이것은 정령시 특유의 행정 수요가 발생하는 데 기인하는 부분이 크다.

그림 12-3 ▶ 시·구·정·촌의 인구 규모와 공채 의존도(2019)

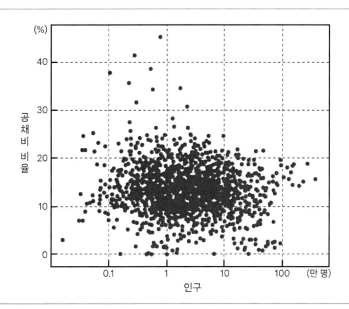

[출처] 그림 12-2와 동일.

경제발전 촉진 요인으로서의 분권

지방분권과 중앙집권이 경제발전에 미치는 영향에 관해서는 크게 두 가지 논의가 있다. 시장에서 자유 경쟁이 경제발전의 요인이라고 생각하는 논자는 지방분권이 경제발전을 촉진한다고 생각하는 경우가 많다. 한편, 정부 주도의 경제발전이 가능하다고 생각하는 논자는 중앙집권 체제가 경제발전에는 유리하다고 생각하는 경향이 있다.

전자의 대표적인 예가 시장보전적 연방제라는 생각이다. 이것은 미국의 정치학자 와인가스트 등이 주창하고 있는 것이다(Weingast 1995). 시장 경제를 통한 경제발전에서 필요한 조건은 정부가 민간기업의 경영 노력을 해치는 인센티브를 제공하지 않는 것이다. 구체적으로는 기업의 이윤을 사후적으로 수탈하지 않는 것, 그리고 기업이 손실을 내도 사후적으로 구제하지 않는 것이라는 두 가지를 정부가 지키는 게 중요하게 된다. 어느 쪽에 관해서도 지방정부에서 분권은 기능할 수 있다. 전자에 관해서는 중앙정부와 재정이 분리되어 있는 경우의 지방정부는 재정 규율이 작동하기 쉽고, 정부 규모가 과잉으로 확대되는 것을 막는 유효한 수단이 된다. 한편, 후자에 관해서는 지방정부 간 경쟁이 있으므로 비효율적인 기업의 구제에 자금을 투입하는 건 곤란하다.

주에 의한 헌법 제정권이나 주권 양도에 근거한 정치적인 연방제 규정과는 별도로, 경제발전을 위해 중요한 것은 재정의 분리와 과세권의 분권이라는 점에 주목하고, 이 두 가지를 갖추고 있는 경우를 시장 보전적 연방제라고 부른다. 그리고 1990년대 후반 이후 중국은 이 조건을 충족하고 있다고 한다. 원래 징세권이 지방정부에 부여되어 있고 한층 더 행정적인 분권화가 진전한 데다가, 민영화가 진행됨으로써 지방정부 간 경쟁이 시작되었다. 95년 중국의 인민은행법에 의해 중앙은행이 지방정부에 대해서 직접차관을 실시하는 것이 금지되어 재정적인 분리성을 높일 수 있었다. 이것이 인플레 억제에 기여하고 경제성장을 지지하는 조건이 되었다고 한다(Qian & Weingast 1997).

다른 말로 표현하면, 정치적으로 연방제를 취하고 있어도 그것은 재정 측면에서의 융합적 관계 등과도 양립하는 것인 만큼, 통상 연방제의 경우는 경제발전에 기여한다고는 할 수 없다. 오히려 각국 비교의 계량분석에 의하면 연방제가 거시경제 퍼포먼스에 문제를 떠안는 경향을 볼 수 있다. 재정 적자, 인플레의 항진(昂進), 정부 부채의 축적이라는 위기를 떠안기 쉽다(Wibbles 2005). 열쇠가 되는 것은 소프트한 예산 제약의 문제이다. 예산 제약을 엄격하게 하기 위해서는 중앙정부와 지방정부가 정당을 통해 연결되면서, 지방 레벨에서 지방정치가가 일정한 어카운터빌리티(accountability)를 추궁해야만 한다고 하는 것이 이러한 연구로부터 얻을 수 있는 교훈이다.

4. 국제행정의 귀결

민주주의의 적자

국제행정의 귀결이라고 하더라도 중앙·지방 관계의 귀결과 같이 정치적 귀결, 정책적 귀결, 발로 하는 투표의 영향 그리고 재정에의 영향을 생각할 수 있다.

국제행정의 역할이 커지는 것, 즉 국제 레벨의 행정에 대한 집중·분리가 진행되는 것은 민주주의 관점에서는 바람직하지 않다. 왜냐하면 초국가 레벨의 정부는 존재하지 않고 사람들이 직접 국제행정에 대한 본인 입장이 될 건 없기 때문이다. 우리가 선출할 수 있는 것은 국가 레벨의 정치가에 머무르며, 국제행정에 관해서는 직접은 관여할 수 없다. 이와 같이 국제 레벨에서는 민주주의가 충분히 제도적으로 보장되지 않는 것을 민주주의의 적자(democracy/democratic deficit)라고 부른다. 중앙·지방 관계에서 말한 것처럼, 정부의 규모와 참가하는 동안에 상충 관계가 있는 것부터도 국제기관은 민주주의의 적자가 크다.

국제 레벨에의 집권화가 민주주의의 적자를 확대하는 것부터 현재 이 문제가 가장 현저한 것은 유럽연합(EU)이다. 그래서 EU의회를 1979년 이후는 직접 공선으로 하여 그 정책 형성상의 역할을 서서히 강화하고 있다. 그렇다고는 해도, EU의회가 입법권을 독점하고 있는 것도 또한 집정권에 관해서는 직접 공선이든 의회와의 신임 관계이든 준비되어 있는 것은 아니다. 따라서 근대 민주주의 국가의 기준에서는 EU는 제도적으로도 민주주의를 보장하는 구조가 불충분하다고 평가된다.

그러나 한편으로는, 민주주의의 적자란 대표 민주제라는 제도의 불충분함만을 가리키는 것이 아니라, 사람들의 심정이나 의식과 브뤼셀의 EU관료와의 괴리도 포함할 수 있다. 한편, 민주주의의 적자를 해소해 나가는 방책은 의회의 권한 강화에 한정되는 건 아니다. 투명성을 높여 가는 것이나 시민의 정책 형성 과정에의 참여 확대 등도 생각할 수 있을 것이다.

국제기관에서 이러한 비판에 대응하는 방책으로서 전통적으로 취해 온 것은 출신국의 할당제이다. 행정 기구를 구성하는 구성원을 가능한 한 많은 나라를 대표하도록 인구나 갹출금에 근거하여 할당이나 목표를 정하는 것은 국제연합(UN)을 비롯한 많은 국제공무원 제도에 채용되어 왔다(☞제10장). 이것은 일국 내의 공무원 제도에 대해 성별이나 민족 등에 의해서 시정 조치를 취하는 어퍼머티브 · 액션(적극적 차별시정조치)과 유사한 것이다. 그러나 단순하게 능력에 의거하는 채용 · 승진과 이러한 시정 조치는 양립하기 어렵고, 그 균형을 잡는 건 어렵다.

공공서비스의 효율성

정책적인 귀결로서는 국제행정의 구조가 집권화하는 만큼 각국의 정책의 동질성이 높아질 것으로 생각된다. 그러나 국제행정의 조직 형태를 강화하면, 각국 간 이해 대립이 있어도, 그것을 극복할 수 있다고는 말할 수 없다.

예를 들어, 관세 및 무역에 관한 일반협정(GATT)에서 세계무역기구(WTO)에로의 이행은 그것을 잘 나타내 보이고 있다. 브레튼우즈 체제에서는 국제무역 기관의 설립이 구상되면서도, 미국의 이탈 등도 있어 다국간 협정이라는 형태를 취했다. 이에 대해 1995년에 설립된 WTO는 국제기관으로서 사무국이나 각료회의 일반 이사회라고 하는 의사결정 기구를 갖춘다. GATT의 대상이 물품에 대한 무역인 데 대해 WTO에서는 지적 소유권이나 서비스에 관한 무역도 대상이 된다. 게다가 협정 위반국에 대한 재정(裁定)에 관해서도 차이가 난다. GATT에서는 패널(분쟁 처리 위원회) 보고에 대해서 만장일치로 채택을 요한다고 하는 합의(consensus) 방식을 취했다. 이에 대해 WTO에서는 만장일치로 반대가 없는 한 패널 보고에 의거하여 벌칙을 과할 수 있는 네거티브 · 의견일치 방식을 취함으로써 권한을 강화하였다.

그러나 WTO에서 다국간 교섭, 2001년부터의 이른바 도하 · 라운드는 10년의 세월을 거쳐 실패로 끝났다. 참가국이 확대하는 가운데, 선진국과 도상국의 대립이 강해졌음에도 불구하고, 협정을 준수하는 권한이 강화됨으로써 협정을 체결할 때의 타협은 어려워지고 있다. 룰 집행의 권한을 강화한 것이 오히려 룰 성립에 대한 합의를 어렵게 한 것이다. 그 결과 각국은, 2개국 내지 소수국에 의한 자유무역협정(FTA)이나 경제연휴협정(EPA)의 체결로 향하게 되었다(신도 2010).

국경을 넘은 이동 관리

중앙정부와 지방정부의 큰 차이 가운데 하나는, 지방정부가 그 경계선을 넘은 사람, 정보, 돈의 이동을 관리할 수 없는 데 대해 중앙정부는 그것이 가능하다고 언급하였다. 그러나 이러한 대비는 1980년대 이후 글로벌화의 진전 속에서 사라지고 있다. 중앙정부도 또한 국경을 넘은 정보와 돈의 이동을 관리하지 못하고, 사람의 이동에 대한 제약이 남아 있는 데 지나지 않지만, 그것도 점차 자유화가 진행되고 있다. 정보와 돈의 이동에 관해서는 IT의 진전이 그 큰 기반이 되고 있다.

이렇게 하여 지금 국가도 또한 예전 지방정부와 같이 재분배 정책의 시행 능력을 상실해 간다고 하는 논의도 있다(스트렌지 2011). 한편 글로벌화가 진전하더라도 중앙정부(국가)에 의한 재분배 정책의 제공은 계속되고 있으며, 각국의 차이가 남는다고 하는 논의도 있다(Garrett 1998). 국가에 의한 국경 관리의 기능이 완전히 없어지는 건 아니고, 재분배 정책을 기업이나 고소득자가 항상 회피하는 게 아니기 때문이다.

그리고 중앙·지방 관계의 두 가지 자율성의 논의와 같이, 집권적인 국제기관이 각국의 정책에 제약을 걸 수 있다면 재분배 정책을 유지하는 것도 가능하게 된다. 예를 들어 가장 오래된 국제기관 가운데 하나인 국제노동기구(ILO)란 노동 조건의 절하에 의한 각국의 저가격 경쟁이라는 '바닥에의 경쟁'을 회피하기 위한 구조라고도 할 수 있다. 다만 이 ILO에 관해서는 각국이 국내 정책을 좀처럼 준거시키지 않는 것도 사실이다(☞제11장).

재정 적자의 억제와 촉진

정부의 재정 적자의 큰 요인의 하나는 재정재건이라는 목표를 견지하는 것이 민주제 아래에서는 어렵다고 하는 데 있다. 세출 억제도 증세도 유권자에게 인기 있는 정책이라고는 할 수 없으며, 재선을 목표로 하는 정치가에겐 세출 억제도 증세도 할 수만 있으면 피하고 싶은 정책이다. 여기로부터 민주제에서의 재정 적자(deficit in democracy)의 불가피성이 주장되기도 한다.

만일 선거로 재정재건이 지지를 얻어도 중장기적으로 재정재건책을 견고하게 지키는 건 어렵다. 재정재건의 성과는 빨리 나오지 않고 부담은 곧바로 감지된다. 경기순환에 의해서 불황도 온다. 높아지는 재검토의 요구에 굴하지 않기 위해서, 법칙화하는 방법도 있지만, 결국은 룰 그 자체를 재검토해 버리면 같은 것이 된다.

재정재건과 관계되는 룰을 중앙정부가 아니고, 그 외 기구가 소관하면 이러한 룰 변경의 가능성은 피할 수 있다. 국제기관이 재정재건의 룰을 부과함으로써 재정재건을 달성하려고 하는 시도가 EU에서는 반복되고 있다.

단일 통화 유로의 도입에 즈음하여, 단계를 밟아 조건을 정비하는 공정표가 결정되었다. 경제의 수렴 조건은 네 가지 있으며, 인플레율, 환율, 금리와 함께 정부의 재정 적자에 관해서도 조건이 부과되었다. 1999년 1월 통화 통합 시점에서 단년도 적자를 국내 총생산(GDP)의 3%, 누적채무 잔고를 동 60% 이내로 하는 것으로 규정되었다. 90년대에 걸쳐 통화 통합을 목표로 한 유럽 여러 나라들은 모두 국채 잔고를 감축하고 있다(그림 12-4 참조). 그러나 독일이나 프랑스는 룰을 완화하며, 결국은 충분한 규율은 되지 않았다(엔도 2016).

2008년 9월 리먼·쇼크 이후 EU 각국의 재정 적자는 큰 폭으로 확대되고, 그 가운데서도 그리스의 재정 위기는 유럽 금융시장의 혼란을 불러일으키고 아일랜드, 포르투갈에도 파급되었다. 통화 통합 후에도 재정정책은 각국에 맡기고 있는 이상, 각국의 재정 규율이 없어지면, 장기금리의 상승 등을 통해서 타국에도 영향이 미친다. 그러므로 EU는 안정·성장 협정이라는 형태로 경제 통화동맹 가맹 시의 수렴 기준과 같은 기준을 부과하고, 유럽위원회 및 이사회가 가맹국의 재정을 감시하고 위반국에 대한 제재 조치를 발동하도록 결정하였다. 그러나 이 제재 조치가 실제로 발동된 건 없었다.

그림 12-4 ▸ 주요국의 국채 잔고

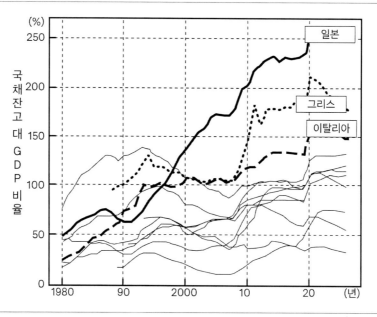

[주] 강조 표시한 이외로 그려져 있는 것은 호주, 벨기에, 캐나다, 프랑스, 독일, 스페인, 스웨덴, 영국, 미국.
[출처] IMF, World Economic Outlook의 데이터를 활용하여 필자 작성.

그리스 위기의 직접적인 방아쇠는 2009년 10월의 정권 교체에 수반하여, 전 정권이 은폐해 온 재정 적자의 실정이 표면화되었던 데 있다. 그러나 과잉 연금 제도와 비대해진 공무원 조직에 의한 세출 크기 및 정부 부패의 결과로 징세 능력이 낮다는 구조적 문제가 원인이었다. EU는 이러한 구조를 전환하는 것이 불가능하였다. EU 가맹국에 대해서 재정 지원을 가능하게 하는 조항은 존재하지 않고, 각국이 발행한 국채를 유럽 중앙은행(ECB)이나 다른 가맹국 정부 및 중앙은행이 맡는 일도 구제 금지(No Bailout) 조항에 의해 금지되고 있었다. 무엇보다 '자연재해나 제어 불능인 예외적인 사건에 의한 곤란한 상황'에서는 EU에 의한 재정 지원이 가능하다고 되어 있었다.

그러나 그리스를 구제하는 결정에는 시간이 걸렸다. 독일 등 구제를 하는 측 유권자는 구제에 반대하고, 독일이나 ECB가 대응을 취한 것은 2010년 5월이 되고 나서였다. 긴축 재정이나 구조개혁, 민영화를 요구하면서 불량 채권의 처리를 EU가 주체가 되어 추진하였다. 한편, 지원을 받는 그리스에서도 재정재건 정책에 반대하는 데모나 스트라이크가 빈발하였다.

그 후, 유럽 안정화 메커니즘 아래, 독일이나 프랑스가 채무국 지원을 실질적으로 담당하고, ECB도 마지막 대주(貸手) 역할을 담당하며 유로의 신용은 되찾아져 간다. 각국의 재정정책에의 규율 강화도 진행되었다. 2011년 1월에는 각국의 재정이나 마크로 경제 개혁에 대한 감시가 강화되었다. 그 후 동년 12월에는 제재 조치 등 강화를 도모한 6개의 상자(6개의 법제)가, 13년 5월에는 각국이 예산안을 유럽위원회에 제출하고 승인을 받는 것이나, 재정 적자에 대한 시정 조치를 정한 2팩(2개의 법제)이 정해져 있다. 각국의 재정정책에 대해서 제약을 추가하는 것도 민주주의의 적자라고 할 수 있으므로, 각국 유권자의 불만이 강해질 위험도 있다. 그런데도 위험한 균형을 잡으면서 공통 이익의 실현으로서 유로와 각국의 재정을 양립시켜 가는 시도가 계속되고 있다.

연습문제

❶ 당신이 살고 있는 시·정·촌의 투표율, 의회의 정당 세력의 상황, 공무원 수, 재정 상황을 조사하고, 이 장에서 언급한 중앙·지방 관계의 효과에 대한 논의가 어느 정도 타당한가를 검토해 보자.

❷ 그림 12-3에서 이용한 공채비에 대한 데이터를 입수하여, 공채에의 의존도가 높은 시·구·정·촌의 특징을 검토해 보자.

❸ 민주주의 적자가 중앙·지방 관계와 국제 관계 각각에서 무엇을 초래하는지에 관하여 정리하자. 그런 다음 양자에는 차이가 있는지를 검토해 보자.

제 IV 부

거버넌스와 행정

SCIENCE OF PUBLIC ADMINISTRATION

개요 _____

　행정의 활동은 공공정책이라고 하는 형태로 우리 사회나 경제에 작용한다. 공공정책이 누구의 손에 의해서 어떠한 형태로 실시되고, 그것은 최종적으로 우리 사회나 경제를 어떻게 바꾸어 가는 것인가. 제IV부의 과제는 그 메커니즘을 이해하는 것이다.

　공공정책을 생각하는 경우 출발점은 행정의 활동이 얼마만큼의 범위에 이르는가 하는 것이다. 즉 정부 부문이 어느 정도의 크기가 되는지, 그 대소를 결정하는 요인이나 그 귀결은 무엇인가를 생각하는 것이다. 정부 부문의 크기는 정부 부문과 민간 부문 사이의 선긋기에 의해 정해진다. 즉 양쪽 부문 사이에서 어떻게 분업하는가가 여기에서는 중요한 질문이 된다.

　공공정책을 생각하는 또 하나의 관점은, 한편으로는 행정의 활동만이 우리 사회가 안는 공공 문제의 해결을 담당하고 있는가 하는 물음이며, 다른 한편으로는 행정의 활동은 정말로 공공 문제의 해결을 목적으로 하고 있는가 하는 물음이다. 전자의 물음에서는 정부 부문 이외에 공공 문제에 임하는 주체의 모습이 떠오른다. NPO로 대표되는 제3섹터라 총칭하는 주체이다. 후자의 물음에서는 정부 부문의 부패라는 바람직하지 않은 모습이 떠오른다.

　거버넌스란 이것들을 종합적으로 보는 관점이다. 기본이 되는 두 개의 부문인 정부 부문과 민간 부문, 양자의 혼합형태인 제3의 제3섹터, 그리고 제4의 부패라고 하는 정부가 빠지는 바람직하지 않은 형태 등 합계 네 가지 형태를 통해서 현대사회에서의 통합의 본질을 명확히 하려고 하는 것이 거버넌스의 개념이다. 거버넌스의 형태가 어떻게 정해지고, 그것이 무엇을 낳는가 등을 종합하여, 현재의 행정을 이해하는 관점을 손에 넣길 바란다.

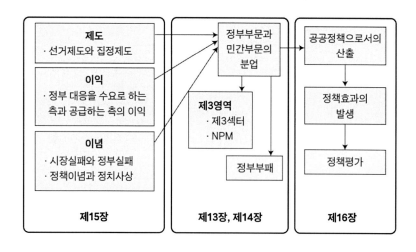

제 **13** 장

거버넌스의 양태

이 장에서는 정부 부문과 민간 부문 사이에 어떠한 분업이 이루어지고 있는지를 생각해 본다. 우선 정부 부문과 민간 부문의 차이를 목적과 수단의 두 가지로부터 이해하자. 그러면 NPO 등 제3섹터의 자리매김이나 NPM이란 무엇인가 하는 것도 명확하게 이해할 수 있다. 그리고 이것들을 종합하여 파악하려고 하는 게 거버넌스의 관점이다. 이러한 기본적인 시점을 이해한 다음, 각국의 거버넌스 실태를 데이터에 근거하여 조망해 보자.

1. 거버넌스란 무엇인가

민간 부문과 정부 부문

우리 일상생활의 거의 모든 게 정부와 관련되어 있다. 하루의 시작부터 생각해 보자. 얼굴을 씻는 수돗물은 시·정·촌(혹은 사무조합이나 사업단)이 공급하고 있다. 치약별로는 약사법의 규제가 걸려 있어 배합 가능 성분을 지정함으로써 안전성의 확보에 노력하고 있다. 아침 식사로 먹는 빵이나 과일이 어디가 원산지일까는 농지조성이나 농작물 보조금 등의 농업 정책의 결과인 동시에 관세 설정 등 외교교섭의 산물이기도 하다.····이 상태로 하루 일과의 마지막까지 생각해 가다 보면 이 책은 그것만 가지고도 끝나 버린다. 그러나 한편으로, 행정이 마땅히 해야 할 행동을 취하지 않는다고 느끼기도 할 것이다. 공해나 감염증의 만연으로부터 인근의 교통사고까지 행정의 부작위를 원인이라고 생각할 수 있는 것도 많다. 우리 생활은 작위와 부작위의 쌍방을 포함해 행정 활동에 의해 크게 규정되고 있다.

행정 활동과 우리의 일상생활과의 관계를 이해하기 위해서 우리 사회를 민간 부문(private sector), 정부 부문(public sector), 그리고 제3섹터(third sector) 세 가지로 크게 나누어 생각해 보자. 이러한 견해는 시장과 정부의 관계, 혹은 사회와 국가의 관계로 지금까지 논의해 온 것과 겹치면서, 현재 행정의 본질을 넓게 파악하기 위해서 그것들을 확장한 것이다.

우선 민간 부문이란 우리 개인이나 기업을 가리킨다. 우리 개인은 각자의 행복을 요구하며, 기업은 이윤을 추구한다. 즉 자신을 우선 생각한다고 하는 의미에서 이것들은 '사적(private)' 존재이다. 그리고 개인이나 기업 각각의 관계는 대등하고 타인이나 다른 기업에 무엇인가를 강제는 할 수 없다. 다른 사람과의 관계는 동의에 근거한다. '자유'는 민간 부문의 기반이다. 이러한 영역은 국가와 대비하여 시장이라고도 불리지만, 이 책에서는 경제활동 이외의 사적 영역도 포함하여 생각하기 위해서 민간 부문이라는 용어를 활용한다.

이에 대해서 정부 부문이란 중앙정부, 지방정부 외에 국영·공영기업이나 정부 관련 법인을 포괄하여 파악한 것이다. 정부는 공익을 추구할 것이 요구된다. 즉 '모두'를 위한 것이라는 의미에서, 이것들은 '공적(public)' 존재이다. 공적인 문제 혹은 공공 문제(public issue)를 해결하기 위해 정부는 존재하는 것이다. 그러므로 정부는 사람들이나 기업에 대하여 정당한 강제력을 가진다. 강제당하는 측이 개개의 내용에 대해서 동의하지 않고도, 그 내용을 강제할 수 있다고 간주한다. 예를 들어 우리는 자발적으로 얼마라도 세금을 지불하고 싶다고는 생각하지는 않는다. 과세 대상이나 과세액에 관해서는 납득하고 있지 않는 것도 많다. 그래도 정부에 의한 과세를 모두 부정하고 있는 건 아니며, 탈세가 정당한 행위이라고도 생각하지 않고 있을 것이다. 정부 부문은 국가(state)나 단지 정부(government)로 불리는 것도 많다. 그러나 지방정부나 국영기업을 포함하여 생각하기 위해, 이 책에서는 정부 부문이라는 용어를 활용한다.

민간 부문·정부 부문의 개념과 실태

민간 부문도 정부 부문도 어디까지나 행위 주체로서의 구별이며, 실제로 어떠한 기능을 수행하고 있는가는 별개의 문제이다. 민간 부문은 강제력을 가지지 않으며,

공적인 문제의 해결에 종사하는 것이 요구되고 있지 않다. 이에 대해, 정부 부문은 공적인 문제의 해결이 기대되고 있으므로 강제적 구속력을 갖추고 있다. 그러나 그것은 민간 부문이 공적인 문제를 해결하지 않는다고 하는 걸 의미하지 않고, 정부 부문은 공적인 문제만을 해결하고 있다는 걸 의미하지 않는다. 실제로 '공공' 교통기관의 상당수는 민간기업에 의해 담당되고 있으며, 많은 '공익' 사업을 민간기업이 담당하고 있다.

민간 부문과 정부 부문을 대조적인 존재로서 이분법적으로 보는 건 우리에게 정치와 행정이란 어떤 의미가 있는지를 생각하기 위한 개념 모델이다. 이러한 이분법을 취함으로써 정부 부문이 어떤 역할을 해야 할 것인가를 생각할 수 있다. 덧붙여 이 이분법은 1970년대까지라면 선진국의 실태에 꽤 가까운 것도 있었다. 근대 산업사회는 사적 영역과 공적 영역의 엄격한 구별을 상당한 정도로 현실화하는 형태로 성립하고 있었다. 그곳에서는 사적인 활동과 공적인 문제 해결을 민간 부문과 정부 부문에서 분업하고 있었던 것이다.

이것을 본인(principal)과 대리인(agent)의 관점에서 생각하면, 민간 부문은 공적인 문제의 해결을 정부 부문에 위임하고 있었다고 이해된다. 본인으로서의 사람들이나 기업은 공적인 문제가 해결된 상태를 받아들이는 존재이다. 위임이 잘 기능하고 있는 한, 사람들이나 기업은 자신들의 사적 활동에 전념하는 시간과 자원을 가질 수 있다. 다만 백지 위임해서는 에이전시·슬랙이 확대되므로 통제는 필요하다.

제3섹터와 정부의 부패

여기까지 살펴본 것처럼, 공−사의 축과 자유−강제의 축을 조합함으로써 정부 부문과 민간 부문을 평가할 수 있다. 그러나 두 개의 축을 조합하면 논리적으로는 더욱이 두 개의 유형이 남는다. 표 13−1을 살펴보자. 남은 유형의 하나는 공적인 목표를 추구하는 주체이지만, 강제력이 갖춰지지 않은 주체이다. 다른 말로 표현하면, 일반 사람들이나 그 조직이 공적인 목표를 추구하는 것이다. 이것을 정부, 기업과 대등한 제3의 부문이라는 점에서 제3섹터라고 부른다. 한층 더 사람들이 자원봉사 활동을 하는 것이나 기업이 CSR(사회적 책임)을 수행하려고 하는 것 등도 포함하여, 비정부 부문이면서 공적인 문제의 해소와 관계되는 주체나 그 활동을 시민사회(Civil Society)라고 부르는 경우도 많다. 덧붙여 일본의 제3섹터란 민관 공동출자 법인을 가리키지만,

이것은 제3섹터가 아니라 정부 부문의 일부를 구성한다.

표 13-1 ▸ 민간 부문, 정부 부문, 제3섹터

		수단	
		자유	강제
목표	사적	민간 부문	부패 / 렌트·시킹
	공적	제3섹터 / 시민사회	정부 부문

　제3섹터와 민간 부문은 정부 부문이 아니라는 점에서 공통된다. 그러므로 민간 부문에 제3섹터를 포함하여 생각하는 경우도 있다. 그러나 이와 같이 이해해 버리면, 정부 부문과 민간 부문의 대소 관계와 공공 문제의 해결 정도 사이의 갭을 놓쳐 버리게 된다. 예를 들어, 미국은 '작은 정부'이지만, 제3섹터는 세계 최대 규모이며, 공공 문제의 해결 정도가 낮은 것은 아니다. 양자를 구별하지 않으면, 이러한 사실을 놓쳐 버리게 된다.

　또 하나의 유형은 사적인 목표의 추구에 강제력을 행사하는 것이다. 이러한 주체의 존재가 정당화될 일은 없으므로 이 유형에만 위치하는 주체는 존재하지 않는다. 그러나 한편으로는, 정부 부문이 그 강제력을 자신의 이익을 위해서 사용하는 경우는 있다. 정부 부문이 이러한 행위에 손을 댈 때, 그것을 부패(corruption)라고 부른다. 오직(汚職)이나 뇌물수수는 부패의 대표적인 예이다. 한편, 민간 부문이 정부 부문에 대한 활동을 통해서 자신들의 이익을 위해 정부 부문이 가지는 강제력을 이용하려고 하기도 한다. 이러한 활동을 렌트·시킹(rent seeking)이라고 부른다(휘스맨=골든 2019).

　이 두 가지 유형은 논리적으로 존재할 뿐만 아니라 예로부터 실제로 존재해 왔다. 예를 들어, 지역 공동체의 자치 조직은 고전적인 제3섹터의 예라고 할 수 있다. 종교 단체도 같다. 한편 정부의 부패도 정부의 역사와 같은 정도로 예로부터 있어 왔다. 아리스토텔레스의 정치체제론에서는 군주 정치, 귀족정치, 입헌정치라는 세 가지 체제를 얼마나 부패시키지 않도록 할 것인가가 중점적으로 논의되고 있다.

　그러나 이것들에 다시 주목이 집중하게 된 건 1970년대였다. 한편, 비영리단체(NPO)나 비정부조직(NGO)이라는 새로운 주체가 많이 나타났다. 민간 부문임에도 불구하고 이윤을 목표로 하지 않는 조직(Non Profit Organizations), 정부가 아님에도 불구하고 공적 목표를 추구하는 조직(Non Governmental Organizations)이라는 명칭 자체가 이것들이 제3섹터에 위치한다는 걸 잘 나타내 보이고 있다. 또한 시민의 자원봉사 활동도 활발해졌다. 근대사회의 민간 부문과 정부 부문이란 이분법 이전에 그 존재의 근거를 상실하고 있던 중간단체가 다시 발흥한 것이다. 이러한 변화의 배경에는 선진국 시민의 가치관이 탈물질주의로 바뀐 것을 들 수 있다(잉글하트 1978).

한편으로는 정부의 부패가 문제시되게 되었다. 미국에서 워터게이트 사건(닉슨 정권에 의한 야당 본부의 도청 사건)을 비롯한 스캔들의 빈발이나 정부 활동의 비효율성과 재정 적자의 확대를 앞두고, 시민이나 기업은 정부가 공적인 문제를 해결하는 존재라고 하는 위치 설정에 의문을 가지게 되었다. 이렇게 하여 1970년대 이후, 제3섹터의 확대와 부패나 렌트·시킹에 대한 주목이 표리를 이루면서 진행해 왔다.

거버넌스가 의미하는 것

거버넌스(governance)라는 개념은 이러한 1970년대 이후의 변화를 파악하는 데 유효하다. 즉 정부 부문과 민간 부문의 관계라는 기본적인 부분에 가세하여, 정부 부문과 제3섹터의 관계, 한층 더 정부 부문이 부패하지 않기 위한 통제의 본질이라는 두 가지를 더해 이것들을 총체적으로 파악하는 개념이 거버넌스이다.

거버넌스는 정부(government)와 대비된다. 어느 쪽이나 동사의 '통치한다(govern)'에서 파생한다. 이것을 명사화하면 통치하는 사람과 통치하는 행위의 두 개가 된다. 전자에 중점을 두는 것이 거버먼트, 후자에게 중점을 두는 것이 거버넌스라고 생각하면 좋다. 즉 정부는 통치하는 사람으로서의 정부라는 주체를 가리키면서, 그가 저지르는 행위로서의 통치 행위를 의미할 때도 있다. 이에 대해 거버넌스란 널리 방향을 설정하는 행위를 가리킨다. 따라서 거버넌스는 방향을 설정하려고 하는 주체와 그 객체와의 관계성을 포함하는 개념이 된다. 정부가 주체로서의 정부를 가리키는 데 대해, 거버넌스는 기업에서의 거버넌스, 즉 코퍼레이트·거버넌스나 국제 레벨에서의 거버넌스, 즉 글로벌·거버넌스라고 하는 사용 방법을 쓴다.

정부 부문과 민간 부문에는 어떤 관계가 있는가. 제3섹터의 발흥을 맞이하여, 정부는 그것들과 어떠한 관계를 쌓아 올리면서 공공 문제의 해결을 도모하는가? 그리고 공공 문제의 해결에 전념한다고 하는 겉모습을 유지하지 못하고, 때때로 사적 이익을 추구하는 정부를 어떻게 본래의 목표로 향하게 하는가. 이러한 세 가지 물음을 전체적으로 생각하기 위한 관점이 거버넌스이다.

본인·대리인 관계의 틀로부터 바꿔 말하면, 거버넌스란 민간 부문과 정부 부문에 의한 이념적인 본인·대리인 관계 '이외'의 부분에 관심을 가지는 것이다. 이념(理想) 으로부터 빗나간 대리인이 부패하는 걸 어떻게 억제할 것인가 혹은 본인이 위임하지 않고 스스로 공공 문제의 해결에 임하는 걸 어떻게 지지할 것인가. 이것들에 관심을 가지는 것이 거버넌스의 관점이다.

현대 행정학이란 이런 통치의 실태를 기술하고 분석할 것이 요구된다. 근대학문 으로서의 행정학이 탈근대 시대의 행정을 이해하기 위해서는 새롭게 거버넌스의 관 점에서 행정을 평가하지 않으면 안 되는 것이다.

2. 정부 부문과 민간 부문의 관계

공공정책과 공공서비스

앞 절에서는 통치를 구성하는 세 가지 질문을 설정하였다. 그 안에서 여전히 기본 을 이루는 건 정부 부문과 민간 부문의 관계다. 우선 근대국가에서 양자 간 어떠한 관계가 성립하고 있었는지를 이해해야 비로소, 현재에서의 변화나 제3섹터와의 관계 등 다른 측면과의 차이도 이해할 수 있다.

정부 부문은 '모두'와 관계된다. 즉 공공 문제를 해결하기 때문에 강제적 구속력 을 가지는 것이 정당화된다. 바꾸어 말하면, 근대국가에서 정부란 사회계약설이 말하 듯이, 우리가 우리를 위해 만들어 낸 장치로 자리매김된다. 역사적으로 반드시 시민 이 국가에 선행하는 건 아니라고 하더라도, 근대국가에서 정부는 시민이 만들어 낸 존재라고 하는 상상의 공동체가 되는 것이다. 다른 말로 표현하면, 시민이라고 하는 본인이 대리인으로서의 정부를 이용하는 관계로 자리매김된다.

따라서 정부 부문은 민간 부문 없이는 존재할 수 없다. 정부가 소유하고 있는 권 한, 금전, 인적 자원, 정보는 어느 것도 원래 사회가 만들어 내거나 혹은 사회에 존재 하는 자유, 재화, 인재, 정보이다. 그 가운데 일부를 정부가 '수탈'함으로써 정부 부문 은 성립한다. '수탈'된 금전이나 인원은 최종적으로 민간 부문으로 환원되도록 예정 되어 있다. 물론 오른손에서 왼손으로 같은 것이 돌아오는 건 아니고 다양한 변환이 추가된다. 세금은 도로를 만들거나 쓰레기 소각에 사용되거나 또 일부는 급부금 등이 되거나 하여 우리의 지갑으로 돌아오기도 한다. 공무원의 급여가 되기도 하며, 그 공무원이 공공서비스를 제공하도록 하는 데도 사용된다. 그러나 모든 게 환원된다는 보증은 유감스럽지만 없고, 화려한 청사 등 공무원들의 '낭비'에 사용되기도 한다.

어떻게, 어느 정도, 민간 부문으로부터 정부 부문으로 자원을 이전할 것인가. 그리고 민간 부문에 대해, 어떤 형태로 정부가 압력을 가해 가는가. 이러한 정부 부문과 민간 부문 간의 상호작용 전부를 넓은 의미에서 공공정책(public policy)이나 단지 정책이라고 부른다(그림 13-1). 일반적으로는 도로 건설이나 공무원에 의한 복지 서비스 제공 등, 정부에 의한 민간 부문에 대한 압력이 정부의 정책으로 인식된다. 그러나 예를 들어 조세 항목과 세율을 어떻게 설정할 것인가를 조세정책이라고 부르듯이, 민간 부문으로부터 정부 부문에의 조달도 정부의 정책이다. 정부 부문으로부터 민간 부문에 대한 압력에 특히 제한하는 경우는 공공서비스라는 용어를 활용한다.

그림 13-1 ▸ 정부 부문과 민간 부문의 관계: 4개의 자원과 정책

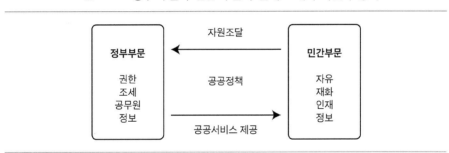

정부 부문의 활동은 1회로 끝나는 게 아니고 연속성을 가진다. 예를 들어, 공공서비스를 통해서 경제가 성장하게 되면 다음 단계에서 정부가 조달하는 자원의 풀 그 자체가 커진다. 또한 어떤 시점에서 정부 활동에 사람들이 어느 정도 만족하는가는 다음 단계에서 정부 부문에 의한 자원 조달을, 사람들이 어느 정도 받아들일 것인지를 좌우한다. 사람들의 만족 정도는 공공서비스의 질과 양에 의해서 크게 바뀌는 것 외에, 정부 부문의 본질 그 자체를 사람들이 어떻게 파악하는가에 의해서도 바뀐다. 정부 부문에 의한 정보 제공으로 투명성이 확보되고 부패가 발생하지 않는다고 믿을 수 있다면, 정부 부문 활동의 정당성은 높아질 것이다. 정보 공개나 정책 평가는 이러한 정부 부문에 의한 정보 제공의 예이다.

네 가지 자원

이와 같이 정부 부문과 민간 부문의 관계, 바꾸어 말하면 공공정책의 본질이란 권한, 금전, 인적 자원, 정보라는 네 가지 자원을 민간 부문으로부터 정부 부문에 얼마나 이전하고, 그것을 어떻게 변환하여, 정부 부문으로부터 민간 부문에 대한 압력으로 이용하는가 하는 시점에서 파악하면 이해하기 쉽다(Hood 1983).

자원별로 민간 부문에 대한 압력을 가하는 방법을 생각하자. 권한이란 사람들에게 행동을 의무 지우거나 금지하는 것을 가리킨다. 위반에 대해서 강한 벌칙을 마련하는 만큼, 사회에 대한 강제성은 강해진다. 자동차를 운전할 때의 속도 규제가 친밀한 예로 생각이 떠오를 것이다.

금전은 정책을 시행할 때 보조금이나 사무 위탁이라고 하는 다양한 형태로 이용된다. 세제를 통한 행동의 유도 등도 이에 해당한다.

인적 자원을 이용한 정책 활동이란 행정 직원의 활동에 의한 것이다. 공립 학교에서 교육은 정부가 고용하고 있는 교원의 손에, 치안을 유지하는 건 경찰관의 손에 달려 있다.

정부는 다양한 정보를 제공하고 사람들의 행동을 바꾼다. 일기 예보나 거기에 기초를 두고 재해에 대한 경보를 제공함으로써 사람들의 피난을 재촉한다. 그 밖에 홍보로부터 행정 지도까지 넓은 범위의 정보를 제공하고 있다. 또한 우리 자신에 대한 정보의 신용은 정부가 담보하고 있다. 행정이 발행하는 호적이나 주민등록의 등본·초본이 없으면, 우리는 자신이 어디의 누구인지를 증명할 수 없다.

다음으로, 자원을 조달하는 측을 살펴보자. 권한을 조달할 때는, 정부가 국민의 자유를 억제하는 데 대해서 정당성이 주어질 것인가가 문제시된다. 정부는 강제력을 독점하고 있다고는 하더라도, 무제한으로 권한을 행사할 수 있는 건 아니다. 국민이 정부의 권한 행사를 받아들이도록, 결정에 이르는 절차를 정비하고 내용을 설명하며 동의를 얻는다고 하는 절차가 필요하게 된다.

금전의 조달이란 세금, 요금, 공채를 통해서 국고를 부풀리는 것이다. 공채는 민간 부문으로부터의 차입이며, 요금이란 민간 시장에서의 거래와 같이 정부가 제공하는 개개의 행정 서비스의 대가를 징수하는 것이다. 이에 대해 세금이란 정부가 제공하는 다양한 행정 서비스에 대한 종합적인 요금이라고 할 수 있다. 여기에서는 개개인의 지불액과 제공받는 서비스의 질이나 양과의 일대일의 관계는 단절되어 있다. 세금은 이 점에서 강제성을 강하게 발휘하는 형태로 조달되는 것이다.

인적 자원의 조달에도 강제성을 수반하지 않는 경우와 수반하는 경우가 있다. 공무원의 채용은 응모에 근거하고 있으며 강제성을 수반하지 않는다. 그러나 징병과 같이 강제적으로 인적 자원을 조달하기도 한다. 대량으로 반드시 자발적으로 선택되지 않는 업무를 수행하기 위해서는, 이러한 강제적인 조달 방법을 취하게 된다. 유망한 인재는 유한하며, 정부 부문이 조달해 버리면 민간 부문의 인재는 고갈된다.

정보를 수집한다는 것은 호적이나 주민기본대장과 같이 국민, 주민을 파악하는 것으로부터 시작하여, 기업이나 개인의 경제·사회 활동 파악, 다양한 통계 데이터의 수집 등을 의미한다. 이것들도 사회 측이 반드시 자발적으로 정보를 제공한다고는 기대할 수 없는 이상, 세무 조사나 경찰 수사와 같이 행정 측으로부터 능동적으로 정보를 수집하게 된다. 또한 방범 카메라 영상이나 스마트 폰에서의 통신 내용을 감시하는 일도 행해질 수 있다.

정부가 보유하고 정책에 이용하는 정보에는 이 밖에도 정부 자신이 연구나 조사 등을 통해 수집한 정보도 있다. 예를 들어 다른 나라의 정세나 다양한 기술에 관한 정보이다. 최근에는 디지털 기술의 발달에 수반하여, 영상, 위치 정보 등을 포함한 다양, 대량, 즉시 수집되는 이른바 빅·데이터도 이용된다. 사람들의 행동을 상세하게 파악하는 것은 보건·의료나 치안에 관한 시책에 점차 이용되고 있다.

정책·시책·사업과 프로그램

공공정책은 이것들 네 가지 자원의 조달과 그것을 이용한 압력을 통해서 사회나 경제의 본질을 바꾸어 가는 것을 가리킨다. 따라서 그것은 사회나 경제의 어느 부분을 바꾸려고 하는가 하는 형태로 정의된다. 예를 들어 실업자를 대상으로 하고, 그 고용을 도모하는 것이나 고용에서 불공정함을 낮추는 정부의 활동은 고용 정책으로 불린다.

고용 정책은 게다가 노동자 측, 고용자 측의 어느 부분에서 어떻게 압력을 가할 것인가에 따라, 몇 가지 대책으로 단계적으로 분할된다(break down). 이것을 시책이라고도 부른다. 현재의 후생노동성의 고용에 관한 시책으로는 청년 고용 대책, 장애인 고용 대책, 비정규 고용 대책, 지역 고용 대책 등이 연이어 있다. 그리고 시책은 게다가 구체적인 사업으로 시행된다. 반대로 일련의 사업을 시책이라고도 할 수 있다. 청년 고용 대책이라면 잡 카페(job cafe)에서의 카운셀링 사업이나, 사업자에 대한 청년 등 정규 고용화 특별 장려금에 의해 기업 측에 청년 정규직 고용을 확대하도록 인센티브를 주는 사업이 실시되고 있다.

이와 같이 정책은 정책·시책·사업이라는 형태로 계층을 이루고 있다. 물론 구분하는 방법에 따라 이러한 계층을 몇 층으로도 할 수 있다. 한편 고용 정책은 노동정책의 일부를 이루고 있듯이, 같은 정책이라는 용어 속에도 복수의 계층이 존재하는 것도 있다.

정책·시책·사업은 정부 부문의 활동 범위나 규모에 주목한다. 한편 활동의 목표와 실현 수단의 조합에 주목하는 것이 프로그램의 개념이다. 목표와 수단의 관련성만이 아니고, 그 수단을 행사하기 위해 필요한 자원은 무엇인가, 수단을 행사해 나가는 순서나 스케줄을 어떻게 할 것인가 등을 정리한 것이 프로그램이다. 시책을 프로그램, 사업을 프로젝트라고 부르기도 하지만, 정책 분석에서 프로그램 개념은 시책과는 다르다(야마타니 2012).

자원의 조합: 정책의 제공 방법

정부는, 권한, 금전, 인적 자원, 정보라는 네 가지 자원을 조합하여 다양한 측면에서 사회에 제안하면서 정책을 제공한다. 예를 들어, 쓰레기의 적절한 처리는 위생 상태를 유지하기 위해서도 미화의 관점에서도 필요하다. 정부는 싱가포르와 같이 쓰레기를 함부로 버리는 걸 금지하는 권한을 이용하기도 하지만, 청소 직원을 고용해 쓰레기를 수집하기도 한다. 수집을 민간 업자에게 위탁하는 경우는 금전 자원이 이용되고 있다. 재사용이 가능한 것을 매입하거나 보증금(deposit)을 걸고 환불하거나 하는 것도 금전을 이용한 정책 시행이다. 그리고 쓰레기의 감량, 라이프·스타일의 재검토를 요청하는 홍보 등은 정보 자원의 이용이라고 할 수 있다.

교육의 사례를 생각해 보자. 정부가 학교 건설과 교원을 고용하고, 의무 교육 제도를 취하며, 통학하는 학교를 지정하면, 정부가 서비스의 공급을 모두 담당하고, 교육을 받는 아동·학생은 지정된 학교에서 교육받게 된다. 여기에는 권한, 금전 인적 자원이 사용되고 있다. 여기서 사립학교가 존재한다면 일부 아동·학생은 정부가 공급하는 교육의 수혜자에서는 제외된다. 그러나 사립학교에서의 교육 내용에도 정부에 의한 규제가 가해질 수 있다. 또한 정부는 사립학교나 그 아동·학생에게 금전적인 보조를 하기도 한다. 이런 경우 정부가 제공하는 교육 정책은 역시 사립학교나 그 아동·학생에게도 미친다. 교원이라는 인적 자원은 사용되지 않지만, 권한이나 금전 자원이 사용되는 것이다.

민영화, 민간 위탁, PFI, PPP

같은 정책 과제를 추구하기 위하여 이용하는 자원을 변경하는 것도 많다. 1980년 대 이후 빈번히 볼 수 있게 된 민영화, 민간 위탁, PFI, PPP 도입은 그러한 예다. 민영화(privatization)란 국영기업을 민간기업으로 전환하는 걸 가리킨다. 그러나 이 경우 정부가 완전하게 그 영역에서 손을 떼는 경우는 적다. 많은 경우는 새롭게 창설되는 민간기업에 정부가 규제를 가한다. 예를 들어, 일본 국유철도(국철)가 민영화된 이후에도, 이른바 JR회사법에 의해서 신주발행이나 사업계획 변경에 즈음해서는 장관의 인가가 필요하였다(이후 혼슈 3사에 관해서는 2001년의 법 개정으로 완전, 민영화되었다). 즉 민영화란 인적 자원을 이용한 정책 제공으로부터 권한을 이용한 정책 제공에의 전환이라고 말할 수 있다.

이에 대해, 민간 위탁이란 민간 부문과의 계약에 의해 공공서비스를 공급하는 걸 의미한다. 바꿔 말하면, 정부 부문에 의한 아웃소싱(outsourcing, 외부위탁)을 가리킨다. 이 경우는, 인적 자원으로부터 금전 자원에 의한 정책 제공에의 전환이라고 할 수 있다. 이것을 한층 더 진행하면 PFI(Private Finance Initiative)가 된다. 민간 자금에 의한 공공시설 정비와 같이, 계약을 통해서 리스크 분담을 민·관에서 명확히 시행하면서, 민간 부문에 의한 공공서비스의 시행을 정부 부문이 구입하는 것을 가리킨다. 민간 위탁이나 PFI에서는 모두 정부 부문이 재화나 서비스를 구입하게 된다. 이것을 공공 조달(public procurement)이라 총칭한다. 공공 조달은 현재 경제협력개발기구(OECD) 여러 나라에서 평균적으로 국내 총생산(GDP)의 12%를 차지하고 있다.

마지막으로 PPP(Public Private Partnership)는 정부 부문과 민간 부문의 협동을 널리 가리킨다. 따라서 PPP는 민간 위탁이나 PFI 외에 민간 부문이나 제3섹터에 의한 공적인 문제의 해결을, 계약에 의해 실현하는 활동을 포함하는 것이다. 게다가 규제 분야에서도 기술 기준의 설정 등을 민간기업이나 해당 분야와 관계되는 국제기관 등 다양한 주체와 협조하며 추진해 가는 경향이 강해지고 있다(무라카미 2016). 이것도 광의의 PPP에 포함된다.

이것들 어느 경우에도 정부의 역할은 작아지는 게 아니고 그 역할이 전환하는 것이다. 예를 들어, 쓰레기 수집원을 시의 직원으로 고용하지 않고, 민간 처리업자에게 위탁하는 경우를 생각해 보자. 이것은 언뜻 보아 '정부 크기'의 감축을 의미할 것 같다. 그러나 쓰레기를 몇 번 수집할 것인가는 시가 결정하고 있고, 위탁계약에 그것을 포함하고 있다. 수집해 가지 않으면 시민으로부터 불평이 있겠지만, 그 때 시민이 불평을 말하는 대상은 시청이 된다. 불평을 들으면, 시는 위탁업자에게 개선을 요청하고 경우에 따라서는 위약금을 요구하거나 계약을 중지한다. 민간 위탁이나 민영화는 사업자와의 계약과 모니터링이라는 새로운 업무를 낳는다.

공공서비스에서 '소비자 주권'

정부가 시장에 길을 양보한 것처럼 보이지만, 실제로는 정부의 기능이 전환한 데 지나지 않는 것은, 공공서비스의 수혜자에게 선택의 여지를 준다고 하는 '준시장화' 개혁에도 들어맞는다. 이러한 동향은 공공서비스에서 고객 지향, 소비자 주권, 엔파워먼트 등으로 불린다. 복수의 공급자가 존재한다고 하는 의미에서는 시장과 같지만, 서비스 부담은 정부가 담당한다고 하는 점에서 시장과는 다른 것이다(르그랑 2010).

예를 들어, 공립 학교를 유지하면서 어느 학교에 다니는가 하는 선택권을 아동·학생이나 보호자에게 부여하는 학교 선택제가 있다. 이것은 생산자로서 정부의 역할을 축소하는 건 아니지만, 소비자로서 아동·학생이나 보호자의 역할은 확대하는 것이다. 혹은 간병 서비스를 받는 데 있어 어떤 서비스를 받을지를 행정 측이 지정하는 것이 아니라, 간병을 받는 측이 결정하는 것도 같은 예다.

정부의 크기와 시장의 크기는 반드시 이율배반은 아니다. 학교 선택제나 간병 서비스의 경우 수혜자가 실질적으로 선택을 할 수 있도록, 행정은 정보 제공에 노력할 필요가 발생한다. 각 학교가 참관의 기회를 마련하고 퇴학율이나 클래스 규모 등 학교 간 비교를 가능하게 하는 정보를 행정이 제공하지 않으면, 아동·학생이나 그 보호자는 실질적인 선택을 할 수 없다(야스다 편 2010). 준시장화도 역시 정부의 역할을 감소시키는 게 아니라 그 역할을 변화시킨다.

NPM이란 무엇인가

NPM(신공공관리)이란 민영화로부터 PPP나 소비자 주권에 이르는 활동의 총칭이다. 정부 부문에 의한 정책 제공 방법의 전환을 NPM이라고 부른다. 즉 인적 자원을 활용한 공무원에 의한 직접적인 공공서비스의 시행으로부터 그 이외의 자원을 이용한 정책 제공에의 전환을 가리킨다. 게다가 그러한 전환을 가능하게 하기 위해서 공공서비스의 목표나 내용을 명확화·가시화하고, 서비스 제공 주체와 계약한다고 하는 움직임이 NPM의 밑바닥에는 있다. 공무원에 의한 공공서비스의 제공이 계속되고 있다고 하더라도, 한 번 그 내용을 가시화한 다음, 공무원의 현업 조직과 계약하는 것도 NPM의 범주에 들어간다. NPM이란 공공서비스의 시행 부분을 묶어내어, 그것을 공공정책의 결정 부분에서 떼어내는 변혁이라고 할 수 있다(보베이르=라플라 편 2008).

표 13−1을 이용하여 정리하면 NPM이란 정부 부문이 공공 문제의 해결을 목적으로 하면서, 강제는 아니고 생산자와의 계약이나 소비자의 선택 등 '자유'도가 높은 수단을 이용하는 활동이다. 그런 의미에서는 목표와 수단의 위치설정으로서는 제3섹터와 같은 '공적·자유'의 영역이 된다. 민간 부문이면서 이 영역에 위치하는 것을 제3섹터라 부르는 데 대해, 정부 부문이면서 이 영역에 위치하는 것을 NPM이라고 부른다. 공·사행정이원론을 두 방향으로부터 무너뜨리는 움직임으로서 제3섹터와 NPM을 이해할 수 있다(표 13-2).

표 13-2 ▸ NPM와 제3섹터 위치설정

목표		수단	
		자유	강제
	사적	민간 부문	
	공적	↓ 제3섹터	NPM ← 정부부문

그러나 동시에 공·사행정이원론을 무너뜨리고 정부 부문과 민간 부문의 울타리를 낮게 하는 것은 표의 오른쪽 위 영역에 빠질 위험성도 커진다. 공공 조달이 증가하는 것은 민간기업에서 보면 새로운 시장의 등장이며 비즈니스 기회의 확대이지만, 거기에 부패나 렌트·시킹의 유형도 발생한다. 제도를 정비하고, 어디에서 어떠한 조

건으로 구입할 것인가 하는 투명성을 확보하고, 참가하는 기업 간의 경쟁을 촉진할 수 없으면 공공 조달은 부패의 온상이 된다. NPM 자체가 새로운 통치의 과제를 증가시키는 것이 될 수도 있는 것이다.

정부의 크기, 힘, 투명성

지금까지 살펴본 것처럼 민영화의 예이든 소비자 주권의 예이든, 정부의 역할이 전면적으로 감소하고 있는 건 아니다. 정부의 역할이 얼마나 전환되고 있는가에 주목해야 한다. 또한 네 가지 자원 가운데 어느 것에만 주목하여 정부 역할의 대소를 논하는 것도 천박하다. 중요한 것은 정부가 네 가지 자원을 어떻게 이용하면서 공공서비스를 전개하고 있는가 하는 전체적인 이미지이다.

사람들이나 기업에 대해 정당한 강제력을 가지는 주체라는 정부의 정의(定義)로부터 하자면, 정부 부문 특유의 자원이며 그 활동의 핵심이 되는 것은 권한이다. 사람들이나 기업의 자유를 제약하는 규제를 가하는 건 정부의 대표적인 행동이다. 이러한 권한의 행사는 정당성을 인정받을 필요가 있다. 또한 규제를 시행하기 위해서는 위반자에게 벌칙을 과할 만한 물리적인 강제력이나 집행력에 의한 담보도 필요하다. 따라서 정부 부문이 어느 정도 규제를 마련하고 실질적인 것으로 할 수 있을 것인가 는 나라에 따라, 시대에 따라, 큰 차이가 있다. 이러한 권한의 행사 정도를 '정부의 힘'이라고 부른다. 권한 행사의 정도를 느슨하게 하는 것을 규제 완화(deregulation)라고 부른다.

이에 대해 정부 부문이 금전 자원과 인적 자원을 얼마만큼 보유하는가는 '정부의 크기'를 나타낸다. 구체적으로는 정부 예산의 규모나 공무원 수에 의해 표시된다. 세부담이나 사회보험료의 부담이 크고 많은 공무원이 고용되어 다양한 행정 서비스가 제공되는 것은 큰 정부이다. 반대로, 민간 부문에 가능한 한 많은 재화를 남기고, 행정 서비스의 질이나 양은 제한적인 것이 작은 정부이다. 정부의 크기란 우리가 창출한 경제적 성과를 우리가 무엇에 사용하는가, 그것을 누가 결정하는가 하는 데 깊이 관계된다.

정보 자원의 중요성은 2000년대 이후 크게 높아지고 있다. 사회 전체가 정보화해 가는 데 더해 공적 문제의 해결도 민간 부문과의 협동에 의한 것이 증대함으로써 정보 자원은 공공서비스의 중심적인 역할을 하게 되었다. 정보화 사회에서는 ICT(정보 통신 기술)의 도입 등 기반 정비를 비롯하여 업무나 절차의 전자화, 여러 다양한 데이터의 창출, 제공, 이용의 촉진이 필요하다. 이것을 통합하여 전자 정부화(e-government)라고 부른다.

정보 자원으로 봐야 할 또 하나의 측면은 정부 자신에 관한 정보가 어디까지 제공되고 있는지, 즉 정부의 투명성·공개성의 정도이다. 이것은 정부의 부패를 억제하는데 중요한 동시에 정부에 대한 신뢰를 좌우한다. 정부가 보유하는 정보를 정부의 판단으로 제공하는 홍보 활동(PR:Public Relations)이 아니라, 시민이나 사회 측이 요구하는 정보를 정부가 어느 정도 오픈(open)할 것인지가 정부의 투명성을 좌우한다. 그러기 위해서는 정보의 작성 보존을 규칙화하는 공문서 관리 제도나 정부가 시민으로부터의 요구에 응답할 의무를 명확화하는 정보공개제도를 정비하는 것이 불가결하다.

3. 정부 부문과 민간 부문의 관계 실태

정부 크기의 국제비교

정부의 크기, 즉 정부 부문이 민간 부문으로부터 조달한 금전 자원과 인적 자원의 양을, 구체적인 데이터에 근거하여 파악해 보자. 그림 13-2는 제2차 세계대전 직후부터 현재(2021년 이후는 추정)까지의 8개국 정부 부문의 지출 총계가 GDP에 차지하는 비율(%)을 세로축으로 하고, 가로축에는 시계열을 취한 것이다.

이 그림에서 다음과 같은 여러 가지 점을 이해할 수 있다. 첫째, 선진국에 관해서 말하면, 대체로 1980년대에 들어올 무렵까지는 집계 항목이 불안정하게 급증하는 것도 있지만, 정부지출이 GDP에 차지하는 비율은 안정적으로 상승하고 있다. 갑자기 변하여 90년대 이후 많은 나라에서 정부지출의 성장은 GDP의 성장률 이하로 억제되고 있다. 다만 2008년 리먼·쇼크나 2020년 코로나19 바이러스 감염증의 세계적 확산 때에는 경제 축소와 세출 확대로 인해 10%포인트 정도의 상승이 1년에 발생할 가능성이 증가하고 있으며, 불안정성이 확대되고 있다.

둘째, 각국의 상대적인 가치평가는 1980년대를 경계로 변화하는 나라와 그렇지 않은 나라가 있다. 영국은 그 대표적인 예이다. 제2차 세계대전 후 복지국가화를 추진한 결과, 대상국 안에서는 최대의 정부지출 비율이 되고 있었지만, 1980년대 대처에 의한 신자유주의 개혁은 15%포인트나 그 규모를 감축하게 되었다. 동일하게 캐나

그림 13-2 ▸ OECD 각국의 정부 부문 지출이 GDP에서 차지하는 비율

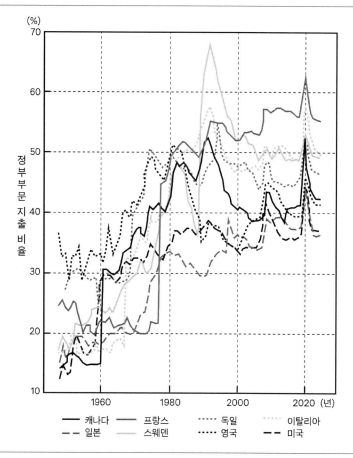

[출처] IMF, Government Finance Statistics를 활용하여 필자 작성.

다도 90년대에 대규모 정부 규모의 감축을 시행하고 있다. 이에 대해 복지국가의 전형적인 예라고 불리는 스웨덴은 처음부터 그랬던 건 아니고 1960년대부터 80년대 중반까지 지속적인 확대를 통해 복지국가를 건설해 온 것을 알 수 있다.

셋째, 일본에 관해서는 다음과 같은 특징을 살펴볼 수 있다. 1970년대에 들어올 때까지는 압도적으로 작은 정부였다. 그러나 70년대에는 정부 규모가 급격하게 확대하였다. 80년대에 들어오면 그 움직임은 멈추고, 특히 후반에는 수치가 약간 감소하며, 다시 선진국 가운데 정부의 지출이 매우 작아졌다. 90년대에는 다시 정부의 규모가 확대되며, 여전히 작은 정부의 부류이긴 하지만, 약간 그 성격은 점차 상실되고 있다.

정부 크기의 시대에 따른 변화

아주 장기간의 변화를 살펴보기 위해 가장 오래된 18세기 말부터 데이터를 모으고 있는 미국과 메이지유신 이래의 일본을 대상으로 하여, 정부지출이 GDP에서 차지하는 비율을 그림 13-3에 표시하였다. 미국에 관하여 우선 눈에 띄는 건 세 가지 날카로운 피크(정점)가 존재한다는 점이다. 남북전쟁, 제1차 세계대전, 제2차 세계대전의 영향을 나타낸다. 전쟁 특히 총력전이 얼마나 정부의 역할을 확대하는지 바꿔 말하면 민간 부문으로부터의 조달을 격화시킬 것인지가 명확하다 하겠다. 일본에서도 청일, 러일, 제1차 세계대전이라는 전쟁마다 정부 규모는 확대되고, 데이터를 얻지 못하고 있긴 하지만, 제2차 세계대전도 마찬가지다. 둘째, 전쟁에 의한 일시적인

그림 13-3 ▸ 미·일의 정부지출이 GDP에서 차지하는 비율

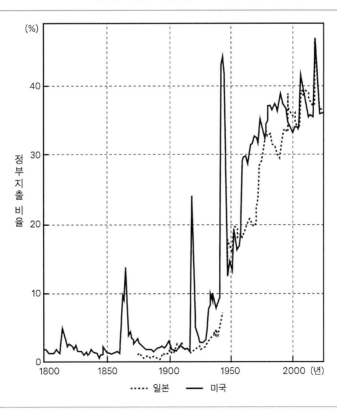

[출처] IMF, Pubiic Finances in Modern History Database를 활용하여 필자 작성.

정부지출의 확대는 전쟁 종결 후에도 원래대로 돌아가지 않았다. 이것을 라쳇(한 방향으로만 회전하는 톱니바퀴)효과라고 한다. 셋째, 전쟁과는 관계없이 대규모 정부지출이 확대된 것은 1930년대가 처음이다. 그리고 정부 규모의 확대 경향은 전후의 70년대까지 지속되고 있다.

이런 변화는 미국과 일본에 특이한 건 아니다. 19세기 이후 대략 반세기를 구분으로 서구 각국의 대략적인 경향을 언급해 두자. 우선 19세기 전반까지 성립한 근대국가에서는 왕제를 타파한 신흥 자본가(bourgeoisie)들의 이익을 따르는 형태로 정부의 역할은 제한적인 것으로 이해되었다. 외교, 경찰, 사법이라는 질서 유지 기능에 주력하는 작은 정부 혹은 값싼 비용으로 문제를 해결하는 정부가 이 시기 정부 운영의 기본 방향이 되었다.

산업혁명의 진전에 수반하는 사회·경제의 변화가 이런 경향을 바꿔놓았다. 산업혁명으로 인해 농촌에서 도시로 대규모의 인구 이동이 발생하였다. 여기에서 많은 도시문제, 사회 문제, 노동 문제가 발생한다. 정부는 이런 문제에 대처하지 않으면 안되었다. 선거권 확대에 따른 대중 민주제의 성립도 이런 경향을 지지하였다.

19세기 후반에 시작된 이 경향이 한층 더 가속화된 것이 20세기 전반 두 번에 걸친 세계대전과 대공황이다. 두 번의 세계대전은 많은 나라가 휘말려 들었을 뿐만 아니라, 총력전이기도 하였다. 전쟁 수행을 위해 민간 부문을 대규모로 동원했기 때문에 정부의 역할은 크게 확대되었다. 한편 대공황은 대량의 실업자를 낳았고 대응책으로서 공공사업이나 정부의 고용이 확대되었다.

정부 규모가 크게 확대되는 경향은 1970년대까지 계속된다. 자본주의 국가에서도 복지국가가 성립하게 되면서, 정부가 사회 보장을 비롯한 다양한 공공서비스를 제공하게 된다. 생존권의 개념이 주창되고, 정부는 사람들의 생활에 으레 따르게 마련인 실업, 질병 심신장해 등의 리스크를 완화하는 역할을 담당하게 되었다.

그러나 1970년대 후반에는 복지국가에 관한 재검토가 시작된다. 정부 부문이 많은 문제를 떠안는 게 이 시기까지 표면화되었다. 경쟁에 노출되지 않는 국영기업의 비효율성, 정부의 규제가 기득권 이익을 낳고 신규 참여를 저해하고 있는 것, 또 많은 오직(汚職)이나 조직의 부패가 그 예이다. 이렇게 하여 70년대 후반에는 작은 정부를 되찾으려고 하는 신자유주의를 노래하며, 규제 완화나 민영화 등 자유주의 개혁이 진행되었던 것이다.

1980년대 끝 무렵에는 이런 움직임을 한층 더 심화시키는 형태로 NPM이 등장한다. 민영화나 규제를 완화했다고 하더라도, 그런데도 남는 정부에 의한 행정 서비스를 얼마나 개선할 것인지가 여기에서 문제의 관심이었다. 이런 움직임은 영국이나 뉴질랜드를 비롯한 앵글로·색슨 여러 나라에서 시작되고, 일본에도 약간 늦은 형태로 도입되었다.

공무원의 규모

정부 크기의 또 한 측면은 정부가 얼마만큼의 인원을 고용하고 있는가이다. 이쪽 측면에서 보면 재정 지출로 파악한 정부의 크기와는 약간 다른 모습이 떠오른다.

그림 13-4 ▸ 노동력 인구에서 차지하는 공무원 비율(2017)

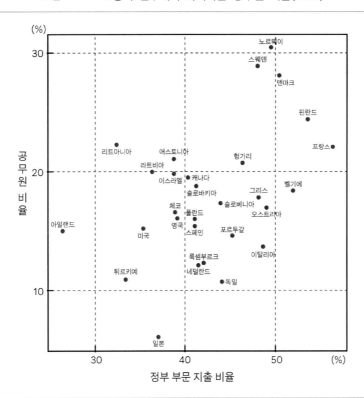

[출처] 그림 9-6과 동일.

그림 13-4는 가로축에 조금 전에도 이용한 GDP 비율의 정부 부문의 모든 지출을 취하고, 노동력 인구 가운데 공무원 수를 세로축에 나타낸 것이다. 언뜻 보면 한쪽으로 치우친 관계, 즉 금전 자원과 인적 자원의 규모는 비례하는 것처럼 보인다. 그러나 노동자 인구의 4분의 1 이상을 공무원이 차지하는 노르웨이, 스웨덴, 덴마크, 핀란드라는 북유럽 국가들과, 이 비율이 5% 정도밖에 안 되고 극단적으로 수치가 낮은 일본을 제외하면, 공무원 비율과 재정 규모의 정(正)의 관계는 사라진다. 나머지 여러 나라는 공무원 비율이 10%에서 20%보다 약간 강하지만, 재정 규모에 비교하면 공무원의 고용 규모가 작은 건 독일, 이탈리아, 벨기에, 네덜란드, 오스트리아 등 유럽 대륙 국가들에 많다. 이에 대해 앵글로·색슨 국가들은 공무원의 수가 재정 규모에 비교해 약간 많다. 일본은 6,700만 명 정도 노동력 인구의 약 5%, 즉 약 332만 명이 공무원이며 세계 최소 규모이다. 그 중 국가 공무원(자위대원을 포함)이 58만 명, 지방공무원이 약 274만 명이다.

정부의 힘

각국 정부의 힘, 즉 정부가 민간 부문에 대해서 가하고 있는 규제의 정도를 파악하는 것은 정부의 크기를 파악하는 것보다도 어렵다. 재정이나 공무원 수에 비해 규제의 힘이라고 하는 것은 수량화가 어렵다. 게다가 불필요하게 많은 규제가 존재하는 것은 부패의 온상이 될 뿐이며, 정부의 힘을 나타내는 것이라고는 반드시 말할 수 없다.

그래서 여기에서는 경제활동에 대한 규제를 대상으로 하고, 세계경제포럼이 작성한 지표에 근거하여 두 가지 측면을 살펴보고 싶다. 하나는 기업활동의 감사나 회계보고 기준의 엄격함의 정도이다. 민간 시장에서 투명성을 높이기 위해서, 정부가 규제 권한을 어느 정도 이용하고 있는지를 나타내는 지표이다. 또 하나는 행정 규제의 번거로움이다. 경제활동을 할 때 인·허가 등이 얼마나 활동의 방해가 될 것인가를 파악하는 지표이다. 전자를 가로축으로 취하고 있으며 값이 클수록 강한 규제가 깔려 있다. 후자는 세로축에 나타나고 있으며 값이 클수록 불필요한 규제가 적은 것을 의미한다(그림 13-5).

그림 13-5 ▶ OECD 각국의 경제적 규제 정도

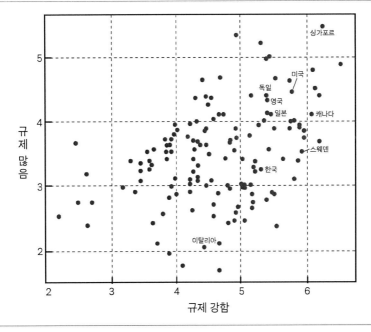

[출처] 요테보리대학 '정부의 질' 센터의 데이터 세트를 활용하여 필자 작성.

세계 140개국의 경향을 보면 대체로 엄격한 규제를 취하는 것과 불필요한 규제를 두지 않는 것은 양립할 수 있다. 반대로 말하면 개발도상국 가운데 상당수는 양쪽으로 문제를 떠안고 있다. 선진국 가운데서도 미국의 규제는 강하고 질도 좋다. 독일, 영국, 일본, 캐나다 등은 그 다음에 이어진다. 무엇보다 싱가포르처럼 양쪽으로 한층 더 뛰어난 나라도 존재하고 있다. 선진국 가운데서도 이탈리아 등은 불필요한 규제가 많다고 하는 문제를 해소하지 못하고 있다.

전자정부화의 진전

현재의 정부 부문의 정보 자원에 관한 이용에서는 어디까지 디지털 정보에 의해 정부와 사람들이 연결될 수 있을 것인가가 열쇠가 된다. 단지 정부의 업무 처리에 대해 ICT 기술이 사용되고 있는 것은 거버넌스 본질의 변화에는 결부되지 않는다. 우리가 정부가 보유하는 정보를 쉽게 입수하여 이용할 수 있는 것과 동시에, 다양한 절차를 온라인으로 처리할 수 있는 것, 정부도 사람들의 활동에 관한 여러 가지 디지털화된 정보를 모아 활용할 수 있는 것이 중요하다. 그러한 지표로서 유럽연합(EU)이 작성한 디지털 정보의 이용도와 오픈 데이터의 정도를 활용하여 각국의 상태를 살펴보자(그림 13-6).

그림 13-6 ▸ 선진국들의 전자정부화 정도

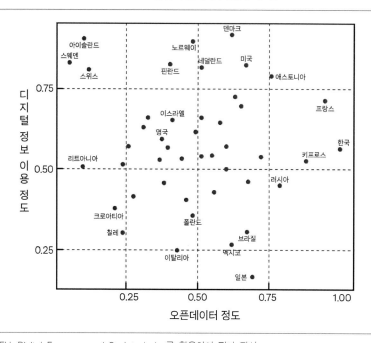

[출처] EU, Digital Economy and Society Index를 활용하여 필자 작성.

이것을 보면 스웨덴, 노르웨이, 덴마크, 핀란드 등 북유럽 국가들이나 미국, 네덜란드 등은 전자 정부의 이용률이 매우 높다. 에스토니아, 프랑스, 한국은 전자 정부의 이용률도 높지만, 오픈 데이터화도 매우 진전되고 있다는 데 특징이 있다. 이에 대해 일본은 전자 정부의 이용률이 극단적으로 낮은 게 눈에 띈다. OECD의 전자 정부 지표나 유엔경제사회국의 전자 정부 개발 지표에서는 일본의 수치는 선진 국가들과 손색이 없다. 그러나 그것들은 반드시 실태를 나타내지 않고, 실제의 이용도에서 보면 일본의 행정에서 디지털화의 지연은 심각한 것임을 명확히 알 수 있다.

정부의 투명성

정부 투명성을 실질적으로 측정하기란 어렵다. 정보 공개의 법제도적인 정비만으로는 실태는 모르기 때문이다. 그래서 여기에서는 '민주주의의 다양성' 프로젝트에 의한 정부 부문의 부패에 관한 지표를 이용하기로 한다. 전문가에 의한 코딩에 근거하는 지표이며, 정부 부문에 의한 횡령 등 공금의 부적절 지출과 뇌물증여의 두 가지를 베이즈인자분석으로 합성한 지표이다(그림 13-7). 이것을 가로축으로 취한 다음, 세로축에는 일반 사람들의 행정에 대한 신뢰를 취했다. 세계 가치관 조사에 의한 다양한 정치 행위자에 관한 신뢰 정도의 질문을 이용했지만, 원래 국가에 따라서 어느 정도 신뢰를 부여할 것인가 하는 기준이 다르다. 그래서 여기에서는 행정에 관한 신뢰의 정도를 정부 전체에 관한 신뢰의 정도로 나눈 수치를 이용하기로 하였다.

그림 13-7 ▸ 행정의 부패 정도(2017)와 행정에의 신뢰(2017-21)

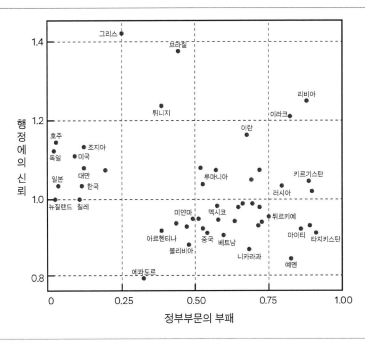

[출처] 그림 13-5와 동일.

이것을 보면 대체로 부패의 정도가 낮아질수록 행정에 관한 상대적인 신뢰의 정도는 완만하게 상승하는 것을 파악할 수 있다. 선진국의 상당수는 부패의 정도가 낮고 행정에 관한 신뢰의 정도도 높다. 호주, 독일 등에서 그 경향은 강하고 미국도 별로 큰 차이가 없다. 일본이나 뉴질랜드는 부패 정도의 작음에 비해, 행정에 관한 신뢰가 그 정도로 높지는 않다. 그 외 중진국, 개발 도상국이 될수록 부패의 정도와 신뢰가 없음이 강해진다. 다만 그리스나 브라질과 같이 부패에 비해서는 의외로 국민의 신뢰가 매우 높은 나라 등 일탈 사례도 있다.

각국의 차이 정리

지금까지 살펴본 각국의 특징을 정리해 두자. 북유럽 국가들은 큰 정부로, 세출 규모가 클 뿐만 아니라 큰 인적자원도 떠안고 있지만 권한은 별로 행사하고 있지 않다. 대체로 크고 약한 정부라고 할 수 있다. 다음으로 독일이나 네덜란드 등은 중간 규모의 정부이며, 인적자원은 별로 크지 않고 규제는 그 나름대로 남겨두고 있다고 말할 수 있다. 작고 강한 정부라고 할 수 있다. 이에 대해 앵글로 · 색슨 국가들은 세출 규모가 작고 권한도 작지만, 공무원은 그 나름대로 있다. 작고 약한 정부라고 할 수 있다. 남은 유형으로서는 크고 강한 정부가 있지만, 이것은 선진국 가운데서는 별로 눈에 띄지 않는다. 억지로 말하면 프랑스가 될 것이다. 일본에 관해서는 세출 규모가 작다고 하는 점에서는 앵글로 · 색슨 국가들에 유사하지만, 규제의 정도와 인적자원의 관점에서는 유럽 대륙 국가들과 유사하다고도 할 수 있다.

이러한 위치설정은 에스핑－안데르센의 복지제도론에서 각국의 위치설정과 근사하다(에스핑-안데르센 2001). 보편주의적인 사회 보장 급부를 정부가 실시함으로써 생활 보장의 정도가 높고 분립성이 낮은 게 북유럽에서 보이는 사회민주주의 체제이다. 유럽 대륙 국가들이 채용하는 보수주의 체제에서는 보완성의 원리로부터 사회 보장은 가족, 종교 단체, 노동조합이라는 중간단체에게 맡겨진다. 높은 분립화로 인해 어느 정도의 보장이 주어진다. 마지막으로, 앵글로 · 색슨 국가들에 나타나는 자유주의 체제에서는 기본적으로는 시장에 사회 보장을 맡겨 잔여 부분만큼을 정부가 담당하므로 분립화와 생활 보장의 정도는 함께 낮다.

역사적인 변화의 서술에서도 언급한 것처럼, 복지국가의 성립과 재검토는 정부 부문의 본질 그 자체에 크게 영향을 미치고 있다. 따라서 어떤 복지국가의 형태가 성립할 것인가는, 어떠한 존재로서 그 나라의 행정이 자리매김될 것인가와 깊이 결부되는 것이다. 이 점은 제15장에서 다시 검토하자.

4. 시민사회의 의미와 그 실태

시민사회와 제3섹터의 의미

지금까지 정부 부문과 민간 부문의 관계를 살펴봤다. 다음으로 또 하나의 부문, 즉 시민사회 및 제3섹터와 그것들과의 관계로 눈을 돌려보자. 우선 이러한 개념에 관해 정리해 두자. 시민사회라는 개념은 다의적이지만, 여기서는 공공정책의 주체로서의 정부와 객체로서의 사회·경제의 테두리 밖에 있는 존재를 넓게 시민사회로 파악한다. 공·사행정이원론이 가정하는 민간 부문에서 삐져나오는 민간 부문의 본질을 시민사회라고 한다(사카모토 편 2017).

이러한 영역은 크게 나누면 두 가지가 있다. 하나는 민간 조직이나 개인이 공공 문제의 해결에 종사하는 활동 또는 그러한 활동을 위해서 만들어진 조직이다. 자원봉사 활동이나 NPO·NGO가 거기서의 대상이다. 또 하나는 개인이나 조직이 정부 부문의 공공정책에 관여하는 측면이다. 시민이 행정에 참가하거나 싱크탱크가 정책 아이디어를 제공하는 것 등이 여기에 포함된다. 제Ⅰ부의 논의로 말하면, 본인으로서의 시민이 대리인으로서의 정부에 권한을 완전히 위임하지 않고, 스스로 정책 형성에 참여하는 형태라고 말할 수 있다.

다른 측면에서 시민사회 가운데는 일상은 사적인 활동에 종사하고 때로는 공공 문제의 해결에 참여하는 주체와 공공 문제의 해결을 주된 목적으로 하여 형성된 주체의 두 종류가 있다. 이러한 두 축을 조합하면 표 13−3이 완성된다. 시민사회란 이것들 네 개의 영역을 포괄하는 것이다. 이 가운데 좁은 의미의 제3섹터란 공공 문제를 해결할 목적으로 조직되어 있고 정부의 활동과는 별도로 문제 해결에 대처하는 주체를 가리키는 것이라고 이해할 수 있다.

시민참여

근대사회의 성립에 있어서 사람들은 정치의 주체가 되는 것으로부터 해방되었다

(☞제1장). 그러나 이러한 이원론은 원칙에 지나지 않고 시민의 참여 욕구를 억제할 수 없다. 이때 시민은 공공정책의 객체에서 주체로 바뀐다. 주체로서의 시민이라는 점에서는 사회운동 등이 중요하지만, 여기에서는 다루지 않는다. 간접 민주제에서는 선거, 즉 '정치'가 참여의 경로가 되지만, 사람들의 직접적인 참여에 관해서는 '행정'도 그 경로가 될 수 있다.

표 13-3 ▸ 시민사회의 네 영역

		공공문제 해결의 위치설정	
		겸업	전업
활동 영역	정부에의 관여	시민참가	싱크탱크
	정부와 독립	보런티어	제3섹터(NPO, NGO)

행정에 관한 시민참여는 시민의 어느 부분이 참여하는가 하는 축과 공공정책의 형성으로부터 시행에 이르는 어느 단계에서 참여하는가 하는 두 개의 축으로 정리할 수 있다. 우선 시민 중 불특정 다수가 참여할 수 있는지, 그렇지 않으면 시민 가운데 일부의 시민이 참여하는가 하는 점이다. 다음으로 정책을 형성해 나가는 초기 단계에서 참여하는가, 그렇지 않으면 행정에 의한 정책 시행의 재검토를 위해서 참여하는가 하는 차이가 있다. 이 두 개의 축으로부터 구성되는 네 가지 유형으로 그것을 제도화한 대표적인 사례를 정리한 것이 표 13-4이다.

표 13-4 ▸ 행정에의 시민참여 네 유형

		참여 단계	
		사전	사후
참여 형태	불특정	퍼블릭·코멘트 숙의 민주주의	행정민원 상담
	특정	심의회 시민위원	옴부즈맨

예전부터 있는 것은 행정의 정책 시행에 대해서 사후적으로 대응하는 유형의 행정 참여이다. 행정에 대한 불평 상담은 이용하기 쉽고 유연한 행정에로의 개선을 요구하는 수단을 준비하는 것이다. 그러나 이것으로는 불평의 접수, 처리가 행정 측에 맡겨진 채로 있다. 그래서 옴부즈맨이라 불리는 특정 시민에게 행정 활동에 관한 불

편을 접수하고, 행정에 대응을 요구하는 역할이 맡겨진다.

정책 형성 단계에서의 시민참여는 1970년대 이후 많이 볼 수 있게 되었다. 심의회의 위원에게 민간 부문의 유식자나 이익집단의 대표를 선출하는 건 있었지만, 최근에는 시민으로부터 공모 형식으로 심의회 위원을 선택하는 일도 증가하고 있다. 이러한 형태에서 정책 형성에 참여할 수 있는 시민의 수는 제한되어 있지만, 한층 더 널리 의견을 청취하는 퍼블릭·코멘트 수법에서는 이해관계 당사자가 아니어도 의견을 제출할 수 있다. 한편, 행정 측도 대응을 하지만 의견을 수용하는 건 필수는 아니다. 이 방향 앞에는 숙의 민주주의가 위치한다.

숙의 민주주의란 사람들이 토의를 통해서 선호를 바꾸면서 합의를 형성함으로써 정책을 결정하는 것이다. 이것은 사람들의 정책 선호를 당연한 것으로 하며, 선거를 통해 그 분포를 측정함으로써 정책을 형성하는 집계형 민주주의와 대비된다.

제3섹터의 성립

예로부터 사적 부문은 스스로 공공 문제를 해결해 왔다. 그 대표적인 존재가 지역 공동체이다. 마을이나 동네에서 공동 작업이나 질서의 유지를, 정부의 손을 빌리지 않고 지역 공동체가 담당하는 것은 근대 이전에는 널리 발견할 수 있었다. 근대국가에서 국가와 개인 간에 존재하는 중간단체가 원리적으로 부정되었다고 하더라도, 실제로는 지역 공동체가 사라지는 건 없고 그 기능은 계승되어 왔기 때문이다(사라몬 2007).

이러한 활동을 지역적인 틀을 넘어 지속적, 조직적으로 실시하는 과정에서 NPO나 NGO라는 조직이 탄생하였다. 미국에서는 이미 1940년대에는 대학이나 병원이 NPO로서 성립하여 있고, 정부도 또 이런 조직이 형성되도록 돕고 있다. 괄목할 만한 증가는 공민권 운동이 활발하게 이뤄졌던 60년대였다. 이 시기에는 정부가 사회복지 단체 등의 형성을 광범위하게 돕고 있었다. 그 후, 80년대에는 조성금 삭감 등도 있어 활동을 멈추는 NPO가 많았지만, 매니지먼트나 혁신적인 자금 조달 방법을 통해 90년대 이후 다시 활발하게 이어지고 있다. 제3섹터는 금전 면에서나 고용 면에서나 미국 경제의 1할에 가까운 규모를 형성하고 있다. 정부의 협력과 더불어 기부금공제 세제에 의지한 개인의 기부금(20조 엔을 넘는 금액이 된다)이 이것들을 지탱하고 있다.

제3섹터 데이터를 이용한 국제비교

제3섹터 혹은 시민사회의 크기를 측정하는 시도로서 여기서는, 시민사회 조직의 국제 네트워크인 CIVICUS에 등록되어 있는 2,000년 시점의 각국의 경제·사회 발전을 위한 시민사회 단체 수를 살펴보자. 가로축에는 대수화한 국민 1인당 GDP를 취하고 있다.

그림 13-8에서는 다음 두 가지 점을 파악할 수 있다. 첫째, 시민사회의 크기는 경제성장의 정도와는 무관하다. 미국이 세계 최대의 제3섹터를 자랑하는 나라이지만, 선진국 중에서도 제3섹터가 작은 나라는 많다. 한편 인도, 케냐, 브라질, 필리핀과 같이 커다란 제3섹터를 보유하고 있는 신흥국가들도 많다. 둘째, 선진국 가운데서는 영미에서 제3섹터가 크게 발전하고 있으며, 유럽 대륙 국가들은 거기에 이어지는 위치에 있다. 이에 대해 스웨덴이나 노르웨이라는 북유럽 국가들은 낮은 위치에 있다. 그리고 일본도 이러한 나라와 같은 위치에 있다는 걸 알 수 있다.

그림 13-8 ▶ 제3섹터 크기(2000)

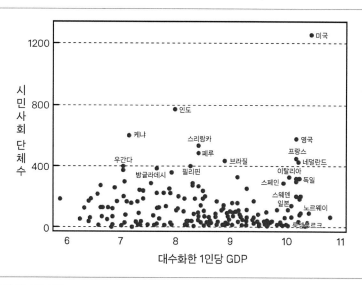

시민사회의 외연은 넓고 여기서 측정한 지표에서는 유럽의 결사체(association) 조

직이나 협동조합이 충분히 파악되지 않았다. 그러나 대체로 정부 부문에 의한 복지가 큰 경우는 제3섹터가 성장하기 어렵다는 것, 그 반대로 정부 부문이 작고 자유주의형 복지국가에서는 제3섹터가 확대 경향에 있다는 건 명확하다. 그리고 여기에서도 일본은 예외적인 위치에 설정되는 걸 알 수 있다. 작은 정부임에도 불구하고 제3섹터 규모도 작은 것이다.

연습문제

❶ 정부 부문, 민간 부문, 제3섹터 세 개의 정의를 말하고, 각각의 관계에 관해 설명해 보자.

❷ 다음의 공공정책에서 네 가지 자원을 사용한 정책 수단을 생각한 다음, 그러한 수단이 실제로 이용되고 있는지를 조사해 보자.

① 온난화 가스 억제, ② 저출산 대책, ③ 공장 유치, ④ 패트병 리사이클, ⑤ 감염증 대응

❸ 일본의 거버넌스에 관하여, 국제비교 데이터의 결과를 정리하고 그것과 복지국가의 유형론과의 관계를 생각해 보자.

제 14 장

일본의 거버넌스 변화

재정 규모와 공무원 수, 어느 쪽 관점에서도 전후 일본 정부는 작은 정부였지만, 왜 그것이 가능했던가. 반관반민의 그레이존 조직의 크기와 민간 부문에서의 고용 흡수를 전제로 하여 보편적인 복지국가화를 회피한 것이 그 대답이다. 그것에 의해 1980년대까지는 잘 기능했던 일본의 거버넌스가 왜 90년대에는 큰 재정 적자, 사람들의 안심감 상실 그리고 공무원에 대한 강한 비판을 낳게 되었는지도 이해할 수 있을 것이다.

1. 정부 · 민간 관계의 역사적 변화(1) : 메이지에서 고도 경제성장기까지

메이지 국가 건설과 정부의 규모

일본이 근대 산업사회로 본격적으로 전환해 나가는 것은 19세기 후반 메이지 정부가 성립한 이후다. 이 시대, 메이지 정부는 식산흥업을 기치로 내걸고, 관영 공장이나 국영기업의 설립 등을 진행하였다. 여기에서는 정부 자신이 적극적으로 근대화를 진행하려고 한 모습이 떠오른다. 그러나 이 시기에 일본 정부의 규모가 크게 확대되었다고는 말할 수 없다. 관영 공장의 상당수는 조기에 민간에 불하되어 전기, 철도 등의 공익사업도 많게는 민간기업에 의해 영위되었다. 의무 교육의 도입에 즈음하여, 초등학교 부지나 교사를 공출에 의지한 경우가 많아, 정부 자신이 직접적으로 사회 · 경제활동에 개입해 간 것은 아니다.

정부의 규모가 확대하기 시작하는 건 1930년대 이후이다. 앞 장에서 살펴본 그림 13-3에도 그것은 잘 나타나 있다. 1930년부터 쇼와공황에의 대응으로 다카하시 고레키요(高橋是淸) 재정부 장관에 의한 적극적인 재정정책이 취해지고, 시국광구사업(時局匡救事業)이라 칭해진 공공사업이나 군비 증강 등이 실시되었다. 또한 피폐한 농촌 경제를 구하기 위해, 지역 간 재분배의 구조가 도입된다. 게다가 태평양전쟁으로 치닫는 가운데, 국가 총동원 체제가 취해지고, 통제회를 통해 정부가 시장을 업계 통째로 장악하는 걸 시도한다. 그 시도가 계획대로에 실현된 건 아니지만, 이 시기에 형성된 시장에 대한 관여 구조나 민관 관계의 일부는 전후에도 남겨져 있다. 상공 관료의 톱으로서 만주국 건설에 힘을 쏟은 기시 노부스케(岸信介)가 전후 수상이 되었을 때 적극적인 국토 건설과 국가주의적인 복지정책을 취한 것은 그 예이다.

점령 개혁

한편, 일직선으로 전전과 전후가 연결되는 것도 아니다. 점령군에 의한 개혁의 시도도 있으며, 전전의 정부에 의한 통제 구조는 포기되었다. 기본적으로는 전후부터 고도 경제성장기에 있어서 정부 규모는 억제되어 왔다(히와타시 1991). 전후 직후 급격한 인플레이션을 억제하기 위해 닷지·라인이 도입되어 예산 규모는 축소되었다. 현업 직원의 상당수는 일본 국유철도(국철)처럼 공사로 분리되어 인원 정리가 진행되었다. 게다가 방위를 미국에 의존했기 때문에 방위비와 인원을 증대시키지 않고 해결되었다.

물자의 압도적 부족은 기업활동에 대한 정부에 의한 일정한 정도 개입을 가능케 하였다. 처음에는 경제안정본부에 의한 경사생산 방식이 취해졌다. 그 후에도 무역의 자유화가 1960년대 들어올 때까지 인정되지 않고 외자와 자원이 부족한 가운데 그것을 할당하는 통상산업성이 산업 발전의 스폰서 역할을 하였다. 여기에서 통상산업성을 일본 경제의 사령탑으로 파악하고, 고도 경제성장의 주된 요인이라고 보는 논자도 있다. 미국 정치학자 존슨은 이러한 일본의 정부·시장 관계를 개발형 국가라고 부르며, 정부의 역할을 시장의 규칙 정비에 멈추는 유럽과 미국 등의 규제형 국가와 대비하였다(존슨 2018).

그러나 통상산업성은 사령탑에는 꽤 멀었다고 미국 정치학자 새뮤얼스는 주장한다. 정부 규제가 정당화되기 쉬운 에너지 산업에서조차 업계의 이익이나 합의에 따라가지 않으면 통상산업성의 개입은 성공하지 못했다. 석탄산업에 대한 통제는 실패로 끝나고, 전후 석유에의 에너지 정책의 전환에서도 주도권을 쥘 수 없었다. 전기에 관해서도 전시기에 발전·송전 분리와 송전 회사가 지역 회사에 간신히 통합이 이루어졌지만, 전후 통상산업성의 의향에 반해, 지역을 독점한 송전 회사가 발전 기능도 흡수하였다. 업계와 통상산업성 간에는 수평적으로 조정하는 상호 양해의 관계가 1950년대부터 60년대에 구축되었다(새뮤얼스 1999).

이러한 두 가지 견해는 일본 정부가 점령기를 통해서 다른 노선 사이에서 흔들리고 있었던 것을 반영하고 있다. 그러나 최종적으로 이케다 하야토(池田勇人) 정권 무렵에는 수출 주도의 자유화와 국내에서의 쇠퇴 산업 보호가 병존하는 체제가 성립한다. 농업, 건설, 운수 유통 등의 정치화 된 분야에서는, 시장이 경쟁적이라면 실직하여 복지정책의 고객이 된 것 같은 사람들이 경쟁을 억제함으로써 생산 활동에 종사하는 걸 가능하게 하였다. 깊이 매몰된 '일본판' 자유주의, 즉 국제적 자유주의와 국내적 개입주의가 병존하게 된다(쿠메 1994).

고도 성장기의 인프라 정비

1960년대에는 협조적 노사관계와 농촌의 보수화 쌍방이 확립되어 간다. 패전 직후 시기에는 노동조합의 조직화와 노동자와 농민의 제휴가 발전하여 사회민주주의가 정착할 가능성이 있었다. 그러나 역코스로 인해 노동 운동의 억제, 사회당의 혁명 노선이라는 노선 선택의 실패, 닷지라인에 의한 인플레 수습과 고용 정리로 인해 그 가능성은 무너졌다. 농업 운동도 분열하고, 농업협동조합(농협)이 조직화되어 보수 세력에 편입되어 갔다(신카와 1993). 노동자들은 기업에 특화된 기능을 축적함으로써, 기업별 조합하에서도 임금의 상승을 얻게 되었다(쿠메 1998).

작은 정부의 경향은 1960년대를 통해서 유지된다. 이 시기에는 경제발전에 수반하여 공공서비스에 대한 수요가 높아지고, 일정한 정도의 대응이 이루어져 간다. 즉 정부가 확대되고 있었지만, 민간 경제의 발전 속도는 그 이상이었다. 경제가 성장해 가는 가운데, 세수입을 확보하면서 감세할 수 있었던 것이다. 자민당을 지지한 대중의 상당수는 전쟁의 체험으로부터도 정부의 팽창은 지지하지 않았다(오오타케 1996). 게다가 경제성장에 수반해 무역 자유화가 진행되어 감으로써 민간기업에 대한 정부의 개입은 점차 어려워져 갔다. 의료와 같은 영역에서도 민간 의료 기관을 중심으로 하여, 설비 투자를 보조하는 형태로 새로운 니즈에 대응해 나가는 형태가 취해졌다(소마에 2020).

이 시기에 정부 부문이 담당한 주된 역할은 인프라 정비이며, 고속도로를 건설하는 일본도로 공단, 철도를 건설하는 일본철도건설공단, 택지를 조성하는 일본주택공단, 농지를 개발하는 농지개발기계공단 등이 모두 1950년대부터 60년대에 걸쳐 설립되어 간다. 이 시기에 특별 회계(특정 재원), 5개년 계획, 공단이라고 하는 3점 세트가 성립하였다.

이러한 경향은 공무원 수의 증감에 잘 나타나고 있다. 국가 공무원 수는 1960년대 전반까지는 증대하여 거의 90만 명에 이르지만, 그다음은 2000년대에 들어올 때까지 거의 일관해서 지속적으로 억제된다(그림 14-1). 그 사이 노동력 인구는 계속 증가했으므로, 노동력 인구에서 차지하는 국가 공무원의 비율은 대략 1.7%를 정점으로 계속 내려가, 2000년대에는 1.2% 정도에 지나지 않게 되었다. 국가 공무원 수의 엄격한 억제와 그 결과로서 공무원이라는 존재가 노동자 가운데서 소수파인 건 전후 일본의 커다란 특징이 되었다(마에다 2014).

그림 14-1 ‣ 공무원 수 증감

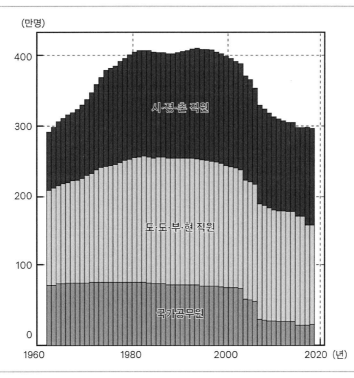

[출처] 인사원 「일반직의 국가 공무원의 임용 상황 조사」, 총무성 「지방공공단체 정원 관리 조사」로부터 필자 작성.

그레이존(gray zone) 조직의 확대

세출 규모의 확대와 국가 공무원 수의 억제의 갭을 메운 것은, 하나는 그림 14-1에 나타나고 있듯이 지방공무원 특히 시·정·촌 직원이었다. 1960년대부터 80년대까지 100만 명 이상 직원 수가 증가하고 있다(☞제10장).

또 하나는 정부의 외곽단체나 민간의 업계 단체라고 하는 그레이존 조직이었다. 구체적으로는 우선 특수법인을 들 수 있다. 특수법인이란 민간기업에서는 할 수 없는 사업을 수행하기 위해, 특별법에 의해 설치된 법인을 가리킨다. 공사, 공단, 영단, 사업단, 공고, 특수 은행이라고 하는 공공단체 형태 이외에 특수회사로 불리는 회사 형태의 것도 포함된다. 지방정부에서도 같은 외곽단체는 많고, 공공단체의 형태를 띠는 것으로서는 지방공사나 지방개발 사업단이 있다. 회사 형태를 취하는 것을 제3 섹터라고 부른다. 이들 중앙 및 지방정부가 어떤 출자관계를 가지며 공공성을 갖춘 사업을 실시하는 법인을 공기업이라고 부른다.

구체적인 예를 들면, 공사로서는 일본전신전화공사, 일본전매공사, 국철이 대표적인 예이다. 공단은 일본도로공단이나 신도쿄국제공항공단을 들 수 있다. 사업단에는 국제협력사업단이나 우주개발사업단이 있다. 영단에는 테이토고속도교통영단, 공고에는 국민 금융공고나 중소기업금융공고가 있었다. 이 밖에도 일본흥업은행이나 일본무역진흥회, 일본육영회 등도 특수법인에 포함된다. 특수회사에는 일본항공이나 고쿠사이전신전화(KDD)가 잘 알려져 있다.

요금제를 취할 수 있는 인프라 정비, 독점성이 높은 네트워크 사업, 리스크가 큰 금융 기능의 세 가지가 특수법인의 주된 기능이었다. 이것들은 전시기 통제 경제의 산물이라고 자리매김되는 게 많지만, 명칭이 연속하고 있어도 실질적인 연속성은 없고, 일부는 전후 개혁의 산물이며, 많게는 고도 경제성장기에 창설된 것이다(우오즈미 2009). 이것은 특수법인 수의 추이를 그린 그림 14-2로부터도 이해할 수 있을 것이다.

특수법인에 대한 자금 공급을 가능하게 한 구조가 재정 투·융자이다. 이것은 정부가 마치 은행과 같이 장기의 자금을 투·융자하는 것이다. 구조로서는 메이지 이래 존재하는 것이지만, 1951년에 대장성 자금운용부가 발족하고, 우체국 저금과 연금 자금을 씨드머니로 확보함으로써 급격하게 확대되어, 피크 때는 일반회계의 5할 정도 규모에 올랐다(신도 2006).

그림 14-2 ▸ 특수법인, 독립행정법인 수 추이

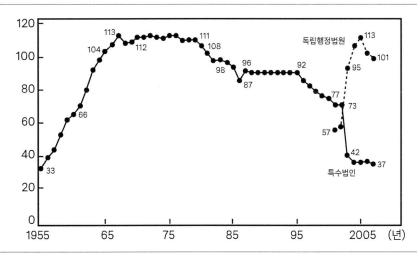

[출처] 우오즈미(2009: 3).

그레이존 조직으로서 행정 활동의 일단을 담당한 또 하나의 주체가 공익 법인이다. 공익 법인이란 민법 제34조의 규정에 근거하여, 관청이 설립을 허가한 공익에 관한 사단법인이나 재단법인이다. 일본경영자단체연맹이나 일본경제단체연합회(경단련), 경제동우회, 일본상공회의소라는 경제 단체 외에 일본민간방송연맹, 일본자동차연맹, 일본빵공업회와 같은 업계 단체, 일본 의사회와 같은 직업단체, 경찰협회나 철도홍제회 등의 상조 조직, 일본축구협회나 일본기원과 같은 문화·스포츠 단체 등이 예이다.

이러한 공익 법인은 다음과 같은 역할을 하고 있다. 첫째, 업계의 요망을 정리하여 정부와의 협의 창구가 된다. 행정으로부터의 지도나 정보 제공도 여기를 통해서 이루어진다. 둘째, 행정 활동의 일부를 분담한다. 시험의 실시나 기준의 설정 등을 하는 것이 대표적인 예이다. 예를 들어 사회보험노무사의 시험은 사회보험노무사센터, 전기공사사나 전기주임기술자의 시험은 전기기술자시험센터가 실시하고 있다. 이러한 그레이존 조직이 고도 경제성장기 이후 증대하는 행정 업무를 맡음으로써, 정부의 직원 수를 유지한 채로, 정부 세출을 증대시켜 행정이 관여하는 범위를 확장하였던 것이다. 무라마츠 미치오가 말하는 최대 동원 시스템의 성립이었다(무라마츠 1994).

국민건강보험·국민연금의 시작

정부·시장 관계에 관하여 자유주의적인 요시다 시게루에 대해 하토야마 이치로·이시바시 탄잔·기시 노부스케는 다른 지향을 보였다. 특히 기시는 사회보장 제도를 정비하여, 1961년에는 국민연금과 국민건강보험을 실시함으로써 국민연금·국민보험을 성립시켰다. 국민 전원을 같은 제도 아래에 통합하는 것이 아니라 기존 연금이나 보험에 편입되지 않은 사람들을 새로운 공적 연금·보험 제도를 통해 구제했던 것이다. 이 분립적인 구조는 전직을 불리하게 함으로써 안정적인 고용 관계를 기축으로 하는 일본형 고용 시스템을 보강하였다. 이렇게 하여 직역별로 '분리된 생활 보장'이 일본 복지의 특징으로 확립되어 나간다(미야모토 2008).

주거라는 생활의 기반에 관해서도 정부 부문이 직접 공급하는 건 없고, 사람들은 스스로 주거를 확보할 것이 요구되었다. 정부 부문은 택지조성이나 인프라 정비와 장기 고정금리의 자금을 대출하는 데 머물렀다. 사택의 제공에서 보이듯이, 주거도 또한 분리된 생활 보장의 일부였다(히라야마 2009; 스가와라 2018).

한편, 공공복지를 이유로 하여 개인의 권리에 제한을 가하는 것, 즉 널리 일반 시민의 이익을 증진하기 위해서 특정한 사람들의 권리를 규제하는 건 적었다. 특히 토지 보유자는 자민당의 지지 기반이었으므로, 농지의 전용 규제나 도시 지역의 용도지역 규제에서의 이용 제한은 완만한 데 머물렀다. 공공사업을 하는 경우 토지를 수용하는 건 예외적이며, 임의 매수가 9할 이상을 차지하였다. 정부의 강제성에 대한 혁신파의 거절반응과 토지 소유자의 이해를 우선하는 보수파의 연합을 앞에 두고, 행정이 강한 규제를 가하는 건 불가능하였다.

매스 미디어 이용과 정보 자원의 부족

공공서비스의 대상이 국민 생활의 다양한 부분에 미치게 되고, 신문에 더해 텔레비전이 보급되는 가운데, 매스 미디어를 통한 정보의 교환이 증가해 간다. 나라, 지방을 불문하고 관공서에서 신문 기사를 점검하는 것은 일상적인 풍경이다. 동시에 매스 미디어는 행정이 발신하는 정보의 주요한 매체도 된다. 정기적인 기자 회견을 통해서 행정은 다양한 정책 정보를 제공하고, 그걸 통해서 정책의 실현을 도모한다. NHK 뉴스는 다른 나라 뉴스에 비해, 관청을 다루는 빈도가 높고 국민 생활 전반에 대처하는 주체로서 행정 이미지의 형성에 기여해 왔다고도 한다(크라우스 2006).

한편, 행정이 직접적으로 국민의 정보를 장악하는 것이 점차 어렵게 되어 간다. 메이지 정부가 주민 파악으로부터 시작한 것처럼(☞제10장), 일본의 행정은 주민에 관한 정보 수집과 관리에 능숙하였지만, 공공서비스의 대상자가 확대되어 감으로써 점차 국민의 정보를 장악하는 데 곤란을 기억하게 된다. 사토 에이사쿠(佐藤栄作) 정권기에 각 성에 통일된 개인 코드, 이른바 국민번호제 도입이 검토되고, 그 후 몇 번이나 제안되었지만 좌절을 반복하였다.

2. 정부·민간 관계의 역사적 변화(2): 저성장에서 버블 시대까지

고도 경제성장의 종말과 정부 대응

1970년대에는 석유 위기, 닉슨·쇼크를 거쳐, 고도 경제성장은 종말을 맞이했다. 한편, 지방정치에서는 혁신 자치단체의 군생, 중앙 정치에서도 보수와 혁신 백중지세를 맞아, 자민당 정권은 집표를 위해 복지정책을 확충해 나간다(카르다 1989). 73년에는 연금에 물가 슬라이드제(물가에 상응한 지급액의 조정)가 도입되어, 고령자 의료비의 무료화도 개시된다. 공공사업이 경기 악화 시에 확대되는 경향도 강해져 갔다. 당연히 재정은 악화된다. 75년에는 적자국채가 발행되고(그 이전은 65년 보정예산만), 그 후에도 계속되었다. 이 결과 70년대를 경계로 정부 규모의 확대가 가속화되어 갔다(그림 13-2).

불황과 물가 상승이 동시에 진행되는 스태그플레이션(stagflation) 아래에서 쇠퇴 산업에 대한 소득을 보장한 것도 정부지출을 확대하였다. 쌀값은 1960년대에 농협과 족의원의 강한 영향을 받게 되어 70년대에도 큰 폭으로 인상되었다. 이것이 낳는 과잉 공급에 대해서는 생산조정, 이른바 감반을 실시한다. 장려금을 교부하면서 농협을 통해 행정지도를 통해 감반이 실시되었다(하시모토 1994). 금전 자원과 정보 자원을 이용하고 네트워크를 통한 정책을 시행하는 일본 행정의 특징이 여기서도 발견된다.

게다가 대규모의 경제위기에 대응하기 위해, 정부의 시장에 대한 개입을 강하게 하는 것도 시도된다. 다나카 가쿠에이(田中角栄) 총리의 의향도 있으며, 가격 및 수급 규제라고 하는 강한 개입 수단을 갖춘 국민생활안정긴급조치법이 1973년에 제정된다. 그러나 그 후 독점금지법이 개정되어 경쟁 촉진적인 방향도 발견할 수 있다. 이와 같이 규제의 본질을 둘러싸고, 70년대에 걸쳐 정책의 방향성은 계속 흔들린다(우치야마 1998). 정부의 적극적인 개입을 인정하고 국토 계획을 강력하게 수행하려고 하는 다나카에 대해, 요시다 이래 경군비 경제주의를 계승하면서 전원도시 구상을 내건 오히라 마사요시(大平正芳), 그 중간에서 정부의 시장개입에 긍정적이면서도 현실주의적이었던 후쿠다 다케오(福田赴夫)와 정부와 시장의 본질에 대해 생각을 달리하는 지도자들의 노선 대립을 반영하고도 있었다(시모무라 2011; 후쿠나가 2008).

춘계 임금협상 투쟁에서 노사 협조의 채용이나 무역마찰의 증대에 대한 '자주 규제'에 의한 대응 등, 이 시기에는 1930년대 이후의 민관 관계와는 다른 형태로 민관 및 노사 협조가 새롭게 성립하였다. 일본 기업은 불황기에도 해고에 의한 생산을 축소하지 않고 '과당경쟁'에 빠진다. 과잉된 생산물을 국내 판매 가격 이하로 수출에 돌리는 것이 무역마찰을 낳으면, 수출 '자주' 규제를 통해 대처하였다. 이러한 업계의 조정에는 통상산업성을 중심으로 형성된 네트워크가 기능했다(Reed 1993). 게다가 대규모 투자가 필요하게 되는 혁신적인 산업에 있어서 통상산업성은 공동 개발의 '깃발 흔들기' 역할을 맡았다(오키모토 1991).

일본의 행정과 보수주의적 복지레짐

정부의 인적 자원이 확대되지 않고, 정책 시행을 그레이존 조직에 맡겼기 때문에, 일본 정부는 곤궁자에게 직접적인 서비스를 급부하는 건 없었다. 일본 정부가 작은 정부였던 것은 일본이 사회민주주의형의 복지국가는 아니었던 것과 한 쌍을 이룬다.

일본형 복지 제도는 전형적인 남성 돈벌이의 주된 모델이었다. 성인 남성의 고용을 확보하고, 아내와 자식을 부양할 수 있는 임금을 줌으로써 정부에 의한 복지 서비스에 대한 부하를 줄였다. 고용 유지는 민간기업에 의해 담당되고 정부가 고용을 지탱할 건 없었다. 오히려 고도 경제성장기에는 중학·고교 졸업자가 '황금알'이라고 불린 것처럼 노동자는 부족한 기색이며, 공무원을 늘리지 않는 것은 희소한 인적 자원을 민간 부문으로부터 빼앗지 않는 효과가 있었다. 민간기업에서의 고용 확보는 1970년대의 불황기에도 인계되어, 노동자 측도 임금 조정을 받아들이면서 고용의 확보를 요구하였다.

정부의 역할은 기업의 도산을 막기 위한 경쟁 관리에 두어졌다. 업계 간의 울타리를 유지하며, 업계 내에서의 생산조정 등 하한선을 유지하는 역할을 정부가 담당하는 것이다. 경쟁 관리 이외의 면에서는 정부의 규제가 약한 게 많다. 고용 유지나 도산 방지를 중시하여, 규제를 강하게 가할 수 없는 것이다. 예를 들어 건설업계는 50만 이상의 업자가 600만 명 이상의 고용을 떠안고 있었지만, 영세업자가 살아남을 수 있었던 건 담합을 허용하고 있었기 때문이다. 정부는 공공사업에의 예산 배분이라는 금전 측면과 동시에 담합을 적발하지 않는다고 하는 권한 측면에서 운용을 조합함으로써 건설업계를 보호하였다. 쇠퇴 산업 종사자에게 고용 제공과 겸업농가의 소득 보장이라는 다면적인 기능을 '토건 국가'가 지탱했던 것이다(Woodall 1996).

같은 구도는 안전보장 정책이나 에너지 정책에서도 발견할 수 있다. 미군 기지의 입지를 통해 안전보장 비용을 크게 짊어지는 오키나와와 사고의 위험이라는 에너지 공급에 수반하는 비용을 떠맡은 원자력 발전 입지 지역에 금전 측면에서 급부를 제공하는 것은 정부 부문이 맡는다. 그러나 토지권리자와 교섭 등 귀찮은 분쟁이 발생하는 곳에서는 중앙 부처는 손을 뗀다. 그러한 시행 과정을 담당하는 건 현지의 지방정부나 전력회사였다(알도 리치 2012; 가미카와 2018).

제2차 임시행정조사회의 개혁

1980년대는 70년대의 움직임을 한 측면에서는 계승하고, 다른 측면에서는 수정한 시기가 된다. 석유 위기 이후의 불황으로부터 선진국 가운데서 재빨리 회복한 것, 또 신 중간층으로부터의 지지를 통해 보수 회귀의 경향이 나타나는 걸 배경으로 복지국가화의 움직임은 억제되었다. 일본형 복지가 주창되어 가족의 역할을 강조함으로써 재정 부담의 억제를 도모할 수 있었다. 이것들을 배경으로 행정개혁이 진전된다(오오타케 1994).

1980년 7월에 발족한 스즈키 젠코(鈴木善幸) 내각 아래, 행정관리청 장관이 된 나카소네 야스히로(中曾根康弘)는 케이단렌 회장인 도코우 토시오(土光敏夫)를 회장으로 맞이하고 임시행정조사회를 설치한다. 이 조사회는 60년대 임시행정조사회와의 대비에서 제2차 임시행정조사회라고 불린다. 증세 없는 재정재건을 내걸고, 81년부터 2년간 심의를 거쳐, 세 공사의 민영화, 규제 완화 등 신자유주의적 개혁을 제언하였다. 나카소네는 82년 11월에 스즈키의 뒤를 이어받아 총리로 취임하고 개혁을 추진해 나간다. 경제적 자유주의와 전통적 보수주의의 쌍방을 배경으로 하면서, 도코우를 비롯한 재계와 대장성 그리고 총리가 연동하는 형태로 업계, 족의원, 개별 관청이라는 정책 공동체에 대해 개혁을 시도하였다.

우선, 국제화의 진전과 흡연 인구 감소를 배경으로 공사 제도가 족쇄가 되고 있던 전매공사의 민영화에 착수한다. 그러나 담배 농가, 소매업자, 담배족의원의 저항을 앞두고, 전매공사 민영화 법안이 제출된 것은 1984년 8월이었다(니시무라 2010). 하물며 일본전신전화공사는 30만 명, 국철은 40만 명 직원을 거느리고 있는 대규모 조직이며, 그 개혁은 한층 더 곤란하였다. 그러나 이러한 거대 노동조합의 저항이 넓은 지지를 모을 리는 없었다. 70년대 후반의 불황이나 석유 위기에 대응하여 합리화를 진행하며, 노사 협조를 달성하고 있던 민간 노동조합은, 공사의 비생산성이나 일본 관공청 노동조합협의회의 정치적인 운동 방침에 거리를 두었다. 그리고 전투적인 국철의 노동조합이 해체됨으로써 노동계의 재편이 그 후에 계속 이어지게 된다(이이오 1993).

1984년 12월에는 일본전신전화공사 개혁 3법안이 가결되고, 다음 해 4월 일본전신전화 주식회사(NTT)가 탄생하였다. 주식은 순차대로 시장에 방출되고 참가 규제의 완화에 수반하여 탄생한 제2전신전화, 일본텔레콤 등과의 경쟁이 개시되었다. 기업 형태에 관해서는 5년 이내의 재검토가 부칙에 정해져 있었지만, 89년에는 다시 검토가 이루어져 최종적으로 97년 6월의 순수 지주회사의 금지 해제에 맞춰, 동서 두 개의 지역으로 분할되었다. 국철에 관해서는 분할 방식과 37조 엔에 달하는 채무의 정리 방법을 둘러싼 검토에 한층 더 시간을 필요로 하다가, 85년 7월에 6개의 지역으로 분할된 여객 회사와 하나의 화물 회사, 청산 사업단이라는 분할 형태가 겨우 정해져 87년 4월에 JR 새 회사가 발족하였다.

규제 완화의 완만한 진전

분야별로 보았을 때, 규제 완화의 필요성이 가장 일찍부터 발생한 건 금융 분야다. 1970년대 닉슨·쇼크에 의해 브레튼우즈 체제는 종말이 다가왔다. 변동 환율에 의한 레이트(교환 비율) 조정이 무역수지를 균형시킨다고 하는 메커니즘이 기대한 대로 작동하지 않는 가운데, 미국에서 금융시장의 자유화를 요구한다. 자유화에 선행하는 영미의 금융업에 대항하기 위해서도, 경쟁 억제적인 호송선단 방식으로부터의 전환이 과제가 되었다. 이러한 가운데, 79년의 외환관리법 개정으로 국제적 자본 이동에 관한 제약은 거의 철폐되었다. 그러나 국내 예금금리 규제에 관해서는 85년부터 94년에 걸쳐 천천히 밖에 자유화는 진행되지 않았다. 증권 회사의 반대도 있고, 은행, 증권, 신탁의 세 업태의 자회사를 통한 상호 연결 운영의 개시도 93년 4월까지 늦어졌다.

기업이 간접 금융을 떠나 자기 자금 조달을 진행하는 한편, 가계는 비싼 저축률을 유지하고 있어, 은행은 대출처를 찾아내는 데 곤란을 느끼고 있었다. 재정재건 노선이 취해졌으므로, 국채가 그 자금을 흡수할 곳이 없고, 증권이나 신탁도 담당하는 유니버설·뱅크에 이행도 막혔다. 거기서 융자는 부동산으로 흘러갔다. 엔고 불황을 염려한 재정 출동으로, 자산 인플레를 놓친 일본은행의 금리 인상 지연이 수반되며 경기는 과열되었다(가미카와 2005). 그 버블이 붕괴하고 지가가 하락함으로써 은행에 남겨진 것은 대량의 불량 채권이었다.

토지 투기의 배경에는 토지 개발의 규제 완화도 있었다. 재정 규모의 축소를 도모할 수 있는 가운데, 공공사업의 발주 주체라는 역할로부터 전환을 모색하던 건설성은 1983년경부터 규제 완화에 임한다. '민간 활력'이라고 칭하며 민간기업의 기획이나 자금을 공공 부문이 담당하고 있던 도시 개발 등에 투입하려는 움직임이 진행되었다. 농림수산성 등도 이와 같이 리조트 법을 1987년에 제정하여 농촌부에서 리조트 개발을 촉진하였다.

그 밖에 예를 들어 항공수송의 분야에서도, 미국을 모방하여 경쟁 촉진을 위한 규제 완화가 모색되었다. 그러나 시장의 제도를 설계하는 전문가가 부족하고, 국내 기존업자의 이해 조정의 산물로서 점진적인 규제 완화로 끝났다. 1987년 11월에 일본항공이 완전히 민영화되고, 전일본항공 등의 국제선 취항도 시작된다. 국내선의 더블 트래킹(동일 노선으로 복수사가 취항하는 것)도 단계적으로 인정되었다. 그러나 신규 참가 규제의 완화는 늦어져, 실제로 신규 참가가 실현된 것은 98년이었다. 수급 조정 규제의 철폐, 요금의 신고제로의 변경은 2000년 2월의 항공법 개정으로 간신히 성립하였다(아키요시 2007).

일본형 복지레짐의 완성

제2차 임시행정조사회의 목표의 하나는 증세 없는 재정재건이었다. 바꿔 말하면 간접세 도입을 늦추면서 세출 억제에 노력하는 것이었다. 세출 억제의 수단으로 이용된 것은 복지정책의 재검토이며, 정부의 세출에 의지하지 않는 일본형 복지 제도를 완성하는 것이었다. 예를 들어 1982년에는 노인보건법을 성립시킴으로써 제도 간의 재정 조정을 도입하고 동시에 자기 부담을 부활시켰다. 이 방향성은 적어도 80년대 전반에는 일정한 효과를 올렸다. 그림 13-1에서 보듯, 이 시기에는 정부 세출의 확대는 억제되고 있다. 그러나 80년대 후반 버블 경기를 맞으면서 세출 억제의 기운은 희미해지고 정부 세출은 다시 확대되기 시작하였다.

이런 가운데 1980년대 전반은 일반 간접세의 도입을 동결하지 않을 수 없었다. 88년 12월, 소비세법이 겨우 성립하여 89년 4월부터 시행되었다. 60년대 후반부터 70년대 전반에 도입이 진행된 유럽 국가들보다 뒤늦게 동떨어져 도입되었다(가토 1997; 2003). 호황기에도 불구하고 복지 재원의 확충에 발을 디디지 못하고, 작은 정부가 강조됨으로써 고령사회를 맞이하기도 전에 사회 보장 제도를 충분히 정돈하는 게 어려워졌다.

일본형 복지 제도로서는 남성 돈벌이 주모델의 완성을 목표로 하였다. 1984년에 배우자 공제의 한도액이 상향되고, 이듬해에는 배우자 특별 공제가 신설된다. 86년 연금법의 개정으로 국민연금의 제3호 피보험자 제도가 도입되어, 그때까지 임의 가입이었던 전업주부에게 노령연금을 보장하는 구조가 도입되었다. 그 반대로 가족 형성이나 육아에 관한 공적 지원은 낮은 수준에 머물렀다.

공사의 민영화로 인해 전투적인 좌파 노동조합의 세력은 크게 꺾였다. 이 결과 노동 세력의 통합이 진행된다. 1987년에 민간 노동조합이 통일되고, 89년에 일본 관공청 노동조합협의회도 추가되는 일본노동조합총연합회(연합)에 최종적으로 통합된다. 그러나 통합에 의한 세력 확대와 동시에 다른 이해를 내포하게 됨으로써 연합은 90년대의 규제 완화 움직임에 즉시 대응할 수 없었다(쿠메 2005). 행정개혁을 기치로 내거는 와중에 공적 복지의 확충은 달성되지 않았고, 기업 내 복지가 주어지는 층과 그 이외 층과의 괴리라는 이원론(이중구조)의 성격이 강해진다(신카와 1993). 이 귀결은 2000년대가 되면 '격차'로 표면화하게 된다.

3. 정부·민간 관계의 역사적 변화(3): 헤이세이 30년간

하시모토 행정개혁과 독립 행정법인

길어지는 경제 불황 아래, 정계 재편을 반복하는 불안정한 정권 운영이 1990년대의 기조가 되었다. 그러한 가운데 정부의 규모나 역할에 관해서도 정치적 견해는 사라져 간다. 종래형의 공공사업을 통한 경기 자극책을 실시해도, 기대한 대로 경기가 회복하지 않고 재정 악화를 부르는 상황하에서 새로운 경기 자극인가 재정재건인가를 둘러싸고, 정권의 방향성은 계속 흔들렸다. 하시모토 류타로(橋本龍太郎) 총리가 소비세를 5%로 끌어올려 경기 악화를 초래하고, 이어지는 오부치 케이조(小淵恵三) 총리는 '세계의 빚왕'으로서 대규모 재정을 출동하는 진폭을 보였다. 그러나 기조로서는 경기 자극책이 취해진 결과, 급속히 진행되는 고령사회의 도래와 맞물려, 90년대 일본은 정부의 크기를 확대하여 간다. 그럼에도 불구하고 정부 규모의 확대는 사회보장의 보편화에로는 향하지 않고, 격차의 확대와 사람들의 안심감 상실을 초래하였다.

이러한 가운데 진행된 하시모토 6대 개혁은 지금까지의 행정개혁과는 달리, 정부 규모의 변혁뿐만 아니라 통치 기구의 개혁에 출발하였다. 정치와 행정의 관계에 대한 재검토의 시점에 더해 NPM(신공공관리)의 시점을 도입하는 것도 시도되었다. 다만 도입에 즈음해서는, 일본의 사정에 맞춘 수정이 더해졌다. 영국의 에이전시에서는 기획 부문과 시행 부문을 떼어내, 계약화, 경쟁 원리의 도입이 중시된다. 이에 대해 일본에서는 이미 시행의 대부분을 외부에 맡기고 있어, 새롭게 법인화할 수 있는 부분은 적음에도 불구하고, 공무원의 감축을 위해 독립 행정법인이 도입되었다. 이 때문에 독립 행정법인은 폭넓은 조직 형태를 허용하는 것이 되고, 그 성격은 애매해졌다. 직원을 국가 공무원으로 하는 특정 독립 행정법인과 국가 공무원으로 하지 않는 비특정 독립 행정법인의 양쪽이 설치되어 있는 건 그 일례이다(다나카 · 오카다 편 2000).

1999년 7월에 독립 행정법인 통칙법이 제정되어 정부가 직접 실시할 필요는 없지만, 민간 부문에서는 실시하기 곤란하거나 독점 주체에 의한 실시가 바람직한 경우, 독립 행정법인을 설치하는 것으로 하였다. 조직 관리의 원칙은 사전의 중기 계획의 책정, 중간 단계에서 재량의 부여, 사후적인 제3자 평가이다. 실제 개시는 2001년 4월이 되며 9부 · 성의 57 법인이 설립되었다. 예를 들어 국립공문서관, 경제산업연구소, 대학입시센터, 청년의 집 등이다. 이와 같이 처음에는 연구, 교육, 문화 시설이 많고, 특정형이 52 법인이었다. 그 후 서서히 수를 늘려, 2005년에는 113 법인을 헤아리기에 이르렀다. 그래서 2007년에는 정리 및 합리화 계획이 책정되어, 08년에는 총리 관저에 의한 통제가 강화되었다(니시야마 2019).

2014년에는 조직 형태에 개혁이 추가되었다. 독립 행정법인의 성격에 맞추어 중기목표관리법인, 연구개발법인, 단년도관리형행정집행법인이라는 세 가지로 크게 분류하고, 각각의 조직 목표에 상응하는 조직 거버넌스와 평가 제도를 도입하는 것으로 하였다. 그 후 개개의 법인의 개혁이나 정리를 진행하여, 현재는 87 법인, 그 가운데 중기목표관리법인이 53, 연구개발법인이 27이 되어 있다(2022년 3월 시점). 남는 7이 공무원 신분을 가지는 임직원이 있는 행정집행법인이며, 발족 당시로부터 크게 줄어들었다. 한편 연구개발법인은 제2차 아베 정권에서 과학기술이노베이션(innovation) 종합전략(2013년)에도 자리매김되고 있으며, 16년 특정국립연구개발법인 제도에도 보이듯, 종합 과학기술·이노베이션(innovation) 회의의 관여를 강하게 받게 되어 있다.

특수법인 개혁과 고이즈미 정권의 민영화

같은 무렵 특수법인이 그 비효율성이나 낙하산 인사처로서의 비판을 받고 개혁되었다. 2001년 6월에 특수법인 등 개혁 기본법이 성립하고, 동년 12월에 163의 특수법인 및 인가법인에 관한 정리 및 합리화 계획을 내각회의에서 결정하였다. 그 후 통합이나 조직 형태의 전환이 진행되었다. 특히 2003년 이후는 특수법인의 독립행정법인에의 이행이 많으며, 03년 10월에 설립된 국제협력기구(JICA), 04년 7월의 도시재생기구 등이 그 예이다. 동시에 자금 공급의 기능을 수행해 온 재정투융자의 개혁도 행해졌다. 자금운용부는 폐지되고, 우체국 저금이나 연금의 자금이 자동으로 흘러들어가는 구조도 사라졌다. 재정투융자채라는 형태로, 시장으로부터 자금을 조달하는 형태로 전환할 수 있었다.

그 가운데서도 최대의 개혁은 고이즈미 정권기에서의 일본도로공단과 우정공사의 민영화였다. 규모의 크기와 정치가의 이해와 깊은 관계로부터 개혁은 곤란하다고 생각되고 있던 공단·공사의 민영화를 실현하였다. 다만 두 개의 개혁에 대한 고이즈미 총리의 대처 방법은 크게 차이가 났다.

일본도로공단의 민영화에 관해서는 원래 고이즈미의 관심은 높지 않았다. 그러나 일본도로공단은 패밀리 기업도 포함하면 6만 명을 거느리는 대규모 조직이며, 그것으로부터 특수법인 개혁의 흐름 안에서 의제에 올라왔다. 2002년 6월에 도로관계4공단 민영화추진위원회 설치법이 제정되고, 같은 달에는 추진위원회가 발족하였다. 동시에 이용도가 극히 낮은 농촌부 노선이 다루어짐으로써, 쓸데없는 공공사업의 대표라는 비판도 강해졌다. 두 개의 흐름이 합류했기 때문에, 조직 형태의 문제와 신규 건설의 문제가 혼합되어, 논의는 교착되었다.

고이즈미가 적극적으로 개혁의 방향성을 지시하지 않았던 것도 있어 최종적으로 일본도로공단민영화추진위원회는 분열되고, 최종 결말은 집권 여당의 손에 맡겨졌다. 2003년 12월 여당 합의에서는 통행료를 1할 내리면서, 상환 45년 연장과 건설 비용 저하를 조합하여, 직할 방식도 넣음으로써, 이미 노선이 지정되어 있던 9,324km 모두 건설하는 것과 상하분리(소유권과 운영권 분할) 할 것이 결정되었다. 이 안을 원안으로 하여 고속도로주식회사법 등 관계 4법안이 04년 6월에 성립하였다(무토 2008).

우정 사업에 관해서는 우선 하시모토 행정개혁의 중간보고에서 우정민영화가 포함되었다. 우편 업무에 더해 우체국 저금, 간이보험을 소관한다. 즉 물류업, 은행업, 보험업을 일체로 운영하며, 350조 엔이나 되는 자금을 보유하고 있는 것, 그것이 재정투융자의 씨드머니로 하여 특수법인을 금전적으로 지탱하고 있었던 것이 문제시되었다. 그러나 최종적으로는 공무원 신분을 유지한 공사 형식으로의 운영으로 바꾼다고 하는 변혁에 머물러, 개혁에 대한 저항의 힘을 나타내는 결과가 되었다. 부처 재편에서는 우정성은 총무성 안의 일국 및 우정사업청이 되고, 2003년 4월에는 직원수 28만 명을 거느린 일본우정공사로 전환하였다.

고이즈미는 원래 우정 민영화를 주장하고 있으며, 이것을 행정개혁의 핵심이라고 평가하였다. 2003년 9월에는 다케나카 헤이조(竹中平蔵) 경제재정정책 담당상이 검토를 시작하여, 1년 후에는 기본방침을 내각회의에서 결정하였다. 내각 개조로 다케나카는 우정 민영화 담당상을 겸하게 된다. 법안에서는 주주 회사, 창구 회사, 세 개의 사업회사, 우체국 저금과 간이보험을 승계하는 독립 행정법인의 관리기구라는 여섯 개의 조직으로 분할, 우편 사업에 관해서는 유니버설·서비스 유지, 저금과 보험 회사의 완전 민영화, 즉 17년 9월까지 모든 주식을 매각하는 것을 포함하였다. 그러나 야당 민주당에 더해 여당 의원의 반발도 강해, 05년 8월 참의원에서의 부결을 거쳐 중의원의 해산 총선거를 하였다. 그 선거를 자민당이 압승하며, 동년 10월에 관련 법안이 성립하였다(다케나카 2006).

그 후 민주당 정권에서는 우정 민영화에 반대해 온 국민신당이 연립 여당이었던 것도 있어, 다시 검토하게 된다. 2010년 4월에는 우정 개혁 관련 3법안이 제출되어 폐안으로 끝났지만, 12년 4월 창구 회사와 우편 사업회사를 합병하여, 금융 2사의 완전 민영화를 위해 노력할 것을 목표로 전환하는 우정 민영화 재검토 법안이 성립하였다.

금전 자원에의 쏠림: 민관 펀드의 사례

이와 같이 우여곡절은 있으면서도 특수법인 개혁을 진행한 결과, 특수법인은 현재는 33 법인만 되어 있다. 게다가 그 대부분은 일본전신전화주식회사, 일본우정주식회사, 6개의 지역별 고속도로주식회사 등 민영화 개혁의 결과 탄생한 것이다. 이와 같이 정부에 의한 정책 시행으로부터의 철퇴가 2000년대에는 한층 진행되었다. 그림 14-1이 나타내 보이듯, 00년대의 공무원 수의 감소는 격렬한 것이었다. 04년에 국립대학이 국립대학 법인으로 이행하는 데 수반하여 교직원 약 13만 명이, 07년 10월에는 우정 민영화가 시행됨으로써 직원 약 28만 명이 국가 공무원으로부터 분리되었다.

인적 자원이 삭감되는 한편, 금전 자원은 유지되어 양자의 차이는 벌어져 간다. 그림 14-3에서는 국가 공무원의 노동자 인구에서 차지하는 비율과 중앙정부의 세출(일반회계와 특별회계의 순계)이 실질 GDP에서 차지하는 비율을 나타냈다. 국가 공무원 비율이 2000년대에는 1%를 깨어지게 되는 데 대해, 세출 비율은 00년대 전반에 상승한 뒤 07년에 저하했지만, 그 후에 다시 증가하여, 2000년 초와 같은 40% 이상을 유지하고 있다.

그림 14-3 ▸ 인적 자원과 금전 자원에서 본 정부·민간 관계

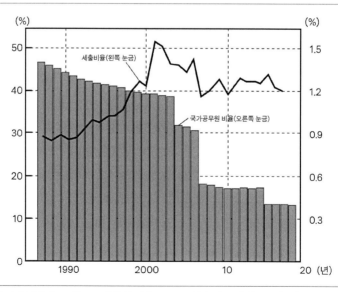

[출처] 공무원 수에 관해서는 그림 14-1과 동일. 세출, GDP, 노동력 인구는 「일본 통계연감」을 활용하여 필자 작성.

따라서 그레이존 조직의 개혁 이후도 형태를 바꿔, 금전은 중앙 부처로부터 계속 흐르고 있다. 대표적인 예는 민관 펀드이다. 정부와 민간기업의 공동출자에 의한 주식회사 등을 설립하고 투자한다. 2021년 3월 말에 정부로부터 1조 5,956억 엔의 출자, 5조 5,213억 엔의 정부 보증이 이루어지고 있다. 지금까지 1,341건, 4조 엔 남짓의 지원을 하고, 이에 유발된 민간투자는 10조 엔을 넘는다고 한다. 산업혁신투자기구나 일본정책투자은행 외에, 특히 증가한 것은 제2차 아베 정권기이며, 중소기업기반정비기구, 해외수요개척지원기구(이른바 쿨재팬펀드) 등 경제산업성 소관의 것이 많다. 현재는 문부과학성의 과학기술진흥기구, 농림수산성의 농림어업성장산업화지원기구 등 13개의 펀드가 존재하고 있다(2021년 3월 시점). 일반회계로부터의 출자도 있지만 대부분은 재정투융자에 의존하고 있다.

민간에서는 할 수 없는 투자를 한다고 하는 목적으로부터 하면, 단기적인 투자 성과가 오르지 않는 것 등을 비판해서는 안 될 것이다. 그러나 투자 안건의 불투명성은 안이한 관제 사업이나 특정 기업과 유착의 온상이 될 수도 있다(마스다 2020). 국민의 부담을 씨드머니로 하는 자금이라는 것으로부터도 투명성의 확보는 빠뜨릴 수 없는 것이다.

PFI와 지정 관리자 제도

2000년대에는 독립 행정법인과 민영화 이외에도 행정과 민간의 새로운 협동이 진행된다. PFI와 지정 관리자 제도이다. 1999년 7월에는 이른바 PFI법(민간 자금 등의 활용에 의한 공공시설 등 정비 등 촉진에 관한 법률)이 제정되었다. 이것은 나라와 지방을 불문하고 도로, 철도, 공항, 공원, 수도라고 하는 공공시설이나 청사나 숙소, 폐기물 처리 시설, 의료 시설, 관광 시설 등의 건설과 유지 관리에 관해서, 가능한 한 민간사업자에 위탁할 것을 요구하는 것이다. 게다가 2011년의 법 개정으로 운영권을 민간사업자로 설정하는, 이른바 콘세션 방식을 취할 수 있게 되었다. 소유권과 운영권을 분리함으로써 정부 부문 측은 재정 부담 없이 공공서비스를 제공할 수 있고, 민간사업자 측은 운영권을 담보로 하여 자금을 조달하고, 자유도가 높은 운영을 할 수 있게 된다. 2020년 3월까지 누계 818의 사업을 추진하고 있으며, 그 가운데 콘세션 방식은 35건이다. 국가사업은 약 1할의 86건이며, 대부분은 지방정부에 의한 사업이다.

PFI 사업은 공부하기에 따라 새로운 공공서비스를 제공할 가능성이 확대된다. 건

설비를 포함하여 20년간의 사업비를 평균화함으로써 매년 일정한 금액을 지불하고 신설 형무소를 만들어 민간사업자의 손으로 다양한 직업훈련을 가능하게 한 건 그 예이다(니시다 2012). 다른 예로서는 이와테현 시와쵸가 추진하는 오갈프로젝트(오갈은 성장을 의미하는 시와지방의 방언-역주)라 불리는 마을 만들기 사업을 들 수 있다. 콘세션 방식으로 수익 시설을 병설한 도서관이나 청사를 건설함으로써, 사람들이 모이는 공부를 유도하고 유지 관리 비용을 억제한 시설을 건설하는 데 성공하고 있다(이노타니 2016).

민간 위탁에 관해서도 2003년 9월의 지방자치법 개정으로 지정 관리자 제도가 도입되었다. 이로 인해 지방정부가 보유하는 시설의 위탁처는 그때까지 자치단체 출자가 50%를 넘는 외곽단체로 제한되어 있었지만, 민간기업이나 NPO 법인 등 각종 단체로 확대되었다. 현재는 7만 6,000 이상의 시설에서 사회복지법인이나 자치회, 주식회사 등에 대해 관리가 위탁되고 있다. 민간기업이나 NPO에 의한 관리는 4할 정도에 이른다. 대상이 되는 것은 스포츠·레크레이션 시설, 공원이나 주차장, 도서관이나 박물관 등 문화교육 시설, 병원, 보육원, 아동 클럽 등의 사회복지 시설 등이다.

지정 관리자 제도는 상당수가 직원을 감축하는 자치단체의 대응책으로 도입되고 있지만, 그 안에는 공공서비스의 내용을 바꾸는 데 관련되는 것도 있다. 사가현 다케오시 등에 도입된 이른바 츠타야도서관은 도서관 시설이나 장서에 관해 종래와는 다른 형태로 되어 있고, 찬반양론을 불러일으켰다. 또한 시설 허가 등은 공권력의 행사이며, 예를 들어 미술관에 관한 이용 허가는 표현의 자유와도 관련된다. 이것을 행정의 손으로부터 분리하는 일도 또한 시시비비가 갈린다.

정부 조달 개혁

정부 조달에 관한 개혁도 진행된다. 정부 조달, 즉 정부 부문에 의한 재화나 서비스의 구입에 관해서는, 그 범위와 사업자 선택의 방법이 핵심이 된다. 정부 조달의 범위를 확대하기 위한 개혁이 시장화 테스트의 도입이다. 2006년 6월에 성립한 공공서비스 개혁법에 따라, 원칙적으로 모든 공공서비스에 관하여 그 존폐 여부, 민영화 여부를 검토한 다음, 남은 것에 관하여 민관 경쟁입찰을 실시하게 되었다. 매년도마다 내각부가 중심이 되어 대상 사업을 선정하고, 민관 경쟁입찰 등 감리위원회 심의를 거쳐 실시되고 있다. 정부가 낙찰하는 걸 부정은 하고 있지 않고, 테스트를 통해 정부 부문에서 정책 실시를 효율화할 것으로 기대되고 있다. 21년 7월까지 410개 사업이 테스트 대상이 되어, 국민연금의 보험료 수납, 등기소에서 증명서 교부, 형사 시설의 운영 업무 등에서 민간 업자가 참여하고 있다.

사업자 선택 방법에 관해서는 주로 공공사업에서 입찰 방식으로 관심이 집중되어 왔다. 1990년대에는 일반경쟁 입찰이 원칙으로 여겨지고 있었지만, 담합이 문제가 되면서 더욱 투명성이 높은 입찰 절차가 2001년의 적정화법으로 도입되었다. 그러나 덤핑 문제에는 대응할 수 없으므로 품질을 확보하기 위한 종합평가방식이 05년 공공공사의 품질 확보 촉진에 관한 법률로 도입되었다.

정보의 비대칭성을 전제로 하여 적절한 사업자를 선출하려면, 질을 유지하면서 가격을 내리도록 평가방식을 연구하면서 동시에 투명성을 높이는 게 필요하다. 또한 공공 조달이란 토목 사업만이 대상이 아니라 서비스의 구입도 포함한다. 세계적으로는 이것들을 포괄적으로 대상으로 하여 제도화가 진행되고, 또한 정부 조달도 공공정책의 일종으로서 그것을 통한 기술 혁신의 촉진 등도 중시되고 있다. 그러나 일본에서는 이것들은 회계법 및 지방 자치법으로 규정된 채로 있어, 공공정책으로서 명확한 위치설정이 실현되지 않고 있다.

규제 개혁의 진전

앞 절에서 본 것처럼 1980년대에는 개혁은 그다지 진전을 보이지 않았다. 이에 대해 90년대 후반 이후, 규제 개혁이 지속적으로 진행되었다. 유통, 운수, 에너지, 정보 통신과 같은 분야에서 재계나 무역 상대국으로부터 압력을 받으며 완화가 진행되었다. 버스 사업, 전력 자유화(95년부터 발전 사업 참여 가능), 주류 판매업 면허, 주류 제조 면허(맥주의 최저 제조량), 통신사업, 농업에의 주식회사 참가, 우편 사업의 민간 개방, 건축 기준 검사의 민간 개방 등이 그 예이다.

예를 들어 택시에 관해서는 가입, 대수, 임금에 관하여 모두 규제가 걸려 있었지만, 97년에 임금 규제가, 2002년에 가입, 대수의 규제가 완화되었다. 또한 노동 규제 분야에서는 노동자파견법이 완화되어 1999년에 포지티브·리스트에서 네거티브·리스트로 변경되었다. 심의회에서의 노사 합의를 기반으로 한 조정형 입법 프로세스가 포기되었기 때문이다(미우라 2002). 도시계획 분야에서도 고이즈미 정권은 도시재생특별조치법을 만들고 지구(地區)를 지정한 다음 대규모 재개발 사업을 용이하게 시행할 수 있도록 하였다. 도쿄도심부·임해부를 중심으로 고층빌딩군이 나란히 서있는 모습은 이 정책의 산물이다.

이런 개혁의 결과, 규제를 통해 업계의 장벽을 쌓아 올려 경쟁 억제적인 관리를 시행한다고 하는 선택사항은 사라졌다. 유통, 서비스면 등의 고비용을 싫어하는 제조업이 해외로 거점을 옮겨 가는 가운데, 이 선택지는 유지되지 않게 되었다. 국제 경쟁의 격화 가운데, 사후 체크형으로 전환한 점에서는 금융도 마찬가지이다. 앞 절에서 본 것처럼, 1980년대에도 금융 자유화는 완만하게 진행되고 있었지만, 개혁은 불충분하다고 생각되었다. 버블경제가 붕괴한 후 불량채권 문제가 종래의 호송선단 방식에 대한 비판을 낳고 있던 것도 있으며, 금융·빅뱅(대규모 금융제도 개혁)이 요구되었다. 대장성 내부에서도 대장성에 대한 여론의 강한 비판으로부터 조직을 존속하기 위해서는 개혁 추진이 필요하다는 판단이 강해진다. 참가 규제나 상품 규제의 철폐, 수수료 자유화, 정보 개시에 관한 제도 도입, 국제 표준의 회계 제도 도입 등이 시행되었다(도야 2003). 대장성으로부터 분리된 금융청은 변호사, 회계사, 정보기술직 등 외부 인재를 대량으로 활용하면서, 창설 초기에는 엄격한 규제를, 그 다음에는 규제 기준의 투명화와 업계와의 공유화를 추진하였다.

재규제와 강력한 규제

한편, 모든 면에서 규제가 감소하고 있는 건 아니다. 환경에 관한 규제(예를 들어 용기 리사이클법)나, 소비자 보호에 관한 규제(예를 들어 제조물 책임법: PL법) 등, 지금까지의 생산자에 대한 규제와는 다른 측면에서 정부의 개입은 오히려 강화되고 있는 면도 있다. 규제를 완화해도 그 이후 시장에서 기대된 것 같은 경쟁이 생기지 않는 경우는 재규제가 필요해진다(후카야 2012). 시장 구조에 상응한 규제의 본질을 갖출 필요성으로부터 규제 완화가 아니라 규제 개혁이라고 칭하는 것이 늘어나고 있다.

게다가 이러한 개혁에도 불구하고 여전히 많은 규제가 남아 있다. 예를 들어 후생노동성이 이용사와 미용사의 혼재를 인정하지 않는 배경에는 컷전문점에 대한 기존 업자의 저항이 있다. 복지나 교육 분야에서 참여의 규제도 뿌리가 깊다. 간병보험은 재택 서비스에서는 주식회사나 NPO의 참여를 인정하고 있지만, 시설 서비스에는 신규참여에 강한 규제가 걸려 있어 사회복지법인, 의료법인, 지방정부로 제한되어 있다. 전국노인복지시설협의회, 전국노인보건시설협회 등은 강한 정치적 영향력을 통해 시설을 건설하는 데 고액의 보조금을 받고 있다. 탁아소도 마찬가지며 잠재적인 대기

아동은 수십만 명에 달한다고 하면서, 주식회사의 참가를 실질적으로 금지하고, 기존 사회복지법인에 공급을 맡기고 있다(스즈키 2010).

규제 개혁의 시도를 거절하는 규제를 '암반규제'라고 부른다. 2000년대부터 지금의 규제개혁추진회의까지 지속적으로 개혁을 제안하고 담당 장관도 배치되어 있다. 그런데도 남아 있는 규제는 교육, 보육, 의료, 운수, 통신, 방송, 관광, 외국인 노동자의 배제 등 많다.

그래서 제2차 아베 정권에서는 국가전략특별구역 이른바 특구에 의한 개혁을 시도하였다. 총리도 참여하는 국가전략특별구역회의를 경제재정자문회의 등과 같은 중요 정책에 관한 회의로 내각부에 설치하고, 특구 지정을 통해 암반의 일부부터 무너뜨리는 것을 시도하였다. 가사 대행업의 외국인 노동자 이용이나, 의학부, 수의학부 신설, 공원 내 보육소 설치나 특구 민박 등의 예가 있다. 지방 창생과 연결하여 다면적으로 개혁이 이루어지고, 특히 지방정부의 정치 구조로부터 유지되고 있는 보육 등의 규제 개혁에 효과를 올리고 있다(스즈키 2018). 한편 일본 경제 전체를 전망한 개혁이 제대로 추진되고 있는가 하는 문제도 남는다.

복지레짐의 변화와 행정

1990년대 불황은 지금까지의 일본형 복지레짐의 전제를 무너뜨렸다. 고용의 유지가 결국 파탄한 것이다. 고용 유지를 전제로 해서 세이프티 넷(안전망)을 쳐 오지 않았기 때문에, 고용의 상실로 단번에 사회적으로 배제되는 사람들이 증가하였다(이와타 2008). 이에 더해 저출산, 고령화는 급속히 연금과 의료 재정을 악화시켰다. 그러나 90년대 대응은 다양한 대책의 오합지졸로 인한 미봉책에 그쳐 그 방향성을 잃었다. 공공사업은 고용 정책의 색깔을 진하게 띠면서 확대되어 재정 악화의 한 요인이 되었다. 호소카와 모리히로(細川護熙) 정권에서 국민복지세의 구상이 좌절된 후, 2010년대의 조세와 사회 보장의 종합개혁에 이르기까지 복지 재원 전체에 관한 재검토는 이루어지지 않았다.

한 가지 명확한 것은 공무원의 고용을 확대하여 고용을 흡수하는 사회민주주의형 복지국가의 부정이다. 2000년대에 들어와 공무원의 감축은 한층 더 진행되었다. 실업률이 높아지는 가운데, 공무원의 고용을 확대하는 선택사항은 검토의 도마 위에도 오르지 않았다.

국민연금에 관해서는 제1호 피보험자의 4할 이상이 전액 면제·유예가 되지만, 남은 가운데 미납율은 30%(2019), 국민건강보험의 체납율은 19년도 약 14%인 걸 통해서도 알 수 있듯, 국민연금, 국민건강보험은 크게 파탄되고 있다. 후생연금의 가입자가 1990년대 후반부터 10년간에 약 150만 명이나 줄어드는 등, 기업은 복지 부담을 회피하는 경향이 강해지고 있다. 재정 악화를 앞두고 연금과 의료보험은 모두 급부 수준 억제와 자기 부담의 인상을 반복하였다. 같은 흐름으로 생활의 보호에서 자립의 지원을 강조하고 있다. 이러한 신자유주의적 개혁은 국민의 다양한 리스크에 대한 경각심을 높이게 되었다고 말할 수 있다.

분립적인 제도의 통합도 진행되지 않았다. 그래서 시민 간 연대감에 근거한 재분배를 시행하는 것도 곤란하다. 오히려 다른 제도 아래 있는 사람과의 사이에서 상호 불신이 높아지고 있다(미야모토 2008). 연금은 그 전형적인 예이다. 형식적인 국민기초연금을 실현했지만, 국민연금은 재정적으로 계속 취약해졌다. 그래서 이미 1985년에 기초연금 제도로 변경이 추가되었다. 각종 제도에 공통된 1층 부분이라고 부르며, 재정 조정의 틀을 도입한 것이다. 동시에 국고 부담의 비율을 높임으로써 세금 투입이 증가하였다. 그러나 공적 연금으로는 불충분하다고 생각하는 사람들의 인식은 강하다. 게다가 급부액의 차이와 재정 조정이 추가됨으로써 자신들이 손해를 본다고 하는 의식이 어느 집단에서도 발생하기 쉬운 상태가 되었다.

그렇다고는 하더라도 새로운 방향이 없는 건 아니다. 남녀공동참여 움직임이나 간병보험은 그 예이다. 남녀공동참여는 1995년 사회보장제도심의회의 권고에서 명확하게 제언되고, 그 후 여러 방책이 시행되어 왔다. 남성 돈벌이 주모델을 바탕에 둔 일본형 복지 제도로부터 탈피한 일보(一步)를 보여주고 있다. 간병보험에 관해서는 소비세가 고령자 문제와 연결됨으로써 서비스 확충이 진행되어, 국민복지세의 구상이 좌절된 후 간병보험 제도로 전환할 수 있었다. 지금까지의 분립적인 제도와는 별도로 보편적인 제도를 도입했다는 점에서 일본형 복지레짐의 틀 밖으로 첫발을 내디딘 것이다.

정보 자원의 부족

ICT의 발달에 따른 정보사회화의 진전에 대해, 일본 행정의 대응은 진척되지 않았다. 우선, 개인 식별 번호를 통한 국민 관리제 도입에 실패하였다. 메이지 이래 호적을 통해서 국민을 파악해 오고 있으며, 그 후 사회보험, 연금, 운전 면허, 세무 등,

각각 번호 제도를 도입한 채로, 통합되지 않고 있다(나 2019). 개인 번호, 이른바 마이넘버 제도가 2016년부터 사용되게 되었지만, 사회 보장, 세, 재해 대책이라는 한정된 용도로 이용하는 데 머무르고 있다. 코로나19 바이러스 감염증 대응에서는 국민 전체를 대상으로 한 금전 급부나 백신 접종 등의 사업이 있었지만, 거기서도 서류를 기준으로 처리를 한 것은 일본 행정의 현상을 잘 나타내 보이는 것이었다.

또한, 그때까지 사람들의 자발적인 정보 제공에 의지해 온 것이, 사회경제의 변화에 따라 잘 기능하지 않게 된 것도 많다. 토지에 관한 정보 등은 전형적인 예다. 등기부, 고정 자산세 과세 대장, 농지 대장, 국토이용법에 근거한 매매 신고 등이 함께 존재하며, 정부는 전국의 모든 토지에 관하여 지도 정보와 권리 정보를 빠짐없이 파악하지 못하고 있다. 이것은 빈집 문제 등의 원인도 되고 있다(요시하라 2017).

디지털·변환(DX)으로 불리는 정보기술을 이용하는 데 따른 정부 부문의 본질 자체의 변화에는 꽤 멀다. 사람들이 편리성을 느껴 새로운 디지털화를 지지해 나가는 것, 행정 측에도 효율화는 가능해졌지만, 노동 시간이나 환경 개선과 같은 건 아직 찾아볼 수 없다. 정부가 정보를 모아 쉽게 이용할 수 있는 것에 대한 경계심이나 새로운 테크놀로지에 대응할 수 없는 사람들의 저항이 눈에 띈다.

4. 시민사회의 발전

시민의 행정 참여

중앙 부처에서 시민의 행정 참여에 관해서 1990년대까지 준비된 것은 적었다. 행정불복심사법이라는 사법 구제의 틀과 함께, 행정상담과나 상담소 그리고 행정 상담원으로 구성되는 행정 상담의 틀을 마련한 데 불과하였다. 이것이 90년대에는 제도적으로 정비되어 간다. 93년에는 행정절차법이 제정되었다. 재계와 함께 서구 국가들로부터도 규제의 복잡함이나 애매함에 대해서 비판이 강해지는 가운데, 총무청과 법학자가 중심이 되어 80년대 중반부터 제도를 설계한 것이다. 또한 99년에 정보공개법이 제정되어 시민이 행정에 관한 정보를 입수하기 쉬워졌다(이토 2002b).

시민의 행정 참여에 관해서는 지방정부의 대처가 앞서고 있다. 예를 들어 정보 공개에 관해서는 1982년 가나가와현을 시작으로 80년대에는 많은 도·도·부·현이 조례를 제정하였다. 또한 옴부즈맨에 관해서는 90년 가와사키시가 처음으로 설치하였으며, 심의회에서 시민 위원 공모 등도 지방정부에서는 2000년대 확산되었다. 그러나 중앙정부에서는 이것들은 도입되지 않았다. 한편 행정절차 정비에 관해서는 오히려 중앙정부가 앞섰다. 중앙정부에서 도입한 후에 지방정부에도 도입이 추진되었지만, 행정지도를 다용하고 있어 그것과의 관계를 조정하는 데 어려움이 있었다(이토 2002a).

제3섹터의 발흥

제3섹터는 1980년대까지 발전하지 않았다. 반상회·자치회가 뿌리 깊게 남아 있고, 그것을 통한 지역의 공공 문제 해결이나 행정 포섭형 정치·행정에 참여해 온 것이 그 배경에는 있다(벡카넨 2008). 공익법인의 허가제도에서 보듯, 영리 기업 이외의 결사 형태를 인정하지 않고, 공(公)에 관한 관(官)의 독점이라는 발상도 강했다.

1995년 발생한 한신·아와지(阪神·淡路) 대지진 때 다양한 형태의 협력 활동을 알게 된 것이 제3섹터의 중요성을 인식시키는 계기가 되었다. 98년 3월 특정 비영리활동 촉진법(NPO법)이 성립한다. 그 후 NPO는 급속히 수를 늘렸지만, 2017년도 5만 1867을 기록한 후 감소세로 변해, 21년 7월 시점에서는 5만 841이 되고 있다(그림 14-4). 또한 미국과 같이 세금 대신 NPO에 기부하는 걸 통해 제3섹터에 의한 공공 문제 해결을 시민이 지원하는 건 정착하지 않고 있다. 기부금 공제 등 세제상 우대 조치를 받으려면 별도로 인정받을 필요가 있다. 12년 4월 시행된 NPO 법 개정에서는 인증·인정을 일원화하고 지방정부가 담당하도록 한 것으로, 11년도 244개에서 증가했지만, 현재도 1209에 머물러 있다(2021년 12월 시점).

NPO법에 이어 영리 기업 이외 법인의 설립에 대해 공익 인정을 관청이 독점한다고 하는 생각도 변하여 공익 법인의 개혁으로 이어졌다. 행정개혁 대강(2000년 12월 각의 결정)에서 공익 법인에 관한 행정 관여에 대한 개혁을 내걸고 개혁이 추진되었다. 2006년 5월 법안이 가결되고 08년 12월 시행되었다. 공익 인정과 법인격을 하나로 합쳐 관청이 부여하고 있던 것을 개선하고, 법인격의 부여를 쉽게 할 수 있도록 한 다음 공익 인정 등 위원회가 공익을 인정한다. 공익 인정을 받을 경우, 공익 목적 사업은 비과세가 되고, 또 개인 기부금은 소득의 4할까지 거의 전액을 소득에서 공제할 수 있다. 기존의 공익 법인은 5년 이내의 이행이 요구되었다. 이행이 끝난 후는 약간의 증가에 머물러, 현재는 9,500여 개가 넘는다(그림 14-4).

그림 14-4 ▶ NPO 법인 및 공익 법인 수 추이

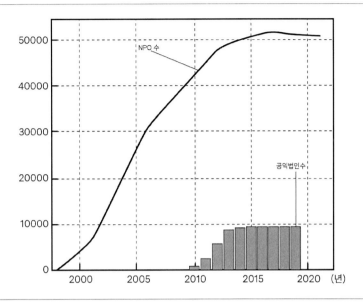

[출처] 내각부 웹 사이트의 데이터를 활용하여 필자 작성.

 민주당 정권에서는 2009년 하토야마 유키오(鳩山由紀夫) 총리가 소신을 표명한 연설
에서 '새로운 공공'을 내걸고 특명담당대신도 마련하는 등 제3섹터의 역할을 강화하려
는 방향성을 제시하였다. 그러나 지금까지 언급한 것처럼, 이러한 움직임은 1990년대
이후 면면히 계속되어 온 것이며, 민주당 정권이 되어 돌연 등장한 건 아니다. 그리고
적어도 법인 수로 보는 한, 2010년대 중반 이후 제3섹터의 확장은 정체되어 있다.

5. 일본의 정부 부패와 렌트 · 시킹(rent seeking)

공무원의 부패

 일본 공무원의 부패에 관해서는 이전에는 이른바 논커리어의 직원이나 지방공무
원의 뇌물수수나 착복이 중심이었다. 형법상 부패범은 전쟁 직후가 많았고, 1950년
에는 8,000명을 넘었지만, 50년대 중반에는 급속히 낮아졌다. 부패 검거 수는 60년대
를 통해서 2000건약 이었지만, 그 후, 한층 더 지속 저하하여 90년대 이후 수백 건

정도가 되고 있다. 이러한 대부분은 중앙 부처의 파견 기관이나 지방정부에서 발생하고 있다.

그런데 이러한 논커리어와 지방에서 부정의 저하와 상반되듯이, 1980년대 후반을 경계로 사무차관이나 국장이라는 상층부에서 불상사가 빈번히 나타나고 있다. 우선 정·관·재 전체를 말려들게 한 로키드사건과 대등한 전후 최대의 부패 스캔들이라고도 하는 88년의 리크루트 사건이다. 취직 정보 기업인 리크루트의 창업자 에조에 히로마사(江副浩正)는 자회사인 리크루트 코스모스의 상장 등록 전 주식을 정치가, 관료, 매스 미디어, 금융기관의 간부 등 70명 이상에게 양도하였다. 문부사무차관, 노동사무차관, 일본전신전화공사 총재·NTT 사장이 모두 기소되어 집행유예 달린 징역의 유죄판결을 선고받았다.

금융 불안이 계속되는 가운데, 1998년에는 오쿠라쇼(대장성)의 금융기관에 대한 검사의 불충분함이 지적되었지만, 그 배경에는 금융기관으로부터의 접대가 있었던 건 아닐까 하는 의혹이 부상한다. 도쿄지방검찰청 특수부는 다이이치칸쿄은행이 총회꾼에 이익을 공여한 사건을 수사하던 중 이러한 실태를 파악하고 7명의 관료를 기소하였다. 대장성도 내부조사를 통해 증권국장을 감봉으로 하는 것 외 100명 이상을 처분하였다. 각 은행이 MOF 담당으로 불리는 접대 담당자를 두고 있는 것이나, 성풍속점을 이용한 접대 내용이 보도됨으로써 관료에 대한 불신은 크게 높아졌다. 그 후에도 98년의 방위청 조달실시본부 배임 사건, 2006년의 방위시설청 담합 사건 등 조달이나 공공사업을 둘러싼 담합이 발각되었다. 어느 쪽도 관청과 관련있는 업계나 '낙하산 인사' 단체가 관여하고 있었다.

게다가 이 시기에는 관료 톱에 의한 두 가지 큰 부패 사건이 발생한다. 1996년 오카미츠 후생성 사무차관의 수뢰사건과 2008년 모리야 방위성 사무차관의 수뢰사건이다. 오카미츠 노부하루(岡光序治)는 96년 7월에 후생성 사무차관이 되었지만, 그 4개월 후 노인 보건복지부장이었던 당시 사회복지법인으로부터 금전을 받고, 특별양호노인홈 보조금 교부에 대한 편의를 도모한 것이 보도되어 사임하였다. 2003년에 징역 2년, 추징금 약 6,300만엔의 실형이 확정되었다.

모리야 타케마사(守屋武昌)은 2003년 8월 방위성 사무차관으로 승진하고 이례적으로 4년 이상 차관에 머물렀다. 퇴임 후 방위 관련 전문 상사인 야마다양행(山田洋行)으로부터 1990년경부터 2005년까지 접대를 받고 조달의 편의를 도모했다고 보도되었다.

수뢰죄 및 위증죄로 기소되어 징역 2년 6개월, 추징금 약 1,250만엔의 실형을 받았다.

　오카미츠의 사건은 사무차관 경험자의 첫 실형이 되었다. 그 후 모리야 사건과 종합하면, 관료가 가지는 이권은 폭넓고 뇌물증여의 가능성이 편재하고 있다는 걸 보여주고 있다. 동시에 오카미츠는 간병보험법의 성립, 모리야는 후텐마 기지 이전 문제 등에서 큰 역할을 한 인물이기도 하다. 즉 업계와 다양한 관계를 쌓아 올린다고 하는 제I부에서 다룬 '조정형 관료'의 공과 죄 양면이 잘 드러난다. 업계와 관청 사이의 밀접한 관계가 낳는 문제, 즉 민간기업의 렌트·시킹이 부패사건을 일으키는 구조가 그 밑바닥에는 있다.

낙하산 인사란 무엇인가

　정부의 부패 문제로서 특히 비난이 모이는 것이 이른바 낙하산 인사이다. 낙하산 인사에 관해서는 공무원 인사관리의 문제이기도 하지만 그 점은 제II부에서 논했다. 여기서는 정부와 시장 관계의 시점에서 검토한다.

　낙하산 인사란 속칭이며, 그 의미하는 건 애매하지만, 제한적으로 말하면 국가 공무원이 퇴직 후, 관청의 외곽단체나 공익법인, 민간기업의 상급 직무에 관청의 알선으로 재취업을 하는 것을 가리킨다. 이때 고위직이면서 직무 실태가 거의 없고 게다가 수년마다 다른 단체나 기업으로 이리저리 이직할 때 고액의 퇴직금을 받는다. 덧붙여 보다 넓은 의미로는 낙하산 인사란 같은 수법으로 지방공무원이 재취업하는 것이나 국가공무원이 지방정부로 옮기는 것, 게다가 민간기업에서 본사 간부가 계열회사 등에 재취업하는 경우에도 사용된다.

　낙하산 인사는 전전에도 사례가 없었던 건 아니다. 그러나 규모가 커진 것은 1960년대 이후다. 90년대 이후 사회적인 비판이 강해질 때까지는, 반드시 부정적으로 파악되어 온 건 아니다. 규제로서는 전후 국가공무원법에서 복무규정의 일환으로, 즉 직무상 알게 된 정보의 누설을 막기 위해 재취업에 관한 규정이 만들어져 있다. 몇 번 변경은 있었지만, 2007년 개정할 때까지의 규정은 퇴직 이전 5년간의 업무와 밀접한 관계가 있는 민간기업에 재취업은, 인사원 승인이 없는 한, 퇴직 후 2년간 금지한다고 하는 것이었다. 즉 업무와 관계가 없으면 민간기업이라도 상관없고 또 민간기업 이외 특수법인 등에 재취업하는 경우도 특별한 규제를 가하지 않았다.

　2007년 국가공무원법 개정으로, 부처별 알선을 금지하고 내각부에 설치하는 재취업 등 감시위원회와 민관인재교류센터를 통해 일원적으로 관리하게 되었다. 또한 사전승인제도를 폐지하고, 재취업 후 출신 관청에 대한 압력 행위를 금지하는 규제로 변경하였다. 낙하산 인사 알선의 전면 금지를 매니페스트로 내걸고 정권에 오른 민주당은 새로운 센터나 감시위원회 설치를 포함한 법안을 두 번에 걸쳐 국회에 제출했지만, 모두 심의 미완료로 끝났다. 그 결과 민관인재교류센터에 의한 알선은 현재도 계속되고 있지만, 독립 행정법인의 임원에 관해서는 민주당 정권이 발족한 이래 공모로 바뀌어 현재에도 지속되고 있다.

낙하산 인사의 문제점

우수한 인재가 재취업의 기회를 얻는 것이나, 민관으로의 인재 교류 그 자체가 즉석에서 문제를 낳는 건 아니다. 낙하산 인사를 공무원의 특권으로 파악하고, 문제시하는 의견도 있지만, 민간 부문에서도 우수한 인재가 조직적인 알선을 받아 재취업을 하는 걸 빈번하게 볼 수 있다.

그러나 거버넌스의 문제로 낙하산 인사를 이해하면, 낙하산 인사는 정부의 부패, 렌트·시킹에 포함될 수 있다. 문제가 되는 것은 다음 두 가지 형태이다. 첫째, 특수법인 등의 그레이존 조직이 낙하산 인사의 포스트를 확보하기 위해 만들어지는 것이다. 그러한 외곽단체에 국비가 투입되니까, 이것은 세금에 의해 사복을 채우는 정부의 부패 형태가 된다. 둘째, 민간기업이 낙하산 인사를 받아들일지 어떨지는 민간기업의 판단이므로 상관없다고 말할 수는 없다. 민간기업이 낙하산 인사를 받아들이는 건 그 담보를 기대하고 있기 때문이다. 즉 낙하산 인사는 렌트·시킹을 조장할 수 있다.

첫째, 낙하산 인사를 유지하기 위한 외곽단체를 살펴보자. 나카노 마사시(中野雅至)의 조사에 따르면, 외곽단체는 낙하산 인사의 주된 수납처이며, 일찍이 특수법인이면 임원의 8할이 중앙 부처의 퇴직자, 2000년대에도 독립 행정법인 임원의 4할, 특수법인의 3할이 중앙 부처의 출신자라고 한다(나카노 2009). 이미 말한 것처럼, 일본의 경우는 국가 공무원 수를 억제적으로 운용해 온 대신에, 널리 외곽단체나 관련 업계와 제휴하면서 업무해 왔다. 따라서 외곽단체의 모든 게 낙하산 인사를 위해서 설치되어 있는 건 아니다. 그러나 분명하게 그렇다고 밖에 생각이 들지 않는 단체도 많다. 직원 수에 비해 이사 등 직무자 수가 많고, 업무의 대부분을 재하청하는 경우이다(노구치 2010).

둘째, 낙하산 인사가 렌트·시킹을 조장 할 가능성에 관해서는, 어떤 민간기업에 재취업을 하고 있는지가 참고가 된다. 최근 과장급 이상 퇴직자는 매년 1,500명 정도이며, 대부분이 재취업하고 있다. 그 가운데 민간기업에의 재취업 35% 정도, 공익법인, 사단법인, 재단법인이 3할 정도, 자영이 15%, 나머지가 정부나 독립 행정법인이된다. 부처별로는 경제산업성(제조업, 에너지 산업, 상사), 구 운수성(육·해·공의 운송업), 구우정성(정보 통신산업), 재무성(금융업) 등이 민간기업에의 재취업이 많다.

이런 실태로부터 추측하면, 민간기업 측이 수락을 요청하지 않는 데 부성 측이 억압하는 힘을 가지고 있는 건 아니다. 조기 퇴직의 관행도 무너지고 있고, 부성이 모든 비용을 대고 재취업을 돌봐 주는 일도 없어졌다. 그러나 동시에 민간기업에의 재취업은 규제가 강하게 남아있는 산업 분야일수록 많은 것으로부터 규제와 낙하산 인사의 일정한 연관성을 추측하는 건 가능하겠다.

연습문제

❶ 1960년대부터 2010년대까지 대체로 10년마다 일본의 정부 규모의 변화와 공공정책의 특징을 간결하게 정리해 보자.

❷ 현존하는 독립 행정법인으로 어떤 것이 있는지 조사하고, 그 몇 가지에 관해서, 왜 독립 행정법인으로 이행되었는지를 조사해 보자. 그 조직이 독립 행정법인이라는 조직 형태를 취하는 것이 적절한가에 관해서도 고찰해 보자.

❸ 부처에 의한 업계의 규제나 보조, 조정형 관료, 부패, 낙하산 인사 간에 어떠한 관계가 있는지를 생각해 보자. 그것은 행정 측이 만들어 낸 것인가, 민간 측도 가담한 것인가, 그리고 그 대답의 근거는 무엇인가를 생각해 보자.

제 15 장

거버넌스 양태를 규정하는 요인

정부가 공공정책으로서 대응해야 하는 문제란 어떤 것인가. 실제로는 어떤 문제에 대응하고 있는 것일까? 이 두 가지 물음을 이 장에서는 살펴본다. 첫 번째 물음에 대한 경제학의 해답을 살펴본 후, 두 번째 물음에 관한 정치학의 해답을 정리한다. ① 대응해야 할 것인가 아닌가 하는 이념의 영향. ② 대응을 요구하는 측과 거기에 응하는 측 각각의 이익. ③ 정치제도에 따라 응답하기 쉬움의 차이, 라고 하는 세 가지 논의이다. 게다가 정책 대응을 취하는 경우, 어느 자원을 이용할 것인가를 결정하는 요인에 대해서도 생각해 보자.

1. 정부·민간 관계를 규정하는 이념: 시장의 실패·정부의 실패

행정에 대한 수요와 공급

다양한 문제가 사회에 존재하는 가운데, 정부가 해결에 나서는 것은 어떤 문제일까? '정부에 어떻게든 해 주기를 바란다'라고 하는 우리의 요구는, 어떤 경우에 들어줄 수 있고 정책 대응이 취해지는 것인가. 바꾸어 말하면, 공공 문제로서 정부가 해결에 책임을 지는 문제와 민간 부문의 손에 남기는 문제는 어떠한 이유에서 구분되는 것인가. 정부와 민간 부문 사이에는 어떠한 분업이 성립하는 것인가. 이것들이 정부와 민간 부문의 관계를 규정하는 요인에 대한 기본적인 물음이다(후드 2000).

이 문제를 생각하는 출발점으로서 우선, 어떤 공공 문제에 대해서, 사람들이 정부에 의한 대응을 요구하고 있는지 아닌지, 정부 측이 정책 과제로서 대응한다고 인정했는지 아닌지를 조합해 보자. 이것은 공공서비스에 대한 수요(행정 수요)와 행정에 의한 공급의 관계라고 할 수도 있다. 게다가 실제로 대응이 이루어지고 있는지 아닌지와는 별개로, 그것을 정부의 책임 영역으로 해야 하는가 아닌가를 생각할 수 있다. 그러자면, 2×2×2의 합계 8개의 유형이 만들어진다(그림 15-1).

　시장에서의 생산자라면 반드시 수요에 대응한다고 상정할 수 있다. 수요란, 즉 이윤 획득의 기회이므로, 이윤 추구를 목표로 하는 생산자가 그것을 놓칠 리는 없다. 그러나 행정 수요에 대해서 정부가 항상 대응한다고는 할 수 없다. 정치가나 관료의 목표가 행정 수요의 충족이라는 보증은 없다. 또한 행정에 대한 수요의 모든 걸 충족하는 것이 정당하게 여겨지는 것도 아니다. 사적 이익의 확보를 위해서, 정부의 활동을 요청하는 렌트·시킹에 대해서는, 거기에 응하지 않는 것이 정당한 행위가 된다.

　이상적인 모습을 나타내고 있는 것은 그림 15−1의 ②와 ⑧이다. 그 이외는 거기로부터의 어떤 일탈을 나타낸다. ①은 이른바 '정치적 결정'일 것이다. ③은 정부의 태만이란 것이 된다. ④는 과잉 요구에 대해 정부가 정당하게 거절했다고 하는 것이 된다. ⑤는 정부의 자기 이익 추구일 가능성이 높다. ⑦은 정치적 비결정이다. 평가가 어려운 것은, ⑥의 경우이다. 요구가 등장하지 않는 것은 민주제로서 문제를 떠안고 있다고 하는 생각이 있을 것이다. 그러나 요구를 하고 싶어도 말할 수 없는 사람들의 소리를 듣고 취하는 것에야말로 간접 민주제에서 정치가의 역할이라고 하는 생각도 있다. 게다가 행정에도 그러한 역할을 요구하는 생각도 있다(☞제1부).

그림 15-1 ▸ 행정에의 정책 요구와 행정의 대응

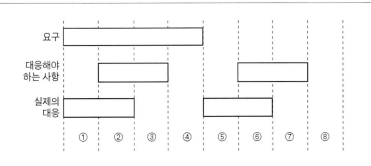

정부의 정책 옳고 그름을 생각하는 데는 이 8개의 어느 것에 해당하는지를 신중하게 생각하지 않으면 안 된다. 예를 들어 사람들의 요구에 정부가 응하지 않는다고 하는 것만으로, 즉석에서 그것을 비난하는 것은 잘못되어 있다. 그것이 ③인가 ④인가에 의해서 평가는 바뀌게 된다. 혹은 사람들이 요구도 하지 않고, 정책 대응이 이루어지지 않는 경우는, 사람들의 눈에 띄기 어렵다. 그것이 ⑧의 경우라면 좋지만, ⑦의 경우는 큰 문제를 떠안고 있다.

경제학의 시점과 정치학의 시점

이 중 ②, ③, ⑥, ⑦과 그 외와의 경계선을 제시하는 데 경제학이 수행하는 역할은 크다. 정부와 시장이 대비 관계에 있으므로 경제학은 시장을 주된 분석 대상으로 하면서, 정부의 책임 영역에 관해서도 반사적으로 논의를 전개해 왔다. 그리고 효율성이라고 하는 명확한 평가 기준으로부터 규범적인 논의를 제시해 왔다.

이에 대해서 정치학에서는, 자유나 평등 등 다양한 가치 기준이 제창되어 그것이 정부의 활동과 어떠한 관계에 있을까를 한 가지 의미로 논하지 못하고, 경제학만큼 강한 규범적 논의가 제시하지 못하고 있다. 오히려 정치학이 가지는 강점은 사람들이 어떠한 때 요구하는가(①부터 ④와 그 이외의 구별), 정부가 실제로 대응하는 건 어떤 경우인가(①, ②, ⑤, ⑥과 그 이외의 구별), 그것은 왜 그런가? 라고 하는 실증적인 논의이다.

이하에서는 우선, 경제학에서 정부가 완수해야 할 역할은 어떻게 논의되고 있는지를 살펴본다. 게다가 정부가 실제로 정책 대응을 하는지 아닌지는 어떤 정치 과정에 의해 결정되는가에 관하여, 정치학의 지식을 소개하자.

시장 실패란 무엇인가

경제학에서는 완전 시장은 효율적인 자원 배분을 달성하는 것을 전제로 하며, 시장의 실패가 발생하는 경우 정부가 그것을 보완할 것을 요구한다.

넓은 의미에서 시장의 실패라고 하는 것 중에는 두 종류의 문제가 혼재되어 있다.

첫째, 본래 시장이 달성한다고는 전제되어 있지 않은 것, 즉 소득분배의 시정이다. 시장에서의 가격 메커니즘을 이용한 수급 조정은, 파레토의 효율적인 자원 배분, 즉 거기로부터 누군가 상태를 향상시키면 다른 누군가의 상태는 악화된다고 하는 의미에서, 그 이상의 개선이 불가능한 배분을 실현한다. 그러나 그것은 결과로서 소득의 분배 상태와는 관계없다. 소득 격차의 확대는 평등의 이념에 반한다고 하는 생각이 있을 것이다. 또한 원래 심신장애 등의 문제로부터 시장에 참여가 불가능한 경우에도 소득을 보장할 필요가 있다.

둘째, 시장이 최적으로 자원을 배분하는 것을 저해하는 요인이다. 이것이 협의의 시장 실패로 불리는 것이다. 이 협의의 시장 실패가 발생하는 조건은 네 가지로 정리할 수 있다. ① 생산비용의 체감에 의한 독점의 발생, ② 외부성의 존재, ③ 공공재의 공급, ④ 정보의 부족이다. 이하, 순서에 따라 설명하기로 한다.

통상의 생산에 관해서는, 생산량이 증대하는 것에 따라 한계비용은 증가한다. 그러나 그 가운데는 그것이 저하하는 생산물도 존재한다. 초기에 큰 투자가 필요하며, 어느 정도의 투자 없이는 수익이 오르지 않는 네트워크 구축형의 산업이 이에 해당한다. 예를 들면 교통, 전기, 수도, 전화 등이다. 이 경우는, 어떤 기업이 한 번 성립하면, 다른 기업이 참여하는 건 어렵고, 독점이 성립하기 쉽다. 독점기업은 경쟁이 없으므로 가격을 올릴 수 있다. 따라서, 사회적으로 효율적인 규모보다 적게 공급이 된다.

외부성이란, 어떤 주체의 활동이 다른 사람에게 편익이든 비용이든 초래하고 있음에도 불구하고, 거기에 가격이 붙여지지 않은 것, 즉 시장에서 거래되고 있지 않는 것을 의미한다. 편익을 주는 경우는 외부경제, 비용이 들어가는 경우는 외부 불경제라고 한다. 외부경제를 발생시켜도 대가를 요구할 수 없으므로 공급의 인센티브는 삭감된다. 반대로 외부불경제에 관해서는, 다른 사람에게 준 손실을 보상하지 않아도 좋으므로 과잉 공급이 이루어지기 쉽다. 외부경제의 예로서는 차경(借景, 자기가 소유하지 않는 풍경으로부터 얻을 수 있는 경관)을 들 수 있다. 외부불경제의 예는 오염물질의 배출이다.

공공재란, 비배제성과 비경합성이라고 하는 두 가지 성질을 갖춘 재화이다. 비배제성이란 대가를 지불하지 않은 사람에 의한 소비를 배제할 수 없는 것이다. 비경합성이란 그 재화를 소비하는 사람의 수가 증가해도, 이미 소비하고 있는 사람의 소비를 방해하지 않는 것을 가리킨다. 비배제성으로 인해 공공재의 소비를 특정한 사람에게 한정할 수 없고, 비경합성으로 인해 특정한 사람으로 한정할 이유도 없다. 그러나 이렇게 되면 소비자가 대가를 지불할 동기가 없으므로 생산자는 충분한 대가를 얻지 못하고 공급이 이루어지지 않는다. 예를 들어, 다른 나라로부터의 군사적 침략으로부터 생명을 지킨다고 하는 서비스를 민간기업이 공급하려고 해도, 계약자만을 지키도록 미사일을 떨어뜨리는 것은 불가능하고, 비계약자의 생명이 도움을 받는 것도 나쁘다고는 말할 수 없다. 따라서 이러한 서비스를 계약하려는 사람은 있지 않고, 이 사업은 성립되지 않는다.

마지막으로, 소비자는 자신의 재화나 서비스에의 수요를 알고 있으며, 생산자도 스스로가 생산에 어느 정도의 비용이 들 것인지를 알고 있다고 하는 전제는, 정보가 부족하면 성립되지 않게 된다. 소비자로부터 볼 때, 생산자의 질이나 그 행동을 알 수 없기 때문에 재화나 서비스의 질 예를 들어 안전성 등을 판단할 수 없는 것이 많다. 건축물, 교통기관, 식품 등은, 그 예이다. 또한 소비자는 통상, 공업제품의 제조 프로세스를 알 수 없다. 이것들에 관해서는, 생산자 측에 안전성의 확보 등을 의무지울 필요가 생긴다. 한편, 생산자가 스스로의 생산비용을 알고 있으며, 가격에 따라 생산량을 조정한다고 하는 전제도 실제로는 성립하기 어렵다. 장래의 수요예측은 어렵고, 향후 어떠한 기술 혁신이 있을지도 모른다. 이 때문에, 장기간 사용되는 설비에 대한 투자나 장기에 걸친 인재 육성을 최적의 규모로 실시하는 건 곤란하다.

정부의 실패란 무엇인가

지금까지 개관해 온 소득 재분배와 네 종류의 시장 실패라고 하는 문제는 확실히 시장에서는 해결할 수 없다. 그러나 그것들을 정부라면 해결할 수 있다고 하는 보증이 있는 건 아니다. 정부도 또한 여러 가지 실패를 범하는 존재이다. 정부의 실패에 관한 경제학의 시점으로부터의 연구는 공공선택론에 의해 진행되었다(브캐넌·털록 1979).

첫째, 정부는 때때로 민간 부문의 렌트·시킹의 대상이 된다. 또한 정부를 움직이는 인간 자신이 자기 이익의 추구하는 데 몰두하는 부패도 일어난다(☞제13장).

둘째, 정부 부문의 활동은 비효율적으로 이루어지기 쉽다. 비효율적인 경영이라 해도 도태되는 것이 없고, 효율적으로 운영할 동기부여도 부족하다. 소프트한 예산 제약의 문제라고도 불린다.

셋째, 비록 정부가 공익을 목표로 하여 효율적인 운영의 인센티브를 가지고 있다고 하더라도, 시장의 실패를 해결할 능력을 가진다고는 할 수 없다. 예를 들어, 외부성의 해소에는 외부경제·불경제가 어느 정도의 양이 되는지를 산정하고, 어떠한 형태로 발생자 측과 수혜자 측에 비용과 편익을 할당할 것인가를 결정하지 않으면 안된다. 정말로 필요한 공공재를 제공하려면, 공공재에 대한 사람들의 수요를 장악하고, 비용에 대한 편익을 정확하게 예측하는 것이 요구된다.

민간 부문에서의 기술 혁신이 진행되면, 규제 등을 가하려고 해도 그 기준을 설정하는 지식이 정부 부문의 측에는 없는 것도 증가한다. 제 I 부에서 논한 것처럼, 정치와의 관계에서는 행정은 전문성이 높다고 여겨져 왔지만, 민간 부문과의 관계에서는 행정의 전문성이 낮은 경우도 많다. 정보기술의 발전은 그러한 경향을 강화하는 지당한 것이다.

정부의 실패와 시장의 크기 비교

시장의 실패와 정부의 실패의 크기는 사회나 경제의 변화에 따라 좌우된다. 첫째, 기술 발전의 영향이 있다. 예를 들어 자동차라고 하는 편리하지만, 위험한 교통수단이 발명되어 사람들에게 이용되게 되면, 규제의 제정, 면허제도의 운용, 도로 정비 등 정부의 활동이 요구되는 영역은 크게 확대된다. 다른 예로서 유선전화는 물리적인 전화선을 전국적으로 설치할 필요로부터 초기의 생산비용이 극히 크다. 그러나 휴대전화의 경우는 기지국의 설치 등에 필요한 초기 투자의 액수는 유선전화에 비하면 낮고, 전파도 어느 정도의 수로 분할 가능하다. 따라서 휴대전화 사업은 복수 기업으로의 경쟁이 가능해진다. 이와 같이 기술의 발전은 시장의 실패를 변화시킴과 동시에 기술 혁신이 정부 부문의 이해를 넘어선 것이 되어 감으로써 정부 실패의 크기에도 영향을 준다.

둘째, 시장의 실패와 정부의 실패의 크기는 경제성장의 정도에 영향을 받는다. 경제활동을 지지하기 위한 사회 기반을 정비할 필요 등이 발생하고, 재분배할 수 있을 만큼의 소득이 발생하면 정부의 역할은 커지기 쉽다. 또한 경제구조 변화의 영향도 크다. 주요한 산업의 전환이 진행되는 시기에는, 그때까지 주류였던 섹터의 소득이 상대적으로 저하하므로, 소득 재분배의 필요성이 높아진다. 글로벌화는 시장과 정부의 쌍방이 담당하는 역할에 다면적인 영향을 준다. 예를 들어 변동환율제 아래에서 자금의 국제적인 이동이 진행되면, 재정정책의 효과는 지워져 버린다. 국내에서 독점 기업이 존재하고 있어도, 다른 나라의 기업이 참가할 수 있게 되면 기업간 경쟁이 발생할 수 있다.

셋째, 사회의 인구 구조(인구 동태)의 변화도 시장과 정부가 수행하는 역할에 영향을 미친다. 예를 들어 고령자는 생산 활동으로부터 물러남으로써 소득이 저하함과 동시에 심신 능력의 저하로부터 의료 서비스에 대한 수요가 높아진다. 자신의 수명은 알지 못하고 또한 건강을 해칠 가능성도 모르기 때문에, 이러한 리스크에 대응하기 위한 보험이 필요하게 된다. 이와 같이 고령층 특유의 시장에서는 공급되기 어려운 재화나 서비스에의 수요는 정부의 역할 확대에 결부될 수 있다.

2. 아이디어 정치

아이디어 정치란 무엇인가

정부가 해결해야 할 문제에 대한 경제학으로부터의 회답은 실제로도 강한 영향력을 가져왔다. 케인즈가 일찌기 말한 것처럼 '지적 영향에서 자유롭다고 생각하는 실무가도 이류 경제학자의 노예'인 것이다. 그러나 학문적 지식이 언제라도 자동으로 영향력을 가지는 건 아니다. 또한 경제학이 추구하는 효율성만이 정부와 민간 부문의 분업을 생각할 때의 유일한 기준은 아니다. 그러면 어떤 생각이 어떻게 공공정책으로 반영되어 가는 것일까?

이러한 물음에 해답을 제시하려고 하는 것이 아이디어의 정치로 불리는 실증 정치학의 한 조류이다. 예를 들어, 정부의 실패라고 하는 새로운 개념이 실제 작은 정부로 연결되기 위해서는, 우선 정부가 실패하고 있다고 하는 상황이 많은 사람에게 인지되는 게 중요하다. 그리고 그 문제 상황에 대해서, 정부가 바로 세우는 것이 불충분하고, 정부 자체를 축소하지 않으면 발본적인 해결은 도모할 수 없다고 하는 언설이 힘을 얻는 것이 필요하게 된다.

이익이 아니라 이념이나 아이디어가 공공정책에 영향을 준다고 하는 경우는, 특정한 행위자가 가지는 아이디어가 강하게 정책을 움직이는 것보다, 아이디어가 다양한 사람들 사이에 공유됨으로써 힘을 가지는 경우가 많다. 따라서 아이디어의 정치는 정책 네트워크에 있어서 아이디어의 확대를 묘사하는 것이 많다.

정부의 역할과 가치 이념

이념이나 아이디어가 구체적으로 어떻게 정책에 결부되는가에 관해서는, 크게 세 가지 논의가 있다. 첫째, 정부의 역할이 무엇인가 하는 가치관의 레벨에서 생각하는 논의이다. 둘째, 정책이나 정부의 본질로서 어떤 선택지가 있는가 하는 논의이다. 셋째, 어떤 정책이나 정부의 본질이 무엇을 가져오는가 하는 귀결에 관한 지식이나 정보의 레벨에서 생각하는 논의이다.

첫 번째 가치관에 관해서는 우선, 무엇을 권리로 간주하는가 하는 법적인 생각에 따라서 시장의 역할과 정부의 역할은 변한다. 한편으로는 세계인권선언(1948년)에 나타나는 생존권의 보장은 정부에 의한 소득 재분배를 지지하였다.

개별적인 문제에의 대응이 정부의 책임으로 여겨지는지 아닌지에도 아이디어는 크게 영향을 준다. 때로 복수의 정책 영역을 횡단하는 형태로 가치 이념이 영향을 주기도 한다. 환경의 지속 가능성이라고 하는 이념은 기존의 정책 영역을 횡단하는 관념의 대표적인 예이다. 유엔이 설정한 지속 가능한 개발 목표(SDGs) 등은 그 구체화이다.

또 하나의 대표적인 예는 성(사회적으로 형성되는 성별) 의식의 본질이다. 예를 들어, 전후가 되어 핵가족과 전업주부로 특징지어지는 '근대 가족'이 성립했지만, 성 혁명으로 1970년대 이후 성별 역할 분업의 재검토가 진행된다. 이러한 이념의 변화는 고용 기회 등에 관한 노동 정책, 케어 담당자에 관한 복지정책, 재생산에 관한 교육 정책 등에 폭넓게 영향을 미친다. 이 그 밖에도 언어를 만들어 냄으로써 정부의 책임 영역이 확장하는 예로서는 '성희롱'을 비롯한 각종 해러스먼트(harassment) 행위나 스토커, DV(가정내 폭력) 등 종래는 개인 간의 관계로 여겨져, 정부가 개입하지 않았던 과제가 많다.

선택지의 제시

두 번째 정책이나 정부의 본질에 대한 선택지를 제시하는 아이디어로 이동한다. 하나의 예는, 배출권 거래와 같은 아이디어의 제시이다. 환경을 오염하는 배출물에 대해서는, 규제라고 하는 정책 수단밖에 생각하지 않았다. 그러나 여기서 배출권이라고 하는 권리를 할당하면, 배출권 거래라고 하는 형태로 당사자 사이의 조정이 가능해진다(코스 2020).

다른 예로서 인적 자원을 사용한 직접 공급인가 그렇지 않은가 하는 선택지는 공사행정이원론을 전제로 하는 한 자명하다. PFI나 PPP라고 한 새로운 수법은 이 공사행정이원론을 전제로 하지 않는 곳으로부터 발생한다. 공사행정이원론에서 벗어남으로써, 민간 부문이나 제3섹터에 의한 공공 문제를 해결하는 것이 촉진된다. 혹은 독립된 집행기관의 이용이나 계약화는 원래는 1980년대에 실천이 선행한 것이었다. 이것에 NPM(신공공관리)의 라벨을 붙임으로써, 거기에 관한 이해가 진행되며 앵글로·색슨 여러 나라로부터 다른 나라에도 확산하기 쉬워졌다.

시장과 정부 활동의 귀결에 관한 인식

셋째, 시장이나 정부의 활동이 어떠한 귀결을 가지는지, 바꾸어 말하면 시장의 실패나 정부의 능력에 대한 인식이다. 이것은 구체적인 정부나 시장의 활동 관찰이나 큰 사건 등에 기초를 두면서 시대마다 변한다. 1930년대에는 시장의 한계가 강하게 인식되게 되었다. 그때까지 경기 악화에 따른 실업은 경기순환의 부산물이며 자연스럽게 해소하는 것으로 여겨져 왔지만, 케인즈의 논의는 시장의 조정 능력의 한계를 사람들에게 각인시켰다.

그러나 1970년대 이후는 정부의 실패를 크게 파악하는 견해가 강해졌다. 그 배경에는 과학 기술이나 사회의 제어 등에 관한 인간의 능력에 대한 평가의 저하가 있었다. 우주에의 진출이나 전후 호경기를 구가하고 있었던 시대에는, 정부의 능력에의 신뢰도 높았지만, 공해, 베트남 전쟁, 관리사회에의 항의 운동 등이 빈발하고, 스태그플레이션(stagflation)에 휩쓸려 워터게이트 사건이 일어나는 가운데, 정부의 능력에 대한 신뢰도 또한 사라져갔다.

게다가 1980년대 후반에 공산권이 붕괴한 것은 정부의 능력에 대한 회의가 깊어졌다. 공산권 여러 나라에서 소비재의 부족이나 부패한 관료제의 실태가 밝혀지며, 정부의 실패의 크기를 보게 되었다. 거기로부터 계획경제로 대표되는 큰 정부의 시대는 끝났다고 많은 사람이 느끼게 되었다(후쿠야마 1992).

정치사상과 정부의 역할

정치사상이란 지금까지 살펴본 세 가지 측면을 종합한 것이라고 할 수 있다. 즉 정치사상은 자유나 평등 등의 가치 이념, 정치가 해낼 수 있는 일이라고 하는 행동의 귀결, 그리고 민영화 등 선택지의 제시라고 하는 아이디어 정치의 세 가지 측면을 패키지화한 것이라고 할 수 있다. 다면적인 요소를 포괄함으로써 사상으로서의 힘은 강해진다.

예를 들어 19세기까지 고전적인 자유주의에 대해서, 20세기의 전반에는 자유방임주의를 비판하고, 개인이 개인으로서 실로 존재할 수 있는 조건을 정부가 정리할 것을 요구하는 '신'자유주의가 탄생한다. 이것이 환경이나 성이라고 하는 비물질적인 쟁점이 부상해 오는 1970년대에 힘이 떨어지자, 자유방임주의가 다시 '신'자유주의로서 제창된다. 이러한 신자유주의가 80년대의 규제 완화나 민영화 개혁을 가져온 요인이라고 하는 주장도 많다. 영국과 일본 각각의 행정개혁을 대상으로 하는 연구는 그 예이다(오오타케 1994; 도요나가 2010).

게다가 2000년대에 관해서는 자기책임론의 강조가 시장 중시 개혁의 배경에 있다고 하는 생각도 있다. 1980년대의 1억총중류화와 같이 지나친 평등주의가 경제의 활력을 잃게 하여, 결국은 그 경제의 정체가 격차 사회를 낳고 있다고 하는 형태로 평등주의와 경제 정체와 격차 사회를 연결하는 언설이 힘을 가졌다. 여기에 2000년대의 시장 지향의 개혁의 원천을 보는 것이다(모리 2008).

정책의 창모델과 비결정권력

지금까지 살펴본 것처럼, 새로운 아이디어가 정책 전환을 낳는다고 해도, 항상 그렇다고 하는 건 아니다. 오히려 사라져 가는 아이디어가 훨씬 많다. 이 양자의 차이를 분명히 하기 위해서는 아이디어가 어젠더(정책과제)에 올라오는 프로세스를 살펴볼 필요가 있다(류 1989-90).

정부의 책임 영역 외로 여겨져 왔던 것에 관해서 정책 대응이 요구되는데, 중대한 사고나 재해의 발생이 계기가 되는 것이 많다. 반대로 그러한 사건이 일어나지 않는 이상 정책 대응이 취해지지 않은 채로 방치되는 것도 많다. 혹은 쟁점의 특징이 대중의 관여 정도를 바꾸어 분쟁의 확대로 연결된다. 사회적 의의가 있으며, 널리 장래에 영향이 미치고, 알기 쉽고 참신한 쟁점만큼 분쟁은 확대하기 쉽다(샤트슈나이더 1972). 또한 매스 미디어의 기능도 중요하게 된다. 어떠한 언설이 현상에 대해서 주어지는가에 의해서 쟁점화의 성공 여부가 나뉘기도 한다.

반대로, 쟁점화를 억제하는 권력, 즉 비결정권력이나 쟁점화를 억제하기 전(前)결정 과정이 존재하는 경우는, 신규의 아이디어는 매장되어 사라지기 쉽다. 비결정권력이란 통상의 권력이 무엇인가 행위를 실시하게 하는 힘인데 대해, 행위를 실시하지 않도록 하는 힘을 가리킨다. 권력의 소재나 작용을 감지하는 것조차 할 수 없는 듯한 권력 형태도 그 일종이다. 미국의 지방정부에서 대기오염 문제에의 대응을 비교한 연구에서는 US스틸의 기업도시에서는 명시적인 영향력 행사가 없는 채로 엄격한 환경 규제가 회피되었던 것이 밝혀졌다(Crenson 1971).

이러한 전결정 과정에 관한 연구를 받아들여, 정책 형성 과정에 대한 모델을 제시한 것이 킹돈의 정책의 창모델이다(킹돈 2017). 정책 형성 과정은 정책과제의 인식 해결책의 모색, 최종적인 승인이라고 하는 직렬적인 흐름이 아니고, 실제로는 병렬적인 흐름이며, 이것들이 계기를 얻어 합류함으로써 정책이 실현된다. 과제의 인식과 정책안의 시간적 순서를 고정하지 않는 것과 합류를 일으키는 사건의 존재를 중시하는 것이 이 모델의 특징이다.

예로서 음식의 안전을 들어보자. 음식의 안전은 생존에 있어서 중요한 문제이지만, 공공정책에서의 대응은 불충분하였다. 식품위생법(후생노동성), JAS법(농림수산성), 경품표시법(공정거래위원회)이 식품과 관계되는 법제도로서 존재해 왔지만, 사람들의 건강은 어느 법률의 직접적인 목적도 아니었다. 예를 들어 식품위생법은, 식품이라고 하는 물건과 거기에 관계되는 업자를 규제하는 법률이며, 사람들의 건강은 그 반사이익에 지나지 않는다. 또한 사육되고 있는 소 그 자체는 이러한 법률의 어느 대상도 안 된다. '고기'가 되어 비로소 법률의 대상물이 되는 것이다. 이러한 상황이 개선된 것은 1990년대 후반부터 빈발하는 O157 식중독, 2000년의 유키지루시(雪印) 집단 식중독 사건, 01년의 BSE 문제, 그리고 02년의 쇠고기의 산지 위장 사건이라고 하는 일련의 식품 안전 관계의 사건을 겪으면서였다(☞제6장).

3. 이익에 의한 설명과 정치 과정론

공공서비스의 수급 조정

아이디어가 정책에 반영되는지 아닌지의 갈림길은 사람들의 수용에 있다는 것을 지금까지 살펴보았다. 그러나 사람들의 이익도 공공서비스에 크게 영향을 준다. 사람들은 공공서비스의 수혜자일 뿐만 아니라, 정부 부문에의 자원의 공출자이기도 하다. 부담과 편익이 거기에는 발생한다. 그래서 자신의 이익에 대한 고려가 발생한다.

시장에서는 소비할 것인가 말 것인가는 소비자의 자유이고, 소비하지 않는다면 부담도 없다. 소비자는 어느 정도의 부담으로, 어느 정도의 재화나 서비스를 얻을 것인가를 세트로 결정할 수 있다. 생산자도 역시 어느 정도의 코스트로 어느 정도의 매상을 얻을 것인가를 세트로 결정한다. 이것은 개별 재화나 서비스마다 가격을 설정할 수 있기 때문이다.

이에 대해서 공공서비스의 경우에는 재화나 서비스마다 가격은 설정되지 않는다. 정부가 제공하는 재화나 서비스는 포괄적으로 취급되며 그 전체에 대해서 세를 부담한다. 세를 받으면, 정부가 어느 서비스를 어느 정도의 비용을 들여 제공할 것인가를 결정한다. 즉 공공서비스에 관해서는, 복수의 서비스에 대해서 사전에 지불하지만, 구체적인 서비스 내용은 사전에는 확정하고 있지 않다. 한편 선불 방식이란 것은 한 번 지불하면 기간 중은 서비스를 받을 수 있으므로 불필요한 소비를 일으키기 쉽다.

세 가운데는 목적세와 같이 특정한 공공서비스에 대해서 부담하는 것도 있다. 그러나 이 경우에도, 각자의 입장에서는 부담의 크기와 받는 서비스의 양에는 관련이 없다. 즉 이것은 단일 서비스의 선불 방식이라는 게 된다. 또한 공공서비스의 경우에서도, 교통기관이나 수도 사업과 같이 요금제를 취하는 경우도 있다. 이 경우 소비자 측은 자신의 부담과 수익을 고려하여 소비량을 결정한다. 그러나 생산가격의 결정은 정치적인 결정에 따르기 때문에 시장과 전혀 같지 않다(표 15-1).

표 15-1 ▸ 공공서비스와 민간 시장에서의 거래

		부담과 편익	
		비례하지 않는다	비례한다
생산자에 의한 가격 설정	복수의 서비스	세에 의한 서비스 공급	(불성립)
수급 균형에 의한 가격 설정	단수의 서비스	목적세에 의한 서비스 공급	요금제에 의한 서비스 공급
		(불성립)	민간 시장에서의 거래

예를 들어 일본의 의료, 간병, 보육 서비스는, 모두 이용자가 일부를 부담하는 요금제가 되어 있다. 덧붙여서 의료와 간병의 경우는 리스크를 공유하기 위해서 보험이 도입되고 있다. 이 요금이나 보험료는 정부가 결정한다. 공급하는 주체는 주로 민간 사업자이지만, 거기에 지불하는 보수도 정부가 결정한다. 여기서 요금의 설정이 너무 낮으면 과잉 수요를 일으키고, 생산자에게 지불하는 비용이 너무 낮으면 공급 부족을 일으킨다. 현재 일본의 의료, 간병, 보육이 안고 있는 것은 이러한 문제이다. 예를 들어 의료의 경우에는 보험료로의 독립 채산은 아니고 세로부터 보충하는 것으로 소비

자 측의 부담을 내리고 있다. 자기 부담의 3할이라고 하는 금액은 국제적으로는 높지만, 고령자나 유아 의료의 무료화 등이 과잉 수요를 발생시키고 있다. 반대로 생산자 측에서는 진료 보수가 개업의에게 유리한 왜곡이 있으므로 근무의 특히 소아과 의사 등이 부족한 사태를 초래하고 있다. 간병이나 보육에 관해서도, 수요자 부담과 공급자에의 보수 쌍방이 낮으므로 수요 과다와 공급 부족 그리고 재원 부족이 발생하고 있다(스즈키 2010).

가시성과 과잉 수요, 과잉 조달

이와 같이, 공공서비스에서의 수급 메커니즘은 비용과 편익이나 이윤과 관계가 없으므로 과잉 수요와 쓸데없는 생산을 낳기 쉽다. 그러나 금전 자원은 그런데도 아직 가시성이 높다. 다른 자원에 관해서는, 사회나 경제 측이 어느 정도의 자원을 제공하고 있는지가 잘 보이지 않는다. 우리는 규제를 위해서 어느 정도의 자유를 손 놓아 보내고 있는 것인가. 한정된 우수한 인재 가운데 어느 정도를 정부 부문이 흡수하고, 어느 정도가 민간 부문에 남는 것인가. 세상 정보의 어느 정도를 정부는 파악하고 있는 것인가. 이와 같이 생각해 가면, 양적인 파악이 어려운 자원일수록, 어느 정도의 부담을 지고, 어느 정도의 공공서비스를 받고 있는지도 이해하기 어려운 것임을 알 수 있을 것이다.

가시성이 높을수록 부담감은 강해져, 거기로 쏠리는 눈도 엄해진다. 그것은 부담을 낮추려고 하는 압력을 높이기 쉽다. 이 때문에 가시성이 높은 재원이나 권한은 부족하기 십상이다. 재정 적자나 규제 권한의 부족이 거기로부터 발생한다. 반대로 가시성이 낮은 경우에는, 부담감이 낮기 때문에, 정부에 의해 자원이 흡수되는 데 눈길이 미치기 어렵다. 이 때문에 지나치게 자원을 이전하게 되어, 정부의 측에 잉여가 발생하기 쉽다. 공무원이 과잉 고용을 안고 있는 것이나 막대한 정보를 수집하는 것이 발생하기 십상이다. 무엇보다 부담감은 사회에서의 희소성에 의해서 바뀌므로, 농업 사회 등에서 일손의 중요성이 분명한 경우 등은, 인적 자원이 조달되는 것의 부담감은 커진다.

한편, 자원의 소모성에도 차이가 있다. 자원이 감소하는 정도, 바꾸어 말하면 이용 후의 재조달이 필요하게 될 것인가에는 차이가 있다. 권한과 정보라고 하는 자원은 내구성이 높다. 룰을 책정하고 사람들이 거기에 따르는 행동을 취하거나, 혹은 정보를 제공하고 사람들이 그 정보에 근거하여 행동을 취하는 것에 의해서, 그 권한이나 정보가 사라져서 없어지는 것은 아니다. 이에 대해서 금전이나 인적 자원은 사용하면 점차 감소해 가거나 쇠퇴해 간다. 보조금을 사회 측에 건네주면, 그 금전은 정부의 손에서는 없어지고, 정부 직원을 정책 시행에 이용하면 거기에 알맞은 금전을 직원에게 줄 필요가 있다. 가장 치열한 정책 시행인 전쟁 수행의 경우에는 문자 그대로 인적 자원이 없어져 간다.

조달의 부담감이 강하고 소모성이 높으므로 빈번히 자원을 조달하려고 하면, 정부 측에 사회의 저항을 물리칠 만한 힘이 필요하다. 전쟁 중 징병을 하여 전장에 투입하는 것은 그 의미에서 강한 정부만이 행동할 수 있다. 권한이라고 하는 자원도 정부의 강한 힘이 없으면 행사하기 어렵다. 반대로 정보는 강제력이 약한 정부에서도 이용할 수 있는 자원이다.

값싸게 해결한다고 하는 관점에서는, 소모성이 높은 금전이나 인적 자원은 불리하게 된다. 앞서 살펴본 것 같은 민영화, 민간 위탁, PFI의 이용이라고 하는 경향이 진행되고 있는 것은, 값싸게 해결하는 정부를 요구하는 경향의 반영이기도 하다. 이러한 두 개의 움직임이 겹치면 정부가 정보 자원에 의존하는 비율이 높아지게 될 것이다.

다원주의와 엘리트주의

여기까지는, 사람들을 하나의 큰 바위로 파악하여 그 이익에 주목해 왔지만, 당연히 사람들 가운데도 이해가 다른 다양한 사람들이 있다. 게다가 정부를 움직이는 것은 정치가나 관료이며, 각각 자기 이익을 가진다. 이익의 충돌 가운데서 어떻게 하여 정책은 결정되는 것인가. 그 때 행위자로서 주로 사회 측에 주목하는지, 정치가나 관료에 주목하는지에 따라서 두 종류의 논의가 있다. 전자는 다원주의나 엘리트주의로 불리는 논의이며, 후자는 국가론으로 불린다.

사회 속에서 정말로 누가 정책을 좌우하는 힘을 가지는가, 공공정책에서 누구의 이해가 반영되는가 하는 물음은 전후 행동론 이후 정치학의 주된 관심이었다(달 1988). 그러한 힘을 가지는 사람의 수가 적은지 많은지, 힘을 가지는 사람은 고정적인지 아닌지가, 거기서의 주목점이었다. 세 가지 형태가 거기로부터 도출된다. 다수의 사람이 시도 때도 없이 들락거리며 영향력을 행사하는 유동적 형태, 소수의 고정적인 사람들이 영향력을 보유하는 일원적 형태, 그리고 다수의 사람이 일정한 패턴을 가지고 영향력을 행사하는 형태이다. 또한 영향력을 행사하는 사람이 소수이면, 그것이 바뀔 가능성은 없으므로 소수인 동시에 유동적이라고 하는 형태는 존재하지 않는다.

실제의 정치 과정에서 자주 관찰되는 것은, 유동적인 형태라고 주장한 것이 집단이론(group theory), 일원적인 형태인 것을 주장한 것이 엘리트주의(elitism), 다수자이지만 거기에 패턴이 있다는 점을 주장한 것이 다원주의(pluralism)로 불리는 논의이다. 즉 다양한 사회집단이 참가하고, 그러한 압력의 조합으로서 정책이 결정되어져 간다는 이해가 집단이론이다. 이에 대해서, 그 가운데서 영향력을 가질 수 있는 것은 실제로는 극히 소수라고 말하는 것이 엘리트주의이다. 정·관·재의 삼자의 결합을 강조하는 철의 트라이앵글론, 그 가운데서도 재계의 힘을 강조하는 마르크스주의가 포함된다. 다원주의는 이 양극의 사이에 위치하며, 쟁점마다 영향력을 행사하는 행위자는 소수에 한정적이지만, 모든 쟁점을 통해서 영향력을 행사하는 행위자는 존재하지 않는다고 이해한다.

집단이론, 엘리트주의, 다원주의의 경계선은 상대적인 것에 지나지 않는다. 예를 들어 노동자의 제도적인 참여에 주목하는 네오·코퍼러티즘이라는 논의는 엘리트주의와 다원주의의 연속선상에서 평가할 수 있다. 혹은 다원주의여도 쟁점마다 영향력 구조의 차이가 고정되어 있다고 생각하면 그 안정성이 강조된다. 일본의 정치 과정에 관해 주장된 '구획된' 다원주의는 그 예이다. 한편, 쟁점의 이동이나 확대에 주목하면 그 다이내믹스가 강조되게 된다.

이러한 논의는 현실의 묘사로서만이 아니라 규범적인 주장이기도 하였다. 사람들에게 있어서 정치는 인생의 여흥이며, 거기에 늘 변함없이 관여하지 않고 해결할 수 있는 건 바람직한 것이기 때문에 다원주의는 긍정된다. 또한 집단이론과 같이 다방면에서의 압력의 균형으로서 정책이 귀결될 때, 정책의 변화는 점진적으로 이뤄진다. 이것은 사람들의 지식이나 정보처리의 한계이기 때문에 점진적인 정책 변화가 바람직하다고 하는 점증주의(☞제8장)와 친화적이다.

복지정책의 사례

이익의 충돌이 정책 내용을 결정하는 대표적인 사례가 재분배 정책이다.

실업 보장이나 질병 보장 등을 요구하는 노동자와 그러한 부담을 싫어하는 자본

가층이 대립한 결과, 전자가 이김으로써 복지정책이 확충된다는 것이 그 가장 단순한 생각이다. 그 대표인 권력자원동원론은 노동자의 조직화 정도나 다른 집단과의 제휴가 그 열쇠가 된다고 생각한다. 자본의 국제 이동이 쉬워지면 자본이 퇴출 위협을 가함으로써 그 발언력이 증대함으로, 복지정책은 종래보다 낮은 위치에 수렴한다고 하는 논의도 그 반대라고 할 수 있다.

에스핑-안데르센의 복지국가 유형론(☞제13장)에서도 유형의 차이는 노동조합의 전략 차이라고 하는 관점에서 설명되고 있으며, 이 계보의 논의라고 말할 수 있다. 노동자 계급이 20세기 전반에는 농가와의 제휴 이른바 빨강과 초록이 연합하고, 후에는 보편주의적 급부에 의한 급여소득자와의 제휴 이른바 빨강과 흰색이 연합할 수 있으면, 사회민주주의 정당이 정권을 쥘 수 있다. 그렇게 되면, 보편적 복지정책, 공무원 수의 증대에 의한 고용의 확보라고 하는 사회민주주의형의 복지국가가 실현된다. 이에 대해, 사회가 종교나 가족이라고 하는 중간단체에 규정되고 있고 노동자도 산업별로 조직화되어 있는 경우는 기독교 민주주의 정당이 강력해져서 보수주의형의 복지국가가 성립한다. 여기에서는 정부에 의한 복지는 보완적이고 공무원의 규모도 작다. 또한 사회를 나누는 틀을 무너뜨리지 않게 규제가 많다. 마지막으로, 노동자의 조직화가 진행되지 않고 노동시장이 보편적인 경우는, 보수 정당이 정권을 쥐는 경우가 많으며, 자유주의형의 복지국가가 성립한다. 복지 서비스는 억제되어 규제가 적게 된다(에스핑-안데르센 2001).

이러한 논의에 대해서 기업·자본가는 복지국가를 부정하고 있다고는 할 수 없다고 하는 견해가 최근에는 강하다. 노동자의 조직화가 쇠약해지고 글로벌화가 진행되는 현재에도, 복지국가는 소멸하지 않고, 각국의 차이도 뿌리 깊게 남아 있다. 그러한 현상을, 노동자에 주목하는 논의는 설명할 수 없다. 실제로는 기업·자본가에게도 복지가 필요한 이유가 있다. 그것은 노동력의 향상(기능의 형성)을 사회보장정책이 지지하기 때문이다. 업계 특수 혹은 기업 특수한 기능 형성을 촉진하기 위해서는, 기능 취득에의 투자가 허비되지 않게 고용을 보장할 필요가 있다. 그러한 고용 보장의 기능을 복지국가가 담당하는 것이다. 자유주의형 시장경제로 불리는 앵글로·색슨 여러 나라에 대해, 조정형 시장경제로 불리는 유럽 대륙 여러 나라에서는 기업이나 자본가가 정부에 의한 복지던가, 직능별의 복지를 통해서 노동자의 기능 형성을 촉진하려고 해 왔던 것이라고 파악된다(홀·소스키스 편 2007).

국가론과 네트워크론

엘리트주의든 다원주의든, 정치가나 관료라고 하는 정부의 행위자는 기본적으로는 수동적인 존재로 가정하고 있지만, 그들도 또 자신의 이해를 가지고 있으며, 그것을 정책에 반영시키려고 한다. 이 점에 주목하는 것이 국가론(statism)이다. 게다가 지금까지 언급한 사회 측에 주목하는 논의와 국가론이 결부됨으로써 정책네트워크론이 탄생한다.

정치가나 관료의 이익이 정부의 책임 영역이나 정책 수단의 선택에 영향을 주는 예를 살펴보자. 첫째, 정치가에게 있어서 관직은 중요한 이익 배분의 도구였지만, 그 것이 메리트·시스템(실적주의)의 도입으로 인해 곤란해지면, 국영기업이나 그레이존 조직을 그 대신에 이용한다고 하는 논의가 있다. 이러한 조직은 관료의 낙하산 인사 처로 사용되는 것으로부터 관료의 이익에도 합치한다(☞제14장).

둘째, 정치가의 이익 관점에서 민영화 등을 설명하는 논의를 들 수 있다(Boix 1998). 예를 들어, 제2차 임시행정조사회 개혁을 나카소네 야스히로(中曽根康弘) 수상의 정치적 야심으로부터 혹은 일본관공청노동조합협의회 대책으로 설명하는 견해가 있다. 대처에 의한 민영화는 자산을 소유하게 함으로써 유권자를 보수당 지지로 전환하는 전략이었다고 하는 견해도 이 예이다.

셋째, 관료의 이익이 정부의 소관을 좌우하는 것으로부터 정부의 책임 영역의 변화를 설명하는 논의도 있다. 일본전신전화공사의 민영화는 정보기술 분야에 진출하려고 하는 통상산업성과 이 영역을 보호하고 유지하여, 정책 관청으로 전환하려고 하는 우정성의 소관 싸움의 결과이며, 거기에 수입의 증가를 계획하는 대장성이 편승함으로써 성립했다고 하는 견해가 있다(보겔 1997). 한편, 관료의 입장에서는 조직을 유지하는 것이 최종 목표라고 할 수 있다. 소관하는 업계의 이익을 지키는 게 일반적인 선택이어도, 업계 이익을 위한 규제에 대해서 비판이 높아지고 있어 한층 더 자기 조직에 대한 비판도 강해지고 있다면, 그러한 규제를 포기하는 것은 있을 수 있다. 1990년대에 대장성이 금융제도 개혁을 실시한 것은 그 예이다(토야 2003). 또한 조직의 핵심 부분을 유지하기 위해서 주변 부분을 잘라 버린다고 하는 선택이 취해지기도 한다(Dunleavy 1991). 민영화나 독립 행정법인화가 그러한 관점에서 설명되기도 한다. 예를 들어 사회보험청의 일본연금기구에 대한 개편 등은 그런 예라 할 수 있겠다.

정책 제공의 방법과 행정관의 이익

어느 자원을 사용해 어떻게 정책을 제공할 것인가의 결정도 행정관의 재량이 작동하는 영역이며, 따라서 그들의 이익이 거기에 반영된다. 이러한 실태를 묘사하는 것이 정책 시행에 관한 연구이다(Pressman & Wildavsky 1973). 모리타 아키라(森田朗)는 자동차 운송업에 대한 인허가 사업을 소재로 하여, 면허의 발급 방법에는 일정 기준을 만족하는 전원에 대해 면허를 발급하는 자격시험형과 일정한 정원을 정하여 상위의 사람으로부터 면허를 발급하는 채용시험형이 있다는 것을 명확히 하였다. 어떤 행위가 다른 사람에게 위험을 미치기 때문에 일정한 지식이나 기능을 증명하지 않는 한, 그 행위를 금지한다면, 면허는 자격시험형이어야 할 것이다. 그러나 이 경우 면허를 가지는 사람의 수는 제어할 수 없다. 면허를 얻는 것이 영업의 기회를 얻는 데 연결되는 경우, 면허 수는 그 업계의 경쟁 정도를 좌우한다. 기존 업자의 도산을 막는다고 하는 다른 목표를 행정이 가지게 되면, 채용시험형을 취하게 된다(모리타 1988).

정책 시행에서의 다른 예로서는 규제의 단속 때 어느 정도의 목표를 설정하는가 하는 것이 있다. 하나는 목표 지향의 기준이며, 또 하나는 비용 지향의 기준이다. 전자의 경우, 달성해야 할 수준을 우선 설정하고, 그것을 달성하도록 자원을 투입해 나간다. 후자의 경우는, 투입할 수 있는 자원의 양을 결정한 다음, 거기에 대응하여 가능한 한의 결과를 얻으려고 한다. 예를 들어 자동차의 속도 규제의 단속에서, 위반자박멸을 목표로 하여 밤, 낮 단속을 하는 것이 전자이며, 1일 1시간이라고 시간을 정하여 가능한 한의 단속을 하는 것이 후자이다. 행정관의 선호가 이상으로 하는 사회의 실현에 있으면 전자의 목표를 설정할지도 모른다. 한편, 가능한 한 적은 노력으로 가능한 한 많은 임금을 얻는 데 행정관의 선호가 있다면, 후자의 목표를 설정할 것이다(후드 2000).

규제의 단속에 즈음해서는, 어느 정도 강하게 단속하는가 하는 문제에 더해, 단속의 수단도 선택가능한 경우가 많다. 예를 들어 옥외 광고물에 대해서는 설치 허가를 판단하여, 위반에 대해서는 지도, 조언·권고가 가능하다. 그러나 실제로는 신청 시에는 사전 상담을 함과 동시에 위반에 대해서는 지도를 통해 대처한다. 직원이 업자와의 분쟁을 회피하려고 하기 때문이다. 다만, 의회나 수장으로부터의 강한 요청이 있으면 거기에 응해 간다. 담당 직원들은 규제 실시에 수반하는 다양한 비용을 계산하여, 낮은 비용으로 억제되는 선택을 취하고 있다(이토 2020).

쓰레기 수집의 회수나 시간대는 청소 공장의 반입 시간이 정해져 있는 가운데, 잔업을 발생시키지 않는 것으로부터 역산하여 시간대와 작업량을 결정하고 있다(후지이 2018). 그것은 수집원의 이익을 반영한 것이다. 동시에 주민의 이익에서 보면, 분별은 귀찮고, 집의 근처에 쓰레기소각장은 건설하기를 원치 않는다. 그러나 분별 룰을 지키지 않는 쓰레기 버리기는 작업원의 작업시간을 늘리거나 때로는 소각 장치 등을 부수거나 한다. 또한 쓰레기소각장 건설에의 반대는, 멀리 떨어진 쓰레기소각장까지 쓰레기를 가지고 가지 않으면 안 되는 상태를 만들어 내기도 한다. 모든 정책 시행에는 관련 행위자의 이익이 반영되어 있다.

4. 제도에 의한 설명

게임 룰로서의 제도

왜 어떤 쟁점이 정부의 공공서비스 대상이 되며, 거기서 왜 있는 정책 수단이 선택되는지를 생각하는데, 지금까지의 이익이나 아이디어에 의한 설명은 일정한 대답을 준다. 그러나 좀 더 파고 들어가 생각해 보면, 새로운 의문이 떠오른다. 예를 들어, 왜 어떤 정치 행위자는 결정에 참여할 수 있는데, 다른 행위자는 참가할 수 없는 것일까? 정치 행위자들의 자기 이익이 무엇이 될 것인가는 어떻게 결정되어 오는 것일까? 이러한 물음에 답하려면, 정치적으로 결정해 가는 게임룰이 어떤 것인가에 주목할 필요가 있다. 이러한 룰을 제도라고 부른다.

정부의 책임 영역이나 공공서비스의 제공 수단을 제도의 관점으로부터 설명하는 방법으로서는, 크게 나누어 두 가지가 있다. 하나는, 제도에 의해서 누가 원래 공공서비스에의 요구를 전할 수 있을지가 바뀌는 데 주목하는 것이다. 또 하나는, 선거 제도나 집정 제도 등 정치제도의 본질에 의해서, 정치가가 사회의 어느 부분의 소리에 응하려고 하는지가 바뀌는 데 주목하는 것이다. 이것은 정치와 행정의 관계를 규정하는 요인으로서의 제도에 대한 논의와 깊이 관계한다(☞제3장).

사람들의 참여 제도

가장 기본적인 참여 제도는 선거권·피선거권을 부여하는 방법이다. 선거권의 확대나 여성 참정권은 정부의 규모를 확대시키는 효과를 가진다.

다음으로, 사람들이 직접적으로 어느 정도 정책 형성과 관계될 수 있을지도, 정부의 크기나 공공서비스의 본질에 영향을 준다. 예를 들어, 국민 투표의 구조가 있다는 것은 공공서비스를 확대하는 것일까? 실증적인 연구의 대부분은 미국과 스위스에서의 레퍼렌덤(국민투표)나 이니시어티브(국민발안)의 효과를 측정한 것이다. 그것들에 의하면 세입·세출을 억제하는 효과가 크다고 한다. 요구가 전달되기 쉬워지는 효과보다 정치적 관심이나 이해가 높아지는 것으로, 요구와 부담의 관계를 이해할 수 있게 된다고 하는 효과가 웃돌기 때문이라고 생각할 수 있다(Frey & Stutzer 2006).

선거 제도·집정 제도와 정책 선호

선거 제도는 두 개의 경로를 통해서 정권을 담당하는 정치가가 추구하려고 하는 정책에 영향을 준다. 첫째 경로는 정당의 수를 규정하고, 그것을 통해서 정권이 연립 정권이 될 확률을 변경한다. 둘째 경로는 의원의 집표나 유권자의 투표 기준이 의원 개인이 될까 정당이 될까를 바꾼다. 이것은 의원이 추구하는 정책이 개별 이익을 지향하는 것일까, 집합 이익을 지향하는 것일까에 영향을 준다.

선거구 정수는 실질적인 후보자 수를 규정하고 나아가서는 정당 수를 규정한다. 그리고 정당 수에 차이가 나면 정권 구성도 달라진다. 연립 정권의 경우는 연립 여당을 구성하는 각 당의 주장이나 선거 기반으로 응하려고 하므로, 정부의 규모는 커지기 십상이다. 이것은 계량 데이터에 근거한 국제비교에서도 확인된다.

정권을 구성하는 세력을 규정한다고 하는 의미에서, 집정 제도가 정부 규모에 미치는 영향도 크다. 대통령제에서는 필연적으로 행정부를 구성하는 세력은 하나로 좁혀지므로, 그 점에서는 정부의 규모를 축소하는 데 기여한다. 다만 대통령제의 경우는 대통령이 소속하는 정당과 의회의 다수당이 어긋나는 분할 정부가 발생할 수 있다. 양자가 같은 정당인 통일 정부의 경우에 비해, 분할 정부의 경우에 정부 규모가 확대하는 일도 실증 연구에 의해 지지가 주어지고 있다. 또한 의원내각제에서는 다수파를 형성하기 위해서는 표의 교환을 할 필요가 대두된다. 그것이 위원회 제도나 정당을 통해서 제도화되어 간다. 이러한 제도화가 진행되는 만큼 예산 규모는 커지기 쉽다(Persson & Tabellini 2000, 2003).

다음으로, 선거에서의 투표가 의원 개인을 기준으로 한 것인가, 정당을 기준으로 한 것인가는 투표의 방법으로 규정된다. 후보자 기준의 투표이면, 의원의 정당에 대한 자율성은 높고, 개별 이익을 정책에 반영시키려는 지향이 강해진다. 정당 기준의 투표인 경우는 그 반대가 발생한다. 전자의 경우에는 정부의 규모는 확장되기 십상이다.

복지국가 유형의 선거 제도에 의한 설명

복지국가의 유형에 대해서는, 노동자와 기업 각각의 이익에 의한 설명, 생존권이나 연대라고 하는 개념에 의한 설명을 소개해 왔지만, 선거 제도에 의한 설명도 제시되고 있다. 1960년대까지 북유럽 여러 나라와 미국의 복지 지출의 차이는 크지는 않았다. 그 후에 차이가 확대되지만, 이 시기에 노동조합의 힘은 어디도 약체화하고 있다. 거기서 주목받는 것이 선거 제도이다. 일본이나 이탈리아와 같이 개별이익 지향의 강한 선거 제도 하에서는 복지국가도 분립적인 것이 되기 쉽다. 소선거구제라면 우파에 유리하게 되고, 비례대표제는 좌파에 유리하게 되는 경향이 있다. 중간층은 재분배를 좋아하지 않고, 2대 정당밖에 없다면 보수 정당을 선택하기 십상이지만, 비례대표제에서는 제3당으로서 사회민주주의 정당과 연립을 짤 수 있기 때문이다(Iversen 2005).

일본에서 복지국가의 변용도 선거 제도의 변화에 따라 설명할 수 있다고 하는 논의가 있다(Estevez-Abe 2008). 일본형 복지 제도의 특징인, 공공사업이나 경쟁 억제적인 규제를 통한 고용 보호, 그리고 분립성이 강한 사회 보장 제도는 중선거구에서 자민당 의원의 재선 전략에 따른 것이었다. 기업별 연금이나 복리후생에 대한 세제의 우대에서 보이듯, 기업을 대상으로 하여 이익이 배분되었다. 이것이 연립 정권과 소선거구 중심의 선거 제도로 이행함으로써, 의원의 재선 전략을 조직화되어 있지 않은 이익에 중점을 두는 것으로 바뀌어 갔다. 육아 휴가나 간병 휴가, 엔젤·플랜으로 불리는 육아 지원, 간병보험 제도의 도입 등 개인을 대상으로 하는 복지 서비스가 점차 확충되었다.

대표 관료제

정치제도와는 별도로, 행정에 관한 제도가 공공서비스의 본질이나 부패의 억제 등 통치의 본질에 영향을 준다고 하는 논의도 있다. 그러한 제도의 예가 대표 관료제이다. 제1장에서도 말한 것처럼, 관료가 사회의 구성을 반영하는 걸 요구하는 것이 대표 관료제의 생각이지만, 이 실현의 정도는 소수자(minority)의 적극적인 채용 등의 제도에 의해서 크게 다르다. 이것은 규범적인 주장에 머무르지 않고, 실제로 공공서비스 상태에 영향을 주는 것이 많은 연구에서 나타나고 있다. 이 가운데 여성의 대표성이 가져오는 영향에 관해서는 제4장에서 언급하였다.

인종에 의한 차이는 특히 공공서비스 대상자의 인종과의 조합에 의해 커다란 차이가 발생되는 것이, 근래 필드 실험 등을 통하여 밝혀지고 있다(White et al. 2015). 정책 영역으로서 대표성의 영향이 특히 큰 것이 경찰이다. 날마다 대량의 집행 업무를 하는 영역임과 동시에, 어떤 사람들이 어떤 이유로 범죄를 저지르는지에 관한 인식이 업무 수행에 영향을 준다. 따라서 경찰관의 성별이나 인종의 차이는 집행 상황을 바꾸며 치안 서비스 전체의 질에도 영향을 준다. 예를 들어 여성 경찰관은 사람들의 경찰에의 신뢰감이나 공정성을 향상시키고 있다(Riccucci et al. 2014).

연습문제

❶ 신문기사 등을 참고로 하여, 그림 15-1의 ①으로부터 ⑧에 들어맞는 구체적인 사례를 찾아보자. 어떤 경위의 결과로서 그 위치설정이 되었는지에 관해서도 조사해 보자.

❷ 다음에 내거는 정책에 있어서 누가 어떠한 이익(및 불이익)을 받을 수 있을까? 또한 실제로, 그 정책 분야에서 개혁이 실시된 경우, 그 귀결이나 경위를 조사해 보자.

　　① 방송과 통신의 융합(텔레비전의 인터넷 전달 등), ② 사법제도 개혁에 의한 변호사의 증원,

　　③ 식품 규제의 강화, ④ 택배우편에 의한 서신의 취급

❸ 아이디어, 이익, 제도라고 하는 설명 방법을 사용하여, 제14장에서 서술한 일본의 정부·시장 관계의 특징이나 변화를 설명해 보자.

제 16 장

거버넌스 양태의 귀결

정부에 의한 공공정책은 우리의 사회나 경제에 무엇을 가져오는 것일까? 행정에 의한 자원의 투입과 산출은 어떻게 조정되고 있는가 하는 점에서부터 내리 설명해 가자. 그 산출물이 정책의 수혜자가 되는 사람들이나 기업의 응답을 일으켜, 그 상호작용으로 사회가 바뀌는 것이 정책 효과가 된다. 이러한 일련의 프로세스를 이해한 다음, 그것을 어떻게 평가할 수 있는지를 생각하자. 거기로부터 행정이 실패한다고 하는 것은 무엇인가? 까지를 이해하길 바란다.

1. 정책 활동의 투입과 산출

정책의 투입 · 산출 · 효과

정부에 의한 정책 활동이 어떠한 귀결을 가져오는지, 정책 활동의 결과로서 무엇이 탄생하는지를 생각하기에 즈음해서는 우선, 자원의 투입(input), 정책 산출(output) 그리고 정책 효과(outcome)의 3단계로 구성되는 흐름을 이해하는 게 중요하다. 인풋은 사회로부터 권한, 금전, 인원, 정보의 네 개의 자원을 조달하여, 정책 활동에 투입하는 것이다. 정책의 아웃풋이란 행정 활동의 직접적 생산물이며 정책 출력이라고도 부른다. 아웃컴이란 정책 활동이 사회 · 경제에게 미친 영향을 의미한다(그림 16-1).

그림 16-1 ▶ 공공정책의 투입 · 산출 · 효과

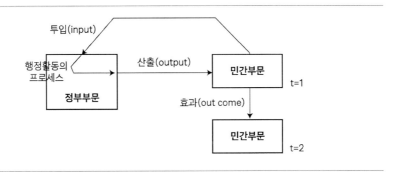

쓰레기의 수집을 예로 들어보자. 수집에 임하는 직원이라고 하는 인적 자원이 투입되어 수집된다고 하는 산출이 태어난다. 그 효과는 거리의 아름다움, 위생 상태, 사람들의 건강 상태이다. 수집이 이루어지지 않고 쓰레기가 산란해지면 악취가 넘치고 미관도 해친다. 거기에 머물지 않고 위생 상태의 악화를 불러, 사람들의 건강 상태도 해친다. 원래 폐기물 처리가 행정의 책무가 된 것은, 도시의 비위생이 19세기에 많은 전염병을 만연시킨 것에 대한 대응으로부터였다.

자원의 선택과 정책 산출

다음으로 자원이 어떻게 정책 시행에 활용되고 정책 산출에 결부되는지를 생각해보자(Hood 1983). 산출에 결부되는 방법에 주목하면, 두 개의 축으로 정리할 수 있다. 첫째, 산출이 직접, 사회나 경제에 영향력을 행사하는지, 간접적인 형태를 취하는가 하는 축이다. 둘째, 사람들의 행동에 대한 움직임인가, 물리적인 측면에서의 움직임 인가 하는 것이다.

직접적인 자원의 사용법이란, 정부의 움직임에 대해서, 어떤 방법으로 행동할 것 인가, 민간 부문 측이 재량을 갖고 있지 않다는 것이다. 인적 자원을 이용하는 경우는, 정부 직원 자체가 정책을 시행하므로, 민간 부문 측에 재량의 여지는 없다. 권한은 민간 부문의 활동을 요구하거나 혹은 금지하고, 그것에 대한 상벌을 가할 수 있다고 하는 강제성을 가진다. 그렇다고 해서 위반하는 사람은 전혀 없는 건 아니지만, 정면으로 그것을 긍정하고 있는 것은 아니다. 이에 대해서, 금전 자원이나 정보 자원을 이용한 움직임은, 어디까지나 사람들이나 기업의 인센티브(誘因)나 판단의 재료를 바꾸는 것으로, 그 행동을 일정한 방향으로 유도하는 데 머무른다. 이 간접성 때문에 정부의 정책 목표의 실현 정도는, 정부가 민간 행위자의 행동 원리를 어디까지 잘 이해하고 적절한 유인이나 정보를 제공할 수 있을 것인가에 달려있다.

또 하나가 축으로서, 권한과 정보란 실체를 가지는 존재는 아니기 때문에, 대상자의 행동을 변용시키는 것이 정책의 아웃풋이 된다. 사람들의 특정한 행동을 활발하게 하거나 혹은 억제하는 것이, 이러한 자원의 아웃풋이다. 한편, 인적 자원과 금전 자원은 물리적인 존재이며, 영향력을 행사하는 대상도 사람들만이 아니고 자연환경 등을 포함한다.

거래 비용의 경제학

그럼, 어느 자원을 이용할 것인가에 따라 어떠한 장점·단점이 생기는 것일까? 참고가 되는 것이, 시장인가 기업인가 하는 질문에 대해서, 효율성의 관점에서 해답을 제공하는 '거래 비용(transaction cost) 경제학'의 시점이다. 이 이론에 의해 직영인가 민간 위탁인가 하는 질문, 바꾸어 말하면 인적 자원과 금전 자원의 어느 쪽을 이용해야 할 것인가 하는 물음을 생각할 수 있다. 그것은 권한과 정보 자원에도 적용할 수 있다.

우선, 거래 비용이라고 하는 개념을 설명하자. 경제활동에 있어서 최종적인 재화나 서비스를 제공하기 위한 생산 과정은 몇 개의 단계로 세분화할 수 있다. 이때 모든 프로세스를 시장에서 구입한다거나 외주한다거나 하지 않는 것은 시장에서의 거래에는 거래 비용이 들기 때문이다. 복수의 생산자 가운데서 생산물의 질이나 가격에 대한 정보를 수집하는 비용, 계약 조건의 결정이나 교섭에 드는 비용, 계약 이행을 확인하고, 위반이 있는 경우에 재이행이나 손해배상을 요구하는 데 걸리는 비용이 거래 비용이다. 이것들은 모두 정보의 비대칭성이 낳는 비용이다. 이 비용이 클 때 외부 조달이 아니라 내부에서 생산이 선택되어야 할 것이다(코스 2020).

거래 비용을 좌우하는 조건을 해명한 것이, 윌리엄슨에 의한 기업의 생산 형태와 그 귀결에 관한 논의이다. 내부 생산의 메리트는 모니터링(감시)의 비용이 낮고 사양의 변경 등에도 유연에 대응할 수 있다는 점이다. 외부 조달의 메리트는 복수 주체 간 경쟁을 도입할 수 있는 것, 외부 주체의 자발성과 창의 연구를 기대할 수 있는 것이다. 반대로, 각각의 디메리트는 그 반대가 된다. 내부 생산의 경우는 경쟁의 부재에 수반하는 비효율성을 안기 쉽고, 외부 조달의 경우는 모니터링 비용의 증대를 초래하기 쉽다. 따라서 외부에 공급 주체가 많이 존재하고, 업무가 정형화되고 있어 변경의 가능성이 작고, 성과물의 관찰이 쉬우면, 외부 조달을 해야 하는 것이다. 이러한 조건이 빠져 있다면 내부 생산이 효율적이다(윌리엄슨 1980).

모니터링의 문제는 사업의 불확실성이 큰 경우에 특히 곤란하게 된다. 사업 실패의 원인이 사업 주체의 노력 부족 등에 기인하는 것인지, 사업 주체에는 회피할 수 없는 외부의 요인에 의한 것인지를 구별하기 어렵기 때문이다. 외부의 요인에 의해서 결과가 좌우되는 리스크가 존재하는 한, 그 리스크를 누가 어떻게 분담할 것인가를 결정할 필요가 있다. 정부와 민간사업자 가운데 리스크를 수용할 수 있는 측이 보다 많은 리스크를 분담하는 형태로 합의가 이루어지지 않으면 외부 조달은 어려워진다(Hood 1976).

이러한 논의를 적용하면서, 움직임의 대상이 사람들의 행동인가 물리적 환경인가 하는 축도 조합하면, 다음과 같이 말할 수 있다. 인적 자원을 이용한 정책 산출은 다양한 업무를 확실히 수행하고, 다양한 대상에의 움직임이 가능하다. 그러나 이것은 가장 비싸게 드는 정책 시행 형태이기도 하다. 금전 자원도 같이 다양한 대상에의 영향력 행사가 가능하다. 사용 방법에도 여러 가지 가능성이 있다. 한편, 금전을 건네주는 상대에 대한 사전, 사후의 통제를 잘 하지 않으면 소용이 없게 될 가능성이 높다.

이 반대로, 가장 값싼 해결이라고 할 수 있는 것이 정보 자원을 이용한 정책 산출이다. 그러나 이것은 사람들의 행동 원칙 등을 이해하고 있지 않는 한, 빗나간 화살처럼 끝날 가능성도 크다. 이와 같이 값싼 방법이면서 보다 확실한 것이 권한이라고 하는 자원의 특징이지만, 이것은 사람들의 강한 반발을 낳을 가능성도 있다.

2. 정책 효과의 발생

정책의 집행을 용이·곤란하게 하는 요인

정책 효과는, 정부 부문과 민간 부문의 합동 작품이다. 정부 부문의 정책 활동을 받아 민간 부문이 어떻게 변화할 것인가에 따라서 정책 효과가 결정된다. 정책의 대상자는 언제나 솔직하게 공공서비스의 수혜자가 된다고는 할 수 없다. 그것이 대상자에게 부담을 주는 것이면 회피하려고 하며, 그것이 편익을 주는 것이면 본래의 대상자 이외도 그것을 요구하는 일이 있을 것이다. 이런 조건 아래서 행해지는 집행의 용이함을 좌우하는 요인으로서는 다음의 네 가지를 들 수 있다. ① 대상자의 확정이 쉬운 것, ② 대상이 되는 행위를 보충하는 포인트, 말하자면 관문이 존재하는 것, ③ 위반에 대한 불이익을 부과할 수 있는 것, ④ 사회·경제의 측의 수락이 있는 것이다(후드 2000).

네 가지 포인트를 좀 더 구체적으로 설명하자. ① 예를 들어 금주법을 제정한들, 용이한 주조 방법이 일반적으로 널리 알려져 있다면 단속 대상자를 확정하는 건 어렵다. 이에 대해서, 예를 들어 자동차를 제조하는 데 있어서 사용할 수 있는 금속에 규제를 가하는 경우 대상이 되는 자동차 메이커는 확정하기 쉽다.

② 자동차 보유자에 대한 강제보험(자동차손해배상책임보험)은 그것을 납부하고 있다는 증명이 없으면 차량의 검사를 통과하지 못하기 때문에 미가입자는 거의 전무하다(반대로 차량 검사 제도가 없는 원동기가 달린 오토바이의 경우 가입율은 7할 정도라고 한다). 전당포를 경찰이 관할함으로써 도난에 대한 단속을 쉽게 하려고 하는 것이나 농산물의 유통에 대한 규제가 느슨해짐으로써 농작물 도둑이 다발하게 된 것은, 현금화할 수 있는 포인트(장소)를 정부가 통제하는 것의 중요성을 잘 나타내 보인다.

③ 규제를 가해도 벌칙이 없으면 위반의 억제는 어렵다. '술은 20세부터'라고 하지만, 음주한 미성년자에 대한 벌칙은 없다(판매자나 친권자는 처벌 대상). 한편, 위반했을 경우의 불이익은 처벌만이 아니다. 예를 들어 출생 신고를 하지 않는 것은 호적법의 벌칙 이상으로, 그 후의 교육이나 사회 보장, 선거권 등을 상실하는 것이 준수의 유인(誘因)이 된다.

④ 공장이 소음규제법을 위반하는 행위를 하면 주변 주민으로부터의 통보가 있겠지만, 자동차가 제한 속도를 다소 웃돌고 있다고 통보가 있는 것은 거의 없을 것이다. 그 규제의 의의가 사회적으로 수용되고 있을수록, 위반자에 대한 사회의 눈도 엄격하고 행정에 의한 단속을 서포트해 준다. 주민 사이의 상호 감시가 엄격한 사회에서는 행정의 정책 시행은 용이하다.

위반자의 유형과 대응 전략

규제 정책이 효과를 발휘할지 어떨지는 규제에 대한 위반행위를 어느 정도 억제할 수 있을까에 달려있다. 거기에는 위반자가 위반하는 이유에 상응하는 대응을 취할 필요가 있다. 이 점을 정리한 후드의 연구에 근거하여 위반자의 유형과 적절한 대응을 정리한 것이 표 16-1이다(후드 2000).

표 16-1 ▸ 위반자 유형과 대응 선택지

위반자 유형	주지 (정보)	물리적 제지 (금전)	제재 (권한)	적응 (인원)
선의	유효	유효	경우에 따라 부작용	효과 없음
기회주의	효과 없음	유효	유효	효과 없음
이의신청	효과 없음	효과 없음	경우에 따라 역효과	경우에 따라 유효

[출처] 후드 2000: 제3장에서 필자 작성.

룰의 존재나 내용을 모르는 위반자에 대해서는, 우선은 룰을 알리는 것이 적절한 대응이 될 것이다. 갑자기 제재를 가하는 것은 경우에 따라서는 행정이나 정부에 반발을 강하게 할 수도 있다. 이것에 대해서 적발된다면 준수하지만, 적발되지 않는다면 위반하려는 기회주의자는 룰의 존재를 안 다음 위반을 하고 있으니까, 이미 알려진 전략은 효과가 없다. 확실히 제재를 가하는 것이 유효하다.

이것들 양자에 관해서는, 물리적으로 위반이 곤란한 상태를 만들면, 예를 들어 통행금지 도로에 가드레일을 설치하면 일부러 위반을 하지 않을 것이다. 그러나 룰의 정당성 자체를 부정하고 있는 위반자라면 가드레일을 치우고라도 통행할 것이다. 이러한 이의 제기에 대해서는, 룰을 위반하는 이유를 묻는 적응 전략이 필요한 경우도 있다. 정부의 결정이나 행정의 활동이 무오류가 아닌 이상, 사람들 측에 정책의 집행을 되물을 기회를 마련하는 것이, 룰은 룰이므로 유무를 말하게 하지 않고 따르게 한다고 하는 것보다도 적절한 전략일 수 있다.

이와 같이 위반을 범하는 이유에 따라서 적절한 행정의 대응은 다르다. 예를 들어, 노동기준법이나 노동안전위생법에 설치되어 있는 규제에 관해서, 일본의 노동기준 감독기관은 원래 형사 처분도 가능한 권한을 가지고 있었지만, 1990년대 무렵까지 위반을 적발해도 권고 등에 멈춘 경우가 많았다. 그러나 근래에는 처벌을 단행하는 사례가 증가하고 있다. 이것은 과로사의 증대 등을 받아들여, 서비스 잔업 등이 사회적으로 문제시되게 된 적도 있으며, 사용자 측의 위반 이유를 기회주의적 이유라고 생각하지 않을 수 없게 되었기 때문이라고 말할 수 있다.

규제 대상자의 수나 성질에 따라서 위반자의 성격은 상당한 정도 규정된다. 대상자가 한정적이며, 장기적으로 대상자로 계속 남아있다고 하는 경우는, 위반을 범한 사람이 선의라고는 생각하기 어렵지만, 규제가 복잡하면 그 가능성은 제로는 아니다. 예를 들어 환경 규제의 경우 등 규제 대상 물질을 배출하는 사업자가 명확하고, 또한 그것들은 폐업하지 않는 한 대상자로 계속 남아있는 것이기 때문에 자발적인 규제의 준수로 유도하는 것을 행정은 좋아한다. 특히 일본의 행정기관은 규제 대상자와의 장기적 관계를 중시하고, 위반을 적발한 경우도 적응 전략을 취하는 것이 많다(히라타 2009). 이에 대해서 소득세법 위반의 이른바 탈세 행위의 경우, 대상자의 수가 극히 많아 위반행위를 한 사람 중에도 다양한 여러 이유로 위반을 범한 사람이 포함되어 있다. 이러한 경우에는 적절한 대처를 취하기란 어렵다.

즉 위반자에게는 복수의 타입이 존재하지만, 그 어느 것인가 하는 것은 행정 측에는 알 수 없다고 하는 정보의 비대칭성이 집행 문제의 근저에는 있다. 그리고 위반자 측은 의도적으로 자신의 유형을 속일 수 있다. 실제로는 기회주의자인 사람이 선의의 위반자를 가장하거나 이의 제기 유형인 것처럼 행동하거나 한다. 따라서 확실히 사람들에 의한 정책 집행에의 이의 제기에도 의의는 있어, 때로는 룰을 다시 보는 것은 유효하지만, 그것을 역이용할 가능성도 고려하지 않으면 안 된다. 정보의 비대칭성을 해소할 수 없는 경우에는, 적응 전략은 일절 취하지 않는 것이 바람직한 결과를 낳기도 한다. 위반자의 유형 분포와 그 선별 가능성에 따라 어느 대응을 취해야 할 것인가 하는 전략은 달라진다.

정책 효과 확정의 어려움

이와 같이 정책 효과는 정부와 민간 부문의 상호작용으로부터 만들어진다. 이때문에, 정책 효과가 무엇인가를 확정하는 건 어렵다. 그 어려움을 낳는 요인을 정리해 두자. 첫째, 정책을 시행하는 것의 직접적인 효과 이외에 간접 효과도 존재하는 것이다. 둘째, 정책의 수혜자가 되는 사람들이나 기업이 정부의 활동에 대해서 반응·대응하고, 거기에 따라 정책의 효과가 변동하는 것이다. 셋째, 사회나 경제 상태는 해당 정책 이외에 다양한 요인의 영향을 받고 있다.

간접적인 정책 효과에 관해서 쓰레기 처리라는 사례로 생각해 보자. 정책 산출은 매립이나 소각에 의한 처분, 자원 쓰레기에 대한 리사이클 등이다. 그리고 그 효과는 지역의 위생 상태 외에 처분장 주변의 환경의 변화나 소각에 수반하는 대기의 변화를 포함한다. 도시 연안의 매립지도 정책 효과의 일부라고 할 수 있다. 한편, 리사이클의 정도는 전체적인 환경 부하의 정도를 변화시킬 것이다. 폐기물 처리 행정 전체를 볼 때, 그 산출 범위는 넓어져 효과에 이르러서는 그 외연을 확정하는 것조차 곤란하다.

정책 효과에는 사람들의 생각이나 감각도 포함될 수 있다. 게다가 사람들은 명시적으로 의식하고 있지 않는 경우도 포함하며, 산출을 감지하고 평가하여 거기에 상응한 대응을 취한다. 그것이 점점 더 정책 효과를 확정하기 어렵게 만든다. 예를 들어 경찰 서비스의 정책 효과는 객관적인 안전의 정도에 더해 사람들의 안심감이기도 하다. 2000년대 일본에서는 객관적 데이터로서의 범죄율이나 범죄 건수는 저하되고 있음에도 불구하고 사람들이 체감하는 치안은 악화되었다. 그것은 110번 신고를 증가시켜 파출소의 부재 시간을 늘리는 것으로 사람들의 안심감을 해친다. 그러나 사람들은 스스로가 그런 상황을 만들어 냈다고는 좀처럼 생각하지 않는다.

이 그 밖에도 정책 그 자체가 기업이나 사람들 측 반응을 유도하여, 그것이 정책의 효과를 지워 버리는 경우가 많다. 예를 들어 정체를 해소하기 위해서 도로를 건설하면 일시적으로 정체는 해소되지만, 정체를 싫어하여 전철을 타고 다니던 사람들이 자동차의 이용으로 전환하므로, 다시 도로는 혼잡해지기 시작한다고 하는 것은 종종 볼 수 있다. 한층 더 간접 효과에 관해서는 그것이 발생하기까지 시간이 걸리는 것도 많다. 이 타임 러그(시간의 차이)가 존재하기 때문에 단기적 효과와 장기적 효과에는 어긋나는 점이 생긴다.

마지막으로, 사회나 경제의 변화를 일으키는 요인은 정책 활동만이 아니다. 오히려 사회나 경제의 자율적인 요인에 의한 변화도 크다. 예를 들어 화재 발생 건수의 감소라고 하는 결과는, 한편으로는 소방서에 의한 철저한 건축물 확인의 효과일지도 모르지만, 다른 한편으로는 (경제의) 호황에 따라 방화가 감소한 영향인지도 모른다.

정책 효과의 불확정성 귀결

이와 같이 정책 효과의 확정은 어렵기 때문에, 무엇을 그 범주에 포함할 것인지를 명확하게 하지 않으면 논의는 혼란할 뿐이다. 자신이 상정하는 정책 효과와 같은 것을 다른 사람이 상정한다고는 할 수 없고, 정부가 정책 효과로서 상정하고 있는 것도 우리의 상정과 다른 것이 많다. 반대로 말하면, 당사자인 정부나 그 정책의 대상자가 상정되어 있는 것 외에도, 정책의 효과는 미칠 수 있다. 그러므로 당사자가 설정하는 정책 목표나 그 평가 활동과는 별도로 제삼자가 정책 효과를 관찰하는 것은 의미를 지닌다.

실제로 1980년대 이후 행정의 변화는 정책 효과로서 무엇을 기대하는지, 그것은 어떻게 파악할 수 있는가 하는 점에도 나타나고 있다. 삶의 질 지표나 생활의 질이라고 하는 다양한 사회지표의 작성이 증가하였다(레인 2017). 객관적으로 파악하기 어려운 부분을 포함하기 위해서, 시민 만족도와 같이 정책 수혜자의 주관적 평가를 이용하는 사례도 증가하고 있다(노다 2013).

이러한 정책 효과 및 정책 목표의 다의성이 정부 부문의 특징이다. 이것은 이윤의 획득이 절대적인 목표가 되는 기업과의 차이이다. 기업이 이윤 획득 밖에 목표로 하고 있지 않다고 하는 건 아니지만, 장기에 걸쳐 이윤을 낼 수 없는 기업은 시장으로부터 도태된다. 그러나 정부의 경우는 그 목표의 달성이 존속 조건이 되는 단일 목표는 존재하지 않는다. 따라서 그 정책에 대한 찬성이나 반대 입장이 정책 효과로서 무엇을 상정할 것인가에도 영향을 미친다. 정책의 귀결을 파악하는 작업도 어떤 종류의 정치적 행위라 하겠다.

3. 정책 평가

정책 평가란 무엇인가

정책의 귀결을 생각하는 것은 정책을 평가하는 첫걸음이다. 그리고 정책의 평가는 정책의 재검토나 정부 활동에 개선의 기초가 된다. 공공서비스에 있어서는 수급을 자동으로 조정하는 가격 메커니즘은 없으므로 정책을 평가하여 정부 활동의 투입·산출·효과를 끊임없이 재검토할 필요성은 높다. 정책 평가란 넓게 정부에 의한 통치의 현황과 그 귀결에 대해서 어떤 기준에 근거하여 그 가치를 판단하는 것이다. 판단하기 위해서는 판단의 기초가 되는 정보가 필요하고, 그러한 정보를 수집하는 작업도 정책 평가라고 하는 활동에는 포함된다. 이하에서는 정책 평가에 관하여 누가, 언제, 무엇을, 어떻게 평가하는가 하는 네 가지 관점을 이용하여, 그 요소나 제도 설계의 포인트를 명확히 하자(야마타니 2006).

누가 누구를 위하여 평가하는가

첫째 시점은 누가 누구를 위한 평가를 하는가 하는 점이다. 이 점을 생각하는 데 중요한 것은 다음 두 가지이다. 하나는 정보의 비대칭성이다. 평가의 기초에는 투입·산출·효과에 관한 정보가 필요하다. 정책 시행 주체만이 이 정보를 보유하고 있는 것은 많다. 또 하나는 평가 시점의 외부성이다. 해당 정책을 통해서 무엇을 목표로 할것인가에 의해서 평가 결과도 바뀐다. 실시 담당자에게 있어서는 업무의 원활한 종료가 목표일지도 모르지만, 외부에서 보면 정책 효과가 어떻게 될 것인가에 관심이 모일 것이다.

이러한 두 점을 고려하면서, 제도적인 선택지로서는 내부인가 외부인가가 포인트가 된다. 정책을 시행하는 주체에 가까울수록 내부성이 강하고, 거기로부터 멀어질수록 외부성이 강해진다. 정보 수집의 용이함과 평가 시점의 외부성에는 상충 관계가 있으며, 내부성이 강할수록 정보 수집은 용이하지만, 평가 시점을 외부에 두는 것은 어려워진다. 정리하면, 표 16-2에서 든 정책 평가의 여러 형태가 생긴다.

표 16-2 ▸ 정책 평가의 주체

	내부	혼합	외부
이점 · 결점	정보 입수 용이 · 시점이 외부에 성립 안 됨		정보 입수 곤란 · 외부의 시점
구체적인 예	실시 기관에 의한 정책 평가	평가 기관에 의한 정책 평가 · 회계 검사	시민 옴부즈맨

동일한 관점에서 행정통제의 네 가지 유형을 제시한 것이 길버트의 논의이다. 평가 주체의 내재성과 외재성이라고 하는 축에 더해 그 통제가 제도화되고 있는지 아닌지라고 하는 축으로부터 만들어지는 네 개의 유형에 주목한다. 여기서 말하는 내부란 행정 조직의 내부이므로, 제도화된 내부 통제의 예가 정책 평가나 감사가 되며, 실시 기관의 자기 점검이 비제도적인 내부 통제의 예가 된다. 제도화된 외부 통제는 정치가에 의한 결산이 예가 된다. 시민 옴부즈맨은 비제도화된 외부 통제의 예가 되겠다(Gilbert 1959).

내부성의 강한 평가는 정보 수집의 비용도 싸고, 결과의 재검토도 용이하다 라고 하는 메리트가 있지만, 그것을 실시하는 인센티브는 약하다. 부단히 조직의 본질을 재검토하는 것은 수고가 드는 것이며, 실시 조직이 자발적으로 그것을 실시한다는 보증은 없다. 이에 대해서 외부성의 강한 평가는 내부의 평가에서는 놓치기 십상인 다른 시점에서 평가할 수 있다고 하는 메리트가 있지만, 행정의 개선으로 연결되지 않는 다른 목적으로 흐르기 쉽다. 정치가나 정당에 의한 평가는 자신의 정책 결정에 대한 책임을 회피하고, 행정에 그 책임을 지게 하기 위해서 행해지기도 한다. 시민에 의한 정책 평가는 행정 조직을 개선하기 위해서가 아니라, 비판하는 것 자체가 자기 목적화되어 있기도 하다.

그러므로 정책 평가의 중심이 되는 것은 평가를 위한 전문 조직을 두는 것으로, 내부성과 외부성의 중간적인 형태를 선택하게 된다. 정보의 비대칭성의 해소와 관점의 외부성 확보의 양쪽 모두를, 그 나름대로 충족하기 위해서는, 정부 내부에 실시 기관과는 별개의 독립성을 가진 평가 전문 기관을 설치하는 것이 적절한 선택일 것이다.

정책 평가, 시책 평가, 사무 사업 평가

둘째, 정책의 어느 부분을 평가하는가 하는 문제를 생각해 보자. 넓은 의미에서 정책은, 정책, 시책, 사업이라고 하는 형태로 세분화·구체화되면서 또 전체가 하나의 체계를 이루듯이 구성되어 있다(☞제15장). 따라서 평가할 때도 어느 단계를 평가의 단위로 할 것인가에 관해서는 선택지는 세 가지가 있다. 사업 레벨에서 평가하는 것이 투입과 산출의 측정은 쉽게 되지만, 사업 단일체로서 효과를 측정하는 건 어렵다. 반대로 정책 레벨에서의 평가는 효과를 측정하려면 필요하나, 그 투입과 산출을 측정하는 건 어렵다.

예를 들어 소방 정책에서는 시책으로서 현장에서의 소화와 예방의 두 가지가 주요한 것이 된다. 전자의 사업에는 소방서나 소방차 등 설비의 정비, 소방대원을 고용하여 훈련하는 것, 소방단의 정비와 제휴 등, 후자의 사업에는 방화를 위한 건축물의 기준 설정, 방화·소방 설비의 설치 상황의 검사, 화재 원인 조사, 방화 억제를 위한 지역에 정보 제공 등이 있다. 정책에서 사업으로 구체화할수록 투입과 산출의 측정은 쉽게 되지만, 정책 효과로서의 화재 건수는 복수 사업의 결과로서밖에 파악되지 않는 것을 알 수 있을 것이다.

따라서 정책 평가, 시책 평가, 사무 사업 평가를 구분하여 사용하는 것은 평가의 목적에 따른다. 행정의 효율화를 도모하기 위해서 쓸데 없는 부분을 밝혀내려면, 사무 사업 평가가 적절하다. 이에 대해서 행정의 본질을 크게 바꾸려고 하는 경우는 정책 평가가 유효하게 된다. 예를 들어 일본의 정책 평가법에서는 규제의 사전 평가가 요구되게 되었다.이러한 부처 횡단적인 평가의 틀을 마련함으로써 안이한 규제의 신설을 억제하는 효과를 발휘할 수 있었다.

평가의 기준

셋째, 평가의 기준이다. 정책 활동을 구성하는 투입, 활동 프로세스, 산출, 효과라고 하는 요소 가운데, 어떤 것을 대상으로 하여 평가해야 할 것인가. 대답은 간단한데, 투입과 정책 효과의 비율을 봐야 하는 것이라고 생각할지도 모른다. 정책이 최종적으로 얼마나 우리의 사회나 경제에 좋은 효과를 가져왔는지가 중요하다. 그리고 정부 부문이 사회·경제로부터 조달하는 자원은 적은 것이 바람직하다. 확실히 만약 가능하면 투입물과 정책 효과의 비율을 보는 것이 바람직한 정책 평가의 기준이 된다.

그러나 투입과 정책 효과의 비율을 복수의 정책 수단에 대해 파악하는 것은 실제로는 불가능하게 가깝다. 어떤 정책 활동의 영향을 받아 생긴 사회나 경제의 변화 원인을 확정하는 건 어렵다. 그것을 확정할 수 있었다고 하더라도 구체적으로 어떠한 지표로 파악하는가 하는 문제도 남는다. 예를 들어, 어떻게 하면 도서관 행정의 효과로서 사람들의 교양·지식의 향상을 적절히 파악할 수 있을까?

투입에 관해서도 확실히 이미 실시된 정책 활동에 관해서 자원의 소비량을 측정하는 건 비교적 쉽다. 그러나 실제로 실시되고 있지 않는 방식으로 실시했을 경우, 얼마나 자원이 필요하게 되는지를 추측하는 건 어려운 작업이다.

이러한 곤란이 있으므로, 실제로 정책 평가에서 이용되는 평가 대상은 투입과 효과의 비율의 비교가 아니고, 다음의 네 종류가 된다. 첫째, 투입의 양 그 자체이다. 이것을 가능한 한 줄이는 것을 경제성(economy)의 기준이라고 부른다. 둘째, 투입과 산출의 비율이다. 이것을 가능한 한 높이는 것을 효율성(efficiency)의 기준이라고 부른다. 셋째, 효과 그 자체를 대상으로 하는 것이다. 일정한 기준을 설정하여, 그 이상의 효과가 나타나고 있는지 어떤지를 판단하는 것을 유효성(effectiveness)의 기준이라고 부른다. 넷째, 투입으로부터 산출에의 전환 프로세스를 평가 대상으로 하는 것이다.

이것은 위의 세 개의 기준과 달리 양적인 평가는 아니고 질적인 평가를 하는 것이며, 절차적 기준이라고 부른다. 이것들 네 가지 기준은 서로 반드시 배타적이지 않고 또 서로 정합한다고도 할 수 없다. 따라서 평가의 목적에 따라서 기준을 선택하는 것이 소중하다.

경제성, 효율성, 유효성

투입의 양을 비교하려면, 실시되고 있지 않은 정책 수법에 대한 추측이 필요하다. 거기에 전념하는 것이 경제성의 기준에 근거하는 평가이다. 달성물을 고정하고, 그것을 보다 적은 자원으로 산출하는 방법이 없는가를 생각함으로써, 현상의 개선을 도모하는 실효성 높은 방법이다. 재정 적자의 증대 등을 앞에 두고, 자원 절약이 어쨌든 필요한 경우에는, 이 기준에 근거한 평가가 의미를 가진다.

효율성의 기준은 정책 효과는 아니고 산출을 대상으로 하는 것으로, 측정의 곤란함을 줄이면서, 복수의 정책 수법을 비교하는 것이다. 이에 의해 현실적으로 가능한 범위에서, 가능한 한 많은 요소를 평가에 짜넣을 수 있다. 몇 안 되는 투입의 추가로 큰 산출의 증대를 바랄 수 있는 경우를, 경제성의 기준은 잘 평가할 수 없지만 효율성의 기준에서는 그것이 가능해진다. 말하자면 '싼 게 비지떡'과 같은 상황을 피하기 위해서는 효율성 기준이 필요하게 된다.

정책 효과를 대상으로 하면서 실질적인 평가가 가능한 방법으로 평가하려고 하는 것이 유효성의 기준이다. 복수의 투입에 대한 비교를 단념하고, 미리 설정한 목표치를 충족하는지 아닌지에 의해서 평가하는 것이 그 방법이다. 하나의 대표적인 예는 비용·편익분석(cost benefit analysis)이다. 비용 대비 효과 분석으로 불리는 경우도 많다. 이것은 투입과 효과를 모두 금전으로 환산한 다음, 그 비율을 보는 것이다. 예를 들어 도로 건설의 경우는, 단축되는 시간에 평균 임금을 곱한 것, 거기에 따른 연료비의 절약분, 그리고 교통사고의 감소로 구해지는 생명을 금전으로 평가한 것 등을 합계하여, 그것이 건설비를 웃도는지 아닌지를 판단하는 것이다.

비용·편익 분석 이외에 구체적인 사회·경제적 상태에 관한 목표를 설정하고, 그것을 기준으로 하는 방법도 있다. 예를 들어 연간 자살자를 3만 명 이하로 한다고 하는 목표를 설정하고, 그것을 달성할 수 있는지 아닌지에 의해서 유효성을 평가하는 것이다. 이러한 목표 설정을 정량적인 형태로 명시적으로 실시하는 것을 벤치마크라고 부른다. 게다가 다른 자치단체나 정부와의 비교를 받아들이는 것을 벤치마킹이라고 부르며 구별하기도 한다. 다만 정책 효과는 아니고 산출을 대상으로 하더라도, 정량적이고 명확한 목표를 설정한다면, 벤치마크나 벤치마킹이라는 용어를 사용하는 경우도 많다.

이것들 세 개의 기준에 의해 양적인 평가를 할 수 있다면 그보다 나은 것은 없다. 그러나 거기에 어려움이 있는 것도 지금까지 살펴본 바와 같다. 그래서 행정에 대한 최소한의 요청으로서 투입에서 산출에 이르는 부분, 즉 행정 활동을 정해진 절차대로 시행하고 있는지를 평가 기준으로 하는 것을 생각할 수 있다. 이것이 절차적 기준이다. 합법성, 합규범성이 그곳에서는 요구된다. 예를 들어 회계 검사 등에서는 정해진 절차에 따라 지출하고 있는지를 확인하는 것이 가장 중요한 작업이 된다.

평가의 시점

정책 평가를 보는 네 번째 포인트는 언제 평가하는가 이다. 정책 시행 전에 실시하는지, 시행 후에 실시하는지 하는 두 가지로 나눌 수 있다. 전자를 사전 평가, 후자를 사후 평가라고 부른다. 환경 영향 조사는 전자의 예이며, 후자의 예로서는 사무 사업 평가를 들 수 있다.

사전 평가는 정책을 한 번 개시해 버리면 원상회복이 곤란한 경우나, 많은 자원이 필요하고, 중단하면 허사가 큰 경우에 그 필요성이 증가한다. 그러나 산출물이나 정책 효과를 예측하는 것은 사후적인 측정보다 훨씬 어렵다. 게다가 사전 평가와 자원 배분이 연결되어 있고, 더구나 예측이 빗나간 것에 대해 처벌이 없는 경우, 사전 평가는 비뚤어진 것이 된다. 과잉 수요예측에 근거한 공공사업의 정당화가 그 예이다.

이것에 대해서 사후 평가는 벌써 실제로 산출물이나 효과가 발생하고 있으므로, 측정은 사전 평가보다 쉬워진다. 그러나 해당 사업은 종료되어 있으므로 그것을 이후의 행정 운영에 활용하지 않는다면 평가는 소용없게 된다. PDCA(plan-do-check-action) 사이클이라 불리듯이, 정책 평가의 결과를 피드백하고, 다음의 행동에 연결하는 것이 중요하다. 구체적으로는 다음의 시점에서 자원의 배분, 특히 차년도 예산에의 반영을 생각할 수 있다. 행정의 본질을 재검토하는 작업과 연결하여, 보다 넓은 행정 평가에 확장해 나가는 일도 있을 수 있다.

어려운 점은 평가와 자원 배분을 연결하면 행정기관은 평가 결과를 높이려고 하지만, 그것을 위한 수단은 바람직한 것이라고는 할 수 없다는 것이다. 사전의 목표 설정을 낮게 설정하거나 산출물이나 효과의 증가 등에서 시작하여, 끝은 다양한 행정 활동 가운데 평가의 대상이 되는 부분에만 에너지와 시간을 집중하거나 한다. 이러한 '전략적 대응'에 의한 일그러짐을 억제하면서 평가의 결과를 행정의 개선에 연결하려면, 평가 결과를 단기에 징벌적으로 이용하지 않고, 중장기적인 재검토 기간을 확보한다고 하는 제도 설계가 필요하다(뮐러 2019).

NPM과 정책 평가

지금까지 네 개의 포인트로 나누어, 정책 평가에 대해 살펴보았다. 여기에서 알듯이, 본래 정책 평가란 사전/사후, 양적/질적, 사업/시책/정책에 걸친 폭넓은 개념이다. 그러나 1980년대 이후에 정책 평가의 도입이 진행된 것은, 재정 악화 등 정부의 실패가 표면화한 것을 배경으로 하고 있다. 행정의 쓸모없음이 어디에 있는지를 밝혀내는 수법으로서 사무 사업 평가 등 사후 평가의 구조에 관심이 집중되게 되었다. 이 때문에 사업 레벨의 사후적, 계량적 평가가 80년대 이후 정책 평가의 중심적인 존재가 되어 있다. 60년대의 정책 평가가 사전 평가를 중심으로 한 것과는 대조를 이루고 있다.

정책 평가는 NPM(신공공관리)의 중요한 일부를 구성하고 있다. NPM의 중심에는 정책의 달성 목표를 명확하게 함으로써, 외부 혹은 행정의 시행 기관과의 사이에 계약하고, 시행에 재량을 부여하면서 사후적으로 목표의 충족을 확인하고, 필요에 따라서 처벌한다고 하는 모델이 있다. 이것은 사후적인 유효성 평가를 할 수 있다는 것을 전제로 하고 있다.

NPM 이후의 사후 평가를 통한 외부 평가의 중시는, 행정책임으로서 어카운터빌리티의 강조에도 연결된다. 그곳에서는 카운트할 수 있다. 즉 측정할 수 있다는 것이 중시된다. 뒤집어 말하면 측정할 수 없는 걸 통해서 행정 자신이 재검토하는 것이 중시되지 않는 것은 행정에 리스폰시빌리티를 요구하지 않는 자세와도 연결된다.

4. 정책 평가의 실제

회계 검사와 행정 감찰

1990년대까지 일본의 중앙 부처에서의 정책 평가는 회계 검사와 행정 감찰을 두 개의 기둥으로 해왔다. 회계 검사원은 1880년 3월에 설치되어 메이지 헌법하에서도 천황 직속의 기관으로서 독립성이 규정되고 있었다. 일본국 헌법에도 삼권으로부터의 독립이 명기되어 있다. 검사 대상은 행정 기구뿐만 아니라 국회, 최고재판소, 특수법인이나 인가법인에도 미쳐, 총수는 3만을 넘는다. 의사결정기관은 국회의 동의를 요하는 3명의 검사관이 구성하는 검사관 회의이다. 덧붙여 말하면 사무총국이 있고, 직원 정원은 1,250명(2022년 1월 현재), 대부분은 논커리어 조사관이다(니시카와 2003). 회계검사원은 서면 검사와 현장검사를 하고 있다. 전 대상 기관의 몇 퍼센트(%)가 현장검사의 대상이 된다. 조사 대상 기관에는 관련 서류의 제출 의무는 있지만, 벌칙 규정은 없으므로 검사 대상의 협력은 중요하다. 검사 기준은 원래, 절차적 기준에 따라왔다. 정확성·합규범성을 추궁해 왔다. 그러나 근래에는 3E로 불리는 경제성, 효율성, 유효성 기준도 도입되고 있다. 검사 보고는 예를 들어 2020년도 결산에 대해 210건, 약 2,100억 엔의 지적 사항을 들고 있다. 이것이 국회에 보내져 국회에 의한 결산 심사의 참고가 된다.

한편, 행정 감찰이란 사업의 실시 상황에 관해 행정이 내부에서의 점검, 평가하는 것을 의미한다. 전후의 중앙 부처에서는 행정관리청, 총무청, 그리고 총무성 행정 감찰국이 이것을 관할하며, 각 성의 업무 실시에 대해 개선 권고에 손을 대왔다.

지방정부의 사무사업평가의 융성

1990년대에 들어오면 정책 평가의 본격적인 도입이 지방정부에서 선행하여 시작되었다. 재정의 감축기를 맞아, 처음으로 정책 평가에의 관심이 집중되었다고 말할 수 있다. 재정 감축에의 대응으로서 개시된 적도 있고, 사무 사업 레벨에서의 사후 평가가 중심이 되었다. 미에현의 사무사업평가, 홋카이도의 타임어세스먼트 등은 그 대표적인 예다. 후자에 관해서는 통상은 사전 평가에 이용되는 어세스먼트라는 용어를 이용하고 있지만, 토마코마이 공업용 수도 사업 등 구체적인 사업을 재검토하기 위한 것이며, 사무사업 레벨의 사후 평가이다.

　그 이후 평가의 대상이나 수법은 점차 확장되었다. 지방정부의 경우는 고객에게 직접적으로 공공서비스를 제공하는 성격이 강하기 때문에 코스트 의식이나 고객 만족도가 강조되고, 수치목표를 설정하여 예산 편성과 연동시키는 움직임이 강하다. 구체적으로는 밸런스·시트(대차대조표)나 발생주의 회계 혹은 벤치마크의 도입이라는 움직임이 보인다. 예를 들어 시즈오카현의 업무 재고 조사는 정책 효과를 출발점으로 하여, 그것을 낳는 사업의 정리를 파악하면서 수치 목표의 설정과 실적을 평가하고 있다. 때때로, 행정에의 불신으로부터 빠짐없이 동시에 수치에 의한 평가를 매년 시행함으로써 행정의 재량을 줄인 형태로서의 사무사업평가가 이용된다. 재정 삭감기에 도입된 것으로, 낭비를 삭감하기 위한 수단으로 이용되기 쉽다. 또한 행정의 재무나 의사결정 수법을 재검토하고 있으며, 정책 평가라고 하여 행정의 본질에 연결하는 행정 평가의 발상이 강하다. 뒤집어 보면, 정책을 단위로 하여 단년도를 넘어 그 실현 수단을 행정 자신이 재검토한다고 하는 프로그램 평가의 발상에는 거리가 멀다(야마타니 1997, 2006, 2012).

중앙정부의 정책 평가 도입

　중앙정부에서도 1990년대가 마지막을 맞이할 무렵에는 정책 평가의 도입이 어젠더에 오른다. 하시모토 류타로(橋本龍太郎) 수상은 1997년에 공공사업의 비용 대비 효과 분석을 요구하는 지시를 내리고, 동년 12월 행정개혁회의 최종보고에서는 정책 평가의 도입이 포함된다. 99년부터는 총무청 행정 감찰국을 중심으로 준비가 진행되어 2001년에는 정책 평가법이 제정되었다. 총무청이 자치성과 통합되어 총무성이 되는 가운데, 행정 감찰국을 행정 평가국으로 재편하여, 거기가 정책 평가법을 통해 다른 부처에의 사후적 통제를 가하는 것은, 총무성에서의 조직 이익의 확대이기도 했다(신도 2004).

　정책 평가방법에서는 원칙적으로 각 부성을 평가 주체로 규정하고, 기본방침에 따라서 정량적으로 필요성, 효율성, 유효성이라는 관점에서 평가할 것을 요구하고 있다. 총무성은 평가의 통일성이나 객관성을 확보하기 위해 평가하는 것으로 되고, 자료 제출 요구나 조사, 권고의 권한이 주어졌다. 예산이 10억 엔을 넘는 공공사업, 정부개발원조(ODA) 사업, 연구 개발 사업의 세 분야에 관해서는 사전의 비용편익 예측이 의무 지워졌다. 규제에 관해서는 의무 부여가 보류되었지만, 2004년부터 규제 영향평가가 시행되어, 07년 10월부터 규제의 신설 개정 폐기에 즈음해서는 사전 평가가 의무 지워졌다.

중앙정부의 경우는, 사후 평가를 중심으로 하는 지방정부와는 달리, 사전 평가가 상당한 비율을 차지하고 있다. 이것에 행정 감찰을 새로 단장하여 평가 기준을 유효성 등에도 확대한 사후 평가가 더해졌다. 게다가 프로그램 평가의 측면을 가진 종합 평가 방식도 도입되고 있으며, 세 가지 유형의 평가가 병존하고 있다(난지마 2020).

이에 더하여 정치 측에서의 움직임이 더해진다. 민주당 정권에서는 사업 구분이라 칭해지는 사무 사업 평가가 도입되었다. 이것은 행정 사업 리뷰라고 이름을 바꾸어 매년, 실시되게 되었다. 사업을 단위로, 예산 요구의 단계에서 지금까지의 성과를 파악하여, 실시 부국의 재검토를 촉진하고자 하는 것이다. 그러나 이것들 모두에 있어서 결국은 실시 부국이 스스로를 평가하는 이상, '자신의 이익이 되도록 꾸미는' 평가라는 비판도 있다(니시데 2020).

5. 정책의 실패와 정부의 축소

정부의 실패와 사람들의 반응

마지막으로, 정책의 실패란 어떠한 사람들의 반응을 불러일으키는가, 그것이 무엇을 가져오는가 하는 문제를 생각해 보자.

실패의 예를 몇 가지를 들어보자. 일본은행은 1970년대 전반의 인플레를 억제할 수 없었다고 하는 경험으로부터, 소비자 물가의 상승을 주시함으로써, 70년대 후반의 제2차 석유 위기에는 조속한 대응을 취할 수 있었다. 그러나 이러한 소비자 물가의 중시는 다른 지표의 간과로 연결된다. 그것이 1980년대 후반 이후 버블 경제기의 자산 인플레의 발생을 경시하는 결과가 되었다(가미카와 2005). 혹은 오랫동안 우편 사업을 중심적인 업무로서 온 우정성의 입장에서 통신은 80년대에 간신히 대응할 수 있는 분야가 되어, 제2차 임시행정조사회에 의한 민영화를 받아들여, 공사 형태를 고쳐 규제를 가하는 방향으로 전환하였다. 그러나 거기서 충분히 경쟁적인 시장을 정비할 수 없었다. 이것은 결과적으로 일본이 정보기술(IT) 혁명에 늦어진 요인의 하나가 되었다고 여겨진다(다카하시 2009).

이것들은 모두 그 후의 일본 사회에 큰 영향을 주어, 그런 의미에서 행정의 책임은 무겁다. 그러나 단순한 능력 부족이라고 하는 것보다도 과거의 경험 특히 성공의 경험에 묶여있었던 탓이지만, 결국 실패라고도 할 수 있다. 이러한 경향은 정부가 불확실성을 회피하려고 하면 한층 더 강해진다. 그리고 정부가 어느 정도 리스크를 회피하려고 할 것인가는 정부의 실패에 대해서 어떤 벌이 가해질 것인가에 따라 규정된다. 자신이 좌우할 수 없는 요인에 의한 정책의 실패라 하더라도 그 책임을 추궁당한다면, 정부의 리스크 회피 지향은 더욱더 강해진다.

정부가 리스크를 취하는 것을 사람들이 알고 있었다고 해도, 결과적으로 실패했을 경우, 정부를 비난하지 않고 있기란 어렵다. 그러나 실패라고 하는 결과만이 보이고, 그 원인을 모르는 경우, 어떻게 책임을 지게 할 것인가는 어렵다. 모든 실패의 원인을 행정의 노력이 부족하다고 한다면, 행정은 노력하는 인센티브를 잃을 것이다. 혹은 실패했을 때는 그것을 은폐하려고 할 것이다. 그러나 확실히 행정의 능력 부족이나 노력 부족이 실패 원인이라고 하는 경우도 있다. 정보의 비대칭성을 이해한 다음, 적정한 상벌을 주는 것이 정부의 실패를 줄여 가기 위해는 불가결하다.

작위와 부작위의 비대칭성

정부에 대한 비난이 가져오는 문제를 한층 더 악화시키는 것이 작위와 부작위의 비대칭성이다. 정책 대응을 취한 경우(작위)의 실패는 보이기 쉬운 데 대해, 정책 대응을 취하지 않는 경우(부작위)에 생기는 문제는 보이기 어렵다. 이 때문에 작위의 결과가 실패로 끝나는 것에 대한 사후적인 벌칙을 무겁게 과하면, 작위의 본질을 바꾸는 것이 아니라 부작위로 전환하기 쉽다.

예를 들어 의약품은 사람들의 심신을 병이나 상처(부상)에서 회복시키기 위해서 이용되지만, 그것은 동시에 부작용을 수반한다. 의약품이 어떠한 약효와 부작용을 가지는지는, 전문적 지식이 없으면 모른다. 이 때문에 무엇을 의약품으로 사용할 수 있을까를 정부는 자세하게 규제하고 있다. 이 규제의 목적은 사람들의 생명을 지키는 데 있으며, 그 정책 효과는 구해진 생명의 수로 측정할 수 있다. 반대로 인가한 의약품의 부작용으로 목숨을 잃는 사람이 있으면 그것은 정책의 실패로서 파악된다.

이때 '정책의 실패'로서의 약해(藥害) 사건이 일어나면, 정부가 규탄되는 것은 당연하다고 생각할지도 모른다. 그러나 이러한 약해 사건을 최소화하는 건 바람직한 것일까? 최소화하기 위해서는 가능한 한 제한적으로 인가를 하게 된다. 부작용이 극히 적게 제어가 가능한 의약품만을 인가하면 약해 사건을 억제할 수 있다. 그러나 그것은 인가되지 않았던 의약품을 투여하면 살아났을 수 있는 많은 환자를 죽게 내버려 두는 것으로 귀결된다. 의료 기술에 한계가 있는 것은 널리 용납되고 있으므로, 정부가 인가하지 않음으로써 살아나지 못한 생명에 관해서는 사건으로서 보도되는 건 적다.

여기에서는 부작용이 큰 의약품을 인정한다고 하는 실패와 치료 효과가 있는 의약품을 인정하지 않는다고 하는 실패, 두 종류의 실패의 가능성에 정부는 항상 노출되어 있다. 그리고 이 두 개의 실패에는 상충 관계가 있다. 그러나 두 가지 실패의 가시성에 차이가 있으므로, 정부가 비난을 회피하려고 하면 인가 수준은 최적점보다 쭉 소극적인 것이 된다. 매스 미디어나 사람들이 눈에 띄기 쉬운 약해 사건은 강하게 비난하지만, 행정의 부작위 결과에는 관심을 가지지 않기 때문에 그 경향은 더욱더 강해진다.

실제로 일본의 예방 접종 시책에 있어서 부작위 과오를 피하는 것에서 작위 과오를 회피하는 방향에로의 전환이 이루어진 걸 나타내 보인 것이 데즈카 요우스케(手塚洋輔)이다. 예방 접종에 부작용은 늘 있는 것이지만, 접종하지 않고 병이 만연하면 모두에게 불이익이 된다. 이러한 생각으로부터 아동에게 강제 예방 접종을 일본 정부는 실시해 왔다. 그러나 부작용에 의한 사망 사고에 대한 사회의 비판이 높아져, 한층 더 사법이 그러한 사고에 대한 행정의 책임을 인정하게 됨으로써 1980년대에는 임의의 접종으로 방향을 틀어간다. 그 하나의 귀결은 선진국에서 유일한 결핵 수출국이라고 하는 사태이다(테즈카 2010).

눈에 띄기 쉬운 실패를 강하게 비난하는 것은 확실히 그 실패를 억제하는 데 연결될지도 모른다. 그러나 동시에 두 종류의 실패에 상충 관계가 있는 이상, 눈에 띄기 어려운 쪽의 실패를 증대시킬 가능성에 유의해야 한다. 행정이 실패했을 경우, 위산과다증을 내리기 위해서 그 실패를 힐책하는 행위에 사회가 손을 대는 것은, 결국 자신들의 목을 매게 된다. 실패의 전체 구조를 이해하고, 그 발생 원인을 밝혀내 실패가 발생할 확률을 감소시키도록 행정이 향하도록 하는 것이 중요하다.

정부 축소의 귀결

게다가 정부에의 불신은 부(負)의 스파이럴을 낳기 쉬운 일도 큰 문제이다. 정부를 신용하지 않는 사람들은 정부가 자원을 조달하는 것에 동의하지 않고, 그것은 정부의 아웃풋을 감소시킨다. 충분한 정책 효과를 낳을 수 없는 걸 보고, 다시 사람들은 정부에 대한 불신을 강하게 한다. 불신과 정부 실패의 스파이럴이 발생하는 것이다.

2000년대 중반 특히 제1차 아베 정권을 뒤흔든 연금 문제는 그 예이다. 엉터리 기록 관리에 의한 '사라진 연금', 의도적인 기록 정정은 연금 제도에 대한 신용을 크게 잃게 하였고, 07년 6월에는 사회보험청을 해체하여, 일본연금기구에로 이행하는 개혁법이 성립하였다. 기록의 문제는 국민등록제를 도입하고 있지 않다고 하는 선진국에서는 예가 없는 조건 아래, 분립성이 높은 제도를 껴안고 있었던 데도 원인이 있다. 그러나 사람들의 신뢰를 잃어버림으로써, 제도를 개정하는 데에는 곤란을 떠안고 있으며, 연금 제도의 기본은 변하지 않는 채로 있다.

이외에도 다양한 분야에서 현재 일본의 행정은 그러한 상태에 빠져 있다. 공무원 수는 인구비로 보아 세계에서 가장 적으며, 사람들의 정보를 갖고 있지 않기 때문에, 필요한 때에 정책 제안을 하는 것도 할 수 없다(나 2019). 코로나19 바이러스 감염증에의 대응에서 급부금·조성금의 급부나 백신 접종 대상자의 파악이나 예약 등에 시간이 걸려 혼란이 생긴 것도 그 예이다.

행정에 대한 불신은 말하자면 자기실현 하는 형태로 부의 스파이럴을 가져온다. 이것은 이것대로 하나의 균형인 만큼, 거기로부터 빠져나오는 게 쉽지 않다. 그러나 그것은 유일한 균형이 아니고, 사람들은 행정을 신뢰하고, 행정은 거기에 응한다고 하는 균형도 존재한다. 사람들의 행정에 대한 기대를 어떻게 바꿀 것인가. 일본의 거버넌스가 강화되어 일본의 사회·경제의 강화로 연결되는 열쇠는 거기에 있다.

연습문제

❶ 조달되고 있다고 사람들이 깨닫기 어려운 자원에 관해서, 구체적으로 하나를 채택하여 어떤 형태로 어느 정도 정부가 그것을 획득하고 있는가를 조사해 보자.

❷ 당신이 해결하고 싶다고 생각하고 있는 공공 문제에 관해서, 구체적인 시책을 생각하여, ① 그 집행 체제를 어떻게 정돈하면 좋은지, ② 산출과 정책 효과는 어떠한 것이 될 것인가를 생각해 보자.

❸ 다음의 정책이나 시책은 무엇을 목표로 하고 있으며, 실제로 어떠한 효과가 있었는지를 조사하자. 그리고 그것은 이용된 자원에 알맞은 것이었는지 하는 것도 검토해 보자.
① 관광 건국, ② 비닐봉지의 유료화, ③ 현금 없는 결제의 촉진, ④ GOTO여행이나 GOTO맛집

후기

　교과서를 통해서 연구 성과를 학생을 비롯하여 폭넓은 독자에게 정리된 형태로 전하는 것은, 필자에게 있어서는 '학자의 사회공헌'의 가장 소중한 것이다. 필자가 30년 가깝게 연구를 계속해 온 분야의 교과서를 갱신할 수 있어서 어깨의 짐을 조금 내려놓을 수 있었다. 그러나 행정학의 저변은 넓고 다방면에 걸친 논의를 혼자서 커버하는 건 어렵다. 체계적으로 한편 논리적으로 행정학 전체를 바라본다고 하는 목표가 실현될 수 있었는지는 마음이 놓이질 않는다. 독자 여러분의 기탄없는 비판이나 의견을 진심으로 기다리고 있다.

　9년 전에 간행한 초판의 후기에서도 같은 취지를 말한 적 있는데, 판을 고치는 데 즈음한 심정에 거의 차이는 없다. 게다가 이 10년 가까이 사이의 행정의 변화를 파악하여, 이전에 공표된 연구 성과를 포함하는 것이 개정의 목적이다. 그러나 그것을 전체의 분량을 별로 늘리지 않는 형태로 실현하는 것은 상상 이상으로 어려운 일이었다.

　초판에 대해서, 많은 분이 구두로 또 문장으로 다양한 의견을 주셨다. 그 가운데서도 이나츠기 히로아키, 기타야마 토시야, 쿄 슌스케, 사카모토 하루야, 시노하라 슈고, 소마에 키요사다, 다케치 히데유키, 테즈카 요우스케, 나카무라 에츠히로, 하시모토 노부유키, 하라다 히사시, 마에다 켄타로, 마츠이 노조무, 미즈구치 노리히토, 모리 히로키 등의 여러 선생님의 언급을 의식하였다. 학회나 연구회의 휴식 시간, 혹은 술집에서의 한 마디 등도 있으며, 본인도 잊어버린 사례도 많을 것이지만, 기록하여 감사 말씀드리고 싶다(그리고 감염증으로 잃어버린 것들의 크기를 재차 느낀다). 또한 어떤 의미에서 누구보다 엄격한 의견을 제시한 것은 본서를 이용한 강의의 수강생이다. 고베대학 법학부, 교토대학 법학부, 같은 대학 공공정책대학원 강의에서 학생의 노트를 적는 펜의 진보나 스마트 폰에까지 뻗친 손은 무엇보다의 피드백이었다.

　유히각의 이와타 타쿠야 씨는 초판에 이어 편집을 담당해 주었다. 두루 미친 편집 작업이나 다양한 조언에 진심으로 감사의 말씀을 드린다. 게다가 다테바야시 마사히코, 마치도리 사토시, 스나하라 요우스케 세 분 선생께는 평소의 후의에 감사를 드리고 싶다. 다테바야시 선생, 마치도리 선생은 동료로서 스가하라 선생은 가장 관심이 가까운 연구자로서 다양한 장소를 통해서 제공해 주고 있는 것은 헤아릴 수 없다.

행정학이라는 학문을 처음 가르쳐 주신 분은 니시오 마사루 선생님이다. 행정학 연구의 본질에 관해 대부분을 가르쳐 주신 분은 무라마츠 토시오 선생님이다. 두 분의 영향이 본서 여기저기에 미치고 있음을 개정 작업을 통해서 다시금 깨닫는다.

아내와 두 아들에 대한 감사는 말로 다 할 수 없다. 아들들이 성장하는 모습은 믿음직하고, 아내와 연령을 거듭해서 갈 수 있는 건 가장 큰 기쁨이다. 향후 일본에서 행정은 어떤 역할을 수행해야 하는 것인가, 그 본질은 어떻게 존재해야 하는가. 독자 여러분이 이 책을 한 손에 들고, 이러한 문제에 임해 줄 것을 간곡히 바란다.

2022년 1월

소가 켄고

독서 가이드

서장 및 본서 전체에 관한 서적

행정의 다양한 측면에 관해 분석 틀을 정비하고 체계화를 도모하는 시도로서 니시오(1990)가 있다. 행정에 대한 개혁 제언에 주목하는 것으로 실천적인 행정학과 학문적인 그것과의 결합을 도모하자고 하는 것이 마키노하라(2009)이다. 모두 프레임의 연구서이지만, 행정학의 학문의 본질에 관심을 가지고 계신 독자에게 추천하고 싶다. 게다가 일본의 행정의 특징을 '최대 동원'이라고 하는 키워드로부터 풀어낸 무라마츠(1994)도 실증적 기반에 서서 포괄적인 시점을 제공하려는 시도이며 지금도 일독하기에 적합하다.

본서의 논의 전체를 게임 이론을 이용하고, 보다 엄밀하게 말한 것이 소가(2005)이다. 쉬운 책은 아니지만, 이 책 발상의 근저에 어떠한 사고가 자리잡고 있는지에 흥미를 가진 독자가 도전해 주었으면 한다. 근대사회에서의 민주제, 법의 지배, 관료제의 관계에 대해서는 후쿠야마(2018)가 약식도와 다양한 실례를 보여주고 있다. 본격적인 연구서이지만, 일본 사회와 근대를 생각하는 데 사토(1993)는 자극적인 논고이다.

제Ⅰ부 정치와 행정

제1장에서 설명한 본인·대리인 관계의 연쇄로서 현대 민주제를 파악하는 시점은 다테바야시·소가·마치도리(2008)에서 보다 상세하게 설명하였다. 이 책의 설명에서는 지나치게 간소하여 이해하기 어려운 경우는 그 쪽을 참고로 하면 좋겠다. 미국의 정치임용의 실태에 대해서는 루이스(2009)가 자세하다. 그 밖에 정치가에 의한 통제의 실태에 대한 실증 분석은 미국에서의 연구가 압도적으로 진행되고 있다. Epstein and O'Halloran(1999)와 Huber and Shipan(2002)는 그 대표작이며, 미국 정치학다

운, 이론과 데이터 분석을 제대로 조합한 훌륭한 연구이다.

한편, 일본의 정치와 행정에 관해서는 정치사의 분야로부터 결정된 연구 성과가 계속해 만들어지고 있다. 시미즈(2007)나 와카츠키(2014)는 그 대표적인 예이다. 정관 관계를 둘러싼 고전으로서의 츠지(1969)와 무라마츠(1981)의 두 권은 지금도 읽을 가치가 충분히 있는 서적이다. 츠지가 어떠한 논의를 실제로 말하고 있었는지, 무라마츠가 거기에 어떻게 도전했는지를 확인하고, 학문적인 논쟁의 의의에 대해서도 생각해 보면 좋겠다. 전후 일본의 정치와 행정의 관계에 대한 뛰어난 실증 분석으로서는 마키노하라(2003)와 카토(1997)가 있다. 조직 편성의 통제에 관한 이토(2003)도 일류 연구서이다.

정치와 행정의 관계를 계량적으로 측정하여 객관적으로 분석하는 것은 데이터 수집 하나를 들더라도 매우 어렵다. 필자 자신의 시도로서 소가(2016)가 있다. 이러한 시도가 어디까지 성공하고 있을까를 확인해 보면 좋겠다. 한편, 역사적 기술로부터 제도 구상을 밝혀내는 것이 이즈모(2014)이며, 행위자의 언어 분석으로부터 제도 이념을 고찰하는 것이 시마다(2020)이다. 각각 제2차 아베 정권기의 관저 주도나 관저 관료를 생각하는데도 시사가 풍부하다.

제Ⅱ부 행정 조직

정보공유형 조직과 기능특화형 조직에 관한 논의는 아오키(2003, 2008)에 의거하고 있다. 조직 내부의 분석에 머무르지 않는 스케일이 큰 연구이며 많은 자극을 준다. 한편 현재의 행정 조직의 실태를 각국 비교의 관점으로부터 파악하려면, OECD보고서(2006, 2009)가 유익하다. 이론과 실증 쌍방에서 현재의 행정 조직을 파악하는 시점을 기르면 좋겠다.

일본의 행정 조직의 실태에 관해서는, 성이나 그 내부 부국의 편제에 대한 보다 깊은 이해를 위해서 이마무라(2006)와 오모리(2006)를 추천한다. 개설서이지만, 각각 저자의 오랜 세월의 연구 성과가 반영된 읽기 보람이 있는 서적이다. 법안 작성의 실태에 관해서는 다마루(2000)와 나카지마(2020)가 상세하다. 인사관리의 실태에 대한 기념비적인 실적이 이나츠기(1996)이다. 실태를 묘사함과 동시에 그 배경에 있는 논리를 보기 좋게 해명하고 있다. 지방정부에서 인사관리의 다양성을 묘사한 하야시

(2020)는 박력 있게 실태를 해명한 책이다. 게다가 하나의 성에 집중함으로써 다양한 논점을 포괄적으로 취급하고 있는 것이 아오키(2021)이다.

사회학의 조직에 관한 연구의 고전으로서는 우선은 웨버(1960, 1962)와 머튼(1961)을 읽으면 좋겠다. 아울러 사토(2011)에 의한 양자에 대한 해설을 읽으면 한층 이해가 깊어질 것이다. 조직론의 연구는 다양하게 있으므로, 본문의 소개로부터 흥미를 끄는 것을 읽으면 좋지만, 하나를 든다면 버나드(1968)를 추천한다. 사회 전체를 바라보는 약식도를 제시하는 구상력을 맛볼 수 있으면 좋겠다.

제Ⅲ부 멀티 레벨의 행정

중앙·지방 관계뿐만 아니라 지방정부에 관한 전체상을 묘사한 다음, 일본의 그 현상을 간결하게 해설한 것이 소가(2019)이다. 집권·분권이나 분립·종합이라고 하는 개념을 둘러싸고는, 니시오(1990)가 깊이 검토를 추가하고 있다. 일본의 중앙·지방 관계에 관해서, 제도적인 측면에 주목한 것이 카나이(2007), 재정적인 측면에 주목한 것이 기타무라(2009)이다. 지방정부 간의 관계에 주목하는 것은 무라마츠(1988)와 이토(2002a, 2006)이다. 전자는 정치적 경쟁, 후자는 정책 파급이라고 하는 다른 측면에 관해서, 중앙으로부터의 통제와는 다른 측면을 그린 대표작이다. 개별 정책 영역의 예로서는 교육 정책을 취급한 아오키(2004)를 들 수 있다. 지방에서의 정치적 선택의 귀결을 해명한 것이 소가·마치도리(2007)와 스가하라(2011)이다. 지방 분권 개혁에 관해서는 니시오(2007)가 연구자 및 당사자로서의 입장을 승화시킨 희귀한 분석이다.

한편, 중앙·지방 관계를 규정하는 요인이나 그 효과에 대한 일본 정치학의 분석은 적다. Diaz-Cayeros(2006)는 남미를, Scheiner(2006)는 일본을 소재로 하면서도 중앙·지방 관계의 원인이나 귀결에 관하여 일반화 가능한 논의를 제시하고 있다. 중앙·지방 관계의 효과에 관해서, 다양한 연구 성과를 망라한 것이 Treisman(2007)이다. 지금까지 연구의 축적을 알기 위한 좋은 출발점이 된다.

국제 행정에 관한 교과서로서는 시로야마(2013)가 정리되어 있다. 국제 행정에 관한 이론, 조직, 관리에 대해 포괄적으로 기술하고 있으며 활동의 실태 등에 관해서도 상세하다. 유엔과 EU에 압축하여 보다 상세하게 실태를 전달해 주는 것이 후쿠다·사카네(2020)이다.

제Ⅳ부 거버넌스와 행정

정부의 크기나 힘에 관하여 각국의 차이를 생각할 경우, 고전적인 계량 분석인 위렌스키(2004), 복지국가의 유형론의 대표작인 에스핑—안데르센(2001), 자본주의의 유형론의 대표작인 홀＝소스키스(2007)를 읽으면 이해가 보다 깊어질 것이다. 거버넌스나 NPM에 관해서는 많은 연구가 있지만, 레인(2017)이 교과서로서 종합적이다. 시민사회에 관해서는, 사카모토편(2017)이 이 분야의 논점을 널리 커버하며, 근년의 연구 성과도 포함한 뛰어난 개설서이다.

전후 일본의 시장과 정부의 관계에 대한 대표적인 실적이 존슨(2018)과 새뮤얼스(1999)이다. 대립하는 두 가지 견해를 읽어보길 권한다. 노동과 복지를 축으로, 전후 일본의 정치 경제를 그려낸 것이 쿠메(1998)와 신카와(1993)이다. 1990년대 이후 일본의 복지 제도의 변화에 관해서는 미야모토(2008)가 간결한 전망을 제시한다. 공무원의 적음에 관한 마에다(2014), 국민 번호제 도입의 지연에 관한 나(2019)는 모두 일본 행정의 특징이 어떻게 탄생했는지를 역사적으로 거슬러 올라가 해명한다.

민영화나 규제 완화에 관해서는 1980년대의 일련의 개혁을 그 개혁 이념의 입장에서 명확히 한 오오타케(1994), 항공이라고 하는 한 분야에 집중하며 정책 아이디어에 주목한 아키요시(2007), 금융 빅뱅에 관한 대장성의 자기 이익에 주목한 도야(2003), 고이즈미 구조개혁에서의 고이즈미 수상의 리더십에 주목한 가미카와(2010) 등이 대표적인 연구이며, 모두 읽을 만하다.

정책의 실시와 관계되는 생각에 관해서는 후드(2000)가 명쾌하다. 일본의 실태에 관한 실증 연구로서는, 모리타(1988)가 대표적 연구이다. 경제학의 시점에서의 정부·민간 관계에 관해서는, 코스(2020)와 윌리엄슨(1980) 두 명의 노벨경제학상 수상자의 논의가 거래 비용의 개념을 비롯하여, 지금도 많은 시사를 준다. 평가에 관해서는, 야마타니(2012)의 연구가 대표적인 것이며, 잘 결정되고 있다. 정책의 실패에 대한 논의는 테즈카(2010)를 참고로 하였다. 행정사로서도 뛰어난 연구이며 일독을 추천한다.

참고문헌

외국어문헌

Aberbach, Joel D., Robert D. Putnam, and Bert A. Rockman 1981, *Bureaucrats and Politicians in Western Democracies*, Harvard University Press.

Ansell, Chris, and Alison Gash 2008, "Collaborative Governance in Theory and Practice," *Journal of Public Administration Research and Theory*, 18: 543−571.

Ashford, Douglas E. 1982, *British Dogmatism and French Pragmatism: Central − Local Policy−making in the Welfare State*, G. Allen & Unwin.

Blau, Peter M. 1963, *The Dynamics of Bureaucracy: A Study of Interpersonal Relations in Two Government Agencies*, Revised ed., University of Chicago Press.

Boix, Charles 1998, *Political Parties, Growth and Equality: Conservative and Social Democratic Economic Strategies in the World Economy*, Cambridge University Press.

Brehm, John, and Scott Gates 1997, *Working, Shirking, and Sabotage: Bureaucratic Response to a Democratic Public*, University of Michigan Press.

Bueno de Mesquita, Ethan, and Matthew C. Stephenson 2007, "Regulatory Quality under Imperfect Oversight," *American Political Science Review*, 101: 605−620.

Callander, Steven, and Keith Krehbiel 2014, "Gridlock and Delegation in a Changing World," *American Journal of Political Science*, 58: 819−834.

Carpenter, Daniel P. 2001, *The Forging of Bureaucratic Autonomy: Reputations, Networks, and Policy Innovation in Executive Agencies, 1862−1928*, Princeton University Press.

_____, 2010, *Reputation and Power: Organizational Image and Pharmaceutical Regulation at the FDA*, Princeton University Press.

Chhibber, Pradeep and Ken Kollman 2004, *The Formation of National Party Systems: Federalism and Party Competition in Canada, Great Britain, India, and the United States*, Princeton University Press.

Clinton, Joshua D., David E. Lewis, and Jennifer L. Selin 2014, "Influencing the Bureaucracy: The Irony of Congressional Oversight," *American Journal of Political Science*, 58: 387−401.

Cornell, Agnes, Carl Henrik Knutsen, and Jan Teorell 2020, "Bureaucracy and Growth," *Comparative Political Studies*, 53: 2246−2282.

Crenson, Matthew A. 1971, *The Un−Politics of Air Pollution: A Study of Non−Decision Making in the Cities*, Johns Hopkins Press.

Dahlström, Carl, and Victor Lapuente 2017, *Organizing Leviathan: Politicians, Bureaucrats and the Making of Good Government*, Cambridge University Press.

Dahlström, Carl and Victor Lapuente and Jan Teorell 2012, "The Merit of Meritocratization: Politics, Bureaucracy, and the Institutional Deterrents of Corruption," *Political Research Quarterly*, 65: 656−668.

Diaz−Cayeros, Alberto 2006, *Federalism, Fiscal Authority, and Centralization in Latin America*, Cambridge University Press.

Dunleavy, Patrick 1991, *Democracy, Bureaucracy, and Public Choice: Economic Explanations in Political Science*, Prentice Hall.

Dunsire, Andrew 1978, *Control in a Bureaucracy*, St. Martin's Press.

Epstein, David, and Sharyn O'Halloran 1999, *Delegating Powers: A Transaction Cost Politics Approach to Policy Making under Separate Powers*, Cambridge University Press.

Estévez−Abe, Margarita 2008, *Welfare and Capitalism in Postwar Japan: Party, Bureaucracy, and Business*, Cambridge University Press.

Evans, Peter B., and James E. Rauch 1999, "Bureaucracy and Growth: A Cross−National Analysis of the Effects of "Weberian" State Structures on Economic Growth," *American Sociological Review*, 64: 748−765.

Filippov, Mikhail, Peter C. Ordeshook, and Olga Shvetsova 2004, *Designing Federalism: A Theory of Self Sustainable Federal Institutions*, Cambridge University Press.

Finer, Herman 1941, "Administrative Responsibility in Democratic Government", *Public Administration Review*, 1: 335−350.

Finer, Samuel E. 1962, *The Man on Horseback: The Role of the Military in Politics*, Pall Mall Press.

Frey, Bruno S., and Alois Stutzer 2006, "Direct Democracy: Designing a Living Constitution," in Roger D. Congleton and Birgitta Swedenborg eds., *Democratic Constitutional Design and Public Policy: Analysis and Evidence*, MIT Press.

Friedrich, Carl J. 1940, "Public Policy and the Nature of Administrative Responsibility," C. J. Friedrich and Edward S. Mason eds. *Public Policy: A Yearbook of the Graduate School of Public Administration, Harvard University, 1940*, Harvard University Press.

Gailmard, Sean 2010, "Politics, Principal—Agent Problems, and Public Service Motivation," *International Public Management journal*, 13: 35—45.

Gailmard, Sean and John W. Patty 2007, "Slackers and Zealots: Civil Service, Policy Discretion, and Bureaucratic Expertise," *American Journal of Political Science*, 51: 873—889.

_____, 2013, *Learning While Governing: Expertise and Accountability in the Executive Branch*, The University of Chicago Press.

Garrett, Geoffrey 1998, *Partisan Politics in the Global Economy*, Cambridge University Press.

Gilbert, Charles E. 1959, "The Framework of Administrative Responsibility," *Journal of Politics* 21: 373—407.

Haas, Ernst B. 1964, *Beyond the Nation—State: Functionalism and International Organization*, Stanford University Press.

Haas, Peter M. 1992, "Introduction: Epistemic Communities and International Policy Coordination," *International Organization*, 46: 1—35.

Hood, Christopher C. 1976, *The Limits of Administration*, Wiley.

_____, 1983, *The Tools of Government*, Macmillan.

Huber, Gregory A. 2007, *The Craft of Bureaucratic Neutrality*, Cambridge University Press.

Huber, John D. and Charles R. Shipan 2002, *Deliberate Discretion?: The Institutional Foundations of Bureaucratic Autonomy*, Cambridge University Press.

Iversen, Torben 2005, *Capitalism, Democracy, and Welfare*, Cambridge University Press.

Johnson, Tana 2013, "Institutional Design and Bureaucrats' Impact on Political Control," *Journal of Politics*, 75: 183−197.

Kato, Junko 2003, *Regressive Taxation and the Welfare State: Path Dependence and Policy Diffusion*, Cambridge University Press.

Krause, George A., and Kenneth J. Meier, eds. 2003, *Politics, Policy, and Organizations: Frontiers in the Scientific Study of Bureaucracy*, University of Michigan Press.

Krause, George A., David E. Lewis, and James W. Douglas 2006, "Political Appointments, Civil Service Systems, and Bureaucratic Competence: Organizational Balancing and Executive Branch Revenue Forecasts in the American States," *American Journal of Political Science*, 50: 770−787.

Lewis, David E. 2003, *Presidents and the Politics of Agency Design: Political Insulation in the United States Government Bureaucracy, 1946−1997*, Stanford University Press.

Lowi, Theodore J. 1972, "Four Systems of Policy, Politics, and Choice," *Public Administration Review*, 32: 298−310.

McDonnell, Joshua 2020, "Municipality Size, Political Efficacy and Political Participation: A Systematic Review," *Local Government Studies*, 46: 331−350.

Mitrany, David 1933, *The Progress of International Government*, Yale University Press.

Mortensen, Peter B, and Christoffer Green−Pedersen 2015, "Institutional Effects of Changes in Political Attention: Explaining Organizational Changes in the Top Bureaucracy," *Journal of Public Administration Research and Theory*, 25: 165−189.

Niskanen, William A., Jr. 1971, *Bureaucracy and Representative Government*, Aldine−Atherton.

Oliveros, Virginia, and Christian Schuster 2018, "Merit, Tenure, and Bureaucratic Behavior: Evidence from a Conjoint Experiment in the Dominican Republic," *Comparative Political Studies*, 51: 759−792.

Persson, Torsten, and Guido Tabellini 2000, *Political Economics: Explaining Economic Policy*, MIT Press.

_____, 2003, *The Economic Effects of Constitutions*, MIT Press.

Peterson, Paul E. 1981, *City Limits*, University of Chicago Press.

Pollitt, Christopher and Geert Bouckaert 2017, *Public Management Reform: A Comparative Analysis —Into the Age of Austerity*, 4th ed., Oxford University Press.

Powell, Walter W. and Paul J. DiMaggio, eds. 1991, *The New Institutionalism in Organizational Analysis*, University of Chicago Press.

Pressman, Jeffrey L. and Aaron Wildavsky 1973, *Implementation: How Great Expectations in Washington are Dashed in Oakland*, University of California Press.

Qian, Yingyi, and Barry R. Weingast 1997, "Federalism as a Commitment to Preserving Market Incentives," *Journal of Economic Perspectives*, 11: 83−92.

Rauch, James E., and Peter B. Evans 2000, "Bureaucratic Structure and Bureaucratic Performance in Less Developed Countries," *Journal of Public Economics*, 75: 49−71.

Reed, Steven R. 1993, *Making Common Sense of Japan*, University of Pittsburgh Press.

Rhodes, R. A. W. 1988, B*eyond Westminster and Whitehall: The Sub−Central Governments of Britain*, Unwin Hyman.

Riccucci, Norma M., Gregg G. Van Ryzin, and Cecilia F. Lavena 2014, "Representative Bureaucracy in Policing: Does It Increase Perceived Legitimacy?" *Journal of Public Administration Research and Theory*, 24: 537−551.

Rodden, Jonathan A. 2006, *Hamilton's Paradox: The Promise and Peril of Fiscal Federalism*, Cambridge University Press.

Schemer, Ethan 2006, *Democracy Without Competition in Japan: Opposition Failure in a One−Party Dominant State*, Cambridge University Press.

Selznick. Phillip 1949, *TVA and the Grass Roots*, University of California Press.

Tiebout Charles M. 1956, "A Pure Theory of Local Expenditures," *Journal of Political Economy*, 64: 416−424.

Ting, Michael M., J. M. Snyder, S. Hirano, and O. Folke 2013, "Elections and Reform: The Adoption of Civil Service Systems in the US States," *Journal of Theoretical Politics*, 25: 363−387.

Treisman, Daniel 2007, *The Architecture of Government: Rethinking Political Decentralization*, Cambridge University Press.

Vaubel, Roland, Axel Dreher, and Ugurlu Soylu 2007, "Staff Growth in International Organizations: A Principal−Agent Problem? An Empirical Analysis," *Public Choice*, 133(3/4): 275−295.

Volden, Craig 2002, "A Formal Model of the Politics of Delegation in a Separation of Powers System," *American Journal of Political Science*, 46: 111−133.

Weingast, Barry R. 1995, "The Economic Role of Political Institutions: Market− Preserving Federalism and Economic Development," *Journal of Law, Economics, Organization* 11(1): 131.

Weiss, Linda 1998, *The Myth of the Powerless State*, Cornell University Press.

White, Anne, and Patrick Dunleavy 2010, *Making and Breaking Whitehall Departments: A Guide to Machinery of Government Changes*, Institute for Government; LSE Public Policy Group.

White, Ariel R., Noah L. Nathan, and Julie K. Faller 2015, "What Do I Need to Vote? Bureaucratic Discretion and Discrimination by Local Election Officials," *American Political Science Review*, 109: 129−142.

Wibbels, Erik 2005, *Federalism and the Market: Intergovernmental Conflict and Economic Reform in the Developing World*, Cambridge University Press.

Wilson, Woodrow 1887, "The Study of Administration," *Political Science Quarterly*, 2: 197−222.

Wood, B. Dan, and Richard W. Waterman 1994, *Bureaucratic Dynamics: The Role of Bureaucracy in a Democracy*, Westview Press.

Wood, B. Dan, and John Bohte 2004, "Political Transaction Costs and the Politics of Administrative Design." *Journal of Politics*, 66: 176−202.

Woodall, Brian 1996, *Japan under Construction: Corruption, Politics, and Public Works*, University of California Press.

Woolf, Leonard S. 1916, *International Government: Two Reports*, Brentano.

Ziblatt, Daniel 2006, *Structuring the State: The Formation of Italy and Germany and the Puzzle of Federalism*, Princeton University Press.

일본어문헌

青木栄一 2004, 『教育行政の政府間関係』多賀出版。

_____ 2013, 『地方分権と教育行政－少人数学級編制の政策過程』勁草書房。

_____ 2021, 『文部科学省－揺らぐ日本の教育と学術』中公新書。

青木昌彦(瀧澤弘和・谷口和弘訳) 2003, 「比較制度分析に向けて〔新装版〕」NTT出版。

_____ 2008[1995], 『比較制度分析序説－経済システムの進化と多元性』講談社学術文庫。

青木昌彦・奥野正寛・岡崎哲二編 1999, 『市場の役割 国家の役割』東洋経済新報社。

秋月謙吾 2001, 『行政・地方自治』(社会科学の理論とモデル9)東京大学出版会。

秋吉貴雄 2007, 『公共政策の変容と政策科学－日米航空輸送産業における2つの規制改
　　　　革』有斐閣。

秋吉貴雄・伊藤修一郎・北山俊哉 2020, 『公共政策学の基礎〔第3版〕』有斐閣。

天川晃 2017, 『戦後自治制度の形成－天川晃最終講義』左右社。

アリソン, グレアム・フィリップ・ゼリコウ(漆島稔訳) 2016[1971], 『決定の本質－キュー
　　　　バ・ミサイル危機の分析〔第2版〕』日経BP。

有馬学 2013[1999], 『「国際化」の中の帝国日本－1905－1924』(日本の近代4)中公文庫。

アルドリッチ, ダニエル(湯浅陽一監訳, リングマン香織・大門信也訳) 2012[2008], 『誰
　　　　が負を引きうけるのか－原発・ダム・空港立地をめぐる紛争と市民社会』 世界
　　　　思想社。

アーレント,ハンナ(大久保和郎訳) 1994[1963], 『イェルサレムのアイヒマン－悪の陳
　　　　腐さについての報告〔新装版〕』みすず書房。

飯尾潤 1993, 『民営化の政治過程－臨調型改革の成果と限界』東京大学出版会。

_____ 2007, 『日本の統治構造－官僚内閣制から議院内閣制へ』中公新書。

猪谷千香 2016, 『町の未来をこの手でつくる－紫波町オガールプロジェクト』幻冬舎。

出雲明子 2014, 『公務員制度改革と政治主導－戦後日本の政治任用制』東海大学出版部。

礒崎初仁・金井利之・伊藤正次 2020, 『ホーンブック地方自治〔新版〕』北樹出版。

市川喜崇 2012, 『日本の中央－地方関係－現代型集権体制の起源と福祉国家』法律文化社。

伊藤修一郎 2002a, 『自治体政策過程の動態－政策イノベーションと波及』慶應義塾大
　　　　学出版会。

_____ 2002b, 「行政統制－情報公開・行衣手続規制の対比」 樋渡展洋・三浦まり編『流動
　　　　期の日本政治－「失われた十年」の政治学的検証』東京大学出版会。

_____ 2006, 『自治体発の政策革新－景観条例から景観法へ』木鐸社。

_____ 2020,『政策実施の組織とガバナンス−広告景観規制をめぐる政策リサーチ』東京大学出版会。

伊藤大一 1980,『現代日本官僚制の分析』東京大学出版会。

伊藤正次 2003,『日本型行政委員会制度の形成−組織と制度の行政史』東京大学出版会。

伊藤正次・出雲明子・手塚洋輔 2016,『はじめての行政学』有斐閣。

伊藤正次編 2019,『多機関連携の行政学−事例研究によるアプローチ』有斐閣。

稲継裕昭 1996,『日本の官僚人事システム』東洋経済新報社。

_____ 2000,『人事・給与と地方自治』東洋経済新報社。

_____ 2006,『自治体の人事システム改革−ひとは「自学」で育つ』ぎょうせい。

_____ 2011,『地方自治入門』有斐閣。

猪口孝 1983,『現代日本政治経済の構図−政府と市場』東洋経済新報社。

今村都南雄 2006,『官庁セクショナリズム』(行政学叢書1)東京大学出版会。

今村都南雄・武藤博己・沼田良・佐藤克廣 2009,『ホーンブック基礎行政学〔改訂版〕』北樹出版。

入江容子 2020,『自治体組織の多元的分析−機構改革をめぐる公共性と多様性の模索』晃洋書房。

入江容子・京俊介編 2020,『地方自治入門』ミネルヴァ書房。

岩田正美 2008,『社会的排除−参加の欠如・不確かな帰属』有斐閣insight。

岩永理恵 2011,『生活保護は最低生活をどう構想したか−保護基準と実施要領の歴史分析』(現代社会政策のフロンティア1)ミネルヴァ書房。

イングルハート, R. (三宅一郎訳) 1978[1977],『静かなる革命−政治意識と行動様式の変化』東洋経済新報社。

ウィリアムソン, O. E. (浅沼萬里・岩崎晃訳) 1980[1975],『市場と企業組織』日本評論社。

ウィレンスキー, ハロルド・L. (下平好博訳) 2004[1975],『福祉国家と平等−公共支出の構造的・イデオロギー的起源』木鐸社。

ウェード, ロバート(長尾伸一・畑島宏之・藤縄徹・藤縄純子訳) 2000[1990],『東アジア資本主義の政治経済学−輸出立国と市場誘動政策』同文舘出版。

ウェーバー, マックス(世良晃志郎訳) 1960,1962[1921−22],『支配の社会学1,II』創文社。

_____ 1974[1921−22],『支配の諸類型』創文社。

ヴォーゲル, スティーブ(岡部曜子訳) 1397[1996],『規制大国日本のジレンマー改革はいかになされるか』東洋経済新輔社。

魚住弘久 2009,『公企業の成立と展開−戦時期・戦後復興期の営団・公団・公社』岩波書店。

内山融 1998,『現代日本の国家と市場－石油危機以降の市場の脱「公的領域」化』東京大学出版会。

ウッドワード, ジョン(矢島鈞次・中村寿雄訳) 1970[1965],『新しい企業－組織原点回帰の経営学』日本能率協会。

エスピン－アンデルセン, G. (岡沢憲芙・宮本太郎監訳) 2001[1990],『福祉資本主義の三つの世界－比較福祉国家の理論と動態』ミネルヴァ書房。

遠藤乾 2016,『欧州複合危機－苦悶するEU, 揺れる世界』中公新書。

大嶽秀夫 1994,『自由主義的改革の時代－1980年代前期の日本政治』中公叢書。

_____ 1996,『戦後日本のイデオロギー対立』三一書房。

大谷基道・河合晃一編 2019,『現代日本の公務員人事－政治・行政改革は人事システムをどう変えたか』第一法規。

大西裕 1997,「住民把握行政の形成」日本行政学会編『年報行政研究』32。

大森政輔 2005,『二〇世紀末期の霞ヶ関・永田町－法制の軌跡を巡って』日本加除出版。

大森彌 1987,『自治体行政学入門』良書普及会。

_____ 2006,『官のシステム』(行政学叢書4)東京大学出版会。

大山耕輔編 2011,『比較ガバナンス』おうふう。

大山礼子 2011,『日本の国会－審議する立法府へ』岩波新書。

岡田彰 1994,『現代日本官僚制の成立－戦後占領期における行政制度の再編成』法政大学出版局。

沖本, ダニエル(渡辺敏訳) 1991[1989],『通産省とハイテク産業－日本の競争力を生むメカニズム』サイマル出版会。

小田勇樹 2019,『国家公務員の中途採用－日英韓の人的資源管理システム』慶應義塾大学出版会。

オルソン, マンサー(依田博・森脇俊雅訳) 1983[1965],『集合行為論－公共財と集団理論』ミネルヴァ書房。

カウフマン, ハーバート(今村都南雄訳) 2015[1977],『官僚はなぜ規制したがるのか－レッド・テープの理由と実態』勁草書房。

笠原英彦編 2010,『日本行政史』慶應義塾大学出版会。

風間規男編 2018,『行政学の基礎〔新版〕』一藝社。

加藤淳子 1997,『税制改革と官僚制』東京大学出版会。

金井利之 2007,『自治制度』(行政学叢書3)東京大学出版会。

_____ 2020,『行政学概説』放送大学教育振興会。

上川龍之進　2005，『経済政策の政治学－90年代経済危機をもたらした「制度配置」の解明』東洋経済新報社。

＿＿＿＿　2010，『小泉改革の政治学－小泉純一郎は本当に「強い首相」だったのか』東洋経済新報社。

＿＿＿＿　2018，『電力と政治－日本の原子力政策全史』上・下，勁草書房。

カルダー，ケント・E.（カルダー淑子訳）1989[1988]，『自民党長期政権の研究－危機と補助金』文藝春秋。

河合晃一　2019，『政治権力と行政組織－中央省庁の日本型制度設計』勁草書房。

川手摂　2005，『戦後日本の公務員制度史－「キャリア」システムの成立と展開』岩波書店。

川人貞史　2005，『日本の国会制度と政党政治』東京大学出版会。

菅直人　2009，『大臣〔増補版〕』岩波新書。

上林陽治　2015，『非正規公務員の現在－深化する拡差』日本評論社。

北岡伸一　2012，『官僚制としての日本陸軍』筑摩書房。

北村亘　2009，『地方財政の行政学的分析』有斐閣。

＿＿＿＿　2013，『政令指定都市－百万都市から都構想へ』中公新書。

＿＿＿＿　編2022，『現代官僚制の解剖－意識調査からみた省庁再編20年後の行政』有斐閣。

北村亘・青木栄一・平野淳一　2017，『地方自治論－2つの自律性のはざまで』有斐閣。

北山俊哉　2011，『福祉国家の制度発展と地方政府－国民健康保険の政治学』有斐閣。

稲継裕昭編　2021，『テキストブック地方自治〔第3版〕』東洋経済新報社。

木寺元　2012，『地方分権改革の政治学－制度・アイディア・官僚制』有斐閣。

キャンベル，ジョン・C(真渕勝訳）2014[1977]，『自民党政権の予算編成』勁草書房。

京俊介　2011，『著作権法改正の政治学－戦略的相互作用と政策帰結』木鐸社

キングダン，ジョン(笠京子訳）2017[1984]，『アジェンダ・選択肢・公共政策－政策はどのように決まるのか』勁草書房。

久米郁男　1994，「政治経済環境の変化と行政システム」西尾勝・村松岐夫編『政策と行政』(講座行政学第3巻)有斐閣。

＿＿＿＿　1998，『日本型労使関係の成功－戦後和解の政治経済学』有斐閣。

＿＿＿＿　2005，『労働政治－戦後政治のなかの労働組合』中公新書。

クラウス，エリス(村松岐夫監訳，後藤潤平訳）2006[2000]，『NHK vs 日本政治』東洋経済新報社。

グレーバー，デヴィッド(酒井隆史訳）2017[2015]，『官僚制のユートピア－テクノロジー，構造的愚かさ，リベラリズムの鉄則』以文社。

＿＿＿＿　(酒井隆史・芳賀達彦・森田和樹訳）2020[2018]，『ブルシット・ジョブ－クソどうでもいい仕事の理論』岩波書店。

経済協力開発機構(OECD)編(平井文三訳) 2006[2005],『世界の行政改革－21世紀型政府のグローバル・スタンダード』明石書店。

_____ (平井文夫監訳) 2009[2008],『公務員制度改革の国際比較－公共雇用マネジメントの潮流』明石書店。

小出輝章 2019,『軍人と自衛官－日本のシビリアン・コントロール論の特質と問題』彩流社。

コース,ロナルド・H.(宮沢健一・後藤晃・藤垣芳文訳) 2020[1988],『企業・市場・法』ちくま学芸文庫。

小林悠太 2021,『分散化時代の政策調整－内閣府構想の展開と転回』大阪大学出版会。

ゴールドナー,A.(岡本秀昭・塩原勉訳) 1963[1954],『産業における官僚制組織過程と緊張の研究』ダイヤモンド社。

サイモン,ハーバート・A.(桑田耕太郎・西脇暢子・高柳美香・高尾義明・二村敏子訳) 2009[1947],『経営行動－経営組織における意思決定過程の研究〔新版〕』ダイヤモンド社。

坂口貴弘 2016,『アーカイブズと文書管理－米国型記録管理システムの形成と日本』勉誠出版。

坂本治也 2010,『ソーシャル・キャピタルと活動する市民－新時代日本の市民政治』有斐閣。

_____ 編 2017,『市民社会論－理論と実証の最前線』法律文化社。

サスカインド,ローレンス・E.・ジェフリー・L.クルックシャンク(城山英明・松浦正浩訳) 2008[2006],『コンセンサス・ビルディング入門－公共政策の交渉と合意形成の進め方』有斐閣。

佐竹五六 1998,『体験的官僚論－55年体制を内側からみつめて』有斐閣。

佐藤健太郎 2014,『「平等」理念と政治－大正・昭和戦前期の税制改正と地域主義』吉田書店。

佐藤誠三郎・松崎哲久 1986,『自民党政権』中央公論社。

佐藤俊一 2002,『地方自治要論』成文堂。

佐藤俊樹 1993,『近代・組織・資本主義－日本と西欧における近代の地平』ミネルヴァ書房。

_____ 2011,『社会学の方法－その歴史と構造』(叢書・現代社会学5)ミネルヴァ書房。

佐藤靖 2014,『NASA－宇宙開発の60年』中公新書。

サミュエルス,リチャード・J.(廣松毅監訳) 1999[1987],『日本における国家と企業－エネルギー産業の歴史と国際比較』多賀出版。

サラモン，L, M. (江上哲監訳) 2007[1995]，『NPOと公共サービス－政府と民間のパートナーシップ』ミネルヴァ書房。

柴田晃芳 2011，『冷戦後日本の防衛政策－日米同盟深化の起源』北海道大学出版会。

嶋田暁文 2014，『みんなが幸せになるための公務員の働き方』学芸出版社。

嶋田博子 2020，『政治主導下の官僚の中立性－言説の変遷と役割担保の条件』慈学社。

清水真人 2015，『財務省と政治－「最強官庁」の虚像と実像』中公新書。

清水唯一朗 2007，『政党と官僚の近代－日本における立憲統治構造の相克』藤原書店。

＿＿＿＿ 2013，『近代日本の官僚－維新官僚から学歴エリートへ』中公新書。

下村太一 2011，『田中角栄と自民党政治－列島改造への道』有志舎。

シャットシュナイダー，E. E. (内山秀夫訳) 1972[1960]，『半主権人民』而立書房。

ジョンソン，チャルマーズ(佐々田博教訳) 2018[1982]，『通産省と日本の奇跡－産業政策の発展1925－1975』勁草書房。

シルバーマン，B. S. (武藤博己・小池治・辻隆夫・新川達郎・西尾隆訳) 1999[1993]，『比較官僚制成立史－フランス，日本，アメリカ，イギリスにおける政治と官僚制』三嶺書房。

城山英明 1997，『国際行政の構造』東京大学出版会。

＿＿＿＿ 2013，『国際行政論』有斐閣。

城山英明・鈴木寛・細野助博編 1999，『中央省庁の政策形成過程－日本官僚制の解剖』中央大学出版部。

城山英明・細野助博編 2002，『続・中央省庁の政策形成過程－その持続と変容』中央大学出版部。

新川敏光 1993，『日本型福祉の政治経済学』三一書房。

進藤榮一 2010，『国際公共政策－「新しい社会」へ』(国際公共政策叢書2)日本経済評論社。

新藤宗幸 2002，『技術官僚－その権力と病理』岩波新書。

＿＿＿＿ 2004，『概説日本の公共政策』東京大学出版会。

＿＿＿＿ 2006，『財政投融資』(行政学叢書2)東京大学出版会。

鈴木亘 2010，『財政危機と社会保障』講談社現代新書。

＿＿＿＿ 2018，『経済学者,待機児童ゼロに挑む』新潮社。

ストレンジ，スーザン(櫻井公人訳) 2011[1996]，『国家の退場－グローバル経済の新しい主役たち』(岩波人文書セレクション)岩波書店。

砂原庸介 2011，『地方政府の民主主義－財政資源の制約と地方政府の政策選択』有斐閣。

＿＿＿＿ 2012，『大阪－大都市は国家を超えるか』中公新書。

＿＿＿＿ 2017，『分裂と統合の日本政治－統治機構改革と政党システムの変容』千倉書房。

_____ 2018, 『新築がお好きですか?-日本における住宅と政治』ミネルヴァ書房。

千正康裕 2020, 『ブラック霞が関』新潮社。

宗前清貞 2020, 『日本医療の近代史-制度形成の歴史分析』ミネルヴァ書房。

曽我謙悟 2001, 「地方政府と社会経済環境-日本の地方政府の政策選択」『レヴァイア
　　　サン』28。

_____ 2002, 「行政再編-自民党と地方分権改革」樋渡展洋・三浦まり編『流動期の日
　　　本政治-「失われた十年」の政治学的検証』東京大学出版会。

_____ 2005, 『ゲームとしての官僚制』東京大学出版会。

_____ 2006a 「政権党・官僚制・審議会-ゲーム理論と計量分析を用いて」『レヴァイ
　　　アサン』39。

_____ 2006b, 「中央省庁の政策形成スタイル」村松岐夫・久米郁男編『日本政治変動
　　　の30年政治家・官僚・団体調査に見る構造変容』東洋経済新報社。

_____ 2008a, 「官僚制人事の実証分析-政権党による介入と官僚制の防御」『季刊行政
　　　管理研究』122。

_____ 2008b, 「首相・自民党議員・官僚制のネットワーク構造-日本のコア・エグゼク
　　　ティヴ」伊藤光利編『政治的エグゼクティヴの比較研究』早稲田大学出版部。

_____ 2012, 「官僚制と民主制-数理モデルと計量分析による多数国比較を通じて」日
　　　本比較政治学会編『現代民主主義の再検討』ミネルヴァ書房。

_____ 2016, 『現代日本の官僚制』東京大学出版会。

_____ 2019, 『日本の地方政府-1700自治体の実態と課題』中公新書。

曽我謙悟・待鳥聡史 2007, 『日本の地方政治-二元代表制政府の政策選択』名古屋大学
　　　出版会。

ダウンズ, アンソニー(渡辺保男訳) 1975[1967], 『官僚制の解剖-官僚と官僚機構の行
　　　動様式』サイマル出版会。

高橋洋 2009, 『イノベーションと政治学-情報通信革命〈日本の遅れ〉の政治過程』勁草
　　　書房。

武智秀之 1996, 『行政過程の制度分析-戦後日本における福祉政策の展開』中央大学出
　　　版部。

_____ 2021, 『行政学』中央大学出版部。

竹中治堅 2006, 『首相支配-日本政治の変貌』中公新書。

_____ 2010, 『参議院とは何か 1947～2010』中公叢書。

建林正彦 2004, 『議員行動の政治経済学-自民党支配の制度分析』有斐閣。

_____ 2005, 「官僚の政治的コントロールに関する数量分析の試み」『年報政治学』2005-1。

建林正彦・曽我謙悟・待鳥聡史 2008,『比較政治制度論』有斐閣。

田中一昭・岡田彰編 2000,『中央省庁改革－橋本行革が目指した「この国のかたち」』日本評論社。

田中秀明 2011,『財政規律と予算制度改革－なぜ日本は財政再建に失敗しているか』日本評論社。

田辺国昭 1991-1992,「行政学の諸問題(1)~(4) －西尾勝者『行政学の基礎概念』によせて」『自治研究』67(12), 68(4), (5), (8)。

谷本有美子 2019,『「地方自治の責任部局」の研究－その存続メカニズムと軌跡「1947-2000」』公人の友社。

田丸大 2000,「法案作成と省庁官僚制』信山社出版。

ダール，ロバート・A. (河村望・高橋和宏監訳) 1988[1961],「統治するのはだれか－アメリカの一都市における民主主義と権力』行人社。

ツェベリス，ジョージ(眞柄秀子・井戸正伸監訳) 2009[2002],『拒否権プレイヤー－政治制度はいかに作動するか』早稲田大学出版部。

辻清明 1969,『日本官僚制の研究〔新版〕』東京大学出版会。

辻中豊・伊藤修一郎編 2010,『ローカル・ガバナンス－地方政府と市民社会』(現代市民社会叢書3)木鐸社。

辻中豊・森裕城編 2010,『現代社会集団の政治機能－利益団体と市民社会』(現代市民社会叢書2)木鐸社。

テイラー，フレデリック・W. (有賀裕子訳) 2009[1911],『新訳科学的管理法－マネジメントの原点』ダイヤモンド社。

手塚洋輔 2010,『戦後行政の構造とディレンマ－予防接種行政の変遷』藤原書店。

戸部良一 2017,『自壊の病理－日本陸軍の組織分析』日本経済新聞出版社。

戸矢哲朗(青木昌彦監訳・戸矢理衣奈訳) 2003[2000],『金融ビッグバンの政治経済学－金融と公共政策策定における制度変化』東洋経済新報社。

豊永郁子 2010[1998],『サッチャリズムの世紀－作用の政治学へ〔新版〕』勁草書房。

ドラッカー，P. F. (上田惇生訳) 2006[1954],『現代の経営』上・下,ダイヤモンド社。

トンプソン，J. D. (高宮晋監訳) 1987[1967],『オーガニゼーション・イン・アクション－管理理論の社会科学的基礎』同文舘。

羅芝賢 2019,『番号を創る権力－日本における番号制度の成立と展開』東京大学出版会。

永澤義嗣 2018,『気象予報と防災－予報官の道』中公新書。

中島誠 2020,『立法学－序論・立法過程論〔第4版〕』法律文化社。

中野雅至 2009,『天下りの研究－その実態とメカニズムの解明』明石書店。

南島和久 2020,『政策評価の行政学－制度運用の理論と分析』ガバナンスと評価5)晃洋
　　書房。

西尾隆 2018,『公務員制』(行政学叢書11)東京大学出版会。

＿＿＿ 編 2012,『現代行政学』放送大学教育振興会。

西尾勝 1990,『行政学の基礎概念』東京大学出版会。

＿＿＿ 2000,『行政の活動』有斐閣。

＿＿＿ 2001,『行政学〔新版〕』有斐閣。

＿＿＿ 2007,『地方分権改革』(行政学叢書5)東京大学出版会。

西川伸一 2000,『立法の中枢－知られざる官庁・内閣法制局』五月書房。

＿＿＿ 2003,『この国の政治を変える会計検査院の潜在力』五月書房。

西田博 2012,『新しい刑務所のかたち－未来を切り拓くPFI刑務所の挑戦』小学館集英
　　社プロダクション。

西出順郎 2020,『政策はなぜ検証できないのか－政策評価制度の研究』勁草書房。

西村美香 1999,『日本の公務員給与政策』東京大学出版会。

西村弥 2010,『行政改革と議題設定－民営化にみる公共政策の変容』敬文堂。

西山慶司 2019,『公共サービスの外部化と「独立行政法人」制度』晃洋書房。

日経コンピュータ 2021,『なぜデジタル政府は失敗し続けるのか－消えた年金からコ
　　ロナ対策まで』日経BP。

野口雅弘 2011,『官僚制批判の論理と心理－デモクラシーの友と敵』中公新書。

＿＿＿ 2018,『忖度と官僚制の政治学』青土社。

野口陽 2010,『天下り"ゾンビ"法人－「事業仕分け」でも生き残る利権のからくり』朝日
　　新聞出版。

野田遊 2013,『市民満足度の研究』日本評論社。

野中尚人 1995,『自民党政権下の政治エリート－新制度論による日仏比較』東京大学出
　　版会。

野中尚人・青木遥 2016,『政策会議と討論なき国会－官邸主導体制の成立と後退する熟
　　議』朝日選書。

橋本信之 1994,「農業政策と政策過程」西尾勝・村松岐夫編『政策と行政』(講座行政学
　　第3巻)有斐閣。

＿＿＿ 2005,『サイモン理論と日本の行政－行政組織と意思決定』関西学院大学出版会。

ハーシュマン, A. O. (矢野修一訳) 2005[1970],『離脱・発言・忠誠－企業・組織・国家に
　　おける衰退への反応』ミネルヴァ書房。

蓮生郁代 2012,「国連行政とアカウンタビリティーの概念－国連再生への道標」東信堂。

畠山弘文 1989,『官僚制支配の日常構造－善意による支配とは何か』三一書房。

パットナム,ロバート・D.（河田潤一訳）2001[1993],『哲学する民主主義－伝統と改革
　　の市民的構造』NTT出版。

バーナード, C. I.（山本安次郎・田杉競・飯野春樹訳）1968[1938],『経営者の役割〔新訳
　　版〕』ダイヤモンド社。

バーナム, ジューン＝ロバート・パイパー(稲継裕昭監訳・浅尾久美子訳）2010[2008],
　　『イギリスの行政改革－「現代化」する公務』ミネルヴァ書房。

林嶺那　2020,『学歴・試験・平等－自治体人事行政の3モデル』東京大学出版会。

原田久　2011,『広範囲応答型の官僚制－パブリック・コメント手続の研究』信山社。

＿＿＿　2022,『行政学〔第2版〕』法律文化社。

ハンテントン, サミュエル(市川良一訳）2008[1957],『軍人と国家[新装版]』(上・下)原
　　書房。

ピオリ, マイケル・J.＝チャールズ・F. セーブル(山之内靖・永易浩一・石田あつみ訳）
　　1993[1984],『第二の産業分水嶺』筑摩書房。

平田彩子　2009,『行政法の実施過程－環境規制の動態と理論』木鐸社。

＿＿＿　2017,『自治体現場の法適用－あいまいな法はいかに実施されるか』東京大学
　　出版会。

平野孝　1990,『内務省解体史論』法律文化社。

平山洋介　2009,『住宅政策のどこが問題か－〈持家社会〉の次を展望する』光文社新書。

廣瀬克哉　1989,『官僚と軍人－文民統制の限界』岩波書店。

広瀬道貞　1993,『補助金と政権党』朝日文庫。

樋渡展洋　1991,『戦後日本の市場と政治』東京大学出版会。

ピンカー, スティーブン(橘明美・坂田雪子訳）2019[2018],『21世紀の啓蒙理性, 科学,
　　ヒューマニズム, 進歩』上・下, 草思社。

ワイスマン, レイ・ミリアム・A・ゴールデン(山形浩生・守岡桜訳）2019[2017],『コラ
　　プション－なぜ汚職は起こるのか』慶鷹義塾大学出版会。

深谷健　2012,『規制緩和と市場構造の変化－航空・石油・通信セクターにおける均衡経
　　路の比較分析』日本評論社。

ブキャナン, J. M. ＝ G. タロック(宇田川璋仁監訳・米原淳七郎・田中清和・黒川和美
　　訳）1979[1962],『公共選択の理論－合意の経済論理』東洋経済新報社。

福田耕治　2012,『国際行政学－国際公益と国際公共政策〔新版〕』有斐閣。

福田耕治・坂根徹　2020,『国際行政の新展開－国連・EUとSDGsのグローバル・ガバナン
　　ス』法律文化社。

福永文夫　2008,『大平正芳－「戦後保守」とは何か』中公新書。

フクヤマ，フランシス(渡部昇一訳) 1992[1992]，『歴史の終わり』(上・中・下)知的生きかた文庫。

_____ (会田弘継訳) 2018[2014]，『政治の衰退－フランス革命から民主主義の未来へ』上・下，講談社。

藤井誠一郎 2018，『ごみ収集という仕事－清掃車に乗って考えた地方自治』コモンズ。

藤田由紀子 2008，『公務員制度と専門性－技術系行政官の日英比較』専修大学出版局。

フッド，クリストファー(森田朗訳) 2000[1986]，『行政活動の理論』岩波書店。

フリードマン，D.（丸山恵也監訳) 1992[1988]，『誤解された日本の奇跡－フレキシブル生産の展開』ミネルヴァ書房。

ペッカネン，ロバート(佐々田博教訳) 2008[2006]，『日本における市民社会の二重構造－政策提言なきメンバー達』木鐸社。

ボベール，トニー・エルク・ラフラー編(みえガバナンス研究会訳・稲澤克祐・紀平美智子監修) 2008[2003]，『公共経営入門－公共領域のマネジメントとガバナンス』公人の友社。

ホール，ピーター・A.=デヴィッド・ソスキス編(遠山弘徳・安孫子誠男・山田鋭夫・宇仁宏幸・藤田菜々子訳)2007[2001]『資本主義の多様性-比較優位の制度的基礎』ナカニシや出版。

前田健太郎 2014，『市民を雇わない国家－日本が公務員の少ない国へと至った道』東京大学出版会。

_____ 2019，「女性のいない民主主義」岩波新書。

前田亮介 2016，『全国政治の始動－帝国議会開設後の明治国家』東京大学出版会。

牧原出 2003，『内閣政治と「大蔵省支配」政治主導の条件』中公叢書。

_____ 2009，『行政改革と調整のシステム』(行政学叢書8)東京大学出版会。

マグレガー，ダグラス(高橋達男訳) 1970[1960]，『企業の人間的側面－統合と自己統制による経営〔新版〕』産業能率短期大学出版部。

益田直子 2010，『アメリカ行政活動検査院－統治機構における評価機能の誕生』木鐸社。

マスダヒロ 2020，『日本の映画産業を殺すクールジャパンマネーー経産官僚の暴走と歪められる公文書管理』光文社新書。

増山幹高 2003，『議会制度と日本政治－議事運営の計量政治学』木鐸社。

マズロー，A. H.（小口忠彦訳) 1987[1954]，『人間性の心理学－モチベーションとパーソナリティ』産業能率大学出版部。

待鳥聡史 2012，『首相政治の制度分析－現代日本政治の権力基盤形成』千倉書房。

_____ 2020，『政治改革再考－変貌を遂げた国家の軌跡』新潮社。

マーチ, ジェームズ・G. ＝ ハーバート・A. サイモン(高橋伸夫訳) 2014[1958], 『オーガニゼーションズ─現代組織論の原典〔第2版〕』ダイヤモンド社。

マーチ, J. G. ＝ J. P. オルセン(遠田雄志・アリソン・ユング訳) 1986[1976], 『組織におけるあいまいさと決定』有斐閣。

＿＿＿＿＿(遠田雄志訳) 1994[1989], 『やわらかな制度─あいまい理論からの提言』日刊工業新聞社。

松沢裕作 2013, 『町村合併から生まれた日本近代─明治の経験』講談社選書メチエ。

マートン, ロバート・K. (森東吾・森好夫・金沢実・中島竜太郎訳) 1961[1949], 『社会理論と社会構造』みすず書房。

真渕勝 1994, 『大蔵省統制の政治経済学』中公叢書。

＿＿＿＿＿ 1997, 『大蔵省はなぜ追いつめられたのか─政官関係の変貌』中公新書。

＿＿＿＿＿ 1999, 「変化なき改革,改革なき変化─行政改革研究の新アプローチ」『レヴァイアサン』24。

＿＿＿＿＿ 2006, 「官僚制の変容─萎縮する官僚」村松岐夫・久米郁男編『日本政治変動の30年政治家・官僚・団体調査に見る構造変容』東洋経済新報社。

＿＿＿＿＿ 2010, 『官僚』(社会科学の理論とモデル8)東京大学出版会。

＿＿＿＿＿ 2020, 「行政学〔新版〕」有斐閣。

三浦まり 2002, 「労働規制─新しい労働政治と拒否権」樋渡展洋・三浦まり編『流動期の日本政治─「失われた十年」の政治学的検証』東京大学出版会。

御厨貴 1996, 『政策の総合と権力─日本政治の戦前と戦後』東京大学出版会。

水谷三公 2004[1992], 『江戸は夢か』ちくま学芸文庫。

＿＿＿＿＿ 2013[1999, 『官僚の風貌』(シリーズ日本の近代)中公文庫。

宮本太郎 2008, 『福祉政治─日本の生活保障とデモクラシー』有斐閣insight.

ミュラー, ジェリー・Z. (松本裕訳) 2019[2018], 『測りすぎ─なぜパフォーマンス評価は失敗するのか?』みすず書房。

ミルグラム, スタンレー(山形浩生訳) 2012[1974], 『服従の心理』河出文庫。

武藤博己 2008, 『道路行政』(行政学叢書10)東京大学出版会。

村井哲也 2008, 『戦後政治体制の起源─吉田茂の「官邸主導」』藤原書店。

村上弘・佐藤満編 2016, 『よくわかる行政学〔第2版〕』ミネルヴァ書房。

村上裕一 2016, 『技術基準と官僚制─変容する規制空間の中で』岩波書店。

村木厚子 2018, 『日本型組織の病を考える』角川新書。

＿＿＿＿＿ 2020, 『公務員という仕事』ちくまプリマー新書。

村松岐夫 1981, 『戦後日本の官僚制』東洋経済新報社。

　　　　 1988,『地方自治』(現代政治学叢書15)東京大学出版会。

　　　　 1994,『日本の行政－活動型官僚制の変貌』中公新書。

　　　　 2001,『行政学教科書－現代行政の政治分析〔第2版〕』有斐閣。

　　　　 2010,『政官スクラム型リーダーシップの崩壊』東洋経済新報社。

　　　　 編2008,『公務員制度改革－米・英・独・仏の動向を踏まえて』学陽書房。

村松岐夫・伊藤光利・辻中豊 1986,『戦後日本の圧力団体』東洋経済新報社。

村松岐夫・稲継裕昭編 2003,『包括的地方自治ガバナンス改革』東洋経済新報社。

村松岐夫・稲継裕昭・日本都市センター 編 2009,『分権改革は都市行政機構を変えたか』
　　　　第一法規。

森政稔 2008,『変貌する民主主義』ちくま新書。

森田朗 1988,『許認可行政と官僚制』岩波書店。

　　　　 2016,『会議の政治学Ⅲ－中医協の実像』慈学社出版。

　　　　 2022,『新版現代の行政〔第2版〕』第一法規。

安田洋祐編 2010,『学校選択制のデザイン－ゲーム理論アプローチ』NTT出版。

山口二郎 1987,『大蔵官僚支配の終焉』岩波書店。

　　　　 2007,『内閣制度』(行政学叢書6)東京大学出版会。

山崎幹根 2011,『「領域」をめぐる分権と統合－スコットランドから考える』岩波書店。

山谷清志 1997,『政策評価の理論とその展開－政府のアカウンタビリティ』晃洋書房。

　　　　 2006,『政策評価の実践とその課題－アカウンタビリティのジレンマ』萌書房。

　　　　 2012,『政策評価』(BASIC公共政策学9)ミネルヴァ書房。

吉原祥子 2017,『人口減少時代の土地問題－「所有者不明化」と相続,空き家,制度のゆく
　　　　え』中公新書。

寄本勝美 1998,『政策の形成と市民－容器包装リサイクル法の制定過程』有斐閣。

ラムザイヤー, M. ＝ F. ローゼンブルース(加藤寛監訳, 川野辺裕幸・細野助博訳)
　　　　1995[1993],『日本政治の経済学－政権政党の合理的選択』弘文堂。

リプスキー, マイケル(田尾雅夫・北大路信郷訳) 1986[1980],『行政サービスのディレ
　　　　ンマ－ストリート・レベルの官僚制』木鐸社。

ルイス, デイヴィッド(稲継裕昭監訳・浅尾久美子訳) 2009[2008],『大統領任命の政治
　　　　学－政治任用の実態と行政への影響』ミネルヴァ書房。

ルグラン, ジュリアン(後房雄訳) 2010[2007],『準市場 もう一つの見えざる手－選択と
　　　　競争による公共サービス』法律文化社。

笠京子 1989－1990,「政策過程における"前決定"概念(1)(2・完)」『法学論叢』123(4), 124(1)。

レイプハルト, アレンド(粕谷祐子・菊池啓一訳) 2014[1999],『民主主義対民主主義－
　　　　多数決型とコンセンサス型の36ヶ国比較研究〔原著第2版〕』勁草書房。

レーン，ヤン・エリック(稲継裕昭訳) 2017[2009],『テキストブック－政府経営論』勁草書房。

ロスリング，ハンス＝オーラ・ロスリング＝アンナ・ロスリング・ロンランド(上杉周作・関美和訳) 2019[2018],『FACTFULNESS(ファクトフルネス)－10の思い込みを乗り越え，データを基に世界を正しく見る習慣』日経BP社。

ローレンス，ポール・R. ＝ ジェイ・W. ローシュ(吉田博訳) 1977[1967],『組織の条件適応理論－コンティンジェンシーセオリー』産業能率短期大学出版部。

ワイク，カール・E. (遠田雄志訳) 1997[1969],『組織化の社会心理学』文眞堂。

_____ (遠田雄志・西本直人訳) 2001[1995,]『センスメーキング・イン・オーガニゼーションズ』文眞堂。

若月剛史 2014,『戦前日本の政党内閣と官僚制』東京大学出版会。

若林悠 2019,『日本気象行政史の研究－天気予報における官僚制と社会』東京大学出版会。

ワルドー，D. (山崎克明訳) 1986[1948],『行政国家』九州大学出版会。

사항 색인

* 이하 색인 항목에 관해서, 서술이 수 페이지에 걸쳐 있는 부분에 대해서는 그 첫 페이지만
  을 표시한다.
* 부성의 명칭은 정식명칭을 항목으로 한다.

인명 색인

저자 소개

소가 켄고(曾我謙悟)

1971년, 효고현에서 태어나다.

1994년, 도쿄대학 법학부 졸업. 도쿄대학 대학원 법학정치학연구과 조교, 오사카대학 대학원 법학연구과 조교수, 고베대학 대학원 법학연구과 교수 등을 거쳐, 현재 교토대학 대학원 법학연구과 교수(행정학). 저작에, 「게임으로서의 관료제」(도쿄대학출판회, 2005년), 「일본의 지방정치－이원대표제 정부의 정책 선택」(공저, 나고야대학출판회, 2007년, 일본 공공정책 학회상 저작상 수상), 「비교 정치제도론」(공저, 유히각, 2008년), 「현대 일본의 관료제」(도쿄대학출판회, 2016년, 일본 공공정책학회상 저작상 수상), 「일본의 지방 정부 1700 자치단체의 실태와 과제」(쥬코우신서, 2019년) 외.

역자 소개

최영하

도쿄대학 대학원 정치학박사
현) 한동대학교 국제어문학부 객원교수

안성수

고려대학교 대학원 행정학박사
현) 창원대학교 행정학과 교수

행정학

초판발행	2024년 3월 4일
초판 3쇄발행	2024년 8월 3일
지은이	曽我 謙悟
옮긴이	최영하 · 안성수
펴낸이	안종만 · 안상준
편 집	사윤지
기획/마케팅	김민규
표지디자인	BEN STORY
제 작	고철민 · 조영환
펴낸곳	(주) 박영사
	서울특별시 금천구 가산디지털2로 53, 210호(가산동, 한라시그마밸리)
	등록 1959. 3. 11. 제300-1959-1호(倫)
전 화	02)733-6771
f a x	02)736-4818
e-mail	pys@pybook.co.kr
homepage	www.pybook.co.kr
ISBN	979-11-303-1966-7 93350

정 가 24,000원

이 번역서는 2023~2024년 창원대학교 자율연구과제 연구비 지원으로 수행된 연구 결과임